유명한 철학자들의 생애와 사상

1

나남
nanam

한국연구재단 학술명저번역총서
서양편 402

유명한 철학자들의 생애와 사상 1

2021년 6월 25일 발행
2023년 5월 5일 2쇄

지은이   디오게네스 라에르티오스
옮긴이   김주일 · 김인곤 · 김재홍 · 이정호
발행자   趙相浩
발행처   (주) 나남
주소   10881 경기도 파주시 회동길 193
전화   (031) 955-4601 (代)
FAX   (031) 955-4555
등록   제 1-71호 (1979.5.12)
홈페이지   http://www.nanam.net
전자우편   post@nanam.net

ISBN 978-89-300-4020-4
ISBN 978-89-300-8215-0 (세트)

책값은 뒤표지에 있습니다.

‘한국연구재단 학술명저번역총서’는 우리 시대 기초학문의 부흥을 위해
한국연구재단과 (주)나남이 공동으로 펼치는 서양명저 번역간행사업입니다.

유명한 철학자들의 생애와 사상

1

디오게네스 라에르티오스 지음

김주일 · 김인곤 · 김재홍 · 이정호 옮김

나남
nanam

ΒΙΟΙ ΚΑΙ ΓΝΩΜΑΙ ΤΩΝ ΕΝ ΦΙΛΟΣΟΦΙΑΙ ΕΥΔΟΚΙΜΗΣΑΝΤΩΝ

ΔΙΟΓΕΝΗΣ ΛΑΕΡΤΙΟΣ

옮긴이 머리말

기원후 2세기경의 인물로 추정되는 디오게네스 라에르티오스가 쓴 《유명한 철학자들의 생애와 사상》은 현재 우리에게 전해진 가장 온전한 형태의 가장 오래된 서양철학사라 할 수 있다. 물론 여기 언급된 철학자 중에는 이른바 '로마의 시대'(*Pax Romana*)에 활동한 철학자가 적지 않지만, 전반적으로 이 책에서 다루는 철학은 헬레니즘 시기의 철학을 포함한 그리스의 철학이라고 보아도 무방할 것이다.

그리하여 이 책은 철학이 발흥하기 직전인 7현인의 시대에서부터 기원후 2세기에 활동한 회의주의학파 철학에 이르기까지 대략 800년에 걸친 그리스 철학의 흐름을 추적하는 철학사 저작이다. 철학의 태동기에 비하면 한참 후인 700, 800년 후에 나온 책이지만, 2천 년에 이르는 긴 세월 동안 명맥을 유지하며 아직까지 읽히고 연구되며, 심지어 그리스에서 1만 3천 킬로미터 떨어진 동북아시아의 한국에서 원전 번역서가 출간되는 이유는 무엇일까?

상당수의 학문분야에서 어떤 학문이 거둔 최근의 성취 못지않게 중요하게 다루어지는 것은 그 학문이 걸어온 발자취, 즉 그 학문의 역사이다. 학문의 실용성을 강조하는 입장에서는 학문의 역사를 다루는 것은 비본질적이고 지엽적이고, 잘해야 고답한 취미에 불과한 것으로 취급받을 수 있다. 하지만 한 개인이 이룬 성취를 따질 때도 그 개인이 누군가를 물으려면 그 개인의 역사가 문제시된다. 마찬가지로 어떤 학문의 첨단 성취를 따질 때에도 그 학문의 정체성을 규정하는 역사는 중요하다.

철학 안에서도 철학사가 과연 철학의 대상인지에 대한 논란은 끊임없이 있었고, 철학의 과학성과 논리성을 중시하는 철학자들이 철학사를 경원시하고 폄하하기도 했다. 그러나 그 역시 철학사의 한 페이지로 기록된 점은 역설적이다. 또한 자연과학 전반까지는 몰라도 적어도 인문학의 하나로서 철학은 밀려드는 현실에만 눈을 고정하지 않고, 지나간 과거에 대한 성찰을 통해 새로운 철학을 열어 보이곤 했다는 점에 비추어 볼 때, 철학사의 의의는 늘 새롭게 평가되어야 한다.

이러한 맥락에서 디오게네스 라에르티오스의 이 책은 철학사의 고전으로서 일차적 가치를 갖는다. 또한 철학이 철학사에서 새로운 길을 찾았듯이, 여기 이곳에서 철학을 하는 우리 역시 서양철학 최초의 이 책에서 여기 우리의 철학을 해나갈 길을 찾을 수 있다는 점에서 이 책은 또 다른 가치를 갖는다. 게다가 학문의 역사를 통찰력 있게 개관하는 학문사의 장점 못지않게, 이 책은 다른 곳에서 찾아볼 수 없는 철학사의 1차 자료들, 즉 개별 철학자들과 학파들의 원전 자료들을 풍성하게 담고 있는 철학의 보고로서 각별한 가치를 갖는다.

우리가 이 책의 공동번역에 착수한 것은 상당히 오래전의 일로서 한국학술진흥재단(현 한국연구재단)의 고전번역 지원을 받게 되면서다. 재단의 번역지원이 결정된 후, 우리는 각자의 번역 범위를 정해

두 차례의 심사를 거치면서 초벌번역을 마쳤다. 그러나 개별적으로 보완할 부분이나 추가할 부분도 꽤 많았다. 게다가 그사이에 프랑스에서 활동하는 이탈리아의 문헌학자 도란디(Tiziano Dorandi)가 우리가 처음에 번역의 기본 텍스트로 삼았던 마르코비치(Miroslav Marcovich)의 편집본 대신 새롭게 비판정본을 내놓았다. 그에 따라 역자들은 이 비판정본을 검토하고 이것을 우리의 새 번역대본으로 삼기로 하면서 전반적으로 번역을 재검토해야 할 필요가 생겼다.

그리하여 역자들은 새롭게 각자의 번역 범위를 명확히 정했다. 김재홍은 1권, 5권, 8권을, 김인곤은 2권과 10권을, 김주일은 3권, 4권, 7권, 9권을, 이정호는 6권을 맡아 번역 내용을 재검토하고 다듬기로 했다. 그런데 번역이 진행되는 동안 각자에게 여러 가지 신변의 변화와 사정이 생겼다. 또한 역자들이 공히 몸담고 있는 정암학당에서 추진하는 플라톤 전집 번역에 한몫을 나눠 맡은 역자들은 이 책의 번역에 속도를 내기 어려웠다.

지지부진했던 번역작업에 전기가 마련된 것은 이 책의 번역을 처음 기획하고 번역작업을 총괄해온 내가 대안연구공동체라는 인문학 단체에서 이 책의 초역을 가지고 원전독회 강좌를 개설하면서부터다. 2014년 7월에 개설하여 2016년 9월에 마친 이 강좌는 고대철학 전공자가 아닌 수강생들이 이 책의 초고를 읽고 질문하고 번역의 문제점을 지적하면 내가 답변하고 설명하는 방식으로 진행되었다. 이때 제기된 수정 제안을 담은 원고를 다시 역자들에게 보내고, 역자들은 이 수정 원고를 가지고 재작업하는 수고를 아끼지 않았다. 이 지난한 과정을 거쳐 드디어 우리의 번역이 책의 형태로 출간되기에 이르렀다.

이 책의 번역을 시도한 때로부터 상당한 시간이 흘렀다. 늦어진 출간에 한국연구재단과 나남출판사를 비롯한 관계자 여러분께 무척 송구한 마음이다. 대안연구공동체의 강좌에 끝까지 참여해 주신 이기석, 안성희, 송요중, 이승희 선생님께는 감사의 인사를 전한다. 또한 이 책의 출간을 채근하며 격려를 아끼지 않았던 정암학당의 선후배, 동료 연구자들께도 감사와 우정의 마음을 드린다.

돌이켜 보면 우리 공역자들 간의 인연 못지않게 여러 겹의 인연이 포개져 이 책이 만들어졌다. 이 책의 빼놓을 수 없는 매력 중 하나도 사람들 간의 인연이 겹쳐 이루어진 철학자의 개인적 삶을 집중적으로 조명했다는 점이다. 철학사가 철학에서 차지하는 비중에 대한 논란, 그 이상으로 철학자의 개인적 삶이 철학에서 차지하는 비중에 대한 논란은 크다. 그러나 무엇보다 철학자의 삶으로부터 그의 사상을 이해한다는, 어찌 보면 통속적인 이 책의 발상은 무수한 당대의 명저들이 소멸해갔던 2천 년의 세월 동안 이 책을 살아남게 했고, 지금도 여전히 우리가 이 책을 읽는 이유가 되었다. 현재의 철학은 고도의 논리와 전문용어로 무장하고 있으나 그 철학을 하는 주체는 여전히 희로애락의 삶을 살아가는 인간이기 때문일 것이다.

2021년 5월
역자들을 대신하여 김주일 씀

일러두기

1. 번역의 기준 판본으로는 케임브리지 고전 텍스트(Cambridge Classical Texts and Commentaries) *Live of Eminent Philosophers*(Tiziano Dorandi 편집, Cambridge University Press, 2013)을 사용했다.

2. 원문을 참고할 필요가 있는 독자들이 쉽게 찾아볼 수 있도록 하기 위해 본문 중에 원문의 절(節) 수를〔 〕안에 표시하였다.

3. 편집자가 추가한 내용도〔 〕안에 표시하였다.

4. 원문에서 내용이 누락되거나 훼손된 부분은 본문에서 〈…〉으로 표시했다.

5. 본문의 각주는 원주는 없고 모두 옮긴이 주이다.

6. 편집자마다 해석이 다른 부분은 옮긴이 주에서 설명하였다.

7. 서양철학사에서 의미 있는 인물이나 지명에 대해서는 보다 상세한 옮긴이 주를 달았다.

8. 철학 용어는 정암학당의 기존 번역용어를 참고하여 옮겼다.

9. 그리스어의 우리말 표기는 고전 시대의 발음에 가깝게 표기했다. 단, 우리말로 굳어져 널리 쓰이는 것은 예외로 했다.

10. 본문의 번역어 중에서 그리스어 표기가 필요한 것들은 주석에서 밝히거나 〈찾아보기〉에 포함시켰으며, 〈찾아보기〉에 있는 용어는 본문에서만 뽑았다. 그리스어는 로마자로 표기했다.

유명한 철학자들의 생애와 사상

1

차 례

4권 아카데미아학파

5권 소요학파

철학의 기원

〔1〕 어떤 사람들은 철학(*philosophia*) 활동이 이민족들1) 에서 시작되었다고 말한다. 페르시아 사람들에게는 마고스들2) 이 있었고, 바빌로니아 사람들과 아시리아 사람들에게는 칼다이오스3) 들이, 또 인도 사람에게는 나체 현자4) 들이 그리고 켈트 사람들5) 과 갈라티아 사람

---

1) 이민족의 원어 'barbaroi'는 오늘날 야만인으로 번역되는 영어인 'barbarian'의 어원에 해당하는 그리스어다. 하지만 이 말은 페르시아 전쟁 이전에는 원래 '알아들을 수 없는 말을 하는 사람들'이라는 뜻으로〔산스크리트어를 연구하는 학자들에 따르면 '말을 더듬는' 또는 '곱슬머리를 한'이라는 뜻을 갖는 'varvaram'이라는 말이 그리스어 'barbaros'의 어원이 되었으리라고 추정한다(P. E. Chase, *Sanscrit and English Analogues*, London : S. Low, Son & Co., Philadelphia : E. H. Butler & Co., 1860 참고)〕. 이 말은 흔히 '그리스어가 아닌 말을 사용하는 사람들'이라는 뜻으로 쓰였다(헤라클레이토스, 《단편》, 107 참고). 이후 페르시아 전쟁을 겪고, 페르시아 사람들에 대한 적개심과 아울러 그리스 문화에 대한 자부심이 결부되어 주로 페르시아 사람들을 경멸조로 이르는 말이 되었다. 그러나 페르시아 전쟁 이후라고 해도 '비그리스어 사용자'라는 중립적 의미도 여전히 사용되기 때문에 경멸조의 맥락이 분명하지 않은 곳에서까지 굳이 '야만인'이라고 번역할 필요는 없다.

들6) 에게는 드뤼이데스7) 내지 셈노테오이8) 라고 불린 사람들이 있었
다는 것이다. 이는 아리스토텔레스가 《마기코스》9) 에서, 소티온10)

---

2) 마고스(*magos*) 들은 메데이아(페르시아) 의 6지족 가운데 하나로 페르시아의
   전통종교인 조로아스트레스교(조로아스터교) 의 세습적 사제계급의 지자(知
   者) 들이다. 본래 'magos'라는 말은 페르시아어의 그리스어 음차인데, 그 어
   원은 수메르어 또는 우랄알타이어로 '깊다'거나 '심오하다'란 뜻인 'imga' 또는
   'emga'에서 유래되었다고 한다(Laura Knight-Jadczyk, *The Secret History
   of the World and How to Get Out Alive*, Red Pill Press, 2005, p. 322 참고).
   그들은 조로아스트레스교의 교리를 해설하고 제의를 집전하는 역할을 맡았
   다. 그리스 사람들에게 그들의 제의가 낯설면서도 강력해 보인 탓에 후에 마
   고스는 마술사(*magician*) 라는 의미까지 겸하게 되었다. 한편 과연 이들의 제
   의가 마술적이었는가에 대해서는 논란이 있다. 이와 관련해 디오게네스 라에
   르티오스는 이 책에서 이에 반대하는 여러 보고를 전했다(1권 서론, 8~9절).
3) 칼다이오스(Chaldaios) 는 고대 바빌로니아와 아시리아의 사제를 이르는데, 그
   들은 점성술에 능했기 때문에 점성술사의 대명사로도 쓰인다. 칼다이아인들은
   셈족의 언어를 사용했으며 기원전 1000년경에 바빌로니아에서 흡수되었다.
4) 나체 현자는 알렉산드로스 대왕이 인도 원정 때 만난 나체 수도자와의 일화를
   플루타르코스가 그의 저서 《비교열전》 중 〈알렉산드로스 대왕〉편 64절에 소
   개하면서 그리스어에 들어온 말이다. 이 말 이전에는 인도의 철학자들을 '브라
   만'이라는 호칭으로 불렀다. 디오게네스 라에르티오스는 이 책 9권 61절과
   63절에서 회의주의학파의 창시자인 퓌론이 알렉산드로스 대왕을 따라 인도에
   가서 이들의 영향을 받고 돌아왔다고 적었다. 피타고라스 철학에 끼친 인도의
   영향에 대한 이야기는 많으나, 고대 전기작가들 중 피타고라스의 인도 방문에
   대해 전하는 사람은 없으며 디오게네스 라에르티오스 역시 이 책의 피타고라
   스 항목에서 인도의 영향에 대해서는 아무런 언급을 하지 않았다. 그리고 서
   양 학자들이 'gymosophists' 또는 'naked sophists'라고 번역하는 이 단어를
   나체 현자로 번역한 이유는 1권 서론의 12절에 잘 나와 있다. 거기서 디오게네
   스 라에르티오스는 과거에 현인들(*sophoi*) 을 소피스트라고 불렀다고 한다. 따
   라서 이 말에는 그리스 고전기에 아테네에서 활동한 일군의 철학자들을 가리
   킬 때 함축된 경멸감이 들어 있지 않다. 오늘날에도 소피스트라고 하면 궤변
   론자 정도로 인식되기 때문에 그런 오해를 피하기 위해 여기서는 나체 현자라
   고 번역했다. 반면에 1권 서론의 12절에서는 현자라는 뜻과 궤변론자라는 뜻
   이 같이 사용되기 때문에 거기서는 소피스트로 번역했다.

이 《철학자들의 계보》 23권에서 서술한 바를 그들이 따른 것이다. 그들은 또한 오코스11) 는 포이니케 사람12) 이고, 자몰시스13) 는 트라케 사람이고 아틀라스14) 는 리비아 사람이었다고 말한다.

---

5) 켈트(Celt) 사람들은 지중해 북쪽 켈트어를 사용하는 민족이다.

6) 갈라티아(Galatia) 사람들은 고올족(Gauls) 을 말한다.

7) 드뤼이데스(Dryidēs) 는 켈트나 갈라티아 지역인의 민속종교 사제들이다. 대단히 존경받는 사람들로 제의는 물론 교육, 판결 등을 맡았다고 한다.

8) 셈노테오이(Semnotheoi) 는 '신을 공경하는 자들'이란 뜻이다.

9) 본래 마기코스(Mágicos) 는 마고스들이 관여하는 종교 또는 그 교의, 즉 조로아스트레스교를 말한다. 디오게네스 라에르티오스가 아리스토텔레스가 썼다고 전하는 《마기코스》란 책은 현재 그 이름만 전할 뿐 책 자체는 전해지지 않는다. 실상 이 책은 헬레니즘 시대에 위(Pseudo)-아리스토텔레스가 썼다고 한다.

10) 소티온(Sōtion) 은 알렉산드리아 출신의 철학자 겸 역사가다. 기원전 200년경에 페리파토스학파의 일원으로 활동했다.

11) 힉스(R. D. Hicks) 의 로브(Loeb) 판에는 'Mōchos'로 되어 있으나, 마르코비치(Marcovich) 의 토이브너(Teubner) 판과 도란디(T. Dorandi) 의 케임브리지(Cambridge) 판에는 'Ōchos'로 되어 있다. 스토아학파 철학자인 포시도니오스에 따르면 모코스는 트로이 전쟁 시대에 원자론에 대해 저술한 사람이고, 오코스와 같은 인물인 듯하다.

12) 포이니케(Phoinikē) 인들은 지금의 레바논, 시리아 남부 해안지역에서 서부 지중해 지방에 걸쳐 셈어를 사용하는 지중해 문명을 건설했다고 한다. 그리스인들은 이들이 글씨를 발명한 것으로 믿었다.

13) 자몰시스(Zamolxis, 헤로도토스는 '잘목시스'라고 부른다) 는 피타고라스의 노예였다고 전해지는 종교적 인물이다. 오랜 여행 끝에 고향에 돌아가 영혼불멸을 설파하고 의술을 행했다. 에게해 북부에 위치한 트라키아 지방(현재 불가리아 남쪽) 의 게타이인들의 신성이었다(《역사》, 4권 94~96절 참고).

14) 아틀라스(Atlas) 는 하늘의 천장을 지탱해 주는 신화 속의 거인 신으로 잘 알려져 있다. 그러나 누군가는 아틀라스가 애초에는 천문학의 지식으로 세상에 알려진 인간이었다고 생각했다(키케로, 《투스쿨룸의 대화》, 5권 3장 8절 참고). 아틀라스의 직립한 형태를 가진 아틀라스산이 리비아에 있기 때문에 디오게네스 라에르티오스는 아틀라스에 대한 인간적 해석을 받아들여 아틀라스를 리비아 사람이라고 한 듯하다.

사실, 이집트 사람들은 헤파이스토스[15]가 나일강의 아들이고 그가 철학을 시작했으며 사제와 예언자들이 철학을 대변하는 사람들이라고 말한다. 〔2〕 그리고 이집트 사람들은 헤파이스토스 시대에서 마케도니아의 알렉산드로스 시대[16]까지는 4만 8,863년이란 세월이 흘렀고, 그사이에 일식이 373회, 월식이 832회 일어났다고 한다.[17]

페르시아 사람인 조로아스트레스[18]를 시조로 하는 마고스들의 시대에서 트로이 함락까지의 기간은 플라톤학파인 헤르모도로스[19]가 《수학에 관하여》에서 서술한 바에 따르면 5천 년이다. 그러나 뤼디아 사람인 크산토스는 조로아스트레스에서 크세륵세스의 그리스 원정까지의 기간이 6천 년이며, 그 이후에도 오스타네스, 아스트람프쉬코스, 고브뤼아스, 파자테스 같은 이름의 수많은 마고스가 대대로 나와 알렉산드로스에 의하여 페르시아 제국이 정복될 때까지[20] 존속했다고 서술했다.

---

15) 그리스 신화 전통에서 헤파이스토스(Hephaistos)는 철학과 아무 상관이 없으며 불과 대장간 일에 관련된 신이다. 그리스인들은 이 신을 이집트의 프타하(혹은 피타하, Ptah) 신과 연관시켰다고 하는데, 프타하는 지혜와 건축 그리고 기술자의 신성이었다.

16) 알렉산드로스 대왕이 이집트를 지배하기 시작한 것은 기원전 332년이었다.

17) 일식주기는 131년이고, 월식주기는 58년이니 이를 본문의 일식과 월식의 횟수와 각각 곱하면 $131 \times 373 = 48,863$과 $58 \times 832 = 48,256$이 나온다. 그러나 이 숫자가 너무 커서 아마도 디오게네스 라에르티오스가 달수를 연수로 잘못 계산한 것으로 보인다. 각 숫자를 12로 나눠주면 4,072과 4,021년이 나온다. 이 숫자가 적절한 것으로 보인다.

18) 조로아스트레스(Zōroastrēs)는 기원전 628년에 태어나 기원전 551년에 세상을 떠났다. 페르시아의 전통종교의 창시자로 '짜라투스트라'라고도 한다.

19) 헤르모도로스(Hermodōros)는 기원전 4세기경의 철학자이다. 플라톤의 대화편들을 유포하였다고 한다.

〔3〕 그렇지만 이들은 비단 철학뿐만 아니라 인간 종족 자체가 시작된 것도[21] 그리스 사람들의 공적이라는 사실을 알지 못했기 때문에 그 공적을 이민족에게 돌렸던 것이다. 어쨌든 무사이오스[22]는 아테네 사람들 사이에서 태어났고, 리노스[23]는 테베[24] 사람들 사이에서 태어났다는 것을 살펴보자. 무사이오스는 에우몰포스[25]의 아들로서 최초로 《신들의 탄생》을 썼고 천구의(天球儀)를 만들었다고 한다. 또한 그는 모든 것은 하나에서 생겨나 해체되어 다시 같은 하나가 된다고 주장했다고 한다. 이 사람은 팔레론[26]에서 죽었고, 그의 묘석에는 다음과 같은 엘레게이아[27] 운율의 시구가 새겨져 있다고 한다.

에우몰포스의 사랑하는 아들 무사이오스,
그 죽은 육신을 팔레론의 땅이 이 무덤 아래 두었다.

---

20) 기원전 331년에 벌어진 가우가멜라(Gaugamela) 전투 시점을 지시하는 듯하다.

21) 문맥으로 보면 그리스인들이 인간을 만들었다거나 인간의 시조라는 뜻이 아니라 인간의 문화 또는 역사가 그리스인들에게 비롯되었다는 뜻인 듯하다.

22) 무사이오스(Mousaios)는 오르페우스의 아들이라고도 전해지는 반신화적 인물로 신화적 세계의 설명을 시에 담았다.

23) 리노스(Linos)는 아폴론의 아들 또는 헤르메스의 아들로 알려졌는데 음악과 관련되어 전해지는 신비한 인물이다.

24) 테베(Thēbē)는 아테네 북쪽에 있는 도시다.

25) 에우몰포스(Eumolpos)는 포세이돈과 키오네의 아들로 알려진 인물이다. 키오네는 보레아스와 오레이튀이아 사이에 낳은 딸이다. 엘레우시스에서 그는 데메테르 여신의 사제 중 한 명으로 엘레우시스 비교를 세운 인물이며 음악에 아주 능한 인물로 전해진다.

26) 팔레론(Phalēron)은 아테네 서쪽의 항구도시다. 기원전 5세기에는 페이라이에우스(Peiraieus) 항으로 대체된다.

27) 엘레게이아(*elegeia*)는 '엘리지'라고 우리에게 알려졌는데 대체로 슬픈 내용의 시가 많기 때문에 일반적으로 비가(悲歌)라고 번역된다. 그러나 여기서는 내용이 아니라 운율에 붙여진 이름이므로 '엘레게이아'라고 음차한다.

아테네의 에우몰피다이 가문28)도 무사이오스의 아버지에게서 그 이름을 따왔다.

〔4〕한편, 리노스는 헤르메스와 무사여신29) 우라니아30)의 아들이라고 한다. 그는 우주의 탄생, 태양과 달의 운행, 동물과 과일의 기원에 관한 시를 썼다. 그의 시는 다음과 같이 시작된다.

모든 것이 동시에 생겼던 그런 때가 일찍이 있었다.

아낙사고라스는 바로 이 생각에서 빌려와 "모든 사물은 함께 있었지만 지성(nous)이 와서 그것들을 질서지었다"31)고 말했다. 리노스는 아폴론의 화살에 맞아 에우보이아에서 죽었다.32) 그의 묘비명에는 다음과 같이 기록되어 있다.

여기에 대지는 테베 사람 리노스의 주검을 거두었다.
고운 화관(花冠)의 무사여신 우라니아의 아들을.

---

28) 아테네의 사제 가문으로, 이 가문은 데메테르 여신 숭배와 엘레우시니아 신비제의(Eleusinia Mystēria)와 관련되어 있다.

29) 무사(Mousa)여신은 시가를 담당하는 9명의 여신들이다. 시대에 따라 그 직책과 이름이 조금씩 다르다.

30) 우라니아(Urania)는 천문학을 담당하는 무사여신이다. 다른 보고에는 아폴론 사이에서 리노스가 태어난 것으로 알려져 있다. 우라니아('하늘의')와 헤르메스 신과의 관계는 달리 알려진 바가 없다.

31) 아낙사고라스에 대해서는 2권 6~15절 참고. DK59B1〔Hermann Diels and Walther Kranz, *Die Fragmente der Vorsokratiker*(《소크라테스 이전 철학자들의 단편 선집》, 김인곤 외 역, 아카넷, 2005, 499쪽 참조)〕. 이하 DK로 표시한다. '지성'의 역할에 대해서는 2권 6절 참고.

32) 리노스의 음악 재능을 질투했기 때문이다.

고대 그리스 지도

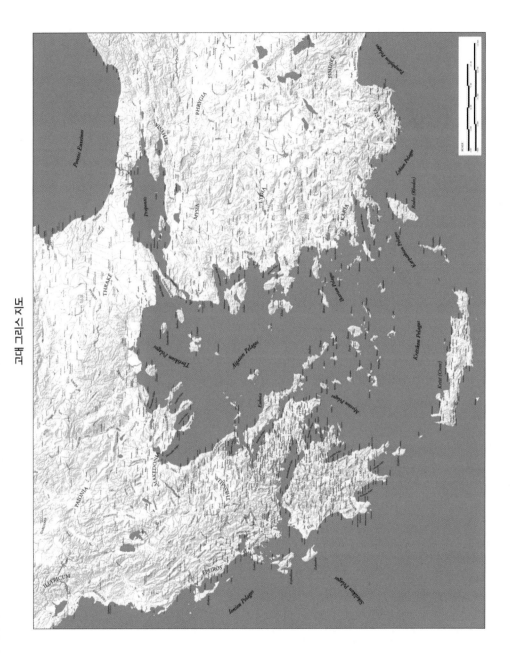

이렇게 해서 철학은 그리스 사람들로부터 시작된 것이고, 철학이라는 명칭 자체도 이민족식 명칭을 배제한다. 33)

〔5〕 그러나 철학의 발견을 저들 이민족에게 돌리는 사람들은 트라케 사람 오르페우스를 끌어들여 그가 철학자였으며 아주 옛날 사람이었다고 말한다. 그렇지만 나는 신들에 관해 그와 같은 소리를 떠들고 다닌 사람을 과연 철학자라 불러야 좋을지 모르겠다. 또한 인간적인 모든 정념을, 심지어 특정한 인간들에 의해서 아주 드물게 이루어지는, 말하는 기관인 입으로 행해지는 추잡한 행동을 함부로 신들에게 돌리는 그런 사람을 무엇이라고 불러야 할지 나는 모르겠다. 34) 전설에 따르면 그가 여자들에게 죽임을 당했다고35) 하지만 마케도니아의 디온36)에 있는 그의 묘비명에는 그가 벼락을 맞아 죽었다고 다음과 같이 기록되어 있다.

황금 뤼라를 가진 트라케 사람 오르페우스를 무사여신들이 여기에 장사지냈다. 하늘 높이 군림하는 제우스가 번쩍이는 화살로 죽인 그를.

〔6〕 그런데 철학이 이민족들로부터 시작되었다고 주장하는 사람들은 각 이민족들 사이에서 철학이 취하는 형태에 대해서도 설명한

---

33) 철학이 그리스어로 '지혜에 대한 사랑'이라는 뜻을 가졌다는 사실에 근거한 말로 보인다.

34) DK1A14b 참고. 제우스가 할아버지 우라노스의 성기를 잘라 삼키는 장면을 모사한 시구를 말한다. 이 행위를 디오게네스는 구강성교(*fellatio*)와 동일시하고 있다.

35) 신화에 따르면, 오르페우스가 디오뉘소스의 여성 추종자들(*mainades*)의 접근을 거부했으므로, 그 복수로 그녀들은 그를 조각으로 찢었다고 한다.

36) 디온(Diōn)은 디오스(Dios)라고도 한다.

다. 한편으로 나체 현자들과 드뤼이데스들은 수수께끼조의 격언을 말하는 방식으로 철학을 했으며, 신들을 경외하고, 악한 것을 전혀 행하지 말고, 용기를 기르라고 했다고 그들은 말한다. 하긴 나체 현자들은 죽음조차도 경시했다고 클레이타르코스[37]가 그의 책 12권에 적고 있긴 하다. 또한 그는 칼다이오스들은 천문학과 미래의 예측에 골몰했고, 마고스들은 자신들만이 신들의 말을 들을 수 있다고 믿고 제의와 기도를 드려 신들을 모시는 것으로 나날을 보냈다고 말한다. 그에 따르면 마고스들은 신들의 본질과 기원에 관한 자신들의 견해를 밝혔는데, 신들은 불, 흙, 물이라고 했다고 한다. 또한 그들이 신상숭배를 비난하며 특히 신들이 성별이 있다고 말하는 사람들을 비난했다고 그는 말한다. 〔7〕 그들은 정의에 관해서도 논하며, 화장(火葬)이 불경하다고 생각했다고 그는 말한다. 그리고 소티온이 자신의 책[38] 23권에서 말하고 있듯이, 그들은 어머니나 딸과 살을 섞는 것은 경건하다고 생각했다고 한다. 그에 따르면 그들은 자신들에게 신들이 모습을 나타낸다고 말하면서, 점치고 미래를 예언하는 일에 매진했다고 한다. 그뿐 아니라, 공기는 모상들로 가득 차 있어서 증발에 의한 발산[39]에 따라 시력이 예리한 자들의 눈에 그것들이 들

---

37) 클레이타르코스(Kleitarchos)는 알렉산드로스와 프톨레마이오스 시대 사이에 활동한 역사가이다.

38) 《철학자들의 계보》.

39) 공기와 발산의 관계에 따른 사물의 인식과 발생에 대한 설명은 아낙시메네스, 엠페도클레스, 데모크리토스 등에서도 찾아볼 수 있다(헤르만 딜스, 《소크라테스 이전 철학자들의 단편 선집》, 김인곤 외 역, 아카넷, 2005, 152, 405~407, 564, 566쪽 참고). 이 책에서는 'aporroia'와 그의 유의어들을 '방출', '유출' 등으로 번역했다.

어온다고 말했다고 한다. 그들은 화려한 장신구, 특히 황금 장신구의 착용을 금했다고 전해진다. 이들의 옷은 염색하지 않은 흰 것이고 침대는 짚으로 된 것이며 먹는 것은 채소, 치즈,[40] 거친 빵이었다고 한다. 또한 지팡이는 갈대로 된 것으로, 그 지팡이를 치즈 조각에 꽂아 입으로 가져가 떼어 먹었다고 사람들은 전한다.

〔8〕 그들은 마법을 부리는 경전에 대해서는 전혀 알지 못하였다고, 아리스토텔레스는 그의 《마기코스》에서, 데이논[41]은 그의 《역사》 5권에서 각기 언급하고 있다. 또한 데이논은 조로아스트레스라는 이름을 말 그대로 옮기면 '별을 숭배하는 자'를 의미한다고 말한다.[42] 헤르모도로스도 이 말을 한다. 아리스토텔레스는 《철학에 관하여》[43] 1권에서 마고스들이 이집트 사람들보다도 시대적으로 더 앞선다고 말한다. 그리고 그는 마고스들에 따르면 선한 영(靈)과 악한 영이라는 두 원리가 있으며, 앞의 것의 이름은 제우스와 오로마스데스[44]이고 뒤의 것의 이름은 하데스와 아레이마니오스[45]라

---

40) 조로아스트레스 교도들은 치즈로 연명하면서 황량한 곳에서 살았다고 한다
   〔*Yasht*, 22. 18; "봄 버터는 축복받은 자의 암브로시아(신의 음식)이다"〕.
   Moulton, J. H., *Early Zoroastrianism*, pp. 410∼418 참고.
41) 데이논(Deinōn) 또는 디논(Dinōn)은 기원전 340년경에 활약했던 콜로폰 출신 역사가로 《페르시아 역사》의 저자다. 클레이타르코스(Kleitarchos)의 아버지다.
42) '별을 숭배하는 자'는 '조로아스트레스'라고 그리스어로 음차되고 나서 그리스어의 의미를 따져 읽은 것이고, 원래 페르시아어 형태인 Zarathustra로 따지면 'zarath'는 '몰이꾼'이란 의미이고 'ustra'는 '낙타'를 의미한다. 그런데 이 말을 그리스어로 음차하면서 '조로아스트레스'가 되었고, '아스트레스'는 그리스어 '아스테르'(별)와 음이 같아서, 여기서 '별을 숭배하는 자'라는 뜻이 나온 듯하다. 원래 그리스어 'zōros'는 '순수한'이란 뜻이다.
43) 5권 22절 참고. 이 작품은 지금은 전해지지 않는다.

고 서술하고 있다. 이것은 헤르미포스가[46] 쓴 《마고스들에 관하여》 1권, 에우독소스[47]의 책 《여행기》, 테오폼포스[48]의 《필리피카》 8권에서도 확인할 수 있다.

[9] 또한 테오폼포스는 마고스들에 따르면 인간들은 다시 태어날 것이며 죽지 않게 될 것이고, 있는 것들은 자신들의 주술기도를 통해[49] 영속할 것이라고 말한다. 이것은 또한 로도스 사람인 에우데모스[50]도 보고한다. 그러나 헤카타이오스[51]는 마고스들에 따르면

---

44) 'Oromasdēs'(혹은 'Ahura Mazda')는 조로아스트레스 신학에서 우주의 창조자이고 지배자이다. 따라서 제우스와 동일시된 것처럼 보인다.

45) 아레이마니오스(Areimanios, 혹은 Ahriman)는 오로마스데스의 적대자로 어둠에서 태어났다. '어둠'이란 기원 때문에 그리스인들은 그를 하데스와 동일시했다.

46) 헤르미포스(Hermippos)는 기원전 3세기 중반에 활동한 스뮈르나 출신의 소요학파 철학자이다.

47) 에우독소스(Eudoxos)는 크니도스 출신으로 기원전 391~338년경에 수학자, 천문학자, 지리학자로 활동했다. 그는 아카데미아 학원에도 참여했으며 플라톤과도 친분이 있었다. 8권 86~91절에 그에 대해 언급되어 있다. 그는 지리학에 관한 《세상 여행기》(*Periodos Gēs*)라는 제목의 책을 저술할 만큼, 수학, 천문학, 지리학에 관심을 가지고 있었다. 아펠트(Apelt)는 로도스 출신의 에우독소스라고 주장하는데, 이 사람은 기원전 3세기경에 활약했던 역사가로 9권으로 된 역사책을 썼다고 한다. 《세상 여행기》 역시 이 책의 일부로 볼 수 있다.

48) 테오폼포스(Theopompos)는 기원전 378~377년경에 태어난 키오스 출신의 역사가로 고향에서 추방되어 이소크라테스의 제자이자 수사학자로 활약했다. 그리스 역사를 다룬 58권으로 된 *Philippika*(*Philippokai Historiai*)와 *Hellenika*가 그의 주저로 알려져 있다.

49) 이 구절은 '현재의 이름으로'라고도 번역될 수 있다. 딜스(H. Diels)는 사본의 'epiklēsesi'를 'periyklēsesi'(회전을 통하여)로 고쳐서 헤라클레이토스의 생각처럼 읽으려 했으나, 사본대로 읽으면서 마고스들의 주술적 측면을 이야기하는 것으로 이해할 수 있다.

신들은 태어나는 것이라고 말한다. 솔로이[52] 사람인 클레아르코스[53]는 《교육에 관하여》에서 나체 현자들도 마고스들의 후예라고 말한다. 또한 어떤 사람들은 이우다이아[54] 사람들도 그들로부터 유래한다고 말한다. 마고스들에 관해 책을 썼던 사람들은 더 나아가 헤로도토스를 비난한다. 태양과 바다가 마고스들에 의해 신으로 받아들여졌기 때문에, 크세륵세스[55]가 태양을 향해 창을 던지거나[56] 바다에 족쇄를 채웠을 리가 없다는 것이다. 그렇지만 신들의 상(像)

---

50) 에우데모스(Eudēmos)는 로도스 출신으로 테오프라스토스와 더불어 아리스토텔레스의 뛰어난 제자이다. 스승의 이론을 체계적으로 정리하고 해석했다. 주로 자연학, 천문학, 산술학의 역사와 관련된 저술을 남겼다. 한편 아리스토텔레스의 《에우데모스 윤리학》이 그의 이름에서 유래했는지는 확실치 않다.

51) 헤카타이오스(Hekataios)는 압데라 출신의 철학사가로 기원전 350~290년경 활약했다. 그의 저술로는 호메로스, 헤시오도스에 관한 것과 민속학과 관련된 것, 이집트의 역사에 관한 것 등이 있다.

52) 솔로이(Soloi)는 당시 페르시아의 킬리키아 지방에 있던 도시다. 이에 대해서는 1권 51절 이하 참고.

53) 클레아르코스(Klearchos)는 퀴프로스(Kypros) 섬의 솔로이 출신으로 아리스토텔레스의 제자다. 소요학파 철학자이면서도 《플라톤의 찬미가》를 저술했다고 한다. 윤리학, 수학, 심리학적 문제에 관심을 가졌으며, 플라톤의 《파이돈》에서 나타난 영혼이론과 유사한 《잠에 관하여》라는 소책자를 썼다.

54) 유대.

55) 크세륵세스(Xerxēs)는 페르시아의 다레이오스 왕의 아들로 2차 페르시아 전쟁을 일으킨 인물이다. 그는 공격로를 확보하기 위해 페르시아와 그리스 땅 사이를 흐르는 헬로스폰토스 해협에 다리를 놓으려 했으나 거듭된 폭풍과 거친 물살로 다리가 계속 붕괴되자 노예들을 시켜 바다에 족쇄를 채우고 채찍질을 가하며 대왕인 크세륵세스의 명을 받들라고 외치게 했다는 이야기가 헤로도토스의 《역사》에 전해진다(7권 35절). 헤로도토스 글에는 태양을 향해 창을 던졌다는 이야기는 나오지 않는다.

56) 헤로도토스, 《역사》, 5권 105절. 여기에는 태양을 향해 화살을 쏜 것이 '크세륵세스'가 아니라 '다레이오스'로 나온다.

을 크세륵세스가 무너뜨렸다는 것은[57] 그럴 법한 일이라는 것이 그들의 말이다.

〔10〕한편, 이집트 사람들의 철학은 신들에 관한 것과 정의를 옹호하는 것으로서 다음과 같은 것이었다고 한다. 즉, 질료가 근원이고, 다음으로 4원소가 그것으로부터 분리되어 나오고, 그래서 모든 종류의 살아 있는 것들이 산출된다. 태양과 달은 신이며, 태양은 오시리스로 불리고 달은 이시스라 불린다는 것이다.[58] 그리고 그 신들을 그들은 풍뎅이, 뱀, 매 또는 다른 동물들로 암시적으로 표현했다고 한다. 이것은 마네토스[59]가 《자연학 요약》에서, 헤카타이오스가 《이집트인들의 철학에 관하여》 1권에서 말하는 것과 같다. 그러나 그들이 이 성스러운 동물에 대한 상(像)을 만들고 신역(神域)을 세우는 것은 신의 진정한 모습을 알지 못했기 때문이라고 한다.

〔11〕이집트인들은 우주는 생성(시작), 소멸하는 것이며 형태는 구형이라고 보았다. 별들은 불이고, 이 불들이 섞여서[60] 지상에 있는 것들이 생긴다고 말한다. 월식은 달이 지구의 그림자 속으로 들어갈 때 일어나며, 혼은 죽은 다음에도 계속 살아남아 다른 육체로 옮아가고, 비는 공기의 변화에 따라 생겨난다고 말한다. 그리고 그 밖의 다른

---

57) 헤로도토스, 《역사》, 1권 131절 및 8권 109절 참고.

58) 이집트 여신 이시스(Isis)는 달, 주술, 부활과 연관되어 있다. 오시리스(Osiris)와 태양을 결부시키는 것은 흔치 않다. 태양은 암몬(Ammon)과 동일시된다.

59) 마네토스(Manethōs) 혹은 마네톤(Manethōn)은 기원전 3세기경에 활동했던 이집트의 신관으로 프톨레마이오스 2세의 요청으로 신화시대로부터 30왕조에 이르는 3권으로 된 《이집트 역사》를 저술했다고 한다.

60) 'krasis'의 일차적 의미는 '섞다'이지만, 여기선 이차적 의미로 '이 불들의 온기에 의해서'로 해석될 수 있다. 즉, 별들이 지니는 일차적인 힘의 섞임을 말한다.

현상들에 대해서도 그들이 자연학적 설명을 했다는 것이 헤카타이오스와 아리스타고라스[61]에 의해 보고되었다. 또한 이집트 사람들은 정의를 지키기 위한 법률들을 세우고 그 공을 헤르메스 신에게 돌렸다. 그들은 인간에게 아주 유용한 동물들을 신으로 여겼다. 또한 그들은 기하학과 천문학, 산술학을 발명한 것은 자신들이라고 말한다.[62]

사실상 철학의 발명에 관한 것들은 우리가 말한 그대로다. 〔12〕 그렇지만 '철학'[63]이라는 말을 맨 처음으로 사용하고 자신을 철학자[64]라고 부른 최초의 사람은 피타고라스였다.[65] 이는 (폰토스[66] 사람 헤라클레이데스[67]가 《숨이 끊어진 것에 관하여》에서 말하는 것에 따르면) 피타고라스가 시퀴온의 참주[68] (또는 플리우스[69]의 참주) 였던 레온과 시퀴온에서 대화하면서, 신 이외에 누구도 지혜롭지 않다고 말한 데서 연유한다고 한다. 오래전에는 철학을 지혜라고 부르

---

61) 아리스타고라스(Aristagoras)는 밀레토스의 정치가인 듯하다. 이 사람에 대해 2권 72절에서 다시 언급되고 있다.

62) 철학의 발견은 이집트인들이 아니고 이민족이라는 것이다.

63) 어원적으로 '철학'은 '지혜에 대한 사랑'(philosophia)이다.

64) '철학'의 어원이 '지혜에 대한 사랑'이듯이 '철학자'는 어원적으로 '지혜를 사랑하는 자'이다.

65) 이 점은 클레멘스의 《학설집》(Strom), i. 61에서도 확인할 수 있다. 이어서 8권 1~20절에서 피타고라스의 생애가 논의되고 있다.

66) 폰토스(Pontos)는 흑해의 남쪽 해안지대이다.

67) 헤라클레이데스(Herakleidēs)는 흑해 지방 출신으로 기원전 388~310년 활약했던 철학자이며, 여러 방면에 관심을 가졌다. 플라톤의 아카데미아학파의 일원이었다.

68) 참주(tyrannos)는 물려받은 왕위의 형태와 같이 정통성을 갖지 못하고 정권을 잡은 자를 이른다.

69) 플리우스(Phlious)는 펠로폰네소스 반도에 자리한 도시다.

고, 그 지혜를 장담하는 자를 혼의 정점에서 완전함에 도달한 자라는 의미에서 지혜로운 자[70]라고 불렀으나 이는 너무 섣부른 것이었고 오늘날은 지혜를 소중히 하는 사람(aspazomenos)이 철학자이다. 그러나 과거에는 지혜로운 자들도 소피스트[71]라고 불렸으며 시인들 역시 그렇게 불렀다. 그래서 크라티노스[72]는 《아르킬로코이》에서 호메로스와 헤시오도스를 찬양하기 위해 그들을 소피스트라고 부른다.

〔13〕 지혜로운 자라 여겨졌던 사람들은 탈레스, 솔론, 페리안드로스, 클레이오불로스, 킬론, 비아스, 피타코스다. 사람들은 이들에다 스퀴티아[73] 사람인 아나카르시스, 켄 사람인 뮈손, 쉬로스[74] 사람인 페레퀴데스, 크레타 사람인 에피메니데스를 덧붙이기도 한다. 어떤 사람들은 참주인 페이시스트라토스를 보태기도 한다.[75] 지혜로운 자에 대해서는 이만큼 해두자.[76]

---

70) '지혜를 사랑하는 자'(philosophos)를 '철학자'라고 옮긴 것과 반대로 여기서는 '지혜로운 자'(sophos)라는 말을 살리고 기존의 '현자'라는 번역은 숨겼다. 현재 익숙한 표현으로 옮기기 위해서 그런 것인데, 다만 '7현인'이라는 말은 워낙 익숙해 그런 경우에만 '지혜로운 자' 대신 '현자'라고 옮겼다.

71) 소피스트란 말의 의미는 '지혜로운 사람'이다. 플라톤은 이 말을 진리를 추구하는 사람보다는 개인적 이익을 구하기 위해 수사술을 사용하는 사람에 대해 경멸적으로 사용했다.

72) 크라티노스(Kratinos)는 기원전 5세기에 활동했던 칼리메데스의 아들로 아리스토파네스, 에우포리스와 더불어 초기 희극(古喜劇) 3대 작가 중 한 사람이다.

73) 스퀴티아(Skythia)는 흑해 북쪽의 초원지대. 이곳에 사는 이란계 사람들을 고대 그리스인들은 스퀴티아인이라 불렀다.

74) 쉬로스(Syros)는 에게해 중앙에 있는 퀴클라데스 제도에 속하는 섬이다.

75) 1권 122절 참고.

76) 알렉산드리아의 클레멘스는 《학설집》, i. 59에서 지혜로운 자(현인)의 후보자로 아르고스(Argos) 출신 아쿠실라오스(Akousilaos)를 포함시킨다. 그러나 페이시스트라토스에 대한 언급은 없다.

철학은 두 가지 기원을 가진다. 하나는 아낙시만드로스에서 시작되는 것이고, 다른 하나는 피타고라스에게서 시작되는 것이다. 아낙시만드로스는 탈레스의 제자이고, 피타고라스는 페레퀴데스에게서 가르침을 받았다. 한쪽은 이오니아학파77)라고 불렸는데, 그것은 탈레스가 이오니아 지역에 있는 밀레토스 사람으로서 아낙시만드로스를 가르쳤기 때문이다. 피타고라스에게서 시작된 다른 한쪽은 이탈리아학파라고 불렸는데, 그것은 피타고라스가 가장 오랜 동안 이탈리아에서 철학활동을 했기 때문이다.

〔14〕 이오니아학파는 클레이토마코스, 크뤼시포스와 테오프라스토스로 끝나고, 이탈리아학파는 에피쿠로스에서 끝난다. 78) 이오니아학파의 계보는 탈레스에서 아낙시만드로스로, 아낙시만드로스에서 아낙시메네스로, 아낙시메네스에서 아낙사고라스로, 아낙사고라스에서 아르켈라오스로, 아르켈라오스에서 소크라테스로 이어지는데, 소크라테스는 윤리학을 철학에 도입한 사람이다. 또 소크라테스에서 옛 아카데미아 학원의 창시자인 플라톤과 그 밖의 다른 소크라테스학파 사람들에게로 이어지고, 다시 플라톤에서 스페우시

---

77) 이오니아 지역은 지금의 터키 아나톨리아 서쪽 해안의 중심부에 위치한다. 히타이트 왕국 이후 기원전 12세기경부터 그리스인들이 이곳에 정착하기 시작했다.

78) 이 대목에서 디오게네스 라에르티오스는 이 책에서 다루게 될 철학자들의 전기와 사상에 대한 전체적인 서술 순서와 방향, 그리고 그 계획을 밝히고 있다. 그래서 그는 여러 학파의 계보를 정리하고 있는 것이다. 여기서 "… 에서 끝난다"는 말은 학파가 그 철학자에게서 끝나 더 이상 존속하지 않는다는 의미로 받아들여서는 안 되고, 단지 그 학파에 대한 자신의 설명이 바로 그 지점에서 멈춘다는 것을 의미하는 것으로 받아들여야 한다.

포스와 크세노크라테스로, 크세노크라테스에서 폴레몬으로, 폴레몬에서 크란토르와 크라테스로 이어지고, 크라테스에서 중기 아카데미아 학원을 연 아르케실라오스로, 아르케실라오스에서 신(新) 아카데미아 학원의 철학을 펼친 라퀴데스79)로 이어지고, 다시 라퀴데스에서 카르네아데스와 클레이토마코스로 이어져, 마침내 이 계보는 클레이토마코스로 끝난다. 80)

〔15〕 다음과 같이 크뤼시포스로 끝나는 다른 계보도 있다. 그것은 소크라테스에서 안티스테네스로, 안티스테네스에서 견유학파인 디오게네스로, 디오게네스에서 테베 사람인 크라테스로, 크라테스에서 키티온81) 사람인 제논으로, 제논에서 클레안테스로, 클레안테스에서 크뤼시포스로 이어진다. 또한 다음과 같이 테오프라스토스로 끝나는 계보도 있다. 그것은 플라톤에서 아리스토텔레스로, 아리스토텔레스에서 테오프라스토스로 이어진다. 어쨌든 이오니아 학파는 이와 같은 방식으로 끝난다. 82)

이탈리아학파는 다음과 같은 계보로 이어진다. 페레퀴데스에게서 피타고라스로, 피타고라스에서 그의 아들 테라우게스로, 테라우게스에서 크세노파네스로, 크세노파네스에서 파르메니데스로,83) 파르

---

79) 이 책의 1권 19절과 4권 59~61절에서도 이와 같은 내용이 반복되어 언급된다. 그러나 섹스투스 엠피리쿠스는 《퓌론 철학의 개요》, 1권 220절에서 3기, 즉 신아카데미아는 카르네아데스에게서 시작된다고 말한다.

80) 여기까지의 목록은 4권까지에서 다루어지고 있다.

81) 키티온(Kition)은 퀴프로스섬 안에 있는 도시로서 오늘날은 라르나카(Larnaka)라 불린다. 페니키아 사람들이 이 섬을 식민할 때 중심지 역할을 했던 곳이다.

82) 이 대목에서 언급된 계보는 다소 뒤죽박죽이긴 하지만 5~7권에서 다뤄진다.

83) 여기까지의 계보(피타고라스~파르메니데스)는 크세노파네스와 파르메니데

메니데스에서 엘레아 사람인 제논으로, 제논에서 레우키포스로, 레우키포스에서 데모크리토스로 이어진다. 데모크리토스의 제자들이 많지만 그 가운데 이름을 들라고 하면 나우시파네스〔와 나우퀴데스84)〕가 있다. 그리고 이 사람의 제자인 에피쿠로스로 이어진다. 85)

〔16〕이 철학자들 가운데 어떤 사람들은 독단론자86)였지만, 어떤 사람들은 회의론자87)였다. 어떤 실재(*pragma*)들과 관련하여 그 실재들이 파악될 수 있다(*katalēptos*)고 보고 자신의 주장을 내세우는 사람들은 모두 독단론자이고, 그 실재들과 관련하여 그 실재들이 파악될 수 없다(*akatalēptos*)고 보고 자신의 판단을 유보하는 사람(*ephektikos*)들은 모두 회의론자이다. 그리고 철학자들 가운데는 저

스의 생애와 일치하지 않는다. 9권 18, 21절에서는 크세노파네스가 아닌 파르메니데스가 피타고라스의 학생으로 되어 있다. 여기까지는 이 계보의 연결이 연속적인 것처럼 설명되나, 9권 및 8권 91절에 따르면 연속적인 것이 아니라 독자적으로 발생한 사상가로서 간주된다.

84) 아펠트는 나우퀴데스를 나우시파네스의 다른 표현으로 간주하며, 딜스와 크란츠, 그리고 도란디는 삭제했다. 나우시파네스는 테오스 사람으로, 기원전 325년경에 살았던 것으로 추정되는 인물이다. 데모크리토스와 퓌론의 제자였으며 연설술 교사로 유명했다고 한다.

85) 이 대목의 계보는 나우시파네스(Nausiphanēs)를 제외하고 8~10권에서 논의되고 있다.

86) 번역어가 궁색해서 '독단론자'라고 했으나 후대의 부정적 평가와는 다소 거리가 있다. 헬레니즘 철학의 맥락에서 'dogmatikoi'는 회의론자들과는 달리 '자신의 이론을 내세우는 자'라는 뜻이다. 9권 69~70절 참고. 독단론자와 회의론자의 구분은 회의론자 자신들에 의해 강조되었다. 회의론자는 주로 스토아주의자들인 독단론적 철학을 논박하는 데 전념했다.

87) 독단론자와 마찬가지로 '회의론자' 역시 오늘날 어감과는 다소 차이가 있다. 이들은 적극적으로 지식의 가능성을 부인한다기보다 지식을 추구하는 자들로서 객관적 지식의 성립에 대해 유보적 태도를 취하는, 즉 판단을 유보하는 자들이다.

술을 남긴 사람들도 있고, 전혀 저술을 하지 않은 사람들도 있다. 어떤 사람들에 따르면, 저술을 남기지 않았던 사람으로는 소크라테스, 스틸폰,[88] 필리포스, 메네데모스, 퓌론, 테오도로스,[89] 카르네아데스,[90] 브뤼손 등이 있다. 또 다른 사람들에 따르면, 피타고라스와 키오스 사람인 아리스톤[91]도 약간의 편지를 제외하면 저술을 남기지 않았다고 한다. 각기 하나의 저술만 남긴 사람들도 있다. 가령, 멜리소스, 파르메니데스, 아낙사고라스 등이 그렇다. 반면 제논[92]은 많은 저술을 했고, 크세노파네스[93]는 그보다 더 많은 저술을 했으며, 데모크리토스는 그보다 더 많이, 아리스토텔레스는 그보다 더 많이, 에피쿠로스는 그보다 더 많이, 크뤼시포스는 그보다 더 많이 저술했다.

〔17〕철학자들 가운데 어떤 학파는 그들이 살던 나라에서 그 이름을 따왔다. 예를 들면, 엘리스학파,[94] 메가라학파,[95] 에레트리아학파,[96] 퀴레네학파가 그렇다. 다른 어떤 학파는 가르쳤던 장소에서 그 이름이 유래하였다. 예를 들면, 아카데미아학파와 스토아학파가 그렇다. 또한 소요학파의 경우처럼 우연한 상황으로 그 이름이 붙은 학파도 있다. 견유학파[97]처럼 조롱(skōmma) 삼아 붙은 것도 있

---

88) 2권 120절에는 대화편의 제목들이 나온다.

89) 2권 98절에는 《신들에 대해》라는 저서가 나온다.

90) 4권 65절 참고.

91) 아리스톤(Aristōn)은 스토아학파 철학자이다. 이 책 7권 160절 참고.

92) 엘레아(Elea) 출신의 제논이다.

93) 크세노크라테스(Xenokratēs)와 혼동한 것일까?

94) 엘리스(Ēlis)는 펠로폰네소스 반도 북서쪽에 위치한 지역명이자 도시명이다.

95) 메가라(Megara)는 코린토스와 엘레우시스 사이의 이스트모스 쪽에 있는 지역이다. 그리스 식민도시로 시켈리아(시칠리)의 동쪽 해안에 있다.

96) 에레트리아(Eretria)는 아테네 동쪽 방향에 위치한 에우보이아섬에 있는 도시다.

다. 행복론자98) 들의 경우처럼 그들의 기질에서 유래해 붙여진 자들
도 있다. 다른 철학자들은 진리를 사랑하는 자들(*philalētheis*) , 99) 논
박론자들, 100) 유추론자들의 경우처럼 그들의 생각으로부터 이름 붙
여진 경우도 있다. 또 다른 어떤 학파들은 소크라테스학파, 에피쿠
로스학파 그리고 이와 비슷한 학파의 경우처럼 그들의 선생 이름으
로부터 유래한 학파도 여러 개가 있다. 어떤 사람들은 자연에 관한
문제에 몰두하기 때문에 자연학자라고 불리고, 어떤 사람들은 윤리
에 관한 문제에 몰두하기 때문에 윤리학자라고 불린다. 한편, 말의
세심한 사용에 몰두하는 자들은 변증론가(*dialektikos*) 라고 불린다.

〔18〕 철학에는 세 분야가 있다. 자연학, 윤리학, 변증론이 그것이
다. 우주와 그 안에 있는 것들에 관한 분야가 자연학이고, 인생과 우리
와 관계있는 것들에 관해 관심을 가지는 분야가 윤리학이다. 반면에
이들 두 분야에 사용되는 논변을 훈련하는 분야가 변증론이다. 아르켈
라오스 시대까지는 자연학이 중심이었다. 101) 윤리학은 앞서 말했던
것처럼102) 소크라테스에서 시작했다. 변증론은 엘레아의 제논에게
서 유래하였다. 윤리학에는 10개의 학파가 있었다. 즉, 아카데미아학

---

97) 견유학파(犬儒學派, *Kynikos*) 는 그들의 권하는 삶의 방식이 개들(*kynēs*) 과
　　다를 바 없다는 뜻에서 붙여진 이름이다. 그들은 기존의 관습과 도덕을 거부
　　하고 아무데서나 먹고 생활했다.
98) 행복론자(*Eudaimonikos*) 이름의 유래와 학파에 대해서는 9권 58~60절 참고.
　　이 말은 eu (좋다) 와 daimōn (신령) 이 결합된 말로 행복한 상태를 의미한다.
99) 이들에 대해서는 달리 알려진 바가 없다.
100) 소크라테스의 추종자들을 지시하는 것 같다. 다른 사본에는 절충주의자들
　　 (*eklektikoi*) 로 나온다. 아래의 21절 참고.
101) 2권 16절 참고.
102) 1권 14절 참고.

파, 퀴레네학파, 엘리스학파, 메가라학파, 견유학파, 에레트리아학
파, 변증론학파, 소요학파, 스토아학파, 에피쿠로스학파 등이다.

〔19〕이 학파들의 창시자는 다음과 같다. 옛 아카데미아학파의 창
시자는 플라톤이고, 중기 아카데미아의 창시자는 아르케실라오스이
고, 신아카데미아의 창시자는 라퀴데스이다. 퀴레네학파의 창시자
는 퀴레네[103] 사람인 아리스티포스이고, 엘리스학파의 창시자는 엘
리스 사람인 파이돈이고, 메가라학파의 창시자는 메가라 사람인 에
우클레이데스이고, 견유학파의 창시자는 아테네 사람인 안티스테네
스이고, 에레트리아학파의 창시자는 에레트리아 사람인 메네데모스
이고, 변증론학파는 칼케돈[104] 사람인 클레이토마코스, 소요학파
는 스타게이라[105] 사람인 아리스토텔레스가 창시자이고, 스토아학
파의 창시자는 키티온 사람인 제논이다. 또 에피쿠로스학파는 에피
쿠로스 자신으로부터 그 이름을 따서 불렸다.

그러나 히포보토스[106]는 《철학 학파들에 관하여》라는 책에서 9개
의 학파 내지 분파(*hairesis*)[107]가 있다고 말하고 있다. 즉, 그것들은

---

103) 퀴레네(Kyrēnē)는 아프리카 해안(오늘날의 리비아)에 위치한 고대 그리스
    식민도시다.
104) 카르타고(Carthago)를 말한다.
105) 스타게이라(Stageira)는 마케도니아 지방의 칼키디케 반도 동쪽에 위치한
    도시다.
106) 히포보토스(Hippobotos)는 기원전 200년경에 활동한 철학자와 철학 학파
    에 대한 역사가이다. 1권 42절에는 《철학자들의 목록》이란 저작이 언급되
    고 있다. 2권 88절에도 같은 저작이 언급되고 있다.
107) 고전기의 그리스에는 공식적으로 설립된 '학교'는 없었다. 같은 생각을 공유
    한 철학자들이 공동의 지도자 밑에 모여 특정한 장소에서 회합을 가졌다.
    이들은 학문적 이론뿐 아니라 공통의 삶의 방식을 공유했다.

첫째 메가라학파, 둘째 에레트리아학파, 셋째 퀴레네학파, 넷째 에 피쿠로스학파, 다섯째 안니케리스학파, 108) 여섯째 테오도로스학 파, 일곱째 제논학파 혹은 스토아학파, 여덟째는 옛 아카데미아학 파, 아홉째 소요학파 등이다.

〔20〕그러나 그는 견유학파, 엘리스학파, 변증론학파에 대해서는 말하지 않는다. 사실 퓌론학파에 대해서는 대다수의 사람들 역시 그들 의 학설이 확실치 않다는 이유로 학파에 포함시키지 않는다. 하지만 어떤 사람들은 그들이 어떤 점에서는 학파이지만 다른 어떤 점에서는 학파가 아니라고 말한다. 하지만 그들을 학파로 보는 이유는 현상을 다루는 데 어떤 원칙(logos)을 따르거나 따르는 것으로 보이는 자들을 우리는 학파라고 부르기 때문이라는 것이다. 바로 그 점에서 우리가 회의주의(퓌론주의)를 학파라 불러도 이치에 어긋나지 않을 것이다. 그러나 만일 우리가 '학파'를 '일관성(akolouthia)을 지닌 학설(dogma) 에 대한 편향'으로 생각한다면, 그것을 더 이상 학파라고 부를 수 없을 것이다. 109) 왜냐하면 그것은 학설을 가지고 있지 않기 때문이다.

철학의 기원과 계보 그리고 철학에는 어떤 분야가 있고 몇 개의 학 파가 있는지에 대해서는 이 정도로 해두기로 하자.

〔21〕한마디 더 하자면, 절충주의학파 중 하나가 알렉산드리아

---

108) 알렉산드리아의 클레멘스는 자신의 책(《학설집》, ii. 130)에서 어떤 저자의 방식을 따라서 안니케리스(Annikeris, 기원전 300년경)의 추종자들을 퀴레 네학파로부터 분리하였다. 그 저자는 아스카론의 안티오코스(Antiochos ho Askalōnio)일 것이다. 스트라본(X. 837)에게서도 같은 견해를 지지하는 문구를 찾아볼 수 있다(Geog, 17. 3. 22. 12~17. 3. 22. 15).

109) 여기서 디오게네스 라에르티오스의 학파와 학설(도그마)에 대한 구별은 섹스 투스 엠피리쿠스(《퓌론주의 개요》, 1권 16~17절)의 구분을 따른 것이다.

사람인 포타몬110) 에 의하여 도입된 것은 그리 오래되지 않았다. 111)
그는 각각의 학파에서 여러 학설들을 뽑아내서 절충했다. 그 자신이
《철학의 초보적 가르침》에서 말하는 바처럼 그는 진리의 기준으로
다음과 같은 것을 내세웠다. 그 하나는 판단을 하는 것, 즉 영혼의
지도적 부분(hēgemonikon) 이고, 또 다른 하나는 판단의 수단이 되는
것, 가령 최대한 정확한 감각표상이다. 112) 또한 그가 우주(holon) 의
원리로 삼았던 것은 질료와 작용인, 성질과 장소이다. 즉, '그것으
로부터', '그것에 의하여', '어떤 것인가', '어디에 있는가' 하는 것이
원리들이기 때문이다. 또한 그는 모든 것이 그것들로 환원되는 궁극
목적은, 신체에 본성적으로 지니고 있는 것들과 외적인 것들을 동반
하는 모든 덕에 따른 완전한 삶이라고 했다. 113)

이제 철학자들 자신114) 에 대해서 말해야만 한다. 탈레스에 관한
것이 첫 번째다.

---

110) 포타몬(Potamōn) 은 아우구스투스황제 통치시대(기원전 31년~기원후 14년)
에 활약했던 그리스 철학자로, 플라톤과 아리스토텔레스 철학 및 스토아 철학
의 종합을 시도했다.

111) 포타몬은 기원전 1세기에 살았다. 이 책의 저자는 최소한 두 세기 이후의 인물
이다. 그렇다면 '오래되지 않았다' 혹은 '최근에'(pro oligou) 라는 표현은 불분
명하다.

112) '지도적 부분'과 '감각표상'은 스토아학파의 영혼론과 인식론의 핵심 개념이
다. 이에 대해서는 이 책의 7권 52절과 42절을 참고.

113) 모든 실재물의 성격은 이 네 가지 원리에 의존한다는 것이다. 질료와 작용은
아리스토텔레스의 4원인에 속하는 것이고, 성질과 장소는 아리스토텔레스의
범주이다. 궁극목적(telos) 은 아리스토텔레스가 윤리학에서 삶의 목적을 논
할 때 사용하는 개념이다. '외적인 것들'이란 외적인 좋음으로 부, 명예, 지
위와 같은 것들이다.

114) 철학자와 지혜로운 자의 구별에 대해서는 1권 122절 해당 각주 참고.

라파엘로(Raffaello Sanzio), 〈아테네 학당〉(*School of Athens*), 1510~1511.

7현인

1. 탈레스

〔22〕 탈레스는 헤로도토스[1] 와 두리스[2] 그리고 데모크리토스가 말하고 있듯이[3] 엑사뮈에스를 아버지로 하고 클레오불리네를 어머니로 해서 태어났는데, 이들은 텔리데스[4] 의 후손이다. 이 가문은 포이니케 사람들로 카드모스[5] 와 아게노르의 혈통을 이어받은 자들 가운데 가장 명문 집안이었다. 플라톤이 말하는 바처럼[6] 〈그는 7명의

---

1) 《역사》, 1권 170절.
2) 사모스섬 출신의 역사가로 테오프라스토스의 제자로 알려져 있다.
3) DK68B115a 참고. 데모크리토스에 대해서는 9권 34∼49절에서 논의된다.
4) 바이와터(I. Bywater)는 '넬리다이 가문'(Nēlidōn)으로 읽고 있다.
5) 카드모스(Kadmos)는 티투스(포이니케의 항구도시)의 신화상의 왕인 아게노르의 아들이자 에우로파의 오빠로서 보이오티아에서 테베를 건립한 사람이다. 그리스에 문자를 들여온 사람이다. 이집트 출신으로 알려져 있다. 그렇다면 탈레스가 포이니케인이란 말인가? 하지만 그의 부모는 그렇지 않다.
6) 《프로타고라스》, 343A 참고.

지혜로운 자들 중 한 사람이었다. 〉7) 아테네에서 다마시아스가 최고행정관을 지낼 때8) 그가 처음으로 지혜로운 사람이라 불렸으며, '지혜로운 자'라는 호칭이 7명의 지혜로운 자들에게도 붙은 때도 그때였다고 팔레론 사람인 데메트리오스9)가 《최고행정관들의 목록》에서 기술했다. 그가 밀레토스에서 시민권을 얻었던 것은 포이니케로부터 추방당한 네일레오스10)와 더불어 그곳에 왔을 때였다. 그러나 대부분의 사람이 말하기로는 그는 토박이 밀레토스 사람이고 빛나는 가문 출신이었다.

〔23〕 그는 정치활동에서 물러난 후에 자연에 관한 연구에 종사했다. 어떤 사람들에 따르면 그는 한 권의 저서도 남기지 않았다. 왜냐하면 그가 쓴 것으로 되어 있는 《항해용 천문 안내서》는 사모스 사람인 포코스의 작품이라고 전해지기 때문이다. 11) 칼리마코스12)는 그

---

7) 이 문장은 원문의 파손을 보충하려고 편집자가 보충한 것이다.

8) 기원전 582/581년. 과거 사건의 연대를 기록하는 숫자 체계가 부족했기 때문에 저자는 매년 선출되는 최고행정관인 아르콘(archōn)을 기점으로 삼았다.

9) 데메트리오스(Dēmētrios)는 기원전 350~280년에 활동했던 아테네의 정치가이면서 철학자. 소요학파의 일원으로 아리스토텔레스의 제자이고, 테오프라스토스의 친구였다. 마케도니아와 친교가 있어서 기원전 317~307년 아테네를 통치했지만, 데메트리오스 1세에게 쫓겨나 알렉산드로스로 이주해서 프톨레마이오스 1세의 개인비서로 일하면서, 여러 방면과 관련된 약 45권의 저서를 남겼다(5권 75~85절 참고).

10) 밀레토스의 신화적 창건자.

11) 플루타르코스, 《퓌티아의 신탁에 관하여》, 18권, 402e(DK11B1) 참고. 포코스(Phōkos)는 천문학자이며 자연학자라고 하는데 전혀 알려지지 않은 인물이다.

12) 퀴레네(Kyrēnē) 출신의 알렉산드리아 사람으로 문헌학자, 문예비평가, 시인이다. 기원전 305~240년 헬레니즘 초기에 활동. 주요 작품으로는 《원인》(Aitia), 《이암보스 시집》(Iambos), 《비문시》(碑文詩) 등이 전해진다. 칼리마코스에 관한 좀더 자세한 논의는 "칼리마코스에게서의 유희에 대하여"

탈레스

를 작은곰자리13) 발견자로 알고, 이를 그는 《이암보스14) 시집》에
서 다음과 같이 말한다.

특히 그는 큰곰자리 안의 작은 별들을 관측했다고 한다.
포이니케 사람들이 그것에 의지해 항해하는 별들15)을.

를 보라(부르노 스넬, 김재홍 역, 《정신의 발견》, 까치, 1994).

13) 이 별들은 우리에겐 북두칠성으로 잘 알려져 있다. 아래 시에서 보는 것처
   럼. 탈레스가 이 별들을 '발견한' 것은 아니고 항해할 때 유용한 별이라는
   것을 알았던 것 같다.

14) 이암보스(Iambos)는 서정시의 대표적 운율 중 하나로 일상어의 운율과 닮았
   다. '이암보스'의 동사형에 '풍자하다'란 뜻이 있는 것처럼, 이 운율은 풍자
   의 내용을 담은 시에 많이 사용되었다.

15) 그리스 사람들은 큰곰자리에 따라서 항해한 반면에, 포이니케 사람들은 작
   은곰자리에 의지해 항해했다(오비디우스, 《슬픔들》(Tristia), iv. 3. 1, 2)

그러나 다른 사람들에 따르면, 그는 《지점(至點)16)에 관하여》와 《분점(分點)17)에 관하여》라는 단 두 권의 책만을 저술했는데, 그 밖의 문제들은 파악할 수 없다고 생각했다고 한다. 그러나 어떤 사람들이 말하는 것에 따르면, 그는 천문학 연구를 했던 첫 번째 사람일 뿐만 아니라 태양의 식(蝕)과 지점(至點)을 예측했던 사람으로 보인다.18) 이 점에 대해서는 에우데모스가 그의 《천문학사》에서 말하는 것과 같다.19) 바로 이것 때문에 크세노파네스와 헤로도토스20)가 그를 경이롭게 여기는 것이다. 이에 대해서는 헤라클레이토스도, 데모크리토스도 증언했다.21)

〔24〕 어떤 사람들은 그가 영혼이 불사한다는 것을 주장한 최초의 사람이었다고도 말한다. 시인인 코이릴로스22)도 그중 한 사람이다.

---

16) 동지와 하지.

17) 춘분과 추분.

18) 헤로도토스도 탈레스가 일식을 예측했다고 한다. 실제로 낮이 밤으로 변하자 뤼디아인들과 메디아인들은 싸움을 멈췄다고 한다(헤로도토스, 《역사》, 1권 70절). 천문학자들은 이 일이 기원전 585년에 소아시아에서 일어났다고 확증한다. 그러나 고대 천문학으로서는 일식이 일어나는 날짜까지는 예측할 수 없었을 것이다.

19) 에우데모스(Eydēmos)는 아리스토텔레스의 제자로 과학사가로 알려져 있다. 그의 《천문학사》의 내용은 단편적으로 스뮈르나의 테온(Theōn)에 의해 전해진다.

20) 《역사》, 1권 74절.

21) DK22B38, DK68B115a 참고. 크세노파네스에 대해서는 9권 18~20절, 헤라클레이토스에 대해서는 9권 1~17절, 데모크리토스에 대해서는 9권 34~49절에서 논의하고 있다.

22) 코이릴로스(Choirilos)는 사모스섬 출신으로 서사시인으로 알려져 있다. 헤로도토스의 친구로 1, 2차 페르시아와의 전쟁을 소재로 《페르시아 전쟁 이야기》(*Persika*)라는 책을 썼다고 한다.

어떤 사람들에 따르면 그가 맨 처음으로 지점에서 지점까지의 태양의 궤도를 발견했으며, 그가 최초로 태양의 크기가 태양의 궤도원의 720분의 1과 같으며, 〈그것은 마치 달의 크기가 달의 궤도원의 720분의 1인 것과 마찬가지라고〉[23] 주장했다고 한다. 또한 한 달의 마지막 날을 '30일'이라고 부른 것도[24] 그가 맨 처음이다. 어떤 사람들이 말하는 것처럼, 그는 자연에 관하여 논한 최초의 사람이었다.

아리스토텔레스[25] 와 힙피아스[26] 는 그가 자석과 호박(琥珀)을 증거로 해서 무생물에도 영혼을 부여했다고 보고했다. 또 팜필레[27] 는 그가 이집트 사람들에게서 기하학을 배운 후[28] 직각삼각형을 원에 내접시킨 최초의 사람이었고, 그것으로 해서 한 마리의 수소를 제물로 바쳤다고 보고했다.

〔25〕 (그러나 이것은 피타고라스의 이야기라고 말하는 사람들[29] 도 있

---

23) 편집자가 삽입한 것이다.

24) 호칭 자체가 중요하다기보다 달력에서 한 달을 30일로 정한 것이 중요한 것으로 보인다.

25) 《영혼론》, 1권 2장, 405a19.

26) 힙피아스(Hippias) 는 기원전 5세기 중반에 활동한 엘리스 출신의 소피스트이다. 플라톤의 대화편 중에 그의 이름을 딴 대화편이 있다.

27) 팜필레(Pamphile) 혹은 팜필리아(Pamphila) 는 에피다우로스 출신이다. 문법가 소테리데스(Sōteridēs) 의 딸로 네로황제 시대에 로마에서 활약했던 여성 역사가로 고대인의 전기와 일화, 연대기 등에 흥미를 가졌다. 그녀의 《역사연구 기록집》(Historika Hypomnēmata) 은 헤라클레이데스, 소티온, 헤르미포스 등을 자료로 삼은 것이고, 나중에 파보리누스(Favorrinus) 가 이것을 이용했다.

28) 기하학(Geōmetrikē) 은 땅(gē) 과 측정술(metrikē) 이 결합되어 생긴 말이다. 이것은 이집트에서 땅을 분배하는 수단으로서 고안된 학문이다(헤로도토스, 《역사》, 2권 109절).

29) 8권 12절 참고. 피타고라스에 대해서는 8권 1~50절에서 논의된다.

고, 그들 중에는 산술가 아폴로도로스30)도 포함된다. 칼리마코스가《이암보스 시집》에서 프뤼기아31) 사람인 에우포르보스32)가 발견했다고 말하는 것들, 즉 '부등변삼각형'과 기하학 이론33)과 관련되는 모든 것들을 피타고라스가 최대한 발전시켰다는 것이다.) 34)

또한 탈레스는 정치적 사안에서도 매우 뛰어난 조언을 했던 사람으로 보인다. 35) 예컨대 크로이소스가 밀레토스 사람들에게 사자(使者)를 보내 동맹을 청했을 때36) 그는 그것을 막았다. 그렇게 했기 때문에

---

30) 고대 세계와 관련된 인명사전(Artemis 판, Der Kleine Pauly 사전)에는 여러 사람(9~13명)의 아폴로도로스가 있는데 정확히 누구를 가리키는지 불분명하다(8권 12절 참고).

31) 프뤼기아(Phrygia)는 지금의 소아시아 지역에 있던 도시이다.

32) 에우포르보스(Euphorbos)는 트로이 전쟁에서 싸웠던 신화적 전사로 피타고라스가 죽고 나서 환생한 사람 중에 하나이다(8권 4절 및 5절 참고).

33) 즉, 곡선과 직선을 포함하는 선분(*grammai*)과 관련된 이론을 말한다.

34) 이 구절에서 '이 사람'(*houtos*)이 누구인지는 다소 애매하다. 바로 앞에서는 피타고라스 이야기를 했기 때문에 문맥상 피타고라스가 맞을 수도 있지만, 피타고라스 이야기를 전한 아폴로도로스가 이 이야기도 전하고 있다는 명시적 표현이 원문에는 없기 때문이다. 그래서 전체 문맥으로 '이 사람'을 탈레스로 본 번역자도 있다(Yonge, *The Lives and Opinions of Eminent Philosophers*, 25절 참고). 그러나 '에우포르보스'가 호메로스가 그리는 트로이 전쟁에 나오는 영웅이고, 피타고라스 자신이 에우포르보스의 환생이라고 한 전거가 있기 때문에 에우포르보스의 발견을 발전시킨 사람은 피타고라스로 보는 것이 맞겠다(8권 4절). 또한 그렇기 때문에 이 이야기를 전한 사람은 아폴로도로스가 맞는 것으로 보인다. 따라서 번역도 그에 맞췄다. 디오게네스 라에르티오스는 많은 전거를 활용하는 탓인지 인용 표시를 빠뜨린 경우가 많다.

35) 이오니아 국가들의 통합체를 테오스에 둘 것을 제안하기도 했다(헤로도토스, 《역사》, 1권 170절 참고)

36) 페르시아의 퀴로스 대왕과 뤼디아의 크로이소스 왕이 전쟁을 벌이면서 당시 자신의 지배권 아래 있었던 밀레토스에 크로이소스 왕이 지원군을 요청한 일화다. 결국 크로이소스 왕이 패하고 뤼디아는 멸망했지만, 지원군을 파병하지 않은 점을 인정해서 퀴로스는 밀레토스를 파괴하지 않았다. 이 전쟁에서 탈레

나중에 퀴로스가 이겼을 때 그가 나라를 구한 셈이 되었다. 그러나 헤라클레이데스는 탈레스 자신이 나랏일로부터 초연해서 한 개인으로서 홀로 고독하게 살았다는 말을 한 것으로 보고했다. 37)

　〔26〕 어떤 사람들에 따르면 그는 결혼도 하고 퀴비스토스라는 아들도 얻었다고 하지만, 다른 사람들에 의하면 그는 평생을 독신으로 지냈으며 그의 여동생의 아이를 자식으로 삼았다고 한다. 그리고 왜 아이를 낳지 않느냐는 질문을 받았을 때, "아이를 사랑하기 때문에"라고 대답했다는 것이다. 또한 그의 어머니가 그를 억지로 결혼시키려 했을 때, "아직 결혼할 때가 아니다"라고 대답했지만, 그 후 세월이 지나고 나서 그의 어머니가 다시 강하게 재촉하자 "이미 결혼할 때가 지났다"라고 대답했다는 것이다. 로도스 사람인 히에로뉘모스38)는 《잡다한 기록들》 2권에서 탈레스는 부자 되기가 쉽다는 것을 보여 주고자 올리브가 풍작이 되리라는 것을 미리 알고 올리브기름 짜는 기계를 빌려둠으로써 막대한 재산을 모았다는 이야기를 전한다. 39)

　〔27〕 탈레스는 모든 것의 근원을 물이라고 상정했다. 그리고 세계

스는 크로이소스 왕을 도와 강의 수로를 돌려놓아 군대가 강을 건너게 했다고 한다(헤로도토스, 《역사》, 1권 75절). 디오게네스 라에르티오스는 이 점을 몰랐던 것 같다.

37) 폰토스 사람 헤라클레이데스가 쓴 대화편 안에서 탈레스가 등장해 한 말이다.

38) 히에로뉘모스(Hierōnymos)는 로도스 출신으로 기원전 3세기(290~230년) 경에 활동했던 문학사가이면서 아리스토텔레스의 철학을 이어받은 소요학파 사람이다. 나중에 이 입장을 떠나서 절충주의학파를 만들었다(이 책의 5권 68절 참고).

39) 올리브기름 짜는 기계를 사용하는 철이 아닐 때 그 기계를 대량으로 헐값에 빌려두었다 풍년이 들자 비싼 값에 재임대해서 큰돈을 벌었다는 이야기다. 이는 아리스토텔레스의 《정치학》, 1권 11장 1259a6~18에도 기록되어 있다.

는 살아 있으며 신령으로 충만해 있다고[40] 했다. 또한 그가 한 해의 계절들을 발견하고[41] 그것들을 365일로 나누었다고들 말한다.

이집트에 가서 그곳의 신관들과 함께 지낸 것을 제외하고는 그는 누구에게서도 배운 적이 없었다. 히에로뉘모스가 전하는 바에 따르면, 그는 우리의 그림자가 우리의 키와 같은 길이가 되는 때를 면밀히 관찰하여 피라미드 높이를 그 그림자에 근거해서 측정했다고 한다. 미뉘에스[42]가 말한 바에 따르면 그는 밀레토스의 참주인 트라쉬불로스[43]와 함께 살았다고[44] 한다.

어부들이 발견해서 밀레토스의 시민들이 지혜로운 자들에게 보낸 세발솥[45]에 관한 이야기는 잘 알려져 있다. 〔28〕 이오니아의 어떤 젊은이들이 밀레토스의 어부들로부터 물고기를 그물째 샀다고 한다. 그런데 끌어올린 그물에 세발솥이 있었기 때문에 그것을 둘러싸

---

40) 이 말은 기원후 1세기 저술가 아에티오스의 《학설 모음집》, I, 7. 2에 실렸다.
41) 원문의 의미가 정확하지 않은데, 사계절을 구분하는 기준을 발견했거나 제도를 도입했다는 뜻일 듯하다. 탈레스와 고대의 달력의 관계에 대해서는 P. F. O'Grady, *Thales of Miletus*, Routledge, 2002, p. 155 이하 참고.
42) 알려진 바가 없다.
43) 트라쉬불로스(Thrasyboulos)는 기원전 7세기 말과 6세기 초에 활동한 밀레토스의 참주. 그리스의 참주들은 자신의 권위를 높이기 위해 궁전에 예술가들과 현자들을 끌어들였다고 한다.
44) 아마도 양자 간에 교류가 있었다는 의미인 듯하다.
45) 세발솥(*tripous*)은 말 그대로는 삼발이인데 세 발 달린 솥이나 의자를 가리키기도 한다. 세 발 달린 솥이라고 해도 본래 다리가 붙어 있는 것도, 세 발 달린 장치 위에 그릇을 얹어 놓은 것도 다 세발솥이라 불린다. 고대 그리스에서 이 세발솥은 제의를 지낼 때 사용하거나 전쟁이나 운동경기에서 승리를 거둘 때 그것을 기념하는 상으로 주기도 했다. 델포이 신전의 무녀 퓌티아는 세 발 달린 의자에 앉아 신탁을 내렸는데, 이 의자도 'tripous'라고 불렸다. 따라서 세발솥은 신성과 영광을 상징한다.

고 다툼이 생겼다. 결국 밀레토스 사람들은 델포이로 사람을 보내
신탁을 구했다. 그때 신[46]은 다음과 같이 신탁을 내렸다.

밀레토스의 자손이여. [47] 그대들이 그 세발솥에 관하여 포이보스[48]에게
물었는가? 누가 되었든 지혜에서 모든 사람 중에서 으뜸가는 자, 그자가
이 세발솥의 주인이라 내가 이르노라.

그래서 밀레토스 사람들은 그 솥을 탈레스에게 주었다. 하지만 그
는 이것을 다른 사람에게 주고, 다른 사람은 또 다른 사람에게 주어
서 마침내 솔론의 손에 들어가게 되었다. 그런데 솔론은 신이 지혜
에서 으뜸간다고 말하면서 그것을 델포이[49]로 보냈다고 한다. 하지
만 이 일에 대해서 칼리마코스는 《이암보스 시집》에서 밀레토스 사
람인 레안드리오스[50]로부터 인용한 다른 이야기를 보고했다. 즉,
아르카디아[51] 사람인 바튀클레스라는 사람이 술잔 하나를 남기고
임종하면서, 이것을 '지혜로운 사람 가운데서도 가장 이로운 사람에
게 주라'고 당부했다. [52] 그래서 이 술잔은 탈레스에게 주어졌지만,

---

46) 델포이에서 신탁으로 유명한 신전은 아폴론 신전이었기 때문이 이 신은 아폴
   론 신이다.
47) 밀레토스는 크레타 출신 전설의 영웅 밀레토스가 세운 나라이기 때문에 그의
   이름에서 나라의 이름이 붙었다.
48) 아폴론의 별칭.
49) 델포이(Delphoi)는 그리스 본토 중앙부, 파르나소스산 남서쪽에 위치한 도시.
   많은 신전이 있으며, 특히 아폴론 신전이 신탁으로 유명한 곳이다.
50) 레안드리오스(Leandros)는 《밀레토스의 역사》를 쓴 저자인데, 또한 시퀴온,
   메가라, 사모스, 낙소스, 아르골리스, 에피로스를 위시한 여러 지방의 역사
   에 관하여 썼다고 한다. 마이안드리오스로도 알려져 있다.
51) 아르카디아(Arkadia)는 펠로폰네소스 중부 지역.

돌고 돌아 다시 탈레스에게 돌아왔다는 것이다.

〔29〕 그래서 그는 그 술잔을 디뒤마에 있는 아폴론 신전[53]에 보냈다. 칼리마코스에 따르면 그때 탈레스는 다음과 같이 말했다고 한다.

이것을 우승상으로 두 번 받은 탈레스가 나를 네일레오스의 백성[54]의
수호신[55]께 바치나니.

그러나 산문으로는 다음과 같이 쓰여 있다. "엑사뮈에스의 아들이자 밀레토스 사람인 탈레스가 델피니오스[56] 아폴론께, 그리스 사람들로부터 우승상을 두 번 받으며." 그런데 그 술잔을 이리저리 나른 사람은 바튀클레스의 아들로 튀리온이라는 사람이었다는 것은 엘레우시스[57]가 《아킬레우스에 관하여》에서, 뮌도스 사람인 알렉손[58]이 《신화 모음집》 9권에서 언급하고 있다.

그러나 크니도스 사람인 에우독소스와 밀레토스 사람인 에우안테스[59]는 다음과 같이 말한다. 크로이소스 왕의 친구였던 어떤 사람이 그리스 사람들 가운데 가장 지혜로운 사람에게 주도록 그 왕에게

---

52) '가장 지혜로운 사람'에게 선물을 준다는 이야기는 고대세계에서 흔한 것이었다.
   디오게네스 라에르티오스는 여기서 다양하게 변형된 이야기를 전해주고 있다.
53) 밀레토스에 있는 성소.
54) 네일레오스(Neileos)는 밀레토스를 정복해 그리스의 식민도시로 만든 인물이
   므로 네일레오스의 백성은 밀레토스 사람들을 가리킨다.
55) 아폴론을 가리킨다.
56) 델피니오스(Delphinios)는 포이보스와 마찬가지로 아폴론의 별칭.
57) 달리 알려진 바가 없다.
58) 달리 알려진 바가 없다.
59) 달리 알려진 바가 없다.

서 황금 술잔을 받았다. 그가 이것을 탈레스에게 주었다고 한다.

〔30〕 그리고 그 술잔은 탈레스로부터 돌고 돌아 킬론에게 왔는데, 킬론[60]이 퓌티오스[61]에게 '자신보다 지혜로운 자는 누구인가?'라고 신탁을 구했는데, 신은 "뮈손"이라고 답했다고 한다. 뮈손에 관해서는 곧 말하게 될 것이다.[62] (에우독소스 학파의 사람들이 클레오불로스 대신에 뮈손을 7명의 지혜로운 자 가운데 집어넣었으며, 플라톤은 페리안드로스 대신에 이 사람을 포함시키고 있다.[63]) 그런데 퓌티오스는 뮈손에 대해서 다음과 같이 답했다고 한다.

오이테 사람으로 켄에 사는 뮈손이라는 자가
그대보다 훨씬 현명한 마음을 갖춘 자이다.

그리고 이 신탁을 직접 물었던 사람은 아나카르시스[64]였다고 한다. 그러나 플라타이아[65] 사람인 다이마코스[66]와 클레아르코스는 그 술잔을 크로이소스가 피타코스에게 보냈고, 그렇게 돌고 돌았다고 말했다.

또한 안드론[67]은 《세발솥》이라는 작품에서 아르고스[68] 사람들

---

60) 1권 68~73절 참고.
61) 퓌티오스(Pythios)는 역시 아폴론의 별칭.
62) 1권 106~108절.
63) 플라톤, 《프로타고라스》, 343a.
64) 이 사람에 대해서는 1권 101~105절을 보라.
65) 힉스의 로브판에는 'Platōnikos'로 되어 있으나 마르코비치의 토이브너판에는 'Plataiikos'로 되어 있다. 도란디도 마찬가지이다.
66) 다이마코스(Daimachos)는 플라타이아 출신의 역사가로 기원전 4세기 전반에 활약했다.

이 덕에 대한 상으로서 그리스인들 중에서 가장 지혜로운 사람을 위해 세발솥을 내놓았고, 스파르타 사람인 아리스토데모스[69]로 판정되었지만 그가 그것을 킬론에게 양보했다고 전한다.

〔31〕 아리스토데모스에 대해서는 알카이오스[70]도 다음과 같이 언급하고 있다.

사실상 아리스토다모스[71]가 언젠가 스파르타에서 재간이 없지는 않은 말을 했다고들 하기 때문이다. "재물이 사람이고, 가난한 사람은 누구도 훌륭하지 못하다."[72]

그러나 어떤 사람들이 말하는 것에 따르면 페리안드로스[73]가 밀레토스의 참주 트라쉬불로스에게 짐을 실은 배를 보냈다고 한다. 그런데 이 배가 코스섬[74] 해역에서 난파되었고 나중에 어떤 어부들이 세발솥을 발견했다는 것이다. 그러나 파노디코스[75]는 그것이 발견된

---

67) 안드론(Andrōn)은 할리카르나스(혹은 에페소스) 출신의 역사가로 기원전 4세기에 활약했다. 그리스인의 씨족과 도시의 기원을 논한 저술이 있다.

68) 아르고스(Argos)는 펠로폰네소스 반도의 동북쪽 해안에 위치한 도시다.

69) 역사적으로 의미 있는 인물로 여러 사람이 있는데 이 사람이 누구인지 특정할 수 없다.

70) 알카이오스(Alkaios)는 레스보스섬의 뮈틸레네 귀족 출신으로 최초의 여성 서정시인인 사포와 동시대인으로 서정시인이다. 기원전 7~6세기에 활동했다. 조국의 전쟁에 관여하고 전투를 찬미하고 술과 부를 사랑하는 시를 썼다.

71) 아리스토데모스(Aristodēmos)를 이렇게도 부른 듯하다.

72) 핀다로스의 《이스트미아 송가》(2절 17행) 여백주에는 "영예롭지도 못하다" (oude timios)가 남아 있다.

73) 코린토스의 참주(1권 94~100절).

74) 코스(Kōs) 섬은 지금의 터키 해안 남단에 위치한 섬으로 근처에 로도스섬이 있다.

것은 아테네 해역이고, 거기에서 아테네 도성으로 옮겨졌고 그리고 민회가 열려 그 세발솥을 비아스에게 보냈다고 주장한다. 하지만 어떤 이유에서 그랬는지는 비아스를 설명하는 대목에서[76] 언급하겠다.

〔32〕 다른 사람들이 전하는 말에 따르면, 그 세발솥은 헤파이스토스가 만든 것이며, 펠롭스[77]가 결혼할 때 그에게 주었다고 한다. 그것은 다시 메넬라오스[78]에게로 넘어간 후에 헬레네와 함께 알렉산드로스[79]에게 빼앗겼지만, 그 라코니아 여인[80]이 전쟁의 원인이 될 것이라고 말하면서 그것을 코스섬 해역에 던져 버렸다. 세월이 흘러 어떤 레베도스[81] 사람들이 그 부근에서 고기를 그물째 살 때 그 세발솥도 손에 넣었다. 그런데 그 세발솥을 놓고 어부들과 싸움이 붙는 바람에 그들은 코스섬에까지 오르게 되었다. 그리고 그들은 싸움을 해결하지 못하자 모국인 밀레토스에 그 사건을 보고했다. 밀레토스 사람들은 코스섬에 사절을 보냈지만 무시되었기 때문에 코스 사람들을 상대로 전쟁을 일으켰다. 이 전쟁에서 양편이 다 같이 많은 사상자를 내었고,

---

75) 파노디코스(Phanodikos)는 연대 미상의 그리스 저술가이다.

76) 1권 82절. 비아스에 대해서는 1권 82~88절에서 논의되고 있다.

77) 펠롭스(Pelops)는 올림피아의 전설상의 왕으로 '펠로폰네소스'란 지명이 그에게서 유래했다. 그는 전왕이었던 오이노마오스를 전차경기에서 패배시키고 그의 딸 히포다메이아(Hippodameia)와 결혼했다.

78) 펠롭스의 손자인 메넬라오스(Menelaos, '인민의 분노')는 헬레네(Helenē)와 결혼한 후에 스파르타의 왕이 되었다. 그녀는 트로이의 왕자 파리스에게 유괴되었고, 이 사건이 트로이 전쟁을 촉발하는 계기를 만들었다.

79) 알렉산드로스(Alexandros)는 파리스의 다른 이름이다.

80) 라코니아(Lakonia)는 스파르타의 또 다른 이름이다. 헬레네가 스파르타의 공주였음을 말하고 있다.

81) 레베도스(Lebedos)는 에페소스 근처에 있는 이오니아의 도시다. 또 밀레토스의 식민도시였다.

그 세발솥은 가장 지혜로운 사람에게 주어져야 한다는 신탁이 내려졌다. 그리고 양편 모두 그것이 탈레스라는 데에 동의했다. 그러나 그것이 지혜로운 자들 사이를 돌고 돈 후에[82] 탈레스는 그것을 디뒤마[83]의 아폴론에게 바쳤다. 〔33〕 코스인들에게 내린 신탁은 다음과 같다.

메롭스의 자식들과[84] 이오니아 사람들 간의 전쟁은 끝이 없을 것이다.
헤파이스토스가 바다에 던진 황금 솥이 도시를 떠나 현재와 미래와 과거의 것[85]에 관한 지혜로운 사람의 집으로 보내져 그곳에 도착할 때까지는.

그리고 밀레토스 사람들에게 내린 신탁은, '밀레토스의 자손이여. 그대들이 그 세발솥에 관해 포이보스에게 물었는가?'로 시작하며 그 내용은 앞에서[86] 인용한 대로이다. 이 세발솥에 관한 이야기는 이쯤 해두자.[87]

헤르미포스는 그의 《철학자들의 생애》에서 소크라테스에 대해 어떤 사람들이 전하는 이야기를 탈레스의 것으로 돌린다. 다음과 같은 세 가지 이유 때문에 탈레스는 튀케[88] 여신에게 감사한다고 말하

---

82) 1권 28~29절 참고.
83) 디뒤마(Didyma)는 소아시아의 해안에 있는 도시로 아폴론 신에게 바쳐진 신전과 신탁으로 유명한 곳이다.
84) 메롭스(Melops)는 코스섬의 전설적인 왕이었으므로 '그의 자식들'이란 코스섬 사람들을 말한다.
85) 이 표현은 예언자 칼카스에 대한 관용적 수식어이다(호메로스, 《일리아스》, 1권 70행).
86) 1권 28절.
87) 세발솥에 대한 일화는 플루타르코스의 《비교열전》 가운데 《솔론의 생애》 4장에도 전해진다.
88) 튀케(Tychē)는 행운의 여신이다.

곤 했다는 이야기이다. "첫째는 짐승이 아니라 인간으로 태어난 것이고, 둘째는 여자가 아니라 남자로 태어난 것이고, 그리고 셋째는 이민족이 아니라 그리스인으로 태어났기" 때문이라는 것이다. [34] 이런 이야기도 있다. 어느 날 그가 별을 관찰하려고 노파의 시중을 받으며 집 밖으로 나갔다가 도랑에 빠졌다. 그래서 큰 소리로 도움을 청하자 노파는 이렇게 말했다. "탈레스여, 당신은 발아래 있는 것조차 못 보면서 어떻게 하늘에 있는 것을 알 수 있다고 생각하십니까?"[89] 티몬[90] 역시 그가 천체를 연구했던 것으로 알고 있으며, 그의 《실로이 시집》[91]에서 다음과 같은 말로 그를 칭찬한다.

7명의 지혜로운 자들 가운데서 탈레스는 〈천체 연구에 조예가 깊은〉 지혜로운 자이다. [92]

아르고스 사람인 로본[93]에 따르면 탈레스가 쓴 천체 연구에 관련된

---

89) 탈레스와 연관된 이 일화는 플라톤의 《테아이테토스》에도 나온다(174a). 거기서는 늙은 여자 대신에 '트라케의 하녀'가 나온다.

90) 티몬(Timōn)은 피레이우스 출신으로 처음에는 스틸폰의 제자였다가 나중에 회의주의학파의 시조인 퓌론의 제자가 되었던 철학자로 기원전 320~230년경에 활약했다. 소피스트로 북부 그리스의 여러 곳을 전전하다가 만년에는 아테네에 정착해 거기서 별세했다. 그는 3권의 《실로이 시집》을 남겼는데, 크세노파네스와 유사한 방식으로 호메로스풍의 음률로 철학자들을 조소하고 비꼬는 작품이다. 디오게네스 라에르티오스는 이 책의 9권 109~116절에 그에 대해 언급했으며, 또한 《실로이 시집》에 대해서는 같은 곳 110~112절에 언급했다.

91) 티몬이 대표적으로 사용한 6각운에 풍자적 내용을 담은 시의 형태.

92) DK, 《단편》, 23.

93) 로본(Lobōn)은 아르고스 출신인 기원전 3세기경 사람으로 《시인들에 관하여》에서 자신의 작품을 7현인의 것으로 혹은 초기 시인의 것으로 돌리기도 한 위조 문학가이다.

글은 200행에 이르며, 그의 조상(彫像)에는 다음과 같은 글귀가 새겨져 있다고 한다.

여기 이 탈레스를 길러낸 이오니아의 밀레토스는 알리노라.
그가 모든 천문학자 가운데 지혜에서 가장 앞선 자였음을.[94]

〔35〕그리고 그가 지은 노래들 가운데 다음과 같은 구절이 전해진다.

많은 말이 분별 있는 어떤 생각을 보여 주지 않는다.
무엇인가 지혜로운 것 하나를 구하라.
무엇인가 훌륭한 것 하나를 선택하라.
그대는 끝없이 지껄이는 수다스러운 인간들의 혀를 풀어내야 하니까[95]

그의 말로 간주되는 다음과 같은 경구도 있다.

있는 것들 가운데 가장 오래된 것은 신이다. 왜냐하면 신은 태어나지
  않았기 때문에.
가장 아름다운 것은 우주이다. 왜냐하면 신이 만든 것이기 때문에.
가장 큰 것은 공간이다. 왜냐하면 모든 것을 받아들이기 때문에.
가장 빠른 것은 지성이다. 왜냐하면 모든 것을 관통하기 때문에.
가장 강한 것은 필연이다. 왜냐하면 모든 것을 지배하기 때문에.
가장 지혜로운 것은 시간이다. 왜냐하면 모든 것을 드러내기 때문에.

---

94) 가장 나이가 든 자(presbytaton)일 수도 있다.
95) lyseis가 아니라 dēseis(Diels)로 읽으면 '묶어야만 하니까'가 된다.

그는 죽음과 삶이 전혀 다르지 않다고 말했다. "그렇다면 왜 당신은 죽지 않는가?"라고 누군가가 물었다. "전혀 다르지 않기 때문이오"라고 그는 대답했다. 〔36〕밤과 낮 어느 쪽이 먼저 생겼는지 묻는 사람에게 "밤이 하루 앞선다"고 대답했다. 어떤 사람이 그에게 사람이 신들 모르게 불의를 저지를 수 있는지 물었다. "아니오, 신들 모르게는 불의를 생각조차 할 수 없소"라고 대답했다. 간통한 사람이 자신은 간통하지 않았노라고 맹세해도 되는지 묻자, "거짓 맹세가 간통보다 더 나쁘지는 않다"고 그에게 대답했다. "무엇이 어려운가?"라는 질문을 받고 "자신을 아는 것"이라고 대답했다. "무엇이 쉬운가?"라는 물음에는 "다른 사람에게 충고하는 것"이라고 대답했다. "무엇이 가장 즐거운가?"라는 물음에는 "목적을 이루는 것"이라고 대답했다. "무엇이 신적인 것인가?"라는 물음에는 "시작도 끝도 갖지 않은 것"이라고 대답했다. "지금까지 본 것 가운데 가장 못마땅한 것은 무엇인가?"라는 질문에는 "늙은 참주"라고 대답했다. "어떻게 하면 불행을 가장 쉽게 견딜 수 있는가?"라는 질문에는 "자신의 적들이 더 못한 처지에 있는 것을 보면"이라고 대답했다. "어떻게 하면 우리가 가장 훌륭하고 가장 정의로운 삶을 살 수 있는가?"라는 질문에는 "우리가 다른 사람을 비난할 때, 비난의 이유가 되는 그런 일을 우리 자신이 하지 않는다면"이라고 대답했다. 〔37〕"누가 행복한가?"라는 질문에는 "몸이 건강하고 영혼은 슬기가 넘치고 본성은 잘 교육된 사람"이라고 대답했다. "곁에 있든 없든 친구를 기억하라", "겉모습으로 멋 부리지 말고 하는 일에서 아름다운 자가 되라"고 그는 말한다. "나쁜 방법으로 부(富)를 쌓지 말라", "말로 인해서 그대는 서로 신뢰하는 사람들과 불화에 빠지지 않도록 하라"고 그는 말한다. "그대가 부모에게 봉양한 것과 똑같은 것을 늙었을 때 자식들에게서 받도록 하라"고 그는 말한다. 그는 나일강이 범람하는 것은 반대 방향으로 부는 계절풍96) 으로 인해 강물의 흐름이 역행하기 때문이라고 말했다.

아폴로도로스97) 는 《연대기》에서 다음과 같이 말한다. 그는 35 (혹은 39) 번째98) 올림피아기의 첫해99) 에 태어났다. 〔38〕 그는 78세에 (또는 소시크라테스100) 의 말에 따르면 90세에) 죽었다. 그는 58번째 올림피아기101) 에 죽었기 때문이다. 그는 크로이소스와 같은 시대 사

---

96) 겨울철 북서쪽에서 불어오는 이집트 몬순의 계절풍. 이 계절풍이 나일강의 여름 범람을 일으킨다고 생각했다. 겨울바람에 의해 강물이 뒤로 밀리게 되고, 그 바람이 멈췄을 때 강물의 범람이 일어난다는 것이다.

97) 아폴로도로스(Apollodōros) 는 아테네 출신으로 아스클레피아데스의 아들이며 기원전 2세기경에 활동하였다. 여러 방면으로 박식한 그는 문헌학, 철학, 역사, 신화, 지리 등과 관련된 저작을 남겼다. 알렉산드리아에 체류하면서 아리스타르코스 아래서 수학했으며, 스토아 계열의 디오게네스의 문하에서도 공부했다. 4권으로 된 《연대기》는 페르가몬의 왕 아탈로스(Attalos) 2세에게 바친 것이다. 그 책의 1~3권은 기원전 1184~1183년(에라토스테네스에 따라서 트로이 함락을 연대 기준으로 한 것) 에서 기원전 144~143년까지 다루며, 4권은 기원전 120~119년까지 추가부록 부분을 다룬다.

98) 힉스와 아펠트는 사본대로 35회로 읽고 있다. 그러나 58회 올림피아기에 78세로 죽었다면 39회가 계산상으로 맞아떨어진다. 소시크라테스의 말처럼 58회 기간에 90세로 죽었다고 하더라도 35회는 꼭 맞아떨어지지 않는다. 어쨌거나 그의 태어난 시점이 기원전 6세기 이전이라는 것은 분명하다.

99) 기원전 640년, 또는 624년. 고대에는 올림픽 횟수를 기준으로 연대를 기록하였다. 그 간격은 현대와 마찬가지로 4년이다.

100) 소시크라테스(Sōsikratēs) 는 로도스 출신 전기작가로 아폴로도로스와 동시대에 활동했던 것으로 보인다. 그는 선생과 제자 관계를 더듬으면서 철학자들의 생애를 기록한 《철학자들의 계보》(Philosophōn Diadochē) 를 저술했는데, 이 작품은 아폴로도로스의 《연대기》에 영향을 받은 작품으로 추정된다. 디오게네스 라에르티오스는 2권 84절에서 그를 로도스 출신(Sōsikratēs ho Rhodios) 이라고 언급했다.

람인데, 그 왕을 위해 할뤼스강의 흐름을 바꿈으로써 다리를 놓지 않고도 강을 건너게 해주겠다고 장담하기도 했다. 102)

마그네시아 사람인 데메트리오스103)가 《이름이 같은 시인들과 작가들에 대하여》에서 말하는 바에 따르면, 탈레스라는 이름으로 불리는 사람은 5명이 더 있었다. 칼라티아104) 사람으로 문체가 나쁜 연설가. 시퀴온 사람으로 큰 재능을 타고난 화가. 세 번째는 아주 옛날 사람으로 헤시오도스, 호메로스, 뤼쿠르고스105)와 같은 시대의 사람. 네 번째는 두리스가 《회화에 관하여》에서 언급하는 사람. 다섯 번째는 디오뉘시오스106)가 《비평집》에서 언급하는, 아주 가까운 시대에 살았지만 알려지지 않은 사람.

〔39〕 이 지혜로운 자는 운동 경기를 구경하다가 더위와 갈증, 그리고 이미 늙었기 때문에 쇠약해서 죽었다. 그의 묘비에는 다음과 같은 글귀가 새겨져 있다.

---

101) 기원전 548~545년.

102) 헤로도토스, 《역사》, 1권 74~75절 참고. 할뤼스강은 소아시아 지역에서 가장 큰 강으로 페르시아 제국과 뤼디아의 경계가 그어지는 곳이었다.

103) 데메트리오스(Dēmētrios)는 기원전 1세기경에 활약했던 문법학자로 키케로의 친구였던 아티쿠스의 친구이다. 그의 저서 《이름이 같은 시인들과 작가들에 대하여》는 같은 이름을 가진 시인들과 산문작가들을 명확히 구별했다. 이에 관해서는 이 책의 1권 112절에서 다시 언급된다.

104) 소아시아 지방 뮈시아(Mysia)에 있는 도시이다.

105) 뤼쿠르고스(Lykourgos)는 기원전 9세기경에 활동한 스파르타의 입법가이다.

106) 디오뉘시오스(Dionysios)는 기원전 1세기경에 활동한 할리카르나소스 출신의 역사가 겸 연설가로 추정된다.

비록 여기 이 무덤은 작으나 그 명성은
하늘에 닿았으니, 보라 가장 지혜로운 자인 탈레스의 무덤을.

《팜메트론》107)이라고도 이름 붙여진 나의 《에피그람》1권에도
그에게 바친 다음과 같은 《에피그람》의 시구가 있다.

탈레스가 어느 날 운동경기를 구경할 때, 태양의 신 제우스여,
당신은 이 지혜로운 사람을 경기장에서 채 가셨습니다.
그를 당신 가까이 데려가심을 찬양합니다.
정말이지 그 노인은 지상에서 별들을 더 이상 볼 수가 없었으니까요.

〔40〕페모노에108)의 말인데 킬론이 도용했다고 안티스테네스109)가
《철학자들의 계보》에서 전하는 "너 자신을 알라"는 이 사람의 말이다.
이 대목에서 7명의 지혜로운 자들에 관해 일반적 언급을 해두는
것이 적절하겠기에 하는 말인데, 그들에 관해 다음과 같은 이야기가
알려져 있다. 《철학자들에 관해서》라는 책을 쓴 퀴레네 사람 다
몬110)은 모든 지혜로운 자들에 대해 트집을 잡는데, 특히나 7현인

---

107) '팜메트론'(Pammetrōn)은 일종의 잡시집(雜詩集)으로 '모든 종류의 운율로'
를 의미한다. 1권 63절에 이 시집에 대한 설명이 있다(Anth. Pal. vii. 84
참고). 지금은 전해지지 않는다.

108) 페모노에(Phēmonoē)는 델포이 최초의 퓌티아(Pythia, promantis, 巫女)로
아폴론의 딸로도 알려져 있으며 그리스의 서사시에 주로 사용되는 6각운의
발견자로 알려진 여성이다.

109) 안티스테네스(Antisthenēs)는 기원전 2세기 무렵 폴리비오스 시대의 사람으
로 《로도스의 역사》를 저술한 로도스 출신의 역사가이다.

110) 다몬(Damōn)은 기원전 2세기경에 활동한 플라톤주의자로 라퀴데스의 제
자였다.

에 대해서 그렇게 한다. 아낙시메네스[111]는 그들이 모두 시(詩)를 지었다고 말한다. 디카이아르코스[112]는 그들은 지혜로운 자도 철학자도 아니지만 총명하며 입법의 능력을 갖춘 자들이라고 말한다. 쉬라쿠사이[113] 사람 아르케티모스[114]는 퀍셀로스[115]의 궁전에서 있었던 그들의 모임을 기록했는데, 그 모임에 자신도 참석했다고 한다. 그러나 에포로스[116]는 그 모임이 크로이소스의 궁전에서 이루어진 것이고 탈레스는 빠진 것으로 기록했다. 다른 한편 어떤 사람들은 그들이 판이오니아 제전[117]에서도 코린토스[118]에서도 델포이

---

111) 밀레토스학파 철학자 아낙시메네스(Anaximenēs)를 떠올릴 수도 있으나, 2권 3절에서 보듯이 람프사코스 출신의 수사학자이며 역사학자인 다른 사람도 있다. 여기서는 아마 후자의 사람을 가리키는 것으로 보인다.

112) 디카이아르코스(Dikaiarchos)는 시켈리아 메시네 출신의 아리스토텔레스, 테오프라스토스의 제자로 소요학파 철학자이다. 기원전 4세기 말경에 활약한 사람으로 정치, 철학, 문학, 지리, 역사 등에 관한 많은 저서를 남겼다고 하며, 키케로는 그를 크게 존경하여 관조적 삶(bios theōrētikos)과 실천적 삶(bios praktikos) 중 어느 것이 더 나은지 묻고 테오프라스토스의 관조적 삶과 대조하여 그를 실천적 삶의 전형으로 삼았다.

113) 쉬라쿠사이(Syrakousai)는 이탈리아 시켈리아섬에 있는 가장 큰 나라이다.

114) 더 알려진 바가 없다.

115) 퀍셀로스(Kypselos)는 기원전 7세기에 코린토스의 참주로 페리안드로스의 아버지이다.

116) 에포로스(Ephoros)는 퀴메 출신의 그리스 사람으로 기원전 4세기경에 활약한 역사가로 키케로와 스트라본의 보고에 따르면 이소크라테스의 제자다. 많은 저서를 썼다고 하며, 그중에서도 30권으로 된 《역사》가 가장 중요한 작품이다.

117) "판이오니온(Paniōnion)은 뮈칼레(Mykalē)의 성소로 북쪽을 향해 있으며, 이오니아인들이 공동의 합의하에 헬리케의 포세이돈 시에게 바쳐진 곳이다."(헤로도토스, 《역사》, 1권 148절) 뮈칼레는 사모스섬 반대편에 위치한 서쪽으로 뻗어 있는 곳이다. 이오니아인들은 각자의 나라로부터 이곳에 함께 모여 '판이오니아'라고 부른 제전을 거행했다.

에서도 다 함께 만났다고 말한다. 〔41〕 그런데 그들이 했다는 말에 대해서조차 일치하지 않고 서로 다르게 이야기한다. 가령 다음과 같은 말의 경우가 그렇다.

라케다이몬 사람인 킬론은 지혜로운 자였다. 그는 이런 말을 했다. "무엇이든 너무 지나치지 말라. 119) 모든 아름다운 것은 적절한 때를 따르니."

또한 그들이 몇 명인지에 대해서도 의견이 분분하다. 예컨대, 레안드리오스는 클레오불로스와 뮈손 대신에 레베도스 또는 에페소스120) 사람인 고르기아다스의 아들 레오판토스121)와 크레타 사람인 에피메니데스를 포함시킨다. 한편 플라톤은 《프로타고라스》에서122) 페리안드로스 대신에 뮈손을 받아들였으며, 에포로스는 뮈손 대신에 아나카르시스123)를 넣었다. 또 다른 사람들은 피타고라스를 덧보태기도 한다. 디카이아르코스는 우리가 인정하는 탈레스, 비아스, 피타코스, 솔론, 이 4명을 전하는 한편, 다른 사람들 6명의 이름을 들고, 그 가운데 3명을 뽑아낸다. 그 6명은 아리스토데모스, 팜필로스, 라케다이몬 사람인 킬론, 클레오불로스, 아나카르시스, 페리안드로스

---

118) 코린토스(Korinthos)는 그리스 본토와 펠로폰네소스 사이를 잇는 지역에 있던 도시이다.
119) 1권 63절에는 솔론의 말로 나온다.
120) 에페소스(Ephesos)는 지금의 소아시아의 에게해 연안 남부 지역에 있던 도시다. 철학자 헤라클레이토스의 고향이기도 하다.
121) 더 이상 알려지는 바가 없다.
122) 플라톤, 《프로타고라스》, 343A.
123) 더 알려진 바가 없다.

다. 어떤 사람들은 여기에 아버지가 카바스거나 스카브라스인 아르고스 사람 아쿠실라오스[124]를 덧붙인다.

〔42〕헤르미포스는 《지혜로운 자들에 관하여》에서 17명의 이름을 드는데, 그 가운데서 사람마다 각기 달리 7명을 선택한다고 전한다. 그 17명은 솔론, 탈레스, 피타코스, 비아스, 킬론, 뮈손, 클레오불로스, 페리안드로스, 아나카르시스, 아쿠실라오스, 에피메니데스, 레오판토스, 페레퀴데스, 아리스토데모스, 피타고라스, 카르만티데스 또는 시쉼브리노스의 아들이거나 (아리스톡세노스[125]가 전하는 바에 따르면 카브리노스의 아들로) 헤르미오네 사람인 라소스, 그리고 아낙사고라스이다. 그러나 히포보토스는 《철학자들의 목록》에서 다음과 같은 사람들을 든다. 즉, 오르페우스, 리노스, 솔론, 페리안드로스, 아나카르시스, 클레오불로스, 뮈손, 탈레스, 비아스, 피타코스, 에피카르모스,[126] 피타고라스다.

한편 탈레스에 대해서는 다음과 같은 편지가 그의 것으로 전해지기도 한다.[127]

---

124) 아쿠실라오스(Akousilaos)는 기원전 6세기에 활동한 역사가이다.

125) 아리스톡세노스(Aristoxenos)는 타라스 출신으로 음악가인 스핀타로스의 아들이다. 아테네로 와서 처음에는 피타고라스학파에서 공부했지만, 나중에 아리스토텔레스의 제자가 된다. 음악과 철학에 조예가 깊었다. 음악이론에 관한 저작 외에 아르퀴타스, 소크라테스, 플라톤 등에 관한 전기와 역사에 관한 저작을 남겼다. 특히 소크라테스와 플라톤에 대해 악의에 찬 비판을 서슴지 않았다.

126) 9권 78절 참고.

127) 이 편지는 지혜로운 자들에 대한 설명을 하고 난 다음에 나중에 삽입된 것으로 생각된다.

탈레스가 페레퀴데스에게128)

[43] 나는 당신이 이오니아인 가운데서는 최초로 그리스 사람들에게 신적인 일들에 대한 설명을 해주려 한다고 듣고 있습니다. 그리고 당신이 그것을 아무에게나 넘겨서 아무런 이로움도 얻지 못하게 하기보다는 그 책을 공동의 소유물로 맡기는 것이 아마도 올바른 생각일 것입니다. 그래서 만일 당신이 좋으시다면, 나는 기꺼이 당신이 쓰는 그 어떤 사항에 대해서도 당신의 학생129)이 될 의향이 있습니다. 그리고 초대해 주신다면, 당신이 계신 쉬로스로 가겠습니다. 나나 아테네 사람인 솔론이나 크레타로 배를 타고 가서 그곳 사람들의 학문을 배웠는가 하면, 이집트로 배를 타고 가서 그곳 신관들과 천문학자들과 교류했으면서도 배를 타고 당신에게 가지 않는다면 우리 두 사람은 멀쩡한 정신을 가진 사람이 아닐 것입니다. 만일 허락하신다면 솔론도 갈 것입니다. [44] 하지만 당신은 고향을 사랑하시는 나머지 이오니아를 방문하시는 일이 좀처럼 없습니다. 또한 외국 친구들을 그리는 마음도 품지 않으시고 내가 기대하는 대로 글쓰기라는 단 하나의 일에 전념하고 계십니다. 반면에 아무것도 쓰지 않는 우리 같은 사람들은 그리스와 아시아를 두루 다니나 봅니다.

탈레스가 솔론에게

나로서는 만일 당신이 아테네를 떠나신다면, 당신들의 식민지 중에 하나인 밀레토스에 거처를 두는 것이 가장 적당하지 않을까 생각합니다. 130)

---

128) 페레퀴데스의 답장은 1권 122절에 나온다.

129) 힉스가 편집한 로브판(1925)에는 이 부분의 원문이 'leschēneutēs'(수다쟁이, 더불어 논의하는 사람, 대화상대자)로 되어 있으나, 롱(H. Long)이 편집한 옥스퍼드판(1964)과 마르코비치의 토이브너판(1999), 도란디판(T. Dorandi, 2013)에는 'leschēnōtēs'(학생)로 되어 있다. 여기서는 최근 편집본을 따랐다. 탈레스가 페레퀴데스의 제자가 되고, 또 대화상대자가 된다는 것은 하나의 문학적 상상력일 것이다.

왜냐하면 거기서는 당신에게 어떤 위험도 없을 것이기 때문입니다. 그러나 만일 우리 밀레토스 사람들이 참주131)의 지배를 받는 것 때문에 괴로우시다면, (왜냐하면 당신은 모든 독재자들을 증오하시니까요) 적어도 우리의 동료들과 함께 생활하는 데서 즐거움을 찾으실 수 있을 것입니다. 하긴 비아스도 당신에게 프리에네132)로 초대하는 서신을 보냈습니다. 그래서 만일 프리에네 사람들의 도시가 당신 마음에 더 드셔서 그곳에 거처를 정하신다면, 나 자신도 당신 곁에 거처를 정하겠습니다.

2. 솔 론

〔45〕엑세케스티데스의 아들 솔론은 살라미스133) 사람이다. 그는 첫째로 아테네에 부채탕감법134)을 도입했다. 그것은 신체와 재산의 해방이었다. 왜냐하면 사람들은 신체를 담보로 돈을 빌렸고 또 많은 사람이 곤궁한 탓에 종살이를 했기 때문이다. 135) 그래서 그에게는 부친이 남에게 빌려준 7탈란톤의 빚이 있었지만 자신이 먼저 그것을

---

130) 밀레토스를 건설한 것이 아테네를 떠나온 사람들이라는 것을 암시한다. 하지만 실상 밀레토스인들은 메가라와 더 밀접한 관계가 있었다고 한다.

131) 밀레토스의 참주 트라쉬불로스를 말한다(1권 27절 참고).

132) 프리에네(Priēnē)는 이오니아 지역의 도시로 밀레토스 근처에 있다.

133) 살라미스(Salamis)는 아티카 서쪽 해안에서 조금 떨어진 섬이다.

134) 부채탕감법(seisachtheia)의 원래 뜻은 몇 줄 아래 나오듯이 '무거운 짐 털어내기'다. 결국 이것은 어떤 사람이 짊어진 신체와 재산상의 '무거운 짐' (負債)을 덜어 주는 일종의 '방면법'(放免法)이다(아리스토텔레스, 《아테네의 정치체제》, 6장 1절; 플루타르코스, 《솔론의 생애》, 15장 2∼6절 참고).

135) 아리스토텔레스, 《아테네의 정치체제》, 2장 2절 참고.

포기해서 다른 사람들도 같은 행동을 하도록 권고했다. 136) 이 법률
은 '무거운 짐 털어내기'라고 불렸다. 그 이유는 명백하다.

그다음으로 솔론은 일일이 설명하기에는 너무 많은 그 외의 여러
법률들을 제정하고서는 이것들을 회전판137) 위에다 새겨 놓았다.

〔46〕 그러나 그의 최대 업적은 다음과 같은 것이다. 그의 고향인
살라미스를 두고 아테네와 메가라가 다투었는데, 아테네가 그 전쟁
에서 여러 번 패배당하자, 만일 이후에 살라미스를 두고 전쟁을 벌이
자고 조언하는 자가 있다면 그자는 사형에 처한다는 법이 표결로 정
해졌다. 그러자 솔론은 미친 척 가장하고 머리에 화관을 쓴 채로 아
고라로 뛰어 들어갔다. 그곳에서 그는 살라미스에 관하여 자신이 지
은 엘레게이아 운율의 시를 포고자138)를 시켜 읽게 하여 아테네 사람
들을 격동시켰다. 그리하여 아테네 사람들은 메가라인들에 대항하여
다시 전쟁을 벌였고, 솔론 덕분에 승리하였다. 139)

〔47〕 그런데 아테네 사람들의 마음을 무엇보다도 강하게 사로잡
은 그 엘레게이아 운율의 시는 다음과 같은 것이었다.

---

136) 탈란톤(*talanton*)은 무게단위이자 화폐단위. 그리스에서 일일노동자의 하루
   품삯이 1~2드라크마였다는데, 100드라크마는 1므나고, 60므나가 1탈란톤
   이었다. 따라서 1탈란톤은 일일노동자의 하루 품삯의 600배에 달하는 거액
   이다. 플루타르코스, 《솔론의 생애》, 15장 9절 참고.

137) 원어로는 '*axones*'인데, 아테네에서 법을 기록한 나무판으로 굴대(축, *axis*)
   를 중심으로 돌아가도록 만들어서 여러 면이 나올 수 있었다. 플루타르코
   스, 《솔론의 생애》, 25장 1~2절 참고.

138) 포고자(*kērux*)는 각종 집회에서 선언서를 낭독하거나 질서 잡는 역할을 하는
   관리이다.

139) 이 내용은 플루타르코스의 《솔론의 생애》, 8~10장에도 나온다.

그렇다면 나는 조국을 바꿔 아테네 사람 대신에

폴레간드로스섬이나 시키노스섬[140] 의 사람이고 싶구나.

순식간에 사람들 사이에서 이러한 비웃음이 일어날 테니까.

'이자도 살라미스를 배반한 아티카의 남자다.'

이어서,

자 우리 살라미스로 가서 사랑하는 섬을 위해서 싸우자.

이 고통스러운 치욕을 사라지게 하려는 것이 아닌가!

그리고 그는 트라케의 케르로네소스[141] 를 획득하도록 아테네 사람들을 설득했다. 〔48〕 또한 그는 살라미스를 얻은 것이 단지 힘에 의한 것만이 아니라 정의에 따라 얻은 것이기도 하다고 사람들이 생각하도록, 몇 개의 무덤을 파서 아테네 사람들의 매장 관습대로 시신의 얼굴이 동쪽을 향하게 매장되었다는 사실을 밝혔다.[142] 게다가 무덤 자체도 동쪽을 향하고 있고 출신 지역구에 의한 호칭을 새겨 넣었다는 점도 아테네인의 고유한 풍습이었다는 점을 밝혔다.[143] 또한 어떤 사람들은 호메로스의 '선단의 목록' 가운데

---

140) 폴레간드로스(Pholegandros) 섬이나 시키노스(Sikinos) 섬은 아테네에서 멀리 떨어져 있는 에게해 북쪽의 작은 섬들 중의 하나로 이 섬들을 묶어 스포라데스(Sporades, 흩어져 있는 섬들) 라고 부른다.

141) 현재는 갈리포리(Gallipoli) 반도로 알려진 곳으로 이 땅의 곳은 헬레스폰토스 해협을 통한 아테네의 무역통로를 방어하는 중요한 장소였다.

142) 플루타르코스에 따르면 아테네인들의 매장 관습상 시신의 얼굴 방향은 서쪽이고, 메가라인들이 오히려 동쪽이다(《솔론의 생애》, 10장 4절).

143) 예를 들면 '어디 구(區) (출신의) 아무개'라는 식으로.

아이아스144) 는 살라미스에서 함선 12척을 인솔해왔고

라는 시구145) 다음에

그것을 아테네 선단 가까이로 이끌고 가서 정박시켰다.

라고 하는 구절을 삽입했던 것은 솔론이라고 말한다. 146)

〔49〕 이런 일이 있고 나서 민중들은 그를 따랐고 그가 자신들의 참주가 되어 주기를 자발적으로 원했다. 그러나 그는 거부했을 뿐만 아니라147) 소시크라테스가 전하는 것에 따르면 자신의 친척인 페이시스트라토스148)가 참주가 되려는 것을 미리 알아채고는 전력을 다해서 막았다. 149) 그는 창과 방패로 무장한 채 민회에 뛰어 들어가 페이시스트라토스의 음모를 민회 (Ekklesia) 에 미리 알렸다. 그뿐 아니라 다음과 같이 말하면서 자신이 도울 각오가 되어 있다고 말했다.

---

144) 아이아스 (Aias) 는 트로이 전쟁에 참여한 영웅으로서, 나중에 아테네에 복속된 아테네 남쪽 섬 살라미스의 통치자였다.

145) 《일리아스》, 2권 557행.

146) 플루타르코스, 《솔론의 생애》, 10장 2절 참고. 솔론은 이 시를 살라미스에 대한 아테네의 권리를 확인해 주는 호메로스의 증거로 사용하고 있다.

147) 플루타르코스, 《솔론의 생애》, 14장, 4~9절 참고. 솔론은 친구들에게 "참주정치는 즐거운 곳이기는 하지만 거기서는 내려가는 길이 없다"고 말했다고 한다.

148) 기원전 561년에 참주가 되어 35년 동안 아테네를 지배한다. 솔론은 페이시스트라토스 참주정의 출발점과 자신이 이룩한 개혁을 무너뜨리는 사건들을 목격했던 것 같다.

149) 폰토스 출신의 헤라클레이데스에 따르면, 솔론의 어머니와 페이시스트라토스의 어머니는 사촌 자매였다고 한다. 솔론은 페이시스트라토스의 아름다운 얼굴을 사랑했다고 한다(플루타르코스, 《솔론의 생애》, 1장 3~5절 참고).

메리-조셉 블론델(Merry-Joseph Blondel),
〈솔론, 아테네의 입법가〉(*Solon, Legislator of Athens*), 1828.

"아테네 사람들이여, 나는 어떤 사람들보다는 지혜롭고 어떤 사
람들보다는 용감하오. 페이시스트라토스의 기만을 알아차리지 못
하는 사람들보다는 지혜롭고, 그 기만을 알고 있으면서도 겁나서
침묵하는 사람들보다는 용감하오."150) 그러자 페이시스트라토스 편
에 서 있던 평의회(*Boulē*)는 그가 미쳤다고 말했다. 그래서 그는 다
음과 같이 말했다.

조만간 나의 미친 짓이 시민들에게 밝혀질 것이오.
밝혀질 것이오. 진실이 시민들 한가운데에 이르게 되면.

---

150) 아리스토텔레스, 《아테네의 정치체제》, 14장 2절과 플루타르코스, 《솔론의
　　생애》, 30장 4절 참고.

〔50〕한편 그는 페이시스트라토스의 참주 즉위에 대해서는 다음과 같은 엘레게이아 운율의 시를 써서 예언했다.

구름에서는 폭설과 우박이 내리네.
천둥은 번뜩이는 불빛에서 생기며
허나 강력한 남자들로부터 국가는 망하고
인민은 알지 못하는 사이에 독재자에게 종살이하게 되는 것이네.

그러나 그의 설득은 힘을 발휘하지 못하고, 페이시스트라토스가 이윽고 실권을 잡자, 솔론은 장군들의 숙소 앞에 그의 무기를 두고 "조국이여! 나는 당신에게 말과 행위로 봉사했다"고 말했다. 그리고 그는 이집트와 퀴프로스를 향해 출항했다. 거기서 크로이소스 왕에게 갔다. 크로이소스에게 "누가 행복한 사람이라고 생각하십니까?"라고 질문받았을 때, 솔론은 "아테네 사람 텔로스가 그렇고 또한 클레오비스와 비톤이 그렇다"고 대답하고, 그 밖에 세상에 잘 알려진 것들을 이야기했다. [151]

〔51〕또한 어떤 사람이 전하는 것에 따르면, 크로이소스는 자신을 화려하게 치장하고 왕좌에 앉아서 솔론을 향해 무언가 이것보다 더 아름다운 것을 본 적 있는지 물었다. 그러자 솔론은 "수탉과 수꿩과 숫공작이 그렇습니다. 이 새들은 타고난 색으로 1만 배나 아름답

---

[151] 솔론과 크로이소스의 만남에 대해서는 헤로도토스의 《역사》, 1권 29∼33절과 플루타르코스의 《솔론의 생애》 27, 28장을 참고하라. 텔로스는 탁월하고 훌륭하게 성장한 아들과 손자들이 장성한 것을 보고 전쟁에서 영광스럽게 죽었다. 두 번째로 행복한 클레오비스와 비톤은 대단한 체력을 지녀서 경기 우승자가 되었고, 또 자신의 어머니를 위해 자신의 체력을 사용한 후에 평화롭게 죽었다(헤로도토스, 《역사》, 1권 30∼31절).

게 몸을 장식하고 있으니까요"라고 대답했다. 152) 그리곤 그 땅을 떠나 그는 킬리키아153)에 살면서, 그 자신의 이름을 따 '솔로이'라고 불리는 도시를 건설했다. 154) 그는 그 도시에 소수의 아테네인들을 정착시켰지만, 그들은 시간이 지남에 따라 아테네 말의 순수성을 잃어버리고 '잘못된 말을 사용'(soloikizein) 155) 하게 되었다는 이야기를 듣게 되었다. 그래서 이 도시 출신 사람들은 솔레이스(Soleis, 외국어로 말하는 사람)라고 불리고 퀴프로스156)의 솔로이 출신의 사람들은 솔리오이(Solioi) 라고 불리는 것이다.

페이시스트라토스가 이미 참주가 되었다는 것을 알았을 때, 솔론은 아테네인을 향해 다음과 같은 말을 써 보냈다.

〔52〕여러분이 여러분의 비겁함 때문에 지독한 일을 당하고 있더라도 그것을 운명인 양 신들에게 돌리지 마라. 서약을 줌으로써 그들을 의기양양하게 만든 것은 여러분 자신이기 때문이다. 그리고 그로 인해 여러분은 이제 불행한 노예 처지로 떨어지고 있는 것이니. 여러분 한 사람 한 사람은 여우의 발길로 걷고 있지만 여러분 모두는 단지 하나의 경박한 마음만을 가

---

152) 솔론이나 크로이소스는 서로를 마땅치 않게 여겼다. 크로이소스는 "끝을 보라"고 충고했던 솔론을 어리석은 자로 보았다. 그러나 솔론이 떠나간 후 크로이소스는 불행한 결말을 맞게 된다(헤로도토스, 《역사》, 1권 34절 이하 참고).

153) 킬리키아(Kilikia)는 지중해 동쪽, 페르시아의 남동쪽 해안에 면하고 동으로 시리아와 접하는 지역이다.

154) 플루타르코스, 《솔론의 생애》, 26장 참고.

155) 이 말의 의미에 대해서는 이 책의 7권 18절 주석 참고. Soloikismos는 '문법적인 실책'을 의미하고, 이 말에서 Solecism(어법어김)이란 말이 파생했다.

156) 퀴프로스(Kypros)는 동지중해에 있는 섬이다.

지고 있는 것이다. 왜냐하면 당신들은 한 인간의 말과 교활한 언설에만 주목하고 실제로 행해지고 있는 그 일에는 주의하지 않기 때문이다.

솔론은 위와 같이 써 보낸 것이다. 그러자 페이시스트라토스는 망명 중이던 솔론에게 다음과 같은 편지를 보냈다.

페이시스트라토스가 솔론에게[157]
〔53〕그리스인 가운데 참주의 지위를 탐한 것은 나 한 사람만이 아니며, 게다가 코드로스[158] 왕의 자손 중 한 사람인 나에게는 그 지위가 적합하지 않은 것이 아닙니다. 나는 아테네인이 코드로스와 그 가문에게 넘겨주기로 서약하고서 박탈해 버린 특권을 이제 다시 손에 넣은 것뿐이기 때문입니다. 다른 것들에 관해서도 나는 신들에게도 인간들에게도 어떠한 잘못을 저지르고 있는 것이 아닙니다. 나는 아테네인들이 당신이 규정한 법령에 따라 정치적 사안들을 꾸려가도록 내버려 두었습니다. 그들은 민주정 아래에 있을 때보다 더 잘 정치적으로 살아가고 있습니다. 나는 누구에게도 분수에 넘어선 행동(hybrizein)을 허락하지 않으니까요. 또 나는 참주이긴 하나 명예와 존경 외에 더 많은 것을 얻고 있지 않습니다. 이 것들은 예전의 왕들에게도 주어진 특권입니다. 또한 아테네 시민 각자가 자신의 수입에서 10분의 1을 세금으로 내더라도 나에게 그렇게 하는 것이 아니라, 공공 비용으로 조달되어 제의라든지 그 밖의 다른 어떤 국가의 공공 행사를 위해 사용되는 것이고, 우리에게 닥칠 수 있는 전쟁에 대비한 재원으로 나가는 것입니다.

---

157) 솔론이 페이시스트라토스에게 보낸 편지는 1권 66~67절에 나온다.
158) 코드로스(Kodros)는 아테네의 신화상의 마지막 왕이었다. 그의 아들 메돈은 왕으로서가 아니라 최초의 아르콘으로서 아테네를 다스렸다고 한다.

〔54〕 하지만 나는 나의 의도를 세상에 폭로한 것에 대해 당신을 비난하지 않습니다. 그것은 나에 대한 적대감 때문이 아니라 국가에 대한 선의에 의해 이루어진 것이니까요. 게다가 그것은 내가 어떤 종류의 지배체제를 확립하려고 했는지 당신이 알지 못하고 한 일이니까요. 만일 알고 있었더라면 아마 당신은 그 지배의 확립을 인정했을 것이고 국외로 나가는 일도 없었을 테니까요. 그러니 나를 믿고 '솔론은 페이시스트라토스에게서 그 어떤 곤경에 처하지 않을 것이다'라는 나의 서약이 없더라도 귀국하기를 바랍니다. 나의 정적 가운데 어느 누구도 그런 일을 당한 적이 없다는 것을 알아두시길 바랍니다. 만일 당신이 내 친구 중의 한 사람이 되기를 바란다면 당신은 최고의 대우를 받게 될 것입니다. 나는 당신의 마음속에서 기만이나 배신과 같은 어떤 것을 볼 수 없기 때문입니다. 또한 만일 다른 조건으로 아테네에 사는 것을 바란다면 바람대로 허용될 것입니다. 나 때문에 당신이 조국을 잃지 않기를 바랍니다.

페이시스트라토스의 편지는 위와 같은 것이었다. 그런데 솔론은 70세가 인간 생애의 한계라고 말한다. 159)

〔55〕 그리고 그는 참으로 훌륭한 법률을 제정했던 것으로 보인다. 가령 양친을 부양하지 않는 자는 시민권을 박탈해야 한다는 것이 그것이다. 그뿐 아니라, 그의 조상으로부터 세습된 재산을 탕진한 자도 마찬가지의 처벌을 받게 되어 있다. 게다가 게으른 자는 누구라도 원하는 사람이 고소해도 좋다고 되어 있다. 하지만 뤼시아스160) 는 니키

---

159) 헤로도토스의 《역사》, 1권 32절에도 같은 말이 나온다.
160) 뤼시아스(Lysias)는 법정 연설문 작가였으며 아테네의 10대 연설가로 꼽힌다. 아테네에 이주해온 무기상인 케팔로스의 아들로 기원전 445년 태어나 기원전 380년에 세상을 떠났다.

다스를 탄핵한 연설161)에서 그 법을 정한 것은 드라콘162)이고, 솔론은 몸 파는 여자들이 연단(bēma)163)에 서는 것을 금지하는 법을 정했다고 말했다. 또 그는 경기에 참가한 선수들의 포상금을 삭감하고, 올림피아 경기의 승리자에게는 500드라크마,164) 이스트모스 경기165)의 승리자에게는 100드라크마 그리고 그 밖의 다른 경기에 대해선 그것에 비례한 금액을 정했다.166) 이들의 포상금을 늘리는 것은 저속한 것이고, 오직 전쟁에서 죽은 사람들의 포상금을 늘리는 것만이 아름다우며 그 사람들의 아이들을 공공 비용으로 부양하고 교육해야 한다는 식으로 말했다는 것이다.

〔56〕그 결과로 많은 사람들이 전장에서 훌륭한 공을 세우려고 경합을 벌이게 되었다. 가령 폴뤼젤로스, 퀴네게이로스, 칼리마코스 등 마라톤 전투에서 싸웠던 사람들이 그렇다.167) 게다가 하르모디

---

161) 전해지는 뤼시아스의 저작에는 이러한 연설이 없다.

162) 드라콘(Drakōn)은 기원전 7세기에 아테네에 최초로 성문법을 도입했다. 그의 법은 범죄에 대해 사형을 부과했다. '가혹한'(draconian)이란 말이 여기서 유래했다.

163) '연단'으로 옮긴 bēma는 아테네 민회에 있는 것을 가리킨다. 무엇보다 여자는 민회에 참여할 수 없기 때문에 여기서 '연단'이 무엇을 의미하는지 분명치 않다.

164) 드라크마(drachma)는 무게단위이지 화폐단위이다. 고전기 그리스에서는 아테네의 드라크마가 주로 사용되었으나, 알렉산드로스 대왕의 그리스 통합 이래로 여러 통화가 사용되었다.

165) 이스트모스(Isthmos) 경기는 고대 그리스의 제전 중 하나다. 그리스 본토와 펠로폰네소스 반도를 연결하는 지점의 지협(地峽)인 이스트모스에서 4년마다 개최되었다.

166) 플루타르코스, 《솔론의 생애》, 23장 3절 참고.

167) 페르시아의 다레이오스 1세에 맞서는 마라톤 전투는 기원전 490년에 벌어졌다. 퀴네게이로스와 칼리마코스는 이 전투에서 죽었다.

오스와 아리스토게이톤, 168) 밀티아데스 그 밖의 수천 명의 사람들도 그랬다. 이에 반해 운동선수 쪽은 훈련에 많은 비용이 들고 승리해도 이득을 얻는 것은 없고, 월계관을 받더라도 경쟁 상대보다는 오히려 조국을 상대로 받는 것이었다. 그리고 그들이 늙었을 때에는 에우뤼피데스의 문구에 있는 것처럼 "보풀이 없어진 완전히 넝마가 된 의복"과 같은 형편이었다. 169) 솔론은 이 상태를 다 보면서 지나친 호의를 베풀지 않고 그들을 받아들였다. 또한 고아의 후견인은 그 고아의 어머니와 결혼해서는 안 된다든지, 고아가 죽을 경우에는 그의 유산을 물려받게 되어 있는 자가 후견인이 되어서는 안 된다든지 하는 법률도 훌륭한 것이다.

〔57〕 나아가 인장을 조각하는 사람은 자신이 판 인장이 각인된 반지의 인장을 보관해서는 안 된다는 법률, 170) 그리고 한쪽 눈밖에 가지지 못한 사람에게서 그 눈을 빼앗은 자는 그 대신에 두 눈을 빼앗아야 한다는 법률도 있다. 자신이 공탁하지 않은 것은 가져가서는 안 되고, 171) 만일 이것을 위반한다면 그 벌은 사형이고, 관리가 술취한 상태로 발각되면 사형으로 처벌된다는 법률도 있다.

또, 그는 호메로스 시의 음송은 맨 처음 사람이 말하는 것을 끝낸 그곳에서부터 다음 사람이 말하기 시작해야 한다는 식으로 결정된 순

---

168) 하르모디오스와 아리스토게이톤은 기원전 514년에 아테네를 통치하던 참주를 암살하려다 실패해서 죽임을 당했다.
169) 에우뤼피데스(Euripidēs)는 기원전 5세기 중엽에 활동한 아테네의 비극작가로 3대 비극작가로도 불린다. 그의 상실된 작품 《아우토뤼코스》(Autolykos) 〈단편〉 282행(Nauck, T. G. F. 2판)에 나온다.
170) 인장을 보관해서 인장 소유자를 사칭해 법적인 문서에 사용할 수 있으니까.
171) 플라톤, 《법률》, 11권 913C 참조.

서로 이루어져야 한다고 정했다. 172) 따라서 디에우키다스173) 가 《메가라 역사》 5권에서 말하는 것처럼 페이시스트라토스174) 보다도 오히려 솔론이 호메로스를 더 빛나게 해주었다. 〈…〉175) 이 규정은 호메로스 시구 가운데 특히 "그런데 아테네에 거주하는 사람들은"176) 과 이어지는 대목과 연관되어 있다.

〔58〕 솔론은 그달의 30일을 "옛날이자 새날"이라고 부른 최초의 사람이다. 177) 또 아폴로도로스178) 가 《입법가들에 관하여》 2권에서 말하는 것처럼 9명의 최고행정관들이 서로 상담하기 위한 회의체를 설립한 것도 그가 최초이다. 179) 그뿐 아니라, 내란이 일어났을 때 그는 시(市) 구역의 사람들 편도, 평원지대의 사람들 편도, 또한 해안지역의 사람들 편도 들지 않았다. 180)

그가 말했던 것들 중의 하나는 '말은 행위의 그림자'라는 것이고,

---

172) 이 규정은 호메로스의 텍스트를 정본화하려는 정책과 연관되어 있다.

173) 디에우키다스(Dieuchidas) 는 기원전 4세기경 메가라 출신의 역사가이다.

174) 페이시스트라토스(Peisistratos) 가 호메로스의 서사시 표준판본을 편집한 것으로 전해진다. 하지만 이 전설은 현재는 거부되고 있다.

175) 도란디는 여기에 탈자가 있는 것으로 봤다.

176) 《일리아스》, 2권 546행.

177) 플루타르코스, 《솔론의 생애》, 25장 4~5절 참고. 그리스에서 거의 모든 도시들은 각자의 고유한 달력이 있었다. 달력체계는 쉽게 변화될 수 있었다(아래의 59절 참고).

178) 기원전 2세기에 활동한 아테네의 에피쿠로스학파. '정원의 참주'라고도 불렸다.

179) 플루타르코스, 《솔론의 생애》, 19장 1절 참고. 솔론 당대에 매년 9명의 아르콘들이 선출되었다. 이들은 각자 서로 다른 공적 행정을 담당했다. 보통 아르콘들 중에 우두머리를 그냥 '아르콘'이라 불렀다.

180) 이 세 당파는 각자의 경제적 이익과 목표를 가지고 있었는데, 이는 오늘날의 정치적 정당의 모습과 흡사하다.

다른 하나는 '힘에서 강한 자가 왕이다'라는 것이다. 법은 거미줄과 비슷한 것이라고 말했는데, 그 이유는 무언가 가볍고 약한 것이 그 위에 떨어질 경우에는 그 거미줄은 유지되지만, 강한 것은 그것을 찢어버리고 도망가 버리기 때문이라는 것이다. 181) 또 그는 말은 침묵에 따라 봉인되지만, 침묵은 적절한 때에 따라 봉인된다고 말했다. 182)

〔59〕 또한 그는 독재자들 곁에서 빌붙어 권력을 부리는 자들은 계산에 사용되는 작은 돌(*psēphos*)과 같다고 말한다. 183) 왜냐하면 작은 돌 하나하나는 경우에 따라 큰 수와 작은 수를 표시하는데, 그와 같이 독재자들도 경우에 따라 그들 한 사람 한 사람을 중요하고 훌륭한 사람으로도, 아무런 가치도 없는 사람으로도 다루기 때문이라는 것이다. 그는 왜 아버지 살해에 대한 법을 제정하지 않았느냐고 질문받았을 때, "그런 일이 일어나지 않기를 바라기 때문이다"라고 대답했다. 또 어떻게 하면 사람들 사이에서 부정한 행위가 줄어들 수 있냐는 질문을 받았을 때에는, "부정한 일을 당하지 않은 사람들이 부정한 일을 당한 사람들과 마찬가지로 분개한다면"이라고 대답했다. 또한 그는 "부에 의해 포만(*koros*)이 생기고, 포만에 의해 오만(*hybris*)이 생겨난다"184)고 말했다. 그는 아테네인들에게 태음력을 채택하기를 요구했다. 또한 그는 허구의 이야기(*pseudologia*)는 유해하다는

---

181) 아나카르시스(Anacharsis)가 법이 부정의와 탐욕을 억제할 수 있다는 솔론을 조롱하며 한 말로 알려져 있기도 하다. 플루타르코스, 《솔론의 생애》, 5장 4~5절 참고.
182) 적절한 때에 침묵하고 또 말해야 하는지를 알아야만 한다는 뜻이다.
183) 조각돌이나 주판알과 같은 것을 이용해 셈하는 것을 psēphoi라 불렀다.
184) 아리스토텔레스, 《아테네의 정치체제》, 12장 2절 참고.

이유로 테스피스185)가 비극을 상연하는 것을 금지시켰다. 186)

〔60〕 그렇기 때문에 페이시스트라토스가 스스로 자신의 신체에 상처를 입히고 나타났을 때, 187) 솔론은 "이것은 저것188)에서 일어난 것이다"라고 말했던 것이다. 그는 사람들에게 여러 가지를 충고했는데, 아폴로도로스가 《철학의 여러 학파에 관하여》에서 전하는 말에 따르면 다음과 같은 것이다. "맹세의 말보다는 인품의 훌륭함 (kalokagathia)을 신뢰하라. 거짓을 말하지 말라. 진실된 일에 힘써라. 서둘러 친구로 삼지 말라. 일단 친구로 삼은 자라면 내치지 말라. 다스리기에 앞서 다스림 당하는 것을 배워라. 가장 즐거운 것이 아니라 가장 좋은 것을 충고하라. 이성을 길 안내인으로 삼아라. 나쁜 사람들과 사귀지 마라. 신들을 공경하고 부모를 존경하라." 그는 또 밈네르모스189)가 다음과 같은 시를 썼을 때,

아! 나는 병도 없이 짓누르는 아무런 걱정거리도 없이
60세에 죽음의 운명과 만나고 싶은 것이네.

---

185) 이카리아의 테스피스(Thespis)는 초창기(기원전 536년경)에 비극을 정립한 인물이다(3권 56절 참고). 테스피스는 가장 초기의 비극의 형식으로 말하는 배우와 코로스가 대화하는 드라마를 발견했다고 한다.

186) 배우의 위선이 사람들의 위선을 고무시킬 수 있기 때문이다.

187) 이 정치적 책략은 페이시스트라토스의 참주 등극과 관련이 있는 것으로 보인다. 아래의 64~66절의 솔론의 편지를 참고하라.

188) 즉, 연극에서 받아들여진 허구.

189) 밈네르모스(Mimnermos)는 기원전 7세기 후반에 활약했던 이오니아의 콜로폰 혹은 스뮈르나 출신의 엘레게이아 시인이다. 인생무상을 한탄한 시로 알려졌다.

〔61〕다음과 같은 시로 그를 꾸짖었다고 한다.

그렇지만 지금이라도 그대가 여전히 내 말을 따라 준다면 그 시구를 지워
주시오. 내가 그대보다도 더 나은 것을 생각해냈다고 해서 못마땅해 하지는
말아 주시오. 그리고 시를 고쳐 써서, 리귀아스타데스[190]여, 이렇게 노
래하시오. 80세에 죽음의 운명을 만나고 싶은 것이라고.

또한 그의 시들 가운데는 다음과 같은 것도 있다.

모든 사람을 경계하고, 잘 보라.
가슴속에 숨겨 둔 적의를 지닌 채로
환한 미소 띤 얼굴로 맞이하고 있는 것은 아닌지,
그의 혀가 검은 마음에서 오는 두 가지 말을 하고 있는 것은 아닐지를.

그가 법률을 썼다는 것은 분명하며, 그 밖에도 정치연설과 자기
자신에 대한 훈계인 엘레게이아 운율의 시, 또 전체 500행에 달하는
살라미스와 아테네의 정치체제에 관한 시, 그리고 이암보스 운율의
시와 에포도스[191] 시를 썼다는 것도 분명하다. [192]
〔62〕그의 조상에는 다음과 같은 비문이 새겨져 있다.

---

190) 리귀아스타데스(Ligyastadēs)는 밈네르모스를 겨냥해서 솔론이 별칭으로 지
    어낸 말로서 노래하는 음성의 날카로움(ligeia)을 나타내려고 쓴 말이다. 문
    자적 의미로는 '날카로운 음성으로 노래하는 사람'이다.
191) 에포도스(epōdos)는 서정시의 세 구성요소(정립연, 대립연, 후렴) 중 하나
    인 후렴을 이루는 형태의 시다.
192) 이것은 자신이 솔론의 작품이 가짜거나 위작이 아니란 것을 보증한다는 말이
    다. 하지만 이렇게 많은 저작 중에서 전해지는 것은 소수의 단편들뿐이다.

페르시아인의 무도한 오만을 끝장내 버린 살라미스는
성스러운 입법자, 이 솔론이 아들로 태어난 곳.

소시크라테스가 말한 것에 따르면, 그의 전성기는 46회 올림피아
기[193] 쯤으로 그 3년째에[194] 그는 아테네의 최고행정관이 되었다.
또 그가 여러 법률을 제정한 것도 그 무렵이었다. 그는 80세의 나이
로 퀴프로스에서 죽었지만, 죽음에 임해서 자신의 뼈를 살라미스로
옮겨 거기서 화장해 그 재를 땅위에 뿌리도록 친척들에게 부탁했
다.[195] 바로 그렇기 때문에 크라티노스도 그의 작품 《케이론들》에
서 솔론으로 하여금 이렇게 말하도록 하고 있는 것이다.

내가 사는 이 섬. 사람들이 말하는 것처럼
〔내 유해가〕 아이아스 나라[196] 전체에 뿌려졌으니까 말이네.

〔63〕 내 자신이 그에게 돌리는 비문시[197] 도 앞서[198] 언급한 《팜
메트론》에 수록되어 있다. 그 시집 안에서 나는 모든 종류의 운율과

---

193) 기원전 596~593년.
194) 기원전 594/593년. 아르콘의 임기는 여름에 시작해서 여름에 끝나기 때문에.
195) 플루타르코스, 《솔론의 생애》, 32장 참고. 헤게스트라토스가 아르콘(최고
    행정관)이었을 때 죽었다면 기원전 561/560년에 해당한다.
196) 살라미스섬을 가리키는데 여기서 트로이의 전쟁영웅 아이아스가 태어났다.
197) '비문시'(碑文詩)로 번역한 것은 'epigramma', 즉 묘비명이다. 죽은 자들의
    묘비에 실은 짧은 애도의 시를 일컫는 말인데, 후에 이 형태로 경구나 풍자를
    담은 시의 장르로 바뀌었다. 디오게네스 라에르티오스의 '비문시'는 실제 비
    문으로 적힌 것이 아니라서 경구시나 풍자시라고 옮길 수도 있다. 번역하지
    않고 에피그람으로 그냥 놔두기도 했다.
198) 39절.

리듬을 사용하고 또 비문시와 서정시 형식으로 고인이 된 모든 유명한 사람들에 대해서 논하고 있지만, 솔론에 관한 것은 다음과 같다.

솔론의 육신은 이국땅에서 퀴프로스의 불이 없애 버렸지만
그 뼈는 살라미스로 오게 되어 그 재에서 곡식이 생겨나게 되고,
그러나 [법을 기록한] 회전판이 그의 영혼을 곧장 하늘로 끌어올리고,
그가 제정한 훌륭한 법은 사람들에게는 가벼운 짐이니까.

"무엇이든 너무 지나치지 말라"라는 잠언도 그가 한 말이다. 199) 디오스쿠리데스200)가 《회상록》에서 말하는 것에 따르면 그가 죽은 아들을 위해 ― 그의 아들에 대해서는 우리가 그 이상 알지 못하지만 ― 눈물을 흘리고 있을 때, "그래 봐야 소용이 없다"고 말한 사람에게 "아무 소용이 없기 때문에, 나는 바로 그것 때문에 눈물을 흘리고 있는 것이요"라고 말했다는 것이다.

다음의 편지도 그의 것으로 전해진다.

[64] 솔론이 페리안드로스201)에게
당신은 나에게 많은 자들이 당신에게 모반을 꾀하고 있다고 전해 주었습니다. 그런데 당신이 만일 그들 모두를 제거할 작정이라면 서두르는 게 좋습니다. 의심받고 있지 않은 자들 중에도 모반을 꾀하는 자가 있을 텐

---

199) 앞의 41절 참고.
200) 디오스쿠리데스(Dioskouridēs)는 이소크라테스 제자로 《아테네 정치체제》의 저자로 알려져 있다.
201) 페리안드로스(Periandros)는 기원전 7세기 후반과 6세기 초반에 활약한 코린토스의 참주이다. 7현인 중에 한 사람으로 속하기도 하는데, 그의 생애에 대해서는 아래의 94~100절에서 논의되고 있다.

데, 그중 어떤 사람은 자신의 안전을 두려워해서 그럴 것이고, 또 어떤 사람은 당신이 무슨 일에나 두려움을 품고 있다고 판단해서 그럴 겁니다. 그리고 당신이 그런 혐의가 없다는 것을 발견한 사람은 국가로부터 감사의 보답을 받게 될 것입니다. 그렇기 때문에 제일 좋은 것은 지금의 지위에서 멀어지는 것입니다. 그렇게 한다면 그런 걱정의 이유는 없어질 것입니다. 어떻게든 참주의 지위에 머무르려 한다면 당신은 시민의 군대보다 더 많은 외국인 용병을 가질 생각을 해야만 합니다. 그렇게 한다면 당신에게는 두려운 자는 하나도 없게 될 것이고 또 누구도 추방할 필요가 없게 될 것입니다.

솔론이 에피메니데스에게[202]

내가 제정한 법률도 결국에는 아테네인을 크게 이롭게 하지 못했고, 또한 당신도 도시를 정화하는 것으로 이익을 주지 못했습니다.[203] 왜냐하면 신적인 행사나 입법도 그것만으로 국가를 이롭게 할 수는 없기 때문입니다. 그것을 할 수 있는 것은 다중을 언제나 자신의 생각대로 어떤 방향으로든 이끌어가는 사람들뿐입니다. 그렇기 때문에 인도를 잘하면 신적인 행사나 법률도 도움이 되지만, 잘못한다면 아무 도움도 되지 않습니다.

〔65〕나의 법률도 내가 제정한 그 모든 것도 더 나은 것이 되지 못했습니다. 하지만 공동체의 좋음에 해를 끼치도록 그대로 방치했던 사람들은 페이시스트라토스가 참주의 지위에 오르는 것을 저지할 수 없었던 것입니다. 또 내가 그것을 경고했을 때에도 그들은 나를 믿지 않았습니다. 그들은 진실을 말하는 나보다도 아테네 시민에게 아부하는 페이시스트라토

---

202) 에피메니데스가 솔론에게 답하는 편지는 1권 113절에 나온다. 크레타 사람인 에피메니데스에 대해서는 아래의 109~115절에서 논의된다.

203) 아테네의 정화에 대해서는 플루타르코스의 《솔론의 생애》, 12장 7절과 이 책의 1권 110절 참고.

스를 더 믿었던 것입니다. 그래서 나는 장군들의 막사 앞에 무기를 놓고[204] "페이시스트라토스가 참주의 지위를 노리고 있다는 것을 알아차리지 못하는 사람들보다 내가 더 현명하고 이 사태를 막는 것에 꽁무니를 빼는 자들보다도 더 담대하다"고 말했습니다. 그러나 그들은 솔론이 미쳤다고 선언했습니다. 그래서 끝으로 나는 그들에게 항의했습니다. "오 조국이여! 나 솔론은 말에서도 행동에서도 당신을 지키려 했습니다. 이 사람들에게는 거꾸로 내가 미쳤다고 생각되고 있습니다. 그래서 알다시피 나는 공적인 삶에서 벗어나 페이시스트라토스의 유일한 적으로서 남아 있습니다. 다른 사람들은 자신들이 원한다면 페이시스트라토스를 경호하도록 그대로 놔두렵니다." 친구여, 저 사내가 아주 간교하게 참주의 지위에 올랐다는 점을 알아 두시길 바랍니다.

〔66〕 그는 인민 선도가로 시작합니다.[205] 그다음에 그는 스스로 자해하고 인민의 법정(hēliaia)[206]에 나타나 이 상처는 적대자들로부터 받은 것이라고 큰 소리로 울부짖고, 400명의 젊은이들을 호위병으로 삼아 주도록 요구했습니다. 그리고 사람들은 내 말에는 귀 기울이려 하지 않고 그 젊은이들을 보내 주었고, 그들은 곤봉으로 무장하게 되었습니다.[207] 그리고 그다음에 민주정을 파괴해 버린 것입니다. 이렇게 되어 내가 아테네인 중에서 가난한 사람을 종살이에서 해방시키려고 노력했던 것도 헛된 것이 되고 만 것입니다. 지금이야말로 시민 모두가 페이시스트라토스라는 한 사람에게 노예 노릇을 하고 있는 것입니다.

---

204) 이 상황과 연관된 1권 50절 참고

205) 아리스토텔레스, 《아테네의 정치체제》, 14장 1~2절.

206) 아테네 시민 중에서 추첨으로 선출된 6천 명으로 구성된 최고법정으로 아르콘이나 다른 관직자들의 고발사건을 다뤘다.

207) 플루타르코스, 《솔론의 생애》, 30장 3절 및 헤로도토스, 《역사》, 1권 59절 참고.

솔론이 페이시스트라토스에게[208]

나는 당신에게서 어떠한 해도 받지 않았다고 믿고 있습니다. 당신이 참주가 되기 전에, 나는 당신의 친구이기도 했고 또 현재도 나는 참주제를 탐탁하게 여기지 않는 다른 아테네인들보다도 당신과 특별히 더 불화를 겪고 있지 않기 때문입니다. 아테네인들에게 한 사람에게 다스림을 받는 것이 나을지, 그렇지 않으면 민주정 아래서 지내는 편이 나을지는, 우리 각자가 각자의 생각에 따라 결정해야만 합니다.

〔67〕 나는 당신이 모든 참주 가운데 가장 뛰어난 자라고 말합니다. 그러나 내가 아테네로 다시 돌아가는 것은 나로서는 올바르지 않다고 봅니다. 나는 아테네 사람에게 평등한 시민권을 주었고, 참주가 될 기회가 있었을 때에도 스스로 그것을 거부했으면서 지금에야 이르러 귀국해서 당신이 하고 있는 일을 승인한다면 사람들은 나를 비난할 것이기 때문입니다.

솔론이 크로이소스에게

나는 나에게 베풀어준 당신의 후의에 대해 기쁘게 생각하고 있습니다. 아테네 여신께 맹세코, 만일 내가 민주정 아래서 지내는 것을 무엇보다도 바라지 않았다면 아테네보다 오히려 당신의 궁전에서 생활하는 것을 받아들였을 것입니다. 아테네는 페이시스트라토스의 억압적인 참주 지배가 행해지고 있기 때문입니다. 그러나 나에게는 누구나 동등한 권리를 갖는 곳에서 사는 것이 더 기쁜 일입니다. 그렇지만 당신의 손님이 되는 것은 간절히 바라는 바로서, 저는 당신이 계신 곳으로 가게 될 것입니다.

---

208) 1권 53~54절의 페이시스트라토스의 편지에 대한 답장.

3. 킬론

〔68〕 킬론은 다마게토스의 아들로 라케다이몬 사람[209]이다. 이 사람을 200행에 이르는 엘레게이아 운율의 시를 썼다. 또 그는 이성의 헤아림에 의해 파악될 수 있는 한 미래에 대한 선견지명 (*pronoia*)이 인간의 탁월성 (*aretē*)이라고 말했다. 킬론은 감독관[210]이 되었지만 자신은 되지 못했다고 못 견뎌하는 형제에게 "나는 어떻게 부정의를 겪어낼지를 알지만, 너는 그렇지 못했기 때문"이라고 말했다. 또 소시크라테스가 말한 것에 따르면, 에우튀데모스[211]가 최고행정관이었던 56회 올륌피아기[212]에 감독관이 되었다 ─ 하지만 팜필레는 6회 올륌피아기[213]에 처음으로 감독관이 되었다고 말한다. [214] ─ 그리고 감독관들을 왕들[215]과 나란히 하는 지위를 갖도록 한 사람은 그가 맨 처음이었다고 한다. [216] 그러나 사튀로스[217]는 그 제도를 행한 것

---

209) 라케다이몬인은 라코니케 (Lakōnikē)의 거주자로, 스파르타를 포함해서 그 지역 주위에 사는 사람들을 말한다.

210) 국정 감독관 (*ephoros*)은 스파르타의 관직이다. 60세 이상의 시민들 중 민회에서 5명을 선출하여 왕의 권한을 견제하였다.

211) 달리 알려진 바가 없다.

212) 기원전 556~553년.

213) 기원전 756/5~753/2년.

214) 팜필레는 에포로스 제도 확립 시점과 킬론이 감독관이 된 것을 혼동하고 있다.

215) 스파르타는 왕이 2명이었다.

216) 에포로스 (국정 감독관)의 정치적 권한이 강력해서 왕들조차 그들의 환심을 살 정도였다고 한다 (아리스토텔레스, 《정치학》, 1270b14~16 참고).

217) 사튀로스 (Satyros)는 흑해인 폰토스의 카라티스 출신으로 기원전 3세기 후반에서 기원전 2세기 전반에 걸쳐 활약했던 페리파토스학파의 전기작가이다. 주로 전기를 썼지만 사실보다는 일화에 관심을 가졌다.

은 뤼쿠르고스[218]였다고 한다.

헤로도토스가 《역사》1권[219]에서 말하는 것처럼, 히포크라테스[220]가 올륌피아[221]에서 희생제의를 드리고 있을 때, 큰 솥이 저절로 끓어올랐기 때문에 킬론은 그에게 결혼하지 말거나, 혹은 만일 아내가 있다면 헤어지고 아이는 자식으로 인정하지 말라고 충고했다. [222]

〔69〕 또한 그가 아이소포스(이솝)[223]에게 제우스가 무엇을 하는지 물었고, 아이소포스는 "고상한 것을 비천한 것으로 비천한 것을 고상한 것으로 만들고 있다"고 대답했다는 이야기도 전해진다. [224] 그는 교육받은 자와 교육받지 못한 자가 어떤 점에서 차이가 있느냐는 물음을 받았을 때, "좋은 희망에서"라고 대답했다. 무엇이 어려운가라는 질문에는 "비밀을 지키는 것과 여가를 잘 보내는 것, 그리고 부정의한 일에 견디는 것"이라고 대답했다. 다음과 같은 것도 그의 훈계였다.

---

218) 뤼쿠르고스(Lykourgos)는 전설적인 입법가로 스파르타의 정치체제를 기초했다. 실제로 살았다면 기원전 9세기 말이나 8세기 초일 것이다.

219) 헤로도토스, 《역사》, 1권 59절.

220) 아테네의 참주였던 페이시스트라토스의 아버지.

221) 올륌피아(Olympia)는 펠로폰네소스 반도의 북서쪽에 있는 엘리스 지역의 성지로 올림픽 경기가 열리던 곳이다.

222) 나중에 히포크라테스의 아들이 아테네의 참주인 페이시스트라토스임이 밝혀졌으므로 킬론의 이 충고는 솥이 저절로 끓어오름에 대한 전조적 의미를 제대로 내놓은 셈이 되는 것이다.

223) 전설에 따르면, 아이소포스(Aisōpos)는 기원전 6세기에 사모스섬에서 태어나 활동한 《이솝우화》의 저자이다.

224) '제우스가 무엇을 하고 있는가?'라는 물음은 '날씨가 어떤가?'라는 물음과 마찬가지이다. 제우스는 날씨의 주재자이니까. 흔히 '비가 온다'는 말을 '제우스님이 오시네'라고 표현할 수 있다.

"혀를 조심하라, 특히 연회에서. 이웃사람을 나쁘게 말하지 말라. 그렇지 않으면 고통스러운 이야기를 듣게 될 것이다. 아무도 윽박지르지 말라. 그것은 여자들이나 하는 짓이니까. 〔70〕 친구들에게 좋은 일이 있을 때보다 나쁜 일이 있을 때 더 빨리 찾아가라. 결혼은 간소하게 하라. 죽은 자에게 나쁜 말을 하지 말라. 노인을 공경하라. 자기 자신은 스스로 지켜라. 부끄러운 이득보다는 손해를 택하라. 손해는 한순간의 괴로움이지만 부끄러운 이득은 내내 괴로운 것일 테니까. 불운한 사람을 비웃지 말라. 힘을 가지고 있을 때는 온화하라. 그러면 이웃은 두려워하기보다는 오히려 존경할 테니까. 자신의 가정을 잘 관리하는 것을 배워라. 혀가 생각보다 앞서지 않게 하라. 분노를 억제하라. 점술을 증오하지 말라. 불가능한 것을 욕구하지 말라. 길에서 서두르는 모습을 보이지 말라. 말할 때 손짓을 섞지 말라. 미친 것으로 보일 테니까. 법을 따르라. 마음을 평온하게 하라."

〔71〕 그의 노래 가운데 가장 좋은 평판을 받았던 것은 다음과 같은 것이다.

> 시금석으로 황금은 검사받으니
> 그 확실한 진가가 드러나는 것이고,
> 황금으로 인간의 마음도
> 좋고 나쁨이 검증받게 되는 것이니.

그는 늙은 나이가 되어서 언젠가 자신은 평생 법률을 스스로 위반한 사실이 한 번도 없는 것으로 알고 있다고 말했다고 전해진다. 그렇지만 그는 한 경우에 대해서는 주저했다고 한다. 자신의 친구가 관계된 재판에서 그 자신은 법에 따라서 판정을 내렸지만, 〈동료(syndikastas)를225)〉 설득해서 친구인 피고를 무죄로 해주었던 것이다. 법과 친구 양쪽을 지키기 위해 한 일이었다.

그가 그리스인 사이에서 특히 유명하게 된 것은 라코니케의 퀴테라섬에 대한 예언 때문이다. 그는 그 섬의 상황을 잘 알고 있었기 때문에 "이 섬은 생기지 않거나 혹은 생겼더라도 바다 깊숙이 가라앉아 버렸으면 좋았을 텐데"라고 말했다.

이것은 올바른 예견이었다. 〔72〕 왜냐하면 데마라토스226) 가 라케다이몬에서 추방되어 페르시아에 있을 때 크세륵세스에게 선단을 그 섬에 정박시키도록 조언했는데, 만일 크세륵세스가 설득되었더라면 그리스는 정복되었을 것이기 때문이다. 227) 나중에, 펠로폰네소스 전쟁 때 니키아스228) 가 그 섬을 점령해서 아테네 수비대를 그곳에 주둔시키고 라케다이몬인에게 큰 손실을 주었기 때문이다. 229)

킬론은 말수가 적은 사람(brachylogos) 이었다. 그래서 밀레토스 사람 아리스타고라스도 이런 말하는 방식을 '킬론식'이라고 부른다.

---

225) 사본에는 '친구를'(ton philon) 이라고 되어 있으나 문맥에 맞게 고쳐 번역했다. 사본마다 문맥을 이해하지 못하는 필사자들이 저마다 '배심원', '법관', '그의 친구' 등으로 적어 놓았다. 친구는 구제의 대상이니 설득할 필요가 전혀 없다.

226) 데마라토스(Dēmaratos) 는 기원전 515~491년에 재위했던 스파르타의 왕이다. 스파르타의 두 왕 중 한 왕에 맞서다가 스파르타에서 추방당했다. 그 후 페르시아 왕의 고문이 되어 그리스 침략에 도움을 주었다.

227) 데마라토스의 충고에 대해서는 헤로도토스, 《역사》, 7권 235절 참고.

228) 니키아스(Nikias, 기원전 470~413년) 는 펠로폰네소스 전쟁 때 활약했던 아테네의 장군이다.

229) 투퀴디데스, 《펠로폰네소스 전쟁》, 4권 53~57절 참고.

킬론

〈…〉230) 은 브랑키다이에 있는 신전의 건설자 브랑코스(Branchos)
의 아들이다. 231) 킬론은 52회 올륌피아기232) 무렵에는 노년이었지
만, 그 무렵 우화작가 아이소포스는 절정기였다. 헤르미포스가 말하
는 것에 따르면 킬론은 그의 아들이 권투에서 올륌피아 경기의 승리자
가 된 것을 축하한 직후에 피사233) 땅에서 죽었는데, 그 죽음의 원인
은 나이가 들어 약해진 데다 기쁨이 지나쳤기 때문이라고 한다. 모든
축하연 참가자가 깊은 경의를 품고 그 장례식에 참석했다고 한다.

　그를 위해서도 다음과 같은 나의 에피그람 시가 있다.

---

230) 원문이 파손된 부분이다.
231) 브랑코스의 아들 이름이 사본에서 떨어져 나갔다. 브랑키다이는 이오니아
　　해안에 있는 성소 디뒤마(Didyma)의 또 다른 이름이다. 또한 브랑키다이
　　는 성소에 있는 아폴론 신전의 신탁을 관장하는 사제계급에 대한 이름이
　　기도 하다.
232) 기원전 572~569년.
233) 피사(Pisa)는 올림픽 경기가 열리는 올륌포스산이 있는 지역의 도시 이름이
　　거나 올륌포스 근처의 샘 이름이다.

〔73〕 횃불을 나르는 자인 폴뤼데우케스[234]여, 나는 당신에게 감사합니다.
킬론의 아들이 권투에서 푸른 월계수 관을 획득한 것을.
그러나 그의 아버지가 관을 머리에 쓴 아들을 보고 기쁜 나머지
쓰러졌다고 해도 한탄할 만한 일은 아닙니다.
나에게도 그 같은 죽음이 왔으면.

또한 그의 조상에는 다음과 같은 비문이 새겨져 있다.

킬론, 이 사람을 태어나게 한 것은 용맹함의 면류관을 쓴 스파르타,
이 사람이야말로 7현인 가운데 지혜에서 으뜸가는 사람.

그의 경구에 "보증 그 곁에 재앙"이라는 것이 있다. 또한 다음과
같은 짤막한 편지도 그의 것이다.

킬론이 페리안드로스[235]에게
당신은 나라 밖으로 떠나는 원정 길에 몸소 출전하시겠노라고 편지로 알
려주셨습니다. 그러나 나는 국내의 일도 독재자에게는 위험하다고 생각
합니다. 그리고 나는 참주들 가운데 자신의 집에서 자연스러운 죽음을
맞이하는 자야말로 행복하다고 생각합니다.

---

234) 폴뤼데우케스(Polydeukēs)는 '디오스쿠로이'(제우스의 아들들)라고 하는
카스토르와 폴뤼데우케스 중 한 명이다. 이들은 제우스와 레다 사이에서 태
어났으며 전설 속의 여러 모험에 참가했다고 한다. 폴뤼데우케스는 권투를
했기 때문에 이 시에 인용된 듯하다.
235) 페리안드로스에 대해서는 아래의 94~100절 참고.

4. 피타코스

〔74〕 피타코스는 휘라디오스의 아들로 뮈틸레네236) 사람이다. 그러나 두리스는 그의 아버지가 트라케237) 사람이었다고 전한다. 그는 알카이오스 형제들238)의 도움을 받아 레스보스섬의 참주 멜랑크로스를 무너뜨렸다. 그리고 아킬레이티스239)의 영토를 놓고 아테네인들과 뮈틸레네인들이 싸웠을 때 그 자신이 군의 지휘를 맡았다. 아테네 사람들의 지휘관은 판크라티온240) 경기에서 올림픽 우승자가 된 적 있는 프뤼논이었다. 피타코스는 프뤼논과 맞대결할 것을 합의했다. 그는 방패 뒤에 몰래 그물을 걸어 두었다가 그것으로 프뤼논을 옭아매 죽이고 그 영토를 되찾았다. 그러나 그 후 아폴로도로스가 《연대기》에서 말하는 것에 따르면 그 영토 건으로 아테네인이 뮈틸레네인을 상대로 소송을 걸었는데, 페리안드로스가 그 소송을 심리하여 아테네인에게 유리한 판결을 내렸다고 한다. 241)

〔75〕 그러나 그 당시에 뮈틸레네인들은 피타코스에게 대단한 존

---

236) 레스보스섬에 있는 가장 큰 도시.

237) 트라케(Thrakē)는 그리스 북쪽의 흑해 연안 지역이다.

238) 1권 31절에서 언급한 시인 알카이오스의 형을 말한다. 알카이오스는 시인이면서 직업군인이었다. 알카이오스와 피타코스 사이에 불화가 생겨서, 알카이오스는 지속적으로 피타코스를 향해 독설을 퍼붓는 많은 시를 써왔다.

239) 아킬레이온(Achilleion)이라고 하는데, 트로이 전쟁의 영웅 아킬레우스가 묻힌 곳이다.

240) 판크라티온(*pankration*) 경기는 올림픽 경기 종목 중 하나로 오늘날의 격투기와 유사한 운동이다. 물고 눈을 찌르는 것을 제외하고는 어떤 제한이 없는 경기이다.

241) 이 일화는 헤로도토스의 《역사》, 5권 95절에도 나온다.

경을 표했고 권력을 그에게 맡겼다. 242) 그는 10년간 집권하였고, 정치체제의 질서를 잡았으며, 그 후 권력을 내놓고 10년을 더 살았다. 그래서 뮈틸레네 사람들은 그에게 한 구획의 땅을 주었는데, 그는 이것을 성스러운 땅이라며 신에게 헌납했다. 이것은 오늘날에도 피타코스의 땅이라고 불린다. 그러나 소시크라테스가 전하는 바에 따르면 약간의 부분은 자신의 것으로 떼고서 "절반이 전체보다 많다"고 말했다고 한다. 그뿐 아니라, 크로이소스가 준 돈도 자신이 가진 돈이 원하는 액수의 두 배나 된다고 하면서 그것을 받지 않았다고 한다. 왜냐하면 그의 형제가 아이가 없이 죽었으므로 그가 그 유산을 상속받았기 때문이다.

〔76〕팜필레가 《비망록》 2권에서 말하는 바에 따르면, 피타코스의 아들 튀라이오스가 퀴메의 이발소에 앉아 있을 때, 한 대장장이가 도끼를 휘둘러 그의 아들을 죽였다. 퀴메 사람들이 이 살해자를 피타코스에게 보내자 그는 이 사건의 경위를 알고 나서 그자를 풀어주면서 이렇게 말했다. "용서함이 후회보다 더 나은 것이다." 그러나 헤라클레이토스가 전하는 바로는 자신의 권력으로 그를 체포해서 풀어준 것은 알카이오스였고, 또 그가 한 말은 "용서함이 보복보다 더 낫다"는 것이었다.

피타코스는 여러 법을 제정했다. 그 하나로 죄를 범했을 때, 술 취한 자에게는 그 죄가 두 배로 가중된다는 것이 있다. 243) 이것은 그 섬

---

242) 아리스토텔레스의 《정치학》에는 인민이 선출했다고 나온다(1285a35~39).
243) 아리스토텔레스, 《니코마코스 윤리학》, 1113b30~33, 1110b24~33; 《수사학》 1402b8~12; 《정치학》 1274b18~23 참고.

피타코스

에서 포도주가 많이 생산되기 때문에 음주를 자제하게 하려는 의도에서 그렇게 한 것이다. 그는 또한 "훌륭한 사람이기는 어렵다"고 말한다. 이 말을 시모니데스244) 도 또한 "참으로 좋은 사람이 되는 것은 어렵다고 한 피타코스에게서 온 말"이란 형태로 언급하고 있다.

〔77〕 (그리고 플라톤 또한 《프로타고라스》에서 그에 대해 언급하고 있다. 245) "필연과는 신들조차 싸울 수 없다"246) 와 "관직이 그 사람을 드러낸다"는 것도 있다.) 또한 언젠가 "무엇이 최선인가?"라는 질문을 받았을 때, "현재의 것을 선용하는 것"(to paron eu poiein) 이라고 대

---

244) 케오스의 시모니데스(Simonidēs, 기원전 556~476년) 는 서정시인. 마라톤, 플라타이아, 테르모퓔라이 전투를 기리는 에피그람 시를 썼다.

245) 《프로타고라스》, 345d. 여기서 플라톤은 피타코스를 비판하는 시모니데스의 시를 인용하면서 피타코스에 대해 언급한다.

246) 이것은 앞의 《프로타고라스》, 345d에서 피타코스를 비판하는 시모니데스의 시로서 플라톤이 인용한 구절이다.

답했다. 크로이소스에게서 무엇이 최선의 지배이냐는 질문을 받았을 때, 그는 "가지각색의 재목에 의한 지배다"라고 대답했다. '재목'이라는 것은 법률을 가리킨다. 247) 그는 또한 피를 흘리지 않고 승리를 얻는 것을 권했다. 어떤 포카이아248) 사람이 훌륭한 인간을 찾아야 한다고 말했던 것에 대해 "너무 지나치게 찾으면 발견하지 못할 것이다"라고 대답했다. 또 그는 여러 가지 질문에 대답했는데, 다음과 같은 것이다. "무엇이 가장 고마운가?" "시간." 또 "눈에 보이지 않는 것은?" "미래." "신뢰할 만한 것은?" "땅." "신뢰할 수 없는 것은?" "바다."

〔78〕 그는 "어려운 일이 벌어지기 전에 그 일이 벌어지지 않도록 미리 생각해 두는 것이 분별 있는 사람이 하는 것이지만 이미 일이 벌어졌다면 잘 처리하는 것이 용기 있는 사람이 하는 것이다. 장차 하려는 일을 미리 말하지 말라. 실패하면 비웃음을 살 테니까. 다른 사람의 불운을 비난하지 말라. 보복(nemesis)이 두려우니까. 249) 맡아 놓은 것을 되돌려 주라. 친구를 나쁘게 말하지 말고, 적에게조차도 나쁘게 말하지 말라. 250) 경건을 연마하라. 절제를 사랑하라. 진실, 믿음, 경험, 솜씨, 동료애, 배려심을 가져라"라고 말했다.

그의 노래 가운데 가장 좋은 평판을 받은 것은 다음의 것이다.

---

247) 법이 새겨져 있는 나무로 된 명판을 말한다.

248) 포카이아(Phōkaia)는 지금의 터키 아나톨리아 서부 해안 이오니아 지역의 도시다. 이곳 출신의 철학자로 알려진 사람은 없다.

249) 보복을 인격화한 여신이 네메시스(Nemesis)이다. 네메시스는 각 사람에게 행복의 몫과 고통의 몫을 결정한다.

250) 마르코비치는 '적조차도' 다음에 'eu'(좋게)를 넣었다. 이에 맞추면 '적을 좋게 말하지 말라'가 된다.

활과 화살이 가득 찬 화살통을 가지고
나쁜 사람에 맞서 나아가야 한다.
그의 입에서 나오는 말에는 하나도 믿을 것이 없는데,
가슴에 두 개의 마음을 가지고 말하기 때문이네.

〔79〕그는 또한 600행에 달하는 엘레게이아 운율의 시를 썼다. 그리고 동료 시민들을 위해 《법률에 대해》라는 책을 산문으로 썼다.

그의 전성기는 42회 올륌피아기[251]였다. 그리고 52회 올륌피아기[252]의 세 번째 해이자 아리스토메네스가 최고행정관이었던 해에 70세를 넘게 살다가 늙은 나이로 죽었다.[253] 그의 묘비에는 다음과 같은 비명이 새겨져 있다.

피타코스를 낳은 어머니 이 성스러운 레스보스는
어머니의 눈물로[254] 그녀의 죽은 자손을 애통해하는구나.

"적절한 때를 알라"는 것도 그의 격언이다.

파보리누스[255]가 《회상록》1권에서, 또 데메트리오스가 《이름이 같은 시인들과 작가들에 대하여》에서 말하는 것처럼 피타코스라는 또 다

---

251) 기원전 612~609년.
252) 기원전 572~569년.
253) 기원전 570년. 아리스토메네스(Aristomenēs)는 기원전 570~569년에 아테네의 아르콘(archōn)이었다.
254) 마르코비치는 '어머니의 눈물로'(oikeiois dakryois) 대신 '자신의 땅에'(oikeiois dapedois)로 읽고 있다.
255) 파보리누스(Favorinus)는 기원후 80~160년경에 로마에서 활동하던 철학자이자 소피스트였다.

른 사람의 입법자가 있었다. 그 사람은 소(小) 피타코스라고 불린다.

어쨌거나 현자인 피타코스가 언젠가 젊은이로부터 결혼상담을 받았을 때, 다음과 같은 식으로 대답했다는 이야기가 전해진다. 그 내용은 칼리마코스의 《비문시》에서 전해지고 있다.

〔80〕 아타르네우스256) 출신의 어느 이방인이 휘르라디오스의 아들 뮈틸레네 사람 피타코스에게 다음과 같이 물었다. "어르신, 저는 청혼을 두 군데서 받았습니다. 한 처녀는 재산과 집안이 나와 동등하지만, 또 한 처녀는 나보다 월등합니다. 어느 쪽이 좋을까요? 자, 어떨지 저에게 충고해 주세요. 두 처녀 중 어느 쪽과 결혼하면 좋을지를."

그 남자가 이렇게 물었지만, 피타코스는 노인의 무기인 지팡이를 들어올려 "저쪽을 보게. 저 사내아이들이 자네에게 모든 것을 말해 줄 걸세"라고 말했다. 그 아이들은 넓은 교차로에서 팽이채로 쳐서 팽이를 빨리 돌리고 있었다. "저 아이들의 자취257)를 따르게"라고 피타코스가 말했다. 그래서 그 남자는 아이들이 있는 곳으로 다가갔다. "네 가까이 있는 팽이를 쳐"라고 아이들이 말했다. 이방인은 이 말을 듣자, 아이들의 외침에 좇아 집안이 큰 쪽을 잡는 것을 단념했다. 그가 집안이 작은 쪽의 신부를 집에 들인 것처럼, 디온이여 자네도 네 가까이 있는 것을 좇도록 하게.

〔81〕 피타코스는 이 충고를 그 자신의 처지에 비추어 내놓은 것으로 보인다. 왜냐하면 그의 처는 펜티로스의 아들 드라콘258)의 여동생

---

256) 아타르네우스(Atarneus)는 레스보스섬 맞은편 소아시아에 있는 도시다.
257) 아이들이 팽이놀이를 하는 예를 따르라는 의미다.
258) 1권 55절에서 언급된 아테네의 법제정자 드라콘(Drakon)은 아니다. 펜티로스에 대한 언급은 아리스토텔레스의 《정치학》, 1311b29에도 나온다.

으로 자신보다 고귀한 혈통이었으므로 그녀가 그에게 매우 거만하게 굴었기 때문이다.

알카이오스는 그를 '사라푸스'(*sarapous*) 혹은 '사라포스'(*sarapos*) 라고 불렀는데259) 이것은 그가 평발260) 이라서 발을 질질 끌고 걸어 다녔기 때문이다. 또한 그의 발에는 갈라진 틈이 있었기 때문에, — 그 갈라진 틈을 '케이라스'(*cheiras*) 라고들 불렀다고 한다 — '갈라진 (금이 간) 발을 가진 사람'(*cheiropodēs*) 이라고 불렸다. 그는 터무니없이 자만했기에 '허풍선이'라는 말도 들었고, 또 뚱뚱했기 때문에 '올챙이배'라든가 '배불뚝이'라고도 불렸다. 그는 또한 등불 없이 지냈기 때문에 '어둠 속에서 저녁밥을 먹는 사람'이라고도 불렸다. 칠칠치 못하고 불결했기 때문에 '꾀죄죄한 사람'이라고도 불렸다. 철학자 클레아르코스가 전하는 바에 따르면 곡물을 빻아서 가루로 만드는 것이 그의 운동이었다고 한다.

다음의 짤막한 편지도 그의 것으로 되어 있다.

피타코스가 크로이소스에게

당신은 당신의 번영하는 모습을 보기 위해서 뤼디아로 오라고 재촉하십니다. 물론 난 그것을 보지 않고도 알뤼아테스의 아들261) 이 왕들 가운데 가장 부유한 분이라는 것을 확신하고 있습니다. 게다가 사르디스262) 로

---

259) 둘 다 평발이라는 말인데, 후자는 음이 변형된 것으로 보인다.

260) 같은 평발이라는 의미이지만 이 말은 'platypous'라는 직설적 표현이고 앞의 말은 'sairein'(깨끗이 하다) 이라는 말과 합성된 비유적 표현이다.

261) 크로이소스를 말한다.

262) 사르디스(Sardis) 는 뤼디아의 주요 도시다. 헤르모스 계곡에 요새화된 언덕 아래 자리잡고 있고, 에페소스, 스뮈르나, 페르가몬, 소아시아 내부로 통하

가더라도 내게는 아무 이익도 없을 것입니다. 나는 황금이 필요치 않으며, 내가 가진 것으로도 나 자신과 나의 친구들에게 충분하기 때문입니다. 그럼에도 나는 당신의 손님으로서 환대를 받고 함께 지내기 위해 가려고 합니다.

5. 비아스

〔82〕 비아스는 테우타모스의 아들로 프리에네 사람이며, 사튀로스가 7현인 중에 맨 앞에 꼽았다. 어떤 사람들은 그를 부유한 집안 출신이라고 하지만, 두리스는 그가 외국인이었다고 말한다. 파노디코스에 따르면 그는 전쟁에서 사로잡힌 몇몇의 메세니아 처녀들을 돈을 지불하고 해방시켜 자신의 딸처럼 길러 주고, 지참금을 주어 그녀들의 아버지가 있는 메세니아로 돌려보냈다고 한다. 세월이 흘러 앞서 말했던 것처럼[263] '현자에게'라는 글자가 새겨진 청동 세발솥이 아테네에서 어부에 의해 발견되었을 때, 사튀로스에 따르면 그 처녀들이 — 그러나 다른 사람들과 파노디코스에 따르면 그녀들의 아버지가 — 민회로 나아가 자신들의 사연을 소상하게 설명한 뒤에 비아스야말로 현자라고 주장했다. 그래서 그 솥을 비아스에게 보냈

는 도로들의 교차점 근처에 있다. 특히 크로이소스가 통치할 당시에 뤼디아 왕국의 수도였고 나중에 페르시아 관할구의 거점이 될 만큼 헬레니즘 시대 이전에는 소아시아의 정치적 중심지였다. 기원전 498년에 이오니아인들에 의해서 함락되어 불탔다.

263) 1권 31절.

비아스

지만, 비아스는 그것을 보자 아폴론 신이야말로 현자라고 말하고 받는 것을 거부했다.

〔83〕 그러나 다른 사람들은 그가 그것을 테베에 있는 헤라클레스 사원에 헌납했다고 한다. 파노디코스도 말하는 바처럼 그가 프리에네에 식민지를 세운 테베 사람들의 후손이었기 때문이다.

또한 이런 이야기도 전해진다. 알뤼아테스[264]가 프리에네를 공격하고 있을 때, 비아스는 두 필의 노새를 살찌워 적 진영으로 들여보냈다. 알뤼아테스 왕이 이것을 보고 프리에네 사람들의 식량의 풍부함이 짐승에까지 미치고 있는 것에 놀랐다. 그래서 그는 휴전 조약을 맺기를 바라며 사신을 보냈다. 비아스는 모래 더미를 쌓고 그 위에

---

264) 알뤼아테스(Alyattēs)는 뤼디아의 왕(기원전 600~560년)으로 크로이소스의 아버지이다. 정복을 통하여 그는 뤼디아를 아나톨리아에서 가장 힘 있는 나라로 만들었다.

곡물을 뿌려 놓은 다음에 이것을 그 사신에게 보였다. 이 모든 것을 알게 되자, 알뤼아테스는 마침내 프리에네 시민들과 평화조약을 맺었다. 그 바로 뒤에 알뤼아테스가 비아스에게 누군가를 보내 자신의 궁전에 초청했을 때 그가 대답하기를 "나야말로, 알뤼아테스에게 양파를 같이 먹자265)고 청하는 바일세"라고 했다는 것이다. 266)

〔84〕 그는 또한 소송의 변호에도 아주 뛰어난 사람이었다고 전해진다. 그러나 그는 말의 힘을 훌륭한 목적을 위해 사용했다고 한다. 그래서 레로스 사람 데모도코스267)도 이것을 수수께끼 같은 말로 언급해서 다음과 같이 말하고 있다.

"만일 그대가 소송에 임하려고 하는 경우에는 프리에네에서 행한 것처럼 변호하시오."

또 히포낙스268)도 이렇게 말하고 있다.

"프리에네의 비아스보다 더 강력한 변호."

그런데 그의 죽음은 다음과 같은 식이었다. 그는 이미 아주 늙은 나이였음에도 불구하고 어떤 의뢰인을 위해 변론했는데, 변론을 마친 후에 외손자의 가슴에 머리를 기댔다. 그리고 상대편의 변호인도 변론

---

265) 필사본에는 '양파를 같이 먹자'라는 문구 뒤에 '우는 것과 같은 것'(*ison tō klaiein*)이라고 쓰여 있는데, 디오게네스 라에르티오스가 아닌 후대 주석가의 주석으로 보인다.

266) 비아스 혹은 피타코스가 크로이소스와 이오니아인들이 평화조약을 맺게 했다는 것에 대해서는 헤로도토스의 《역사》, 1권 27절 참고.

267) 데모도코스(Dēmodokos)는 잠언과 경구를 사용하기를 좋아한 서정시인이다. 생존 연대와 생애에 관해서는 알려져 있지 않다.

268) 히포낙스(Hipponax)는 기원전 6세기경에 활약한 에페소스 출신의 이암보스 시인으로 풍자시를 썼다고 한다.

하고 재판관들이 비아스에게 의뢰한 사람에게 유리한 판결을 내리고 법정을 파할 때, 비아스는 외손자의 품 안에서 죽은 채로 발견되었다.

〔85〕도시는 그를 성대하게 장사 지내고 그의 묘에 다음과 같은 비명을 새겼다.

> 이 묘석이 명예 높은 프리에네의 땅에서 태어나
> 이오니아의 대단한 영광이 된 비아스를 덮고 있다네.

나 또한 다음과 같은 비문시를 지었다.

> 여기에 내가 비아스를 감춰 주노라.
> 헤르메스가 그를 가만히 하데스로 데려갔나니,
> 늙어서 머리카락은 눈처럼 하얗게 된 이 사람을.
> 친구를 위해서 변론해 준 후에
> 손자의 팔에서 영원한 잠에 빠져들었나니.

그는 이오니아가 어떻게 하면 가장 크게 번영할 수 있을지에 대해서[269] 2천 행에 이르는 시를 썼다.[270] 그 가운데 가장 높은 평판을 받은 것은 다음과 같은 것이다.

> 모든 시민을 만족스럽게 하라. 그대가 어느 도시에서 살든지 간에.
> 이것이 가장 감사받는 일이니.
> 반면에 방자한 성격은 종종 해로운 재앙으로 번쩍이나니.

---

269) 이에 대해서는 헤로도토스의 《역사》, 1권 170절 참고.
270) 이오니아인들의 번영을 위해 비아스가 제시한 의견에 대해서는 헤로도토스의 《역사》, 1권 170절 참고.

〔86〕또 "힘센 자가 되는 것은 자연의 일이지만, 조국의 이익이 되는 것을 말할 수 있는 능력은 영혼과 분별력에 고유한 것이다. 반면에 운에 의해서도 많은 사람에게 막대한 재산이 생기기도 한다." 그런데 그는 "불운을 견뎌내지 못하는 사람이야말로 불운한 사람이다. 또한 불가능한 것을 바라는 것은 영혼이 병든 것이다. 다른 사람의 불행은 기억해 둘 만한 것이 아니다"라고 말했다. 무엇이 어려운 것이냐는 질문을 받았을 때, "일이 나쁜 방향으로 바뀌어갈 때 고귀하게 참는 것이다"라고 대답했다. 그가 언젠가 경건하지 않은 사람들과 함께 항해한 적이 있었다. 배가 폭풍을 만났을 때 그 사람들 역시 신들에게 도움을 요청했기에, 그는 "조용히들 하시오. 당신들이 지금 배를 타고 있다는 것을 신들이 알아차리면 안 되기 때문이오"라고 말했다. 어떤 경건하지 않은 사람에게서 "경건은 도대체 무엇입니까?"라고 질문받았을 때, 그는 침묵을 지키고 있었다. 그 사람이 "왜 침묵하고 계십니까?"라고 그 이유를 물었을 때, "내가 침묵하고 있는 것은 당신에게 전혀 관심 없는 것을 당신이 묻고 있기 때문이오"라고 그는 대답했다.

〔87〕인간에게 달콤한 것은 무엇인가 하는 질문을 받았을 때, 그는 "희망"이라고 대답했다. 그는 친구들 사이의 분쟁을 중재하는 것보다 적들 사이의 분쟁을 중재하는 것이 바람직하다고 말했다. 왜냐하면 친구들의 경우에는 결국 한쪽을 적으로 만들게 되지만, 적들의 경우에서는 한쪽은 친구로 만들게 될 테니까. 어떤 일을 해서 사람은 기쁨을 느끼는지 누군가 질문했을 때, "이득을 보는 일을 해서"라고 대답했다. 그는 사람들에게 살아 있는 시간이 길 수도 있고 짧을 수도 있는 것처럼 인생을 측정하라고 말했다. 또한 사랑하는 경우에

는 언젠가 증오하게 될 사람처럼 사랑하라고 말했다. 271) 왜냐하면 대부분의 사람은 나쁘니까. 그는 이런 충고도 했다.

"일은 천천히 착수하라. 그러나 일단 선택하면 흔들리지 말고 확고하게 버텨내라. 성급하게 말하지 마라. 그것은 광기를 내보이는 것이니까. 분별력(phronēsis)을 소중히 여겨라. 〔88〕 신들에 관해서는 그들이 존재한다고 말하라. 무가치한 사람을 부자이기 때문에 칭찬하지 말라. 힘에 의해서가 아니라, 설득에 의해 손에 넣어라. 무언가 좋은 것을 했다면 신들의 덕택으로 돌려라. 청년에서 노년으로 가는 여행의 준비로서 지혜를 준비하라. 이것이 어떤 다른 소유물보다 더 확실한 것이니까."

비아스에 대해서는 앞서 말한 것처럼 히포낙스도 언급했지만, 272) 성미가 까다로운 헤라클레이토스도 다음과 같은 말로 특별히 그를 칭찬했다. 273) "프리에네에는 테우타모스의 아들 비아스가 있었다. 그는 다른 사람들보다도 훨씬 더 풍성한 이야기를274) 할 만한 사람이었다." 그리고 프리에네 사람들은 '테우타메이온'이라 불리는 성지를 그에게 바쳤다. "대부분의 사람은 나쁘다"라는 것도 그의 격언이다.

---

271) 비아스의 이 충고는 아리스토텔레스의 《수사학》, 1389b23에도 나온다.
272) 1권 84절.
273) 헤라클레이토스, 《단편》, 39.
274) 비아스에 대한 평판과 그가 남긴 말을 가리킨다(헤르만 딜스, 《소크라테스 이전 철학자들의 단편 선집》, 김인곤 외 역, 아카넷, 2005, 265쪽, 각주 75 참고).

6. 클레오불로스

〔89〕 클레오불로스는 에우아고라스의 아들로서 린도스[275] 사람이
다. 그러나 두리스에 따르면 카르[276] 사람이다. 또 어떤 사람들은
그의 가계가 헤라클레스까지 거슬러 올라간다고 말한다. 또한 그
는 체력[277]에서도 아름다움에서도 뛰어나고 이집트 철학에도 능
통하였다고 한다. 그에게는 클레오불리네라는 딸이 있었고 그녀는
6각운으로 수수께끼 같은 시를 썼다고 한다. 그녀에 대해서는 크
라티노스도 ― 복수형으로 되어 있기는 하지만 ― 그녀와 이름이
같은 드라마에서 언급하고 있다. 그는 또한 일찍이 다나오스에 의
해 세워진 여신의 신전을[278] 개축했다고 전해진다. 그리고 이 사
람은 모두 3천 행에 이르는 운문으로 노래와 수수께끼 (griphos)를
지었다.

어떤 사람들은 다음과 같은 미다스[279] 왕의 묘비명도 이 사람이
지은 것이라고 말한다.

---

275) 로도스섬에 있는 도시.

276) 스트라토니케이아(Stratonikeia)는 카르(Kar) 지역에 있는 도시로, 소아시
아의 남쪽 끝부분의 에게해 연안에 있다.

277) B 사본은 '체력' 대신에 '판단' (gnōmē)으로 되어 있다.

278) 린도스(Lindos)에 있는 아테나 여신의 신전을 말한다. 이 신전은 아이귑토
스의 아들들을 피해 달아나던 다나오스(Danaos) 딸들이 린도스에 상륙했
을 때 세웠다고 한다 (헤로도토스, 《역사》, 2권 182절).

279) 아나톨리아 중앙에 위치한 피뤼기아의 여러 왕들이 미다스(Midas)란 이름
을 가졌다고 한다. 여기에는 전설적인 '황금의 손'을 가진 미다스 왕도 포함
된다. 여기서는 어떤 미다스 왕인지 알 수 없다.

청동 처녀인 나는, 미다스의 무덤 위에 놓여 있다오.
물이 흐르고 나무가 크게 자라는 한,
[90] 태양은 떠올라 빛나고 달도 밝고
강은 흘러가고 바다가 해안을 씻기는 한,
눈물로 흠뻑 젖은 그의 무덤 위에 머물며,
지나는 이들에게 여기에 미다스가 묻혔노라 나는 일러 주리니. 280)

그리고 그들이 그 증거로 내놓은 것이 시모니데스의 송가인데, 거기에서 그는 다음과 같이 말한다.

분별 있는 자라면 누가, 린도스의 주민 클레오불로스를 찬양할 것인가?
끊임없이 흐르는 강과 봄의 꽃에,
태양의 광채와 황금의 달에,
심지어 소용돌이치는 바다까지에도 비문을 새긴 돌기둥의 힘을 맞세운 그를.
어떤 것도 신들에게는 못 미치는 것이니까.
인간의 손조차 돌을 산산조각 내건만.
여기에 어리석은 인간의 의견만이 있을 뿐인데.

이 비명이 호메로스의 것이 아닌 이유는 호메로스가 미다스보다 훨씬 이전에 살았다고 말하기 때문이다. 한편 팜필레의 《비망록》에는 클레오불로스에게 돌려지는 다음과 같은 수수께끼 시도 수록되어 있다.

---

280) 이 시의 첫 두 행과 마지막 두 행은 플라톤의 《파이드로스》, 264d에 실린 것이 가장 오래된 기록이다.

〔91〕 한 분의 아버지에 12명의 아들들. 그 아들 하나하나에
30의 두 배의 딸들을 두고 있고, 그 딸들은 두 가지 모습을 하고 있다.
한쪽의 딸들은 보기에 희고, 다른 한쪽의 딸들은 검다.
이들은 죽지 않지만, 이들 모두는 사멸해간다.

그 대답은 "해"(年)이다. 281)
그의 노래들 중에는 다음과 같은 것이 널리 명성을 얻었다.

말수 많은 것이 그렇듯이 죽어야 하는 자들 가운데서
무교양(*amousia*)이 가장 우세한 부분이지만,
적절한 때야말로 도움이 되어 줄 것이다.
고상한 것에 마음을 두라.
감사함은 결코 헛된 것이 아닐 것이다.

그는 또 사람은 자신의 딸들을 소녀의 나이에 분별 있는 여인으로
서 결혼시켜야만 한다고 말했다. 이렇게 그는 소녀들도 교육받아야
만 한다는 점을 제시했던 것이다. 게다가 친구에 대해서는 그 사람
이 더 친한 자가 되도록 호의를 베풀어야만 하고, 또 적에 대해서는
친구로 삼기 위해 호의를 베풀어야만 한다고 말했다. 즉, 친구의 비
난도 적의 음모도 경계해야만 하니까.

〔92〕 또 사람이 집을 나설 때는 우선 무엇을 할 작정인지 스스로
묻고, 다시 집에 돌아왔을 때는 무엇을 했는지를 묻도록 하라고 했
다. 또한 그는 신체를 잘 단련하라고 충고해 주었다.

---

281) 60명의 '딸들'은 그 달('아들')의 낮(희다)과 밤(검다)이다. 따라서 12명의
   아들은 12달을 만들어낸다.

클레오불로스

"이야기하기를 좋아하기보다는 듣는 것을 좋아하라. 무지보다는 배움을 좋아하라. 상스러운 말을 삼가라. 덕과는 친하고 악과는 남이 되어라. 부정의를 피하라. 나라에 최선의 것들을 충고하라. 쾌락을 지배하라. 어떤 일도 폭력으로 하지 말라. 자식을 가르쳐라. 적의를 풀어라. 다른 사람의 면전에서는 부인과 싸우지 말고 지나친 애정 표시도 하지 말라. 전자는 어리석음을, 후자는 광기를 드러내는 것일 테니까. 술을 마시고 종들을 꾸짖지 말라. 꾸짖으면 술 취해서 그런 것으로 보일 테니까. 같은 부류의 사람과 결혼하라. 집안이 좋은 곳에서 처를 맞아들이면 그녀의 친척이 너의 주인이 될 테니까. 〔93〕 조롱받는 사람들을 비웃지 말라. 조롱받는 사람에게서 미움을 불러일으킬 테니까. 유복할 때에는 오만하지 말고 곤

궁에 빠져서는 비굴하지 말라. 운명의 변화에 고귀하게 견뎌낼 줄 알라."

그는 70년의 생애를 보내고 늙어서 죽었다. 그리고 그의 묘비에는 다음과 같은 말이 새겨져 있다.

돌아가신 현자 클레오불로스를
영광스러운 바다를 가진 이 조국 린도스는 애도한다.

"중용이 최선"은 그의 잠언이다. 그는 솔론에게 다음과 같은 편지를 보냈다.

클레오불로스가 솔론에게[282]
당신에게는 많은 친구가 있고, 어디라도 살 집이 있습니다. 그러나 나는, 솔론에게는 민주정이 행해지고 있는 린도스가 가장 어울릴 만하다고 말합니다. 이 섬은 큰 바다 위에 있고 여기서 사는 사람에게는 페이시스트라토스를 두려워할 것이 전혀 없습니다. 그리고 동료들이 여기저기서 당신이 있는 곳으로 찾아올 것입니다.

---

282) 이 편지의 시점은 솔론의 생애 말년으로 페이시스트라토스가 이미 참주가 된 다음일 것이다.

7. 페리안드로스

〔94〕 페리안드로스는 큅셀로스의 아들로 코린토스 사람이고 헤라클레스[283] 가문 출신이다. 그의 처는 뤼시데인데, 그는 그녀를 멜리사라고 불렀다. 그녀의 아버지는 에피다우로스의 참주 프로클레스이고, 그녀의 어머니는 아리스토크라테스의 딸로, 아리스토데모스의 여동생인 에뤼스테네이아였다. 어머니의 아버지 아리스토크라테스와 오빠인 아리스토데모스는 거의 아르카디아 전체를 통틀어 지배하고 있었다고 폰토스의 헤라클레이데스는 《통치에 관해》에서 말하고 있다. 페리안드로스는 그녀로부터 두 아들 큅셀로스와 뤼코프론을 얻었다. 어린 아들 뤼코프론은 영리했지만, 나이든 아들은 우둔했다. 그런데 시간이 흘러서 그는 첩들의 중상모략을 믿고 홧김에 임신 상태의 처에게 발판을 던져서 또는 발로 차서 처를 죽여 버렸다. 이 첩들은 나중에 태워 죽였다. 그리고 뤼코프론이란 이름을 가진 그의 아들이 어머니의 죽음을 슬퍼하자, 페리안드로스는 그를 케르퀴라로 추방해 버렸다. [284]

〔95〕 그러나 그 후 그가 나이가 들어서, 참주의 지위를 물려주기 위해 아들을 부르려고 사자를 보냈다. 그러나 케르퀴라 사람들은 그의 계획을 미리 알고 그의 아들을 죽여 버렸다. [285] 이에 분노한 페

---

283) 펠로폰네소스 왕국들에서 자신들의 권위로 내세우는 것은 자신의 조상이 헤라클레스라는 것이다.

284) 헤로도토스, 《역사》, 3권 50절 참고. 자신이 죽인 부인의 아버지 프로클레스에게 보낸 페리안드로스의 편지에 대해서는 1권 100절을 참고.

285) 페리안드로스는 돌아오지 않겠다는 아들을 설득하기 위해 사자를 보냈다. 이를 거부하자 직접 자신이 가겠다고 나서면서 결국 귀국에 동의하게 된다.

리안드로스는 케르퀴라 사람들의 아이들을 거세하기 위해 알뤼아테스에게로 보냈다. 그러나 그 배가 사모스섬에 도착했을 때, 사모스 사람들은 그 아이들을 헤라 신전에 있는 성역인 은신처로 보냈기에 구원받을 수 있었다. 286)

그렇기 때문에 페리안드로스는 낙담해서 죽었지만, 그 무렵 그는 이미 80세였다. 소시크라테스는 그가 크로이소스보다 41년 먼저 죽었고, 49회 올륌피아기287) 보다 3년 앞선 시기였다고 말했다. 또한 헤로도토스는 《역사》 1권288) 에서 그가 밀레토스의 참주 트라쉬불로스의 손님이었다고 말한다.

〔96〕 아리스티포스289) 는 《옛사람들의 애정행각에 대하여》 1권에서 그에 대하여 다음과 같은 이야기를 전하고 있다. 그의 어머니 크라테이아는 그에게 연정을 품고 남몰래 정을 통했고, 그도 그것을 즐겼지만, 그 사건이 발각된 것 때문에 괴로워서 모든 사람에게 마구 노여움을 터뜨려댔다고 한다. 그뿐 아니라, 에포로스가 기록한 것에 따르면, 그는 올륌피아의 4륜마 경주에서 승리자가 된다면 황금상을 봉납한다는 맹세를 했었다고 한다. 승리했을 때, 황금이 부족했기 때문에

그가 돌아가려 할 때, 케르퀴라 사람들은 페리안드로스가 오지 못하도록 그를 살해했다고 한다(헤로도토스, 《역사》, 3권 53절).

286) 헤로도토스, 《역사》, 3권 48절 참고.

287) 기원전 584~581년.

288) 헤로도토스, 《역사》, 1권 20절.

289) 퀴레네학파의 아리스티포스(2권 65~104절)와 같은 이름의 사람이지만, 그에게는 《옛사람들의 애정행각에 대하여》이라는 책은 없고, 이 책은 이 사람의 이름을 붙인 다른 사람의 작품으로 생각된다. 이 책은 철학자들의 애정행각에 관한 소문을 전하는 책으로, 철학자, 특히 아카데미아학파에 대해 적대감을 드러내고 있다.

페리안드로스

어떤 지역 축제에서 여자들이 장신구를 하고 있는 것을 보고 그 장신구를 모조리 뺏어서 봉납물로 헌납했다고 한다.

　어떤 사람이 전하는 바에 따르면, 그는 자신의 매장 장소를 알리고 싶지 않았으므로 다음과 같은 어떤 교묘한 술수를 짜냈다고 한다. 그는 두 젊은이에게 어떤 길을 일러 주고 야밤에 그 길을 가다가 만난 자는 죽여서 묻도록 명했다. 그 후에 다른 네 사람에게 앞의 두 사람을 쫓아가 그들을 죽이고 매장하도록 명했다. 그다음에 더 많은 수가 그 네 사람 뒤를 쫓게 했다. 이런 식으로 하고 나서 그 자신은 맨 처음의 두 사람을 만나서 죽게 되었다는 것이다. 그러나 코린토스 사람들은 그에 대하여 그의 텅 빈 묘지 위에 다음과 같이 써 놓았다.

　〔97〕 여기 바다 가까운 만(灣)에 조국 코린토스의 땅은
부와 지혜로 최고 자리를 차지하는 페리안드로스를 품고 있다.

나 또한 그에 대해 다음과 같은 시를 지었다.

그대가 무언가를 얻지 못했다고 해서 결코 슬퍼하지 마라.
오히려 신이 보내 주신 모든 것을 기뻐하도록 하라.
현자인 페리안드로스는 낙담한 나머지 죽어 버렸으니,
자신이 이루려고 했던 일을 성취하지 못했기 때문에.

다음과 같은 말도 그의 것이다. "어떤 것도 돈을 위해 행해서는 결코 안 된다. 이익은 이익을 내야 할 곳에서 내야 하니까." 그는 2천 행의 교훈시를 썼다. 참주의 지위에 있으면서 안전하려고 하는 자는 무기에 의해서가 아니라, 호위병의 충성심에 의해서 지켜져야 한다고 그는 말했다. 언젠가 누군가가 왜 참주로 있느냐는 질문에 "스스로 자진해 그 지위에서 물러나는 것도 또 그 지위를 빼앗기는 것도 마찬가지로 위험하기 때문이다"라고 그는 대답했다.

다음의 말들도 그의 것이다. "평정은 아름다운 것이다. 성급함은 위험하다. 이득은 부끄러운 것이다.[290] 민주정이 참주정보다 더 낫다. 쾌락은 사멸하지만, 명예는 불멸한다. 행운이 있을 때는 적도를 지키고 불운이 있을 때는 분별이 있어야 한다. 〔98〕 친구들에게는 그들이 행운이 있을 때나 불운이 있을 때나 한결같은 자가 되도록 하라. 네가 약속한 것은 무엇이든 지켜라. 비밀은 발설하지 마라. 잘못을 범한 자를 징계할 뿐만 아니라, 범하려고 하는 자들도 징계하라."

이 사람이 호위병을 둔 맨 처음의 사람이고, 또 그 지배체제를 참

---

290) 탈문이다. 파손된 상태를 보존해 읽으면, "부끄러운 이득은 〈…〉."

주정으로 바꾼 최초의 사람이었다. 에포로스와 아리스토텔레스가 말하듯이 그는 아무나 마음대로 시내에 사는 것을 허락하지 않았다. 그의 전성기는 38번째 올림피아기[291] 무렵이고, 40년간 참주로 있었다.[292]

그런데 소티온과 헤라클레이데스[293]에 따르면, 그리고 팜필레의 《비망록》 5권에도 적혀 있듯이 페리안드로스라는 사람은 두 사람인데, 한 사람은 참주이지만 다른 한 사람은 암브라키아 출신의 현자였다고 한다.[294]

〔99〕 퀴지코스[295] 사람 네안테스[296] 역시 이렇게 말하면서 이 두 사람은 종형제였다고 말했다. 또 아리스토텔레스는 코린토스의 페리안드로스를 현자 중 한 사람으로 말했지만, 플라톤은 이것을 받아들이지 않는다.[297] "연습이 모든 것이다"라는 것도 그의 잠언이다. 그는 이스트모스[298]의 운하를 파려고 계획했다. 다음의 편지도

---

291) 기원전 628~625년. 1권 95절 참고.

292) 아리스토텔레스, 《정치학》, 1315b25-26 참고.

293) 헤라클레이데스(Herakleidēs)는 94절에서 언급된 폰토스 사람이 아니라 기원전 2세기에 활동한 이집트 렘보스 출신의 정치가, 역사가, 철학 저술가이다.

294) 아리스토텔레스, 《정치학》, 1304a31-33 참고. 암브라키아(Ambrakia)는 그리스 북서부 도시이다. 코린토스의 식민도시였다고 하며 참주 큅셀로스의 아들 고르구스(Gorgus)가 건설했다고 한다.

295) 퀴지코스(Kyzikos)는 터키 북쪽 마르마라 바다의 남쪽 연안에 위치한 도시로, 테살리아 사람들이 개척한 식민도시다.

296) 네안테스(Neanthēs)는 기원전 3세기경에 활동한 저술가로 주로 역사에 관한 책을 남겼다.

297) 아리스토텔레스는 《정치학》, 5권 4장 1304a32에서 페리안드로스란 이름을 거론하지만, 그를 7현인 중 한 명으로 놓지 않는다. 플라톤은 《프로타고라스》, 343a에서 7현인을 열거했지만, 거기에는 페리안드로스 대신 뮈손이 나온다.

그의 것으로 전해진다.

페리안드로스가 현자들에게

당신들이 한곳으로 모이게 된 것과 내 편지가 당신들을 코린토스로 불러들이게 될 것이란 사실에 대해 나는 퓌토[299] 의 아폴론 신에게 매우 감사하고 있습니다. 그리고 당신들이 보시게 될 것처럼 나는 될 수 있는 한 가장 대중적인 방식으로 맞이할 작정입니다. 나는 당신들이 지난해에 사르디스의 뤼디아 왕의 궁전에서 회합을 가졌다고 들었습니다. 그러니 코린토스의 참주인 내가 있는 곳으로 주저하지 말고 와 주시길 바랍니다. 코린토스의 사람들은 페리안드로스의 집으로 당신들이 오는 것을 보고 즐거워할 테니까요.

페리안드로스가 프로클레스에게[300]

[100] 내가 [당신의 딸인] 내 처에게 한 악행[301] 은 본의 아니게 한 일이었습니다. 그러나 당신이 내 아들의 마음을 돌리게 한 것은 고의로 부정의를 저지른 것입니다. 그러니 아들의 무도한 행동을 그만두게 하시겠습니까? 아니면 내가 당신에게 앙갚음하도록 하겠습니까? 내 자신으로서는 모든 코린토스 여자들의 의상을 모아 태움으로써 이미 오래전에 당신의 딸에 대해서는 보상을 했기 때문입니다. [302]

---

298) 이스트모스 경기 주석 참고(1권 56절). 페리안드로스 시절에 이스트모스를 가로지르는 조선대 (*diolkos*) 가 건설되었다고 한다. 그래서 이오니아와 에게 해를 배가 왕래할 수 있었다고 한다. 오늘날에도 운하가 있어서 두 바다를 연결해 주고 있다.

299) 퓌토(Pythō) 는 델포이 (Delphoi) 의 다른 이름이다.

300) 프로클레스(Proklēs) 는 페리안드로스의 장인이다(94절 참고).

301) 사람의 도리에 어긋나는 일, 즉 처를 죽인 일을 말한다(1권 94절 참고).

302) 헤로도토스의 《역사》, 5권 92절 내용 참고. 죽은 부인인 멜리사의 환영이 나타나 페리안드로스에게 코린토스의 모든 여성의 옷을 태울 것을 거듭 충고한다. 그는 그 충고대로 그 일을 수행한다.

트라쉬불로스가 그에게 보낸 다음과 같은 편지가 있다.

트라쉬불로스가 페리안드로스에게
나는 당신의 사자에게 아무것도 대답하지 않았습니다. 나는 단지 그를 옥수수 밭으로 데려가서 그가 보는 앞에서 옥수수 이삭 가운데 지나치게 웃자란 것을 지팡이로 쳐서 떨어뜨렸을 뿐입니다. 그래서 그가 나에게서 무엇을 듣고 무엇을 보았는지 당신이 묻는다면 그는 당신에게 보고할 것입니다. 만일 당신이 당신의 절대권력을 강화하기를 원한다면 그렇게 하십시오. 시민 가운데 특히 두드러지는 자들이 있다면 당신에게 적으로 보이든 보이지 않든 제거하는 것입니다. 절대권력자에게는 자신의 동료가 있다고 할지라도 모든 사람을 의심의 눈으로 볼 테니까요. 303)

8. 아나카르시스

[101] 스퀴티아 사람 아나카르시스는 그노로스의 아들로 스퀴티아의 왕 카두이다스와 형제였다. 그의 어머니는 그리스 사람이었기 때문에 그는 두 가지 언어를 말할 수 있었다. 그는 스퀴티아 사람과 그리스 사람의 관습에서 생활의 간소함과 전쟁에 관한 것을 다룬 800행의 시를 썼다. 그는 또한 솔직히 말하는 사람이었기 때문에 '스퀴티아 사람의 말하는 방식'이라는 금언을 만들어내는 계기를 제공하였다. 304)

---

303) 헤로도토스의 《역사》, 5권 92절과 아리스토텔레스의 《정치학》에도 같은 내용이 나온다(1284a28-33, 1311a20-22).
304) 헤로도토스, 《역사》, 4권 127절 참고.

그는 47회 올림피아기[305] 무렵 에우크라테스가 아테네의 최고행정관일 때 아테네로 오게 되었다고 소시크라테스가 말한다. 또 헤르미포스가 전하는 바에 따르면, 그는 솔론의 집에 도착하자 한 종에게 아나카르시스가 방문했고, 만나고 싶고, 그리고 가능하다면 손님친구로 있고 싶다는 생각을 솔론에게 전해 주기를 부탁했다. [306]

〔102〕 그래서 그 종이 그의 전갈을 전했지만, 그 종은 손님으로 삼는 것은 자신의 나라 사람에게로 한정되어 있다고 그에게 화답하라는 명령을 솔론에게서 받았다. 그러자 아나카르시스는 그 하인을 붙잡고 자신은 지금 당신의 나라 안에 있으며 손님으로 대접받을 권리가 있다고 말했다. 솔론은 그 경우에 맞는 날랜 기지에 감동하여 그를 집으로 불러들여 최고의 친구로 삼았다. [307]

시간이 지난 후에 아나카르시스는 스퀴티아로 돌아갔지만, 무슨 일이나 그리스식으로 하는 것에 몰두했기 때문에 그는 조국의 관습을 없애는 자로 여겨져서 사냥 중에 그의 형제에게 화살을 맞아 죽었다. 죽으면서 그는 "말(logos) 때문에 그리스에서 안전하게 돌아왔지만, 자신의 나라에서는 질시(phthonos) 때문에 파멸하게 되었다"고 말했다. 어떤 사람들은 그가 그리스식의 제의를 행하는 동안에 살해당했다고 말한다. [308]

---

305) 기원전 592~589년.
306) 오늘날과 다른 '손님친구'(xenos)에 대한 이해가 필요하다.
307) 플루타르코스, 《솔론의 생애》, 5장 2절 참고. "맞아요. 당신이 집에 있으니 나를 친구와 손님으로 삼아 주시오."
308) 헤로도토스, 《역사》, 4권 76~77절 참고.

아나카르시스

그에 대한 나의 비문시는 다음과 같다.

〔103〕 아나카르시스는 널리 떠돌아다닌 뒤에 스퀴티아로 돌아와서
그리스 사람들의 풍습을 쫓아 생활하도록 모두를 설득했네.
그러나 채 끝내지 못한 그의 말은 입속에 남았는데,
날개를 가진 화살이 재빠르게 그를 낚아채서 불사하는 사람들에게로
데려가 버렸네.

　그가 포도나무에 세 종류의 포도가 열리는데, 첫째는 쾌락, 둘째
는 술취함, 셋째는 혐오의 포도라고 말한 사람이다. 그는 어찌하여
그리스에서 경기에서 싸우는 것은 전문가들인데 심판을 내리는 사
람은 비전문가인지가 놀랍다고 말했다. 어떻게 하면 사람들이 술고
래가 되지 않을 수 있는지 질문받았을 때, 그는 "만취한 자들의 꼴사
나운 행동을 당신의 눈앞에 둠으로써"라고 대답했다. 그는 또 그리

스 사람들이 폭력을 휘두르는 사람에게는 법으로 처벌하면서 운동선수들이 서로 때리는 것에 대해 명예를 주는지도 놀랍다고 말했다. 또 어떤 배의 두께가 4닥튈로스[309]인 것을 알고서는 배의 승객들은 그만큼 죽음으로부터 멀어진 것이라고 그는 말했다.

〔104〕 그는 올리브기름을 광기를 가져오는 약이라고 불렀다. 왜냐하면 운동선수들이 신체에 그것을 바름으로써 서로 상대에 대해 광기를 불러일으키게 하기 때문이다. 그는 말했다. "그들이 거짓말 하는 것을 금지하면서도 왜 그들은 소매상에서 공공연하게 거짓말을 하는 것인가?" 또 "그리스 사람들이 작은 잔으로 마시기 시작하는데, 술을 충분히 마셨을 때에는 큰 잔으로 마시는 것에 놀랐다"라고도 했다. 그의 조상에는 다음과 같이 쓰여 있다. "혀와 배와 하복부를 억제할 것." 스퀴티아 사람에게 아울로스가 있는지 질문받았을 때, "아니오, 포도나무도 없소"[310]라고 대답했다. 또 어떤 배가 가장 안전한가라는 질문에는 "땅으로 끌어올린 배"라고 대답했다. 게다가 그리스에서 자신이 본 가장 놀라운 것은 그리스 사람들이 연기를 산에 남기고 목재[311]를 도시로 운반하는 것이라고 말했다. 살아 있는 자와 죽은 자 어느 쪽의 수가 많은지 질문받았을 때, "그러면 당신은 항해하는 사람을 어느 쪽의 부류에 넣을 것인가?"라고 답했다. 어느 아티카 사람이 그가 스퀴티아 사람이라는 것을 비난했을 때, 그는 "물론 내 조국은 나에게 수치스럽지만, 당신은 당신 조국

---

309) 손가락 폭의 길이.
310) 피리 형태의 관악기인 아울로스(*aulos*)는 포도나무로 만들어진다. 아울로스는 향연에서 흥을 돋우는 중요한 부분이다.
311) 즉, 목탄의 형태로.

에 수치입니다"라고 대꾸했다.

〔105〕 인간에게 좋으면서 동시에 나쁜 것은 무엇인가라는 질문에는 "혀"라고 대답했다. 또 그는 아무런 가치가 없는 많은 친구를 갖는 편보다 값진 친구 한 사람을 갖는 편이 더 낫다고 말했다. 또 시장은 사람들이 서로를 속여서 자신의 이득을 취하도록 정해진 장소라고 말했다. 술자리에서 어느 풋내기로부터 무례한 행위를 당했을 때, "풋내기여, 자네가 젊은데 술을 이겨내지 못한다면, 나이가 들면 물을 나르는 자가 될 것이네"[312] 라고 말했다.

어떤 사람에 따르면 그는 생활에 도움을 주기 위해 닻과 도공의 돌림판을 발명했다고 한다. [313]

그는 다음과 같은 편지도 썼다.

아나카르시스가 크로이소스에게
뤼디아의 왕이여, 나는 그들의 풍습과 삶의 방식을 배우기 위해 그리스 사람들의 땅에 왔습니다. 황금, 나는 그것이 필요 없습니다. 더 나은 인간이 되어 스퀴티아로 돌아가는 것으로 충분합니다. 어쨌든 나는 당신의 명성 안에 있게 되는 것을 가장 중요한 것으로 삼고서 지금 사르디스에 와 있습니다.

---

312) '이겨내다'와 '나르다'는 그리스어로는 같은 말인 'pherein'을 각기 달리 옮긴 말이다. 말의 중의성을 이용한 말장난이다.
313) 도공의 돌림판에 대한 언급은 호메로스, 《일리아스》, 18권 600~601행에 나오며, 아나카르시스의 발명품에 대한 언급은 플라톤, 《국가》, 600a에도 나온다.

9. 뮈손

〔106〕 뮈손은 스트뤼몬의 아들로 소시크라테스가 헤르미포스를 인용하면서 말하는 것에 따르면, 오이테 지방의 혹은 라코니케 지방의 한 마을인 켄 출신이었다. 314) 그도 7현인 가운데 한 사람으로 꼽힌다. 또한 그의 아버지는 참주였다고 한다. 또 어떤 사람에 의하면 아나카르시스가 자신보다 더 현명한 사람이 누가 있는지를 물었을 때, 퓌티아의 여사제는 앞서 《탈레스의 생애》에서 킬론에 대해 말한 것과 같은 아래의 답변을 내놓았다고 한다. 315)

오이테 땅의 켄에 사는 뮈손이라는 자가
그대보다 훨씬 현명한 마음을 갖춘 자이다.

아나카르시스는 이 신탁에 강한 호기심이 일어나서 그 마을로 가서, 뮈손이 여름인데도 쟁기에 손잡이를 부착하려는 것을 발견하고 "뮈손이여, 지금은 쟁기를 사용하는 계절이 아니오"라고 말했다. 그는 "그만큼 아주 좋은 때요. 그러니 쟁기를 수선해 두는 것이오"라고 대답했다는 것이다.

〔107〕 그러나 다른 사람들은 신탁의 첫 행이 "에테이아 땅의 어떤 사람을 나는 말한다"라는 것이었으며, '이 에테이아 사람'이 누구인지를 사람들이 찾고 있다고 말했다. 실제로 파르메니데스316) 는 에테이

---

314) 켄(Kēn)은 테살리아(그리스 중부 지방)에 있는 마을이었을 것이다. 이 근처에 오이테산이 있다. 디오게네스 자신도 그 위치에 대해 확신이 없었던 것 같다.
315) 1권 30절 참고. 디오게네스는 킬론과 아나카르시스 사이에서 머뭇거리고 있다.

아는 라코니케의 한 지역이어서 뮈손이 그 지역 출신이라고 말한다. 그러나 소시크라테스는 《철학자들의 계보》에서 그의 아버지 쪽은 에테이아 사람이지만, 어머니 쪽은 켄 사람이라고 했다. 폰토스 출신의 헤라클레이데스의 아들 에우튀프론[317]은 그가 크레타 사람이었다고 하는데, 에테이아가 크레타의 도시였기 때문이다. 아낙실라오스[318]는 그를 아르카디아[319] 사람이라고 했다.

히포낙스는 그를 언급해서, 다음과 같이 말한다.

아폴론이 뮈손을 모든 인간들 가운데
가장 지혜 있는 자로 선언했네.

아리스톡세노스는 《잡다한 기록들》에서 그가 티몬과 아페만토스[320]와 크게 다르지 않다고 말하는데, 그가 인간혐오자(misanthrōpos)이기 때문이라고 했다. 〔108〕 여하튼 그가 라케다이몬의 외딴 곳에서 홀로 고독하게 웃고 있는 것이 보였다는 것이다. 그리고 어떤 사람이 갑자기 나타나서 "여기에 아무도 없는데 왜 웃고 있습니까?"라고 묻자, "바로 그것 때문입니다"라고 대답했다고 한다.

또 아리스톡세노스는 그가 그렇게 평판이 없었던 이유는 도시 출

---

316) 엘레아학파의 창시자인 철학자 파르메니데스(Parmenidēs)가 아닌 다른 사람으로 보이나 달리 알려진 바가 없다.

317) 5권 86, 91절에는 에우튀프론이 헤라클레이데스의 아들로 나온다.

318) 달리 알려진 바가 없으나 3권 2절에 나오는 아낙실라이데스(Anaxilaidēs)의 오기로 보는 사람도 있다.

319) 펠로폰네소스 반도 중앙의 고원지대.

320) 이 두 사람은 혐오스러운 인간으로 악명이 높은 아테네인들이다. 셰익스피어는 《아테네의 티몬》이란 작품을 썼다.

신이 아니라, 시골 출신이고, 게다가 그것도 알려지지 않은 인물이
었기 때문이라고 말한다. 바로 그 이유로 해서 그가 평판을 얻지 못
했기 때문에, 어떤 사람들은 그의 말을 참주 페이시스트라토스의 것
으로 돌린다. (하지만 철학자 플라톤은 달랐다.) 플라톤은 《프로타고
라스》에서321) 그를 언급하고 페리안드로스 대신에 그를 7현인 중의
한 사람으로 놓고 있기 때문이다. 322)

그는 말(논증)에서 사실을 추구하는 것이 아니라, 사실에서 말(논
증)을 추구해야 한다고 주장한다. 왜냐하면 사실이 말과 부합하도록
되어 있는 것이 아니라, 말이 사실과 부합하도록 되어 있기 때문이다.

그는 97세로 생을 마감했다.

10. 에피메니데스

〔109〕 테오폼포스와 다른 많은 사람들이 말하는 것에 따르면 에피
메니데스는 파이스티오스의 아들이었다. 그러나 어떤 사람은 도시
아스의 아들이라 하고, 또 다른 사람들은 아게사르코스의 아들이라
한다. 그는 머리카락을 길러 길게 늘어뜨려서 자신의 외양을 변화시
켰지만 크노소스에서 태어난 크레타 사람이었다. 어느 날 그는 아버
지의 명령으로 양을 찾기 위하여 들판으로 갔는데, 정오 무렵에 길
에서 벗어나 어느 동굴 안에서 잠에 빠져 그대로 57년간이나 잠을
잤다. 그 후 일어나 잠깐 잠이 들었다고 생각하여 양을 찾아다녔다.

---

321) 《프로타고라스》, 343a.
322) 1권 30절과 41절 참고.

에피메니데스

양을 찾지 못한 채 들판으로 가자, 모든 것이 변해 있었고 모든 것이 다른 사람에게 넘어간 것을 알았다. 그는 완전히 당황해서 시가지로 되돌아갔다. 그리고 거기서 자신의 집으로 들어가니 그가 누구인가를 묻는 사람들과 만났지만, 마침내 지금은 이미 노인이 되어 있는 동생을 발견하고, 그 동생으로부터 사건의 진상을 전부 알게 되었다. 이 일이 알려지자, 그는 그리스인들 사이에서 신에게 가장 사랑받는 자로 받아들여지게 되었다.

〔110〕 그런데 그 무렵 아테네 사람에게 역병이 엄습했을 때, 퓌티아가 그들에게 도시를 정화하도록 하는 신탁을 전했다. 아테네 사람들은 니케라토스 아들 니키아스가 통솔하는 배를 크레타로 보내 에피메니데스의 도움을 청했다. 그는 46회 올림피아기[323] 에 아테네로 와서 도시를 정화해서 역병을 끝냈는데, 다음과 같은 방식이었다.

---

323) 기원전 596~593년.

그는 검은 양과 흰 양을 잡아 그것들을 아레이오파고스[324]로 데려가 거기에 놓아주고 어느 쪽이든 좋아하는 쪽으로 가게 했다. 양의 뒤를 쫓는 자들에게는 각각의 양이 눕는 장소에서 그 땅의 신에게 희생제의를 바치도록 명했다. 이와 같이 하여 그 재앙을 멈추게 했다. 그 때문에 오늘날에도 아테네의 여러 구역에는 이름이 새겨져 있지 않은 제단을 볼 수 있는데, 그것들은 그때 행해진 속죄의 흔적이다. 그러나 어떤 사람들에 따르면, 그 역병의 원인은 퀼론[325]이 도시에 가져온 더러움이라고 그가 말하고, 그것을 없애는 방법을 보여 줬다고 한다. 결국 두 젊은이 크라티노스와 크테시비오스[326]가 처형되고, 도시는 천앙(天殃)으로부터 풀어졌다고 한다.

〔111〕아테네 사람들은 에피메니데스에게 1탈란톤의 돈과 그를 크레타로 보내는 배를 제공하는 것을 가결했다. 하지만 그는 돈을

---

324) 아레이오파고스(Areiopagos)는 아테네 아크로폴리스의 북서쪽에 위치한 낮은 언덕으로 '아레스의 언덕'이란 뜻이다. 상고기에는 여기서 귀족 원로회의가 열렸고, 그 후 살인에 관한 범죄들을 재판하는 재판정의 역할을 하다가 부패를 조사하는 기능을 했다. 귀족 원로회의 자체를 가리키는 이름이기도 했으며, "아레이오파고스로 올라가다"(*eis ton Areios pagon anabēnai*)라는 표현은 재판정에 나간다는 뜻으로 사용되었다.

325) 퀼론(Kylōn)은 올륌피아 경기에서 우승한 아테네의 귀족 출신이다. 그는 참주가 되고자 반란을 일으켜 아크로폴리스를 점령하려 했으나 실패했고(기원전 632년), 그의 잔당들은 아테네 여신의 신상 앞에 탄원자로 모여 있었다. 아테네의 종교 관례상 신전에 가서 탄원자를 자청하는 자는 벌을 주지 못했는데, 이들을 밖으로 불러내서 살해했던 것이 바로 퀼론이 가져온 더러움이다(헤로도토스의 《역사》, 5권 71절 및 플루타르코스의 《비교열전》의 《솔론의 생애》, 12장 참고).

326) 크라티노스(Kratinos)는 당시의 아름다운 청년으로 속죄양으로서 죽을 것을 자청했다고 한다. 크테시비오스(Ktēsibios)에 대해서는 달리 알려진 바가 없다(아테나이오스, 《현인들의 만찬》, 13장 참고).

받지 않고 크노소스인들과 아테네인들 사이에 우호와 군사동맹을 맺도록 했다.

그는 고향으로 돌아간 지 얼마 되지 않아 죽었는데, 플레곤[327]이 그의 작품 《긴 수명에 관해》에서 말하는 것에 따르면, 그때 그는 157세였다고 한다. 그러나 크레타 사람들이 말하는 것에 따르면, 그는 299세까지 살았다고 한다. 콜로폰의 크세노파네스가 전하는 풍문에 따르면 그는 154세를 살았다.[328]

그는 《쿠레테스와 코뤼반테스의 탄생》과 《신들의 탄생》을 합해서 5천 행에 이르는 시를 썼다. 또한 이외에도 '아르고스호의 건조'와 '이아손의 콜키스로의 항해 원정'에 대한 6,500행의 시도 지었다고 한다. 〔112〕 그는 또한 《희생제의와 크레타의 정치체제에 대해》, 《미노스와 라다만튀스에 대해》라는 4천 행에 달하는 산문으로 된 책을 썼다.[329] 아르고스 사람 로본이 《시인에 관해》에서 말하는 것에 따르면, 그는 아테네에 '숭고한 여신들'[330]의 신전을 세웠다고 한다. 그는 집과 들판을 정화하기도 하고, 신전을 짓기도 한 첫 번째 사람이었다고 말해진다. 어떤 사람들은 그가 잠들었던 것이 아니라, 얼마 동안 세상을 등지고[331] 약초 채집에 전념했던 것이라고 말하기도 한다.

---

327) 플레곤(Phlegōn)은 트랄레이스 출신으로 하드리아누스의 해방노예였다. 《올륌피아데스》, 《긴 수명에 관해》, 《놀라운 이야기에 관해》라는 작품을 남겼다고 한다.

328) 크세노파네스, 《단편》, DK21B20.

329) 아무것도 남아 있지 않다.

330) '숭고하다'(semnos)란 호칭을 받는 여신은 여럿인데, 특히 아테네에서는 '복수의 여신들'(Erinyes)을 가리킨다.

331) 현자처럼 은둔의 생활을 했다는 것이다.

그가 입법자 솔론에게 보낸 편지도 전해지는데, 그 편지에는 미노스[332]가 크레타 사람들을 위해 입안한 정치체제가 담겨져 있다. 그러나 마그네시아 사람인 데메트리오스는 《이름이 같은 시인들과 작가들에 대하여》에서 그 편지는 후대의 것이고, 크레타의 방언이 아니라 아티카의 방언으로, 그것도 최근의 방언으로 쓰였다는 이유로 그 편지가 가짜라는 것을 증명하려고 시도했다. 그러나 나는 다음과 같은 내용을 담고 있는 또 다른 편지를 찾아냈다.

에피메니데스가 솔론에게

〔113〕 내 친구여, 용기를 내시기를. 만일 아테네 사람들이 아직 농노 상태에 있어서 좋은 법률을 갖고 있지 않았을 때에[333] 페이시스트라토스가 그들을 공격했다면, 그는 시민들을 노예로 삼음으로써 영원히 지배권을 확보했을 것이네. 그러나 실제로 그가 종살이 시키는 사람들은 형편없는 사람들이 아니네. 그들은 솔론의 경고를 기억해서 수치로 고통을 당할 것이며, 참주에게 지배받는 것을 참아내려 하지 않을 것이네. 설령, 페이시스트라토스가 나라를 손아귀에 장악했다고 하더라도, 그의 지배권이 아이들의 대까지 넘어가지는 않을 것이라고 나는 기대하네. 왜냐하면 최선의 법률에서 자유인으로 길러진 사람들이 종살이한다는 것을 생각하기는 어렵기 때문이네. 어쨌든 당신은 이곳저곳으로 방랑하지 말고 내가 있는 크레타로 와 주게. 여기에는 당신에게 두려움이 될 만한 독재자가 없기 때문이네. 그러지 않고 당신이 여행하는 중에 페이시스트라토스의 추종자들과 우연히 맞부딪치는 일이 일어난다면, 당신이 어떤 고약한 일을 당하지 않을까 내가 걱정하는 것이네.

---

332) 크레타의 전설적인 왕으로 제우스와 에우로페의 아들이다.
333) 솔론의 개혁 이전을 말한다.

〔114〕 이상의 것이 그가 쓴 것이다. 한편 데메트리오스는 에피메니데스와 관련한 어떤 사람들의 이야기를 전하는데 그 내용인즉슨 이렇다. 즉, 그는 뉨프들로부터 어떤 음식을 받아 소의 발굽 속에 보관했다가 그것을 한 번에 조금씩 섭취했기 때문에 배설물을 전혀 만들어 내지 않았고, 아무도 그가 먹는 모습을 본 적도 없었다는 것이다. 티마이오스[334]도 자기가 쓴 책 2권에서 그를 언급한다. 또 어떤 사람들은 크레타 사람들이 신에게 하듯 그에게 희생제물을 바쳤다고 말한다. 왜냐하면 그 사람들 말로는 그가 〈앞을〉 내다보는 아주 뛰어난 능력을 가졌기 때문이다. 실제로 그는 아테네에 머물 때 무니키아[335]를 보고 그 땅이 장차 아테네인들에게 얼마나 많은 재앙의 원인이 될지를 그들이 모르고 있다고 말했다. 그들이 알고 있었다면 자기들의 이빨을 사용해서라도 그 땅을 뭉개 버렸을 것이기 때문이다.[336] 그는 이것을 그런 일이 일어나기 훨씬 전에 말했던 것이다. 또 사람들은 이런 말도 전한다. 즉, 그는 스스로를 아이아코스[337]라고 부른 최초의 사람이었다는 것, 라케다이몬 사람들이 아

---

334) 티마이오스(Timaios)는 기원전 356~360년경 인물로 시켈리아 참주 타우로메니온의 아들로 역사가였다. 플라톤의 《티마이오스》의 티마이오스와는 다른 인물이다.

335) 무니키아(Mounichia/Mounuchia)는 아테네 근처 항구 피레우스에 있는 가파른 언덕을 가리킨다. 그 때문에 경장비병에 의해서도 지켜질 수 있었다. 아테네의 적들도 이곳에 군을 주둔시켰다고 한다.

336) 페이시스트라토스의 아들 힙피아스가 아테네에 참주정을 부활시키기 위해 기원전 525년에 무니키아에 있는 언덕을 요새로 구축했던 것을 가리키는 것이다. 미리 알았더라면 성으로 쓰일 그 언덕을 어떤 수를 써서라도 다 파헤쳐 없애 버렸을 것이라는 의미이다. 이 이야기는 플루타르코스의 《솔론의 생애》 12장 10절에서도 전해진다.

르카디아 사람들에게 정복당하리라는 것을 그가 라케다이몬 사람들에게 예언했다는 것, 그리고 그 자신이 수차례 환생했다고 주장했다는 것 등이 그것이다.

〔115〕 또 테오폼포스는 자기가 쓴 《놀라운 이야기들》 속에서 에피메니데스가 님프들의 신전을 짓고 있을 때, 하늘에서 '에피메니데스여, 님프들의 신전이 아니라 제우스의 신전을'이라는 소리가 들려왔다고 전한다. 또한 앞에서 말한 바와 같이 그는 라케다이몬 사람들이 아르카디아 사람들에 의해 정복당할 것이라고 크레타 사람들에게 예언했다고 한다. 그리고 정말 사실대로 라케다이몬 사람들이 오르코메노스에서 패배했다.

그리고 그는 자고 있었던 그만큼의 날수 동안 나이를 먹었다. 이것 역시 테오폼포스가 전하고 있다. 또 뮈로니아노스338) 는 자기가 쓴 《유사사례집》339) 이란 책에서 크레타 사람들은 에피메니데스를 쿠레스340) 라고 불렀다고 전한다. 라케다이몬 사람들은 그의 시신을 어떤 신탁에 따라서 자신들 쪽에서 지키고 있노라고 라코니아의 사람 소시비오스341) 는 전한다.

---

337) 제우스와 아이기나의 아들 아이아코스(Aiakos)를 말하는 듯하다. 아이아코스는 신들을 각별하게 섬긴 자로 잘 알려져 있기 때문이다.
338) 뮈로니아노스(Myrōnianos)는 흑해 연안에 있던 아마스토리스 출신의 역사가이다.
339) 비슷한 이야기들을 모아 비교해가며 서술한 책.
340) 쿠레스(Kourēs)는 크로노스의 아내 레아로부터 제우스를 수호하도록 부탁받은 크레타섬의 님프이다.
341) 소시비오스(Sōsibios)는 기원전 3세기 중반 활동한 라코니아 문서학자로 스파르타의 역사에 관해 썼다.

그런데 에피메니데스라는 이름을 가진 사람은 이 밖에 2명이 더 있다. 한 사람은 계보학자이고, 남은 세 번째 사람은 도리스 방언으로 로도스섬에 대해서 책을 쓴 사람이다.

11. 페레퀴데스

〔116〕 바뷔스의 아들 페레퀴데스는 쉬로스 사람이며, 알렉산드로스342)가 《철학자들의 계보》에서 말하는 바에 따르면, 피타코스의 청강생이었다. 테오폼포스는 그가 그리스에서 최초로 자연과 신들의 〈기원〉에 관해 글을 썼다고 말한다. 343)

그에 관해서는 많은 경이로운 이야기들이 전해진다. 그는 사모스의 해변을 따라 거닐다가 배가 순풍을 받아 순항하는 것을 보고 배가 머지않아 가라앉을 것이라고 말했는데, 바로 그의 눈앞에서 가라앉았다고 한다. 그리고 그가 우물에서 길은 물을 마시면서 세 번째 날에 지진이 있을 것이라고 예언했고, 그대로 되었다고 한다. 또 그가 올륌피아에서 메세네로 올라가는 중에 자신을 대접한 주인 페릴라오스에게 가족들을 데리고 그곳을 떠나라고 조언했으나, 페릴라오스는 따르지 않았고 메세네는 함락되었다고 한다. 344)

---

342) 알렉산드로스(Alexandros)는 기원전 1세기 초중반에 활동했던 밀레토스 출신의 학자로서 로마에 노예로 끌려와 로마에서 활동했다. 알렉산드로스 폴뤼히스토르라고도 불리며 당시로서 거의 모든 지역의 역사와 지리를 다룬 24권의 저서로 유명하다.

343) 1권 43~44절 참고.

〔117〕 그리고 테오폼포스가 《놀라운 이야기들》에서 말하는 바에 따르면, 그는 라케다이몬 사람들에게 금도 은도 귀하게 여기지 말라고 했다. 헤라클레스가 꿈에서 그런 지시를 그에게 했으며, 바로 그 밤에 역시 헤라클레스가 왕들에게 페레퀴데스의 말을 따르라고 지시했다고 한다. 그러나 어떤 사람들은 이 이야기들을 피타고라스와 연관시킨다.

헤르미포스는 다음과 같이 말한다. 에페소스와 마그네시아 사이에 전쟁이 벌어지고 있는 와중에 그는 에페소스가 이기기를 바라면서 지나가는 어떤 사람에게 어디서 오는지 물었고, 그 사람이 "에페소스에서"라고 대답하자, "그렇다면 내 다리를 잡아 나를 끌고 가서 마그네시아 땅에다 놓아두시오. 그리고 당신의 나라 시민들에게 전쟁에서 이긴 후에 나를 발견한 그곳에 나를 묻으라고 전해주시오. 그리고 페레퀴데스가 그렇게 명령했다고 말해 주시오."〔118〕 그래서 그 사람은 그 소식을 전했다. 다음 날 에페소스인들은 마그네시아인들을 공격하여 정복하였다. 그리고는 죽은 페레퀴데스를 그곳에 묻고 위대한 인물로서 경의를 표했다.[345] 그런데 어떤 사람들은 그가 델포이로 가서 코뤼코스산[346]에서 투신했다고 말한다. 그러나 아리스톡세노스는 《피타고라스와 그의 제자들에 관하여》에서 그는 질

---

345) 이 이야기의 요지는 분명하지 않다. 페레퀴데스는 자신의 신체만으로도 그 땅을 오염시켜 마그네시아인들에게 해를 입힐 수 있다는 것을 예측했던 것 같다.

344) 출전에 대한 언급 없이 전해주는 3가지 예언은 그 신빙성이 의심스럽다. 피타고라스와 페레퀴데스 간의 어떤 혼동이 있었던 것이 아닐까?

346) 파르나소스산 꼭대기 근처에 있는 코뤼코스 동굴을 말하는 것 같다.

페레퀴데스

병으로 죽었으며 피타고라스가 델로스347)에 매장했다고 말한다. 그런가 하면 어떤 사람들은 그가 이(蝨)들에 의한 질병348)으로 삶을 마쳤다고 말한다. 그때 피타고라스도 가까이 있었는데 그에게 상태가 어떠냐고 묻자, 그는 문틈으로 손가락을 내밀면서 "내 살갗이 그것을 잘 보여 주네"라고 말했다고 한다. 그때 이래로 학자들은 이 표현을 '더 나빠짐'의 뜻으로 받아들였다. 그러나 어떤 이들은 그것을 잘못 이해하고 '아주 잘되어감'의 뜻으로 사용한다. 〔119〕 그는 신들은 〔희생제의〕 식탁을 '튀오로스'349)라고 부른다는 말도 했다.

---

347) 델로스(Dēlos)가 아니라 사모스로 추정된다.
348) 이 질병(*phtheiriasis*)은 아리스토텔레스의 《동물지》, 557a1~3에서 언급된다.
349) thyōros. '봉헌물을 보살피는 것'이란 의미이다. 즉, 제단을 말한다.

에페소스의 안드론은 쉬로스 출신의 페레퀴데스가 2명 있었다고 말한다. 한 사람은 천문학자이고, 다른 한 사람은 바뷔스의 아들로 신학자인데, 피타고라스가 그의 가르침을 받았다고 한다. 그러나 에라토스테네스[350]의 말에 따르면, 쉬로스 출신의 페레퀴데스는 한 사람뿐이며, 다른 페레퀴데스는 아테네인이며 계보학자라고 한다.

쉬로스의 페레퀴데스가 쓴 책은 보존되어 있으며 그 첫머리는 이렇게 시작한다. "제우스와 크로노스와 크토니에는 언제나 있었다. 크토니에는 땅($G\bar{e}$)이라는 이름을 얻었다. 제우스가 그녀에게 땅을 선물로 주었기 때문이다."[351] 또한 그의 해시계[352]는 쉬로스의 섬에 보존되어 있다.

두리스는 《계절들》 2권에서 그를 위해 다음과 같은 비문을 썼다.

〔120〕 모든 지혜의 정점은 내 안에 있다.
그러나 그 이상의 것이 있다면
그것은 나의 친구 피타고라스에게 있다고 말하라.
그는 그리스 땅 전역을 통틀어 모든 사람들 가운데 으뜸이니까.
나의 이 말에는 거짓이 없으니.

---

350) 에라토스테네스(Eratosthenēs)는 기원전 276~195/194년경 살았던 인물로 그리스 퀴레나 출신으로 수학, 지리, 시, 천문학 등의 분야에서 뛰어난 업적을 남겼다. 우리에게는 지구의 둘레를 잰 사람으로 유명하나 디오게네스 라에르티오스의 이 책에 인용된 문헌들이 보여 주듯이 다방면에 관심을 가진 인물이었다.

351) DK7A8~9 참고. 페레퀴데스의 3가지 원리(근원)에 관한 언급이다.

352) 해시계(heliotropion)는 태양의 지점을 표시하는 장치이다.

키오스의 이온353)은 그에 관해서 이렇게 말한다.

용기로도 빼어나고 위엄으로도 빼어난 이 사람은,
비록 죽었으나 혼으로 즐거운 삶을 사네,
지혜로운 피타고라스가 참으로 모든 사람들에게서
그들의 생각을 보고 다 이해했다고 한다면.

페레크라테스적354) 운율로 지은 다음과 같은 나의 시도 있다.

유명한 페레퀴데스,
어느 날 쉬로스가 그를 낳았네,
〔121〕 사람들은 말하네, 그의 이전 모습이
이(虱)들로 바뀌었다고.355)
그는 고귀한 에페소스 시민들이
승리를 얻게 하려고
자신을 곧장 마그네시아 땅에
갖다 놓으라 명령했다 하네.
그 혼자만 알고 있는 신탁이 있었기 때문에
그렇게 명령했던 것이네.

---

353) 이온(Iōn)은 기원전 490/480~420년에 살았던 비극·서정시 작가 겸 철학자다.
354) 페레크라테스(Pherekratēs)는 아테네의 고희극시대의 시인이다. 그는 새
로운 운율을 창안했고, 그 후 그런 운율을 '페레크라테스적'이라 불렀다고
한다. 이 운율은 그리스 비극의 코로스(합창)와 호라티우스의 시에도 사용
되었다고 한다. 디오게네스는 이것으로 모든 운율로 시 짓는 것을 의미하
는 것 같다.
355) 1권 118절에서 "그가 이들에 의한 질병으로 죽었다"는 이야기를 풍자한 것.

그리고는 저들 곁에서 죽었네.

그러므로 이것은 진실이었네.

정말 지혜로운 자가 있다면

그는 살아서도 유익하고

더 이상 있지 않을 때에도 유익한 것이네.

　　그는 59회 올림피아기[356]에 생존해 있었다.　그는 다음과 같은 편지를 썼다.

페레퀴데스가 탈레스에게[357]

〔122〕 정해진 시간이 다가왔을 때 훌륭한 죽음을 맞으시기를. 당신에게서 온 편지를 받았을 때 질병이 나를 공격했습니다. 나는 완전히 이(虱)들로 휩싸였고 고열이 나를 사로잡았습니다. 그래서 나는 종들에게 일러두었습니다. 나를 묻을 때 내가 쓴 책을 당신에게 옮겨가라고 말입니다. 당신과 그 밖의 다른 지혜로운 자들이 모두 그 책을 좋게 평가하신다면 사람들 앞에 내놓으시고, 좋게 평가하지 않으신다면 내놓지 마십시오. 사실 나로서는 그 책이 아직 만족스럽지가 않습니다. 사실들이 정확하지 않을 뿐더러 나는 진리를 알았다고 자처하지도 않습니다. 안다고 해야 신들을 연구하면서 누구나 말할 수 있는 정도지요. 나머지 문제들은 숙고해 봐야 합니다. 그것들 모두는 나의 모호한 추측에 불과하니까요. 내가 질병에 더욱더 짓눌리게 되면서 어떤 의사도 친구들도 들어오지 못하게 했습니다. 그들이 문 앞에 서서 좀 어떠냐고 물었을 때, 나는 문틈으로 손가락을 내밀며 내가 얼마나 그 몹쓸 것으로 사로잡혀 있는지

---

356) 기원전 544~541년.

357) 이 편지는 1권 43~44절에서 탈레스가 쓴 편지에 대한 답장이다.

를 보여 주었습니다. 그러고는 그들에게 다음 날 페레퀴데스의 장례식
에 오라고 말했습니다.

지혜로운 자로 불리는 사람들은 이 정도인데, 어떤 이들은 참주인
페이시스트라토스도 이들 속에 포함시킨다.

이제 철학자들에 대해서 언급해야만 한다. 358) 먼저 이오니아 철
학에서 시작해야 하는데, 이 철학을 처음으로 이끌었던 사람은 탈레
스이며 그의 제자는 아낙시만드로스였다.

---

358) 1권 12절에서 철학자와 소피스트(지혜로운 자)의 구분을 암시한 바 있다.
　소피스트는 지혜를 소유한 사람이고, 철학자는 아직 성취되지 않은 지혜를
　추구하는 사람이다. "이제 철학자들 자신에 대해서 말해야만 한다. 탈레스
　에 관한 것이 첫 번째다."(서론 21절) "오늘날은 지혜를 소중히 하는 사람이
　철학자이다."(1권 12절)

2권

이오니아학파 · 소(小)소크라테스학파

1. 아낙시만드로스

〔1〕 프락시아데스의 아들 아낙시만드로스는 밀레토스 사람이었다.
그는 한정되지 않은 것[1] 이 근원[2] 이자 원소[3] 라고 주장하면서 그것
을 공기나 물이나 다른 무엇으로 규정하지 않았다. 그는 다음과 같
은 주장도 했다. 부분들은 변화를 겪지만 전체는 변화를 겪을 수 없
다. 땅은 가운데 놓여 있고 중심의 자리를 차지하며 구형이다. 달은
거짓으로 빛나며 태양으로부터 빛을 받는다. 그러나 태양은 땅보다
작지 않으며 가장 순수한 불이다.

그는 최초로 그노몬[4] 을 고안해냈고, 파보리누스가 자신의 《잡다

---

1) 아페이론(*to apeiron*).

2) 아르케(*archē*).

3) 스토이케이온(*stoicheion*).

4) 그노몬(*gnōmōn*)은 삼각자 혹은 직각막대인데, 이것의 그림자가 해의 방향과
   고도를 지시해 준다. 아낙시만드로스가 그노몬을 고안했다는 말은 잘못된 것

아낙시만드로스

한 것들의 역사》에서 말하는 바에 따르면, 그는 라케다이몬에서 해시
계 위에[5] 그노몬을 세워 지점(至點)과 분점(分點)을 표시했으며, 시
간을 알려 주는 계기[6]도 만들었다. 〔2〕 그는 땅과 바다의 경계도 처
음 그렸다. 그뿐 아니라 천구(天球)를 만들기도 했다.

   그는 자신의 학설에 관한 개괄적 해설을 해놓았는데, 아테네의 아
폴로도로스도 그것을 접했던 것 같다. 아폴로도로스는 자신의 《연

─────────────

   이다. 수다(DK12A2)의 증거 외에 헤로도토스의 증언을 보더라도 그렇다.
   "그리스 사람들은 천구(반원천장 모양의 해시계)와 그노몬, 그리고 하루를 열
   두 부분으로 나누는 법을 바빌로니아 사람들에게서 배웠다"(헤로도토스, 《역
   사》, 2권 109절).
 5) 스키오테론(skiothēron)은 해시계를 뜻하지만, 여기서는 라케다이몬 내에 그
   노몬이 세워졌던 특정 장소를 가리키는 것으로 봐야 할 것 같다.
 6) 호로스코페이아(horoskopeia). 그노몬이 세워진 지면에는 눈금이 매겨 있어서
   그노몬의 그림자가 그 위에 표시될 때 그림자의 방향에 의해서는 낮의 시간을
   알 수 있고, 그림자의 길이에 의해서는 계절을 알 수 있었음을 암시한다.

대기》에서 그가 58회 올림피아기의 두 번째 해[7]에 64세였으며, 얼마 지나지 않아 죽었다고 말한다. 그의 전성기는 대략 사모스의 군주 폴뤼크라테스의 재위기간과 거의 같은 기간[8]이었다. 그가 노래할 때 어린이들이 비웃었는데, 그것을 알고는 "그렇다면 우리가 어린이들을 위해 노래를 더 잘 불러야겠군" 하고 말했다는 이야기가 있다.

역사가인 다른 아낙시만드로스도 있었으며 그 역시 밀레토스 사람으로 이오니아 방언으로 글을 썼다.

2. 아낙시메네스

[3] 에우뤼스트라토스의 아들 아낙시메네스는 밀레토스 사람으로 아낙시만드로스의 제자였다. 그러나 어떤 사람들은 파르메니데스도 그의 제자였다고 말한다. [9] 이 사람은 근원을 공기라고 말했고, 한정되지 않은 것이라고도 말했다. [10] 그리고 별들은 땅 아래가 아니라 땅 주위로 움직인다고 했다. 그는 단순하고 간결한 이오니아

---

7) 기원전 547/546년.

8) 이 연대 계산은 문제가 있다. 사모스의 폴뤼크라테스는 기원전 522년에 죽었기 때문이다. 디오게네스의 이 말이 아낙시만드로스가 아니라 피타고라스를 가리키는 것으로 본다면 문제가 해결된다.

9) 이 구절은 9권 21절의 언급 "파르메니데스는 아낙시만드로스의 제자였다고 말한다"와 맞지 않기 때문에 삭제하는 사람들도 있다. 사본은 "어떤 사람들은 그가 파르메니데스의 제자이기도 했다고 말한다"로 읽는다. 도란디는 사본대로 읽었다.

10) 딜스는 "근원을 공기라고, 그리고 그것(공기)은 한정되지 않은 것이라고 말했다"로 읽게끔 원문을 고쳤다.

문체를 사용했다. 아폴로도로스의 말에 따르면, 그는 사르디스의 함락 무렵에는 살아 있었으며11) 63회 올림피아기12)에 죽었다.

람프사코스13) 사람으로 같은 이름을 가진 다른 두 사람도 있었다. 한 사람은 알렉산드로스의 업적을 기록한 연설가14)이고, 다른 한 사람은 역사가로 그 연설가의 누이의 아들이었다.

철학자인 아낙시메네스는 다음과 같은 편지를 썼다.

아낙시메네스가 피타고라스에게

〔4〕엑사뮈에스의 아들 탈레스는 노년의 나이에 불운하게 죽었습니다. 밤에 으레 그랬듯이 그는 하녀와 함께 집밖으로 나가서 별들을 관찰하고 있었습니다. 그리고 그는 (주변상황을 깜빡하고는) 별을 관찰하다가 발을 헛디뎌 벼랑에서 떨어졌습니다. 자신이 어디에 와 있는지 잊어버렸기 때문이지요. 밀레토스인들의 그 천문학자는 실은 마지막에 그렇게 해서 죽었습니다. 제자들인 바로 우리들이 그 어른을 기억합시다. 우리의 자식들과 제자들도 기억하게 하며, 나아가 그분의 말로 서로를 위로합시다.

---

11) 필사본에는 '63번째 올림피아기'와 '사르디스의 함락에 즈음하여'의 위치가 뒤바뀌어 있는 것을 심슨(Simson)이 본문처럼 고쳐 읽었다. 만약 사르디스의 함락이 기원전 498년이었다면, 그리고 'gegenētai'가 '태어남'을 뜻한다면 필사본이 옳을 수 있다. 그러면 아낙시메네스는 30세쯤 죽었다고 봐야 한다. 그러나 아폴로도로스는 테오프라스토스가 아낙시메네스와 아낙시만드로스(테오프라스토스에 따르면 그는 기원전 528년에 죽었다)를 연관 짓는 것을 무시했거나, 사르디스의 함락을 두 가지 다른 연도로 사용했을 것 같지 않다. 여기서는 기원전 546/545년 퀴로스에 의한 함락을 가리킨다고 봐야 한다. 게다가 히폴뤼토스는 아낙시메네스가 546/545년 무렵에 활약했음을 뒷받침한다.
12) 기원전 528~525년.
13) 람프사코스(Lampsakos)는 트로이 북부, 헬레스폰토스의 동쪽 해안에 위치한 옛 그리스 도시이다.
14) 레토르(*rhētōr*)는 문맥에 따라 변론가, 연설가로 옮길 수 있는 말이다.

아낙시메네스

그리고 다시

아낙시메네스가 피타고라스에게

〔5〕당신은 우리들에 비해 매우 사려가 깊었습니다. 당신은 사모스를 떠나 크로톤15)으로 이주하여 그곳에서 평화롭게 지내고 있으니까요. 아이아케스의 자식들이 견딜 수 없는 패악들을 저지르고 있으며, 지배자들이 밀레토스인들을 가만히 놔두지 않습니다. 메디아인들의 왕16) 역시, 우리가 기꺼이 공물을 바치지 않으면, 우리에게는 끔찍한 자입니다. 그러나 이오니아인들은 모든 이들의 자유를 위해 메디아인들과 전쟁을 막 치를 참입니다. 우리가 전쟁을 하게 되면 우리에게 더 이상 구원의 희망은 없습니다. 그렇다면 죽음이냐 노예냐의 공포 속에서 어떻게 아낙시메네스가 계속해서 천문학을 연구할 엄두를 낼 수 있겠습니까? 하지만 당신은 크로톤 사람들의 총애를 받는가 하면, 다른 모든 이탈리아인들의 총애도 받고 있습니다. 그리고 시켈리아에서도 당신에게 배우러 가는 제자들이 있습니다.

---

15) 크로톤(Krotōn)은 이탈리아 남부의 도시다.
16) 페르시아의 왕을 이르는 다른 말이다.

3. 아낙사고라스

〔6〕 헤게시불로스의 아들이거나 에우불로스의 아들인 아낙사고라스는 클라조메네[17] 사람이었다. 그는 아낙시메네스의 제자였으며, 질료 위에 지성을 놓은 최초의 철학자였다. 매력적이고도 품위 있게 서술된 그의 책은 이렇게 시작하고 있기 때문이다. "모든 사물은 함께 있었다. 그다음에 지성이 와서 그것들에 질서를 부여했다." 그때문에 그는 '지성'이라는 별명을 얻기도 했다. 그리고 티몬은 자신의 《실로이 시집》에서 그에 관해 이렇게 말한다.

그리고 사람들은 아낙사고라스를 '지성'이라 불리는 용감한 영웅이라고 말하는 것 같다. 갑자기 깨어나서 이전에 함께 뒤섞여 있던 모든 것을 정연하게 결합시켰던 그 지성이 정말 그에게 있었기 때문이다.

그는 재산이 많고 가문이 좋을 뿐만 아니라 배포가 크다는 점에서도 걸출하였다. 그는 자신의 상속재산을 집안사람들에게 넘겨주었다. 집안사람들로부터 상속재산을 소홀히 한다는 비난을 받자 그는 "그렇다면 당신들은 왜 그것에 신경을 쓰지 않았소?"라고 말했다. 〔7〕 그리고 마침내 그는 일선에서 물러나 공적인 일에 마음을 두지 않고 자연에 관한 고찰에 몰두했다. 그래서 누군가가 "당신은 당신의 조국에 전혀 관심을 두지 않소?"라고 묻자, 하늘을 가리키며 "말조심 하시오, 나는 나의 조국에 굉장한 관심을 가지고 있소"라고 대답했다.

---

17) 클라조메네(Klazomenē)는 이오니아 지역의 도시국가이다.

그는 크세륵세스가 헬레스폰토스[18]를 건너 침공해왔을 당시[19]에 20세였으며 72세까지 살았다고 한다. 아폴로도로스는 자신의 《연대기》에서 그가 70회 올림피아기[20]에 태어나 88회 올림퓌아기의 첫해[21]에 죽었다고 말한다. 팔레론 사람 데메트리오스가 자신의 《최고행정관들의 목록》에서 말하는 바에 따르면, 그는 칼리아스[22]가 최고행정관으로 있을 때 아테네에서 20세에 철학을 시작했다. 그리고 거기서 그는 30년을 보냈다고 한다.

〔8〕 그는 다음과 같은 주장을 했다. 태양은 시뻘겋게 단 금속 덩어리[23]이며 펠로폰네소스[24]보다 더 크다. (그러나 다른 사람들은 탄탈로스가 이런 주장을 했다고 말한다.) 달에는 주거 지역들이 있으며 능선들과 계곡들도 있다. 근원들은 같은 부분으로 된 것들[25]이다. 이른바 금 부스러기들로부터 금이 합성되듯이 그와 마찬가지로 같

---

18) 헬레스폰토스(Hellēspontos)는 아시아와 유럽의 접경이 되는 해협. 이스탄불이 바로 앞에 있다.
19) 기원전 480/479년.
20) 기원전 500/499∼497/496년.
21) 기원전 428/427년.
22) 기원전 456/455년, 칼리아스(Kallias)가 아니라 칼리아데스(Kalliadēs)라면 연대는 기원전 480/479년이 된다. 아폴로도로스가 말하는 연대와 맞추려면 '칼리아데스'로 읽어야 하지만, 칼리아데스에 관한 전승이 전혀 분명치 않다. 칼리아스는 히포니코스의 아들이며 그의 가문은 기원전 5세기 아테네에서 가장 부유한 가문들 가운데 하나였다.
23) '금속 덩어리'로 번역한 뮈드로스(mydros)는 '돌덩어리'로 옮길 수도 있다.
24) 펠로폰네소스(Peloponnēsos)는 그리스 본토에 이어진 반도로, 스파르타가 여기에 있다.
25) 호모이오메레이아(homoiomereia)의 정확한 뜻은 '전체와, 그리고 서로 간에 같은 부분들로 된'이다.

은 부분으로 된 작은 물체들로부터 우주가 구성되기 때문이다. 그리고 지성이 운동의 근원이다. 물체들 가운데 흙처럼 무거운 것들은 아래 영역을 차지하고, 불처럼 가벼운 것들은 위쪽 영역을 차지하며, 물과 공기는 가운데 영역을 차지한다. 그렇게 해서 바다는 평평한 땅 위에 자리 잡고 있는 것이고 그 물은 태양에 의해 증발된다. 〔9〕 별들은 처음에 반구형 천장을 도는 것처럼 움직였고 그래서 언제나 보이는 천정(天頂)은 땅에서 수직이었지만, 나중에 기울기를 갖게 되었다. 그리고 은하수는 태양으로부터 빛을 받지 않는 별들의 빛이 반사된 것이다. 혜성들은 불꽃을 내뿜는 행성들의 합(合) 현상26)이다. 유성들은 불똥과도 같은 것으로 공기로부터 내던져진다. 바람은 태양에 의해 공기가 희박해질 때 생긴다. 구름들 간의 충돌이 천둥이다. 구름들 간의 맹렬한 부딪침이 번개다. 공기가 땅속으로 내려가는 것이 지진이다.

동물들은 물기와 열, 그리고 흙 같은 것에서 생겨났고 나중에는 서로에게서 생겨났는데, 수컷은 오른쪽에서 암컷은 왼쪽에서 생겨났다. 27)

〔10〕 그는 아이고스포타모이28) 근처에 돌이 떨어질 것을 예언했는데, 그 돌은 태양으로부터 떨어질 거라는 말을 했다고 한다. 29) 바로 그런 이유 때문에 그의 제자였던 에우뤼피데스는 자신의 저서

---

26) 2개 이상의 천구가 같은 황경(黃經)에 놓이는 현상을 말한다.

27) 이 이론에 따르면, 성별을 결정하는 것은 수컷의 정자다. 수컷의 오른쪽에 있는 정자는 수컷을 낳고 왼쪽에 있는 정자는 암컷을 낳는다.

28) 아이고스포타모이(Aigospotamoi)는 트라키아의 동쪽 해안에 있는 마을과 강이다. 기원전 405년 아테네 해군이 스파르타군에게 패배한 곳으로 잘 알려져 있다.

29) 이 이야기는 플리니우스(Plinius)의 보고와 일치한다(Nat. Hist. ii. 149).

《파에톤》에서 태양을 금덩어리라고 불렀다. 그뿐 아니라 올림피아에 갔을 때 그는 곧 비가 올 것처럼 가죽옷을 걸치고 자리에 앉았는데, 곧바로 그렇게 되었다. 누군가가 람프사코스에 있는 산이 언젠가 바다가 될 것인지를 묻자 그는 "그야 시간이 부족하지만 않다면"이라고 대답했다. 언젠가 그는 왜 태어났느냐는 질문을 받고 "해와 달과 하늘을 연구하기 위해서"라고 대답했다. 누군가가 "당신은 아테네인들을 잃었소"라고 말하자, "천만에, 오히려 그들이 나를 잃었소"라고 대답했다. 그는 마우솔로스의 묘를 보고 "사치스러운 묘는 돌이 될 재산의 모상(模相)이다"라고 말했다.30) 〔11〕 그가 이국땅에서 죽는 것에 대해 누가 안달을 하자 그는 "하데스로 내려가는 것은 어디서 가나 매한가지라오"라고 대답했다.

파보리누스가 자신의 저서 《잡다한 것들의 역사》에서 말하는 바에 따르면, 아낙사고라스는 호메로스의 시가 덕과 정의에 관한 것이라고 밝힌 최초의 철학자인 것 같다. 그의 지인인 람프사코스 사람 메트로도로스31)가 이 주장을 더 강력히 지지했는데, 메트로도로스는 호메로스의 자연철학에 최초로 몰두했던 것으로 여겨진다. 또한 아낙사고라스는 최초로 그림이 있는 책32)을 출간했다. 실레노스33)

---

30) 아낙사고라스가 죽은 연대를 대략 기원전 428~425년경이라고 볼 때, 아낙사고라스는 마우솔로스의 아내 아르테미시아가 건립한 유명한 마우솔로스 묘를 보지 못했을 가능성이 있다. 묘의 건립 연대가 기원전 350년을 넘어서지 않는다. 이 경구는 아낙사고라스의 것이 아니거나, 만약 아낙사고라스의 것이라면, 다른 일로 했던 말임이 분명하다. 마우솔로스는 페르시아 제국에 속한 카르 지방의 총독이었다. 그의 묘는 고대 세계에서 7대 불가사의 가운데 하나였다.
31) 메트로도로스(Mētrodōros)는 기원전 5세기 중엽에 활동한 철학자. 그의 이름은 플라톤의 《이온》에도 나온다.

는 자신의 《역사》 1권에서 데뮐로스[34]가 최고행정관으로 있을 때 하늘에서 돌이 떨어졌다고 말한다. 〔12〕 그리고 그는 아낙사고라스가 전체 하늘이 돌들로 이루어졌으며, 맹렬한 회전에 의해 조직화되고 회전이 느슨해지면 추락한다는 주장을 했다고 말한다.

아낙사고라스의 재판에 대해서는 여러 가지 이야기가 있다. 소티온은 자신의 《철학자들의 계보》에서 아낙사고라스는 불경죄로 클레온에게 고발당했는데, 그 까닭은 태양을 시뻘겋게 단 금속 덩어리라고 주장했기 때문이며, 제자인 페리클레스[35]가 그를 변호했지만 그는 벌금 5탈란톤을 물고 추방되었다고 말한다. 반면에 사튀로스는 자신의 《철학자들의 생애》에서 아낙사고라스를 고발한 것은 페리클레스의 정적(政敵)인 투퀴디데스이며, 불경하다는 것뿐만 아니라 메디아와 친하다는 것이 그 이유였고, 궐석재판으로 사형선고를 받았다고 말한다. 〔13〕 사형선고와 자식들의 죽음, 두 가지 소식이 아낙사고라스에게 전해졌을 때, 그는 사형선고에 대해서는 "저들에게나 나에게나 오래전에 자연이 사형선고를 내렸소"라고 말했고,

---

32) 필사본에는 'biblion exedōke syngraphēs'로 되어 있으나 코테(H. Kohte)가 'biblion exedōke syn graphēs'로 고쳤다. 플루타르코스(《니키아스의 생애》, c. 23)와 알렉산드리아의 클레멘스(《학설집》, i. 78; DK59A36)가 'dia graphēs ekdounai biblion historousin'이라고 서술하는 것을 보고 그렇게 고친 것이다 (딜스는 'dia graphēs'를 'meta diagraphēs'로 고쳤다). 도란디는 다시 사본을 살리고, 프랑스어판에도 "산문으로 된 책을 처음으로 출간했다"라고 했다.

33) 한니발 전쟁에 참여했던 갈라티아의 실레노스(Silēnos). 그의 《역사》는 키케로, 리비우스, 플리니우스가 인용했다.

34) 이 사람에 대해서는 알려진 것이 없다.

35) 페리클레스(Periklēs)는 아테네의 정치가로 기원전 460년경부터 40년간 아테네의 실질적 최고통치자였다.

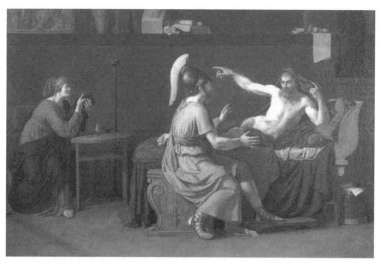

오귀스탱-루이 벨(Augustin-Louis Belle),
〈아낙사고라스와 페리클레스〉(*Anaxagoras and Pericles*), 1796.

자식들의 죽음에 대해서는 "나는 내가 낳은 자식들이 죽을 수밖에 없
는 존재로 알고 있소"라고 말했다. 그러나 어떤 이들은 이 이야기를
솔론의 것으로 돌리고, 어떤 이들은 크세노폰36)의 것으로 돌린다.
하지만 팔레론 사람 데메트리오스는 자신의 《노년에 관하여》에서
그는 자신의 손으로 자식들을 묻었다고 말한다. 헤르미포스는 자신
의 《철학자들의 생애》에서 아낙사고라스는 사형수로서 감옥에 갇
혀 있었다고 말한다. 그러나 페리클레스가 와서 사람들에게 자신이
사는 동안 비난을 살 만한 잘못한 일이 있는지 물었고, 그들이 아무
것도 없다고 대답하자, "그렇습니다. 나는 이 사람의 제자입니다.

---

36) 크세노폰(Xenophōn)은 소크라테스의 제자로서 아테네의 역사가이다. 자세
   한 사항은 2권의 '크세노폰' 항목 참조.

그렇다면 비방들에 고무되어 그 사람에게 사형선고를 내려서는 안 됩니다. 나를 믿고 그를 놓아주십시오"라고 말했다. 그래서 그는 풀려났다. 그러나 그는 그 모욕을 견디지 못하고 스스로 목숨을 끊었다. 〔14〕 히에로뉘모스는 자신의 《잡록집》 2권에서 페리클레스는 아낙사고라스를 판결보다는 동정심에 기대어 풀려나게 하려고 그가 병으로 쇠약하고 수척해 있을 때 법정에 세웠다고 말한다. 그의 재판에 관한 이야기들은 이 정도다.

그는 데모크리토스에게 적의를 가졌던 것으로 여겨진다. 데모크리토스가 자기와 토론하는 것을 허락하지 않았기 때문이다.[37] 그리고 마침내 그는 람프사코스로 물러가 거기서 생을 마쳤다.[38] 도시의 관리들이 그가 원하는 것이 무엇인지 물었을 때, 그는 자신이 죽은 그달에는 아이들에게 노는 날을 매년 허락하라고 말했다. 그래서 이 관습은 지금도 지켜진다. 〔15〕 과연 그가 죽었을 때 람프사코스 사람들은 그에게 명예로운 장례를 치러 주고 다음과 같은 비문을 썼다.

여기, 천상 세계의 진리 끝까지 최대한 도달한
아낙사고라스가 누워 있다.

내가 그에 관해 지은 글도 있다.

---

[37] 9권 34, 35절에서 데모크리토스가 아낙사고라스에게 적의를 갖고 있었으며 그의 이론을 비판했다는 말의 출처는 파보리누스로 되어 있다.
[38] 어림잡아 기원전 437~436년.

태양은 불타는 금속 덩어리라고 언젠가 아낙사고라스가 주장했다.
그리고 그 때문에 그는 사형을 당하게 되어 있었다.
그러나 친구 페리클레스가 그를 구했지만, 그는
용기를 잃고[39] 스스로 목숨을 끊었다.

아낙사고라스로 불리는 다른 사람도 3명이 있었다[어느 책에도 그들의 이름이 모두 나오지는 않는다]. 그들 가운데 한 사람은 이소크라테스 문하의 연설가이고, 다른 한 사람은 안티고노스[40]가 언급하는 조각가이며, 또 한 사람은 제노도토스[41] 문하의 문법학자이다.

4. 아르켈라오스

[16] 아르켈라오스는 아테네 사람 아니면 밀레토스 사람으로 아폴로도로스의 아들이거나 아니면 어떤 이들의 말처럼 밀돈의 아들이며, 아낙사고라스의 제자이자 소크라테스의 스승이었다. 그는 이오니아에서 자연철학을 아테네에 최초로 들여왔다. 그리고 그는 자연학자로 불렸다. 소크라테스가 윤리학을 들여왔을 때 자연철학이 그와 함께 끝났기 때문이다. 그도 윤리학을 다루었던 것 같다. 그는 법률과 훌륭함, 그리고 정의에 관해서 철학적 탐구를 했기 때문이다.

---

39) 직역하면 '지혜의 허약함으로 인해서'(*malthakiē sophiēs*)이다.
40) 안티고노스(Antigonos)는 기원전 3세기경에 활동한 에우보이아의 카뤼스토스 출신의 저술가이다.
41) 제노도토스(Zēnodotos)는 기원전 280년경에 활동한 문법학자, 비평가, 호메로스 학자다. 에페소스 출신으로 알렉산드리아 도서관 초대 관장이기도 했다.

이것을 그에게서 취해 최대한 발전시킴으로써 소크라테스는 윤리학의 창안자로 여겨지게 되었다. 아르켈라오스는 생성의 원인이 뜨거움과 차가움, 두 가지라고 말했다. 그리고 생물들은 진창에서 태어났으며, 정의로운 것과 추한 것은 자연에 따른 것이 아니라 관습에 따른 것이라고 말했다.

〔17〕 그의 이론은 이러하다. 그는 다음과 같이 주장한다. "뜨거움에 의해 녹은 물이 모종의 불로 인해 아래로 모여 응축되면 흙을 만들고, 사방으로 넘쳐흐르게 되면 공기를 발생시킨다. 그렇기 때문에 흙은 공기에 의해서, 공기는 불의 순환에 의해서 유지된다." 그는 생물들은 땅이 뜨거워지고 젖과 흡사한 진창을 일종의 양식으로 내놓을 때 태어나며, 바로 이런 식으로 흙이 사람들도 생기게 했다고 주장한다. 그는 목소리의 발생을 공기의 진동으로 설명한 최초의 사람이다. "바다는 땅을 통과하며 걸러져 우묵한 곳에 형성된다. 별들 중에서 태양이 가장 크며, 우주는 무한하다."

아르켈라오스로 불리는 다른 세 사람이 또 있었다. 한 사람은 알렉산드로스가 밟고 간 땅의 지역들을 기록한 사람이고, 다른 한 사람은 《자연의 특이한 것들》이라는 글을 쓴 사람이며, 또 다른 한 사람은 수사술에 관한 글을 쓴 연설가였다.

5. 소크라테스

〔18〕소크라테스는 조각가인 소프로니스코스와, 플라톤이 《테아이테토스》에서 말하는 바에 따르면[42] 산파인 파이나레테의 아들이며, 아테네 사람이고 알로페케 구민이었다. 그는 에우뤼피데스의 작품활동을 도왔던 것으로 여겨졌다. 그 때문에 므네실로코스[43]는 다음과 같이 말한다.

에우뤼피데스의 이 새로운 희곡은 《프뤼기아인들》이다.
그리고 소크라테스는 그에게 장작[44]을 제공한다.

그리고 다시 그는 "소크라테스적으로 짜 맞추어진 에우뤼피데스" 라고 말한다. 그리고 칼리아스는 《포로들》에서

---

42) 플라톤, 《테아이테토스》, 149a.
43) 이에 상응하는 시구(詩句)는 《에우뤼피데스의 생애와 계보》에 나온다(E. Schwartz, *Scholia in Euripidem* I, pp. 2, 1~3). "므네실로코스는 에우뤼피데스의 새로운 희곡을 요리하는 그 사람이다. 그리고 소크라테스는 장작을 제공한다." 이 작품은 텔레클리데스의 것인데, 디오게네스 라에르티오스는 이 작품에 나오는 인물인 므네실로코스를 이 작품의 저자로 착각한 것일 수 있다. 아리스토파네스의 작품 《테스모포리아 축제의 여인들》에는 에우뤼피데스의 인척으로 등장하는 인물이 있는데, 사본에 따라서는 이 인척을 에우뤼피데스의 장인으로 보고 아예 그 이름을 '므네실로코스'라고 적는 사본도 있다. 즉, 므네실로코스는 에우뤼피데스의 장인의 이름이고, 또한 에우뤼피데스의 아들 중에 므네실로코스란 이름을 가진 아들도 있었다.
44) 프뤼기아인들(Phryges)과 장작(*phrygana*), 두 단어의 발음의 유사성을 토대로 한 언어유희이다.

A: 어째서 당신은 그렇게 존엄하고 고매한가?

B: 내가 그럴 수 있는 건 소크라테스 탓이오.

아리스토파네스는 《구름》45) 에서

그는 에우뤼피데스를 위해 수다꾼들과 소피스트들로 가득한

비극들을 지어준 자이다.

라고 말했다.

〔19〕 어떤 사람들의 말에 따르면 그는 아낙사고라스의 제자였다. 그리고 알렉산드로스가 자신의 《철학자들의 계보》에서 말하는 바에 따르면, 그는 다몬46) 의 제자이기도 했다. 아낙사고라스가 사형선고를 받은 후에 그는 자연학자인 아르켈라오스의 제자가 되었다. 아리스톡세노스는 그가 아르켈라오스의 동성애인47) 이었다고 말한다. 두리스는 그가 노예로서 석조 작업을 하기도 했다고 말한다. 어떤 사람들은 아크로폴리스에 있는 옷을 걸친 카리스 여신들48) 상이 그의 작품이라고 말한다. 49) 그 때문에 티몬은 자신의 《실로이 시

---

45) 우리에게 전해진 판본으로서 아리스토파네스의 《구름》은 에우뤼피데스에 대해서만 언급할 뿐이고, 소크라테스와 에우뤼피데스의 공동작업에 대해서는 언급하지 않는다.

46) 다몬(Damōn) 은 기원전 5세기경에 활동한 아테네의 음악학자. 그의 이름은 플라톤의 《라케스》, 《국가》 등에도 등장한다.

47) 파이디카(paidika).

48) 아름다움, 매력, 환희를 관장하는 세 여신들. 아글라이아(Aglaia), 에우프로쉬네(Euphrosynē), 탈레이아(Thaleia).

49) 이 보고는 파우사니아스의 《그리스 안내기》(Periēgēsis tēs Hellados, 1권 22절 8행, 9권 35절 7행), 《수다》('소크라테스' 항목), 그리고 아리스토

집》에서 다음과 같이 말한다.

따라서 이들[50] 로부터 법률[51]에 관해 이야기하는 조각가,
그리스인들을 홀리는 자, 정교한 논변을 펼치는 자,
미사여구를 비웃는 자, 다소 아티카풍의 비꼬는 자가 갈라져 나왔다.

그는, 이도메네우스[52]의 말에 따르면, 수사(修辭)에도 유능했기 때문이다. 그뿐 아니라 크세노폰의 말에 따르면,[53] 30인 참주들[54]은 그가 말의 기술을 가르치지 못하게 금지했다. 〔20〕 아리스토파네스도 희극에서[55] 그가 더 뒤떨어지는 말을 더 나은 말이 되게 만든다고 그를 공격한다. 그리고 파보리누스가 《잡다한 것들의 역사》에서 말하는 바에 따르면, 그는 제자인 아이스키네스[56]와 함께 최초

파네스의 《구름》(773행) 참고. 플리니우스(로마 이름으로)의 보고(《자연사》, 36권 32절)와는 맞지 않는다. 플리니우스에 따르면 카리스 여신들의 상은 테베 출신인 다른 소크라테스의 작품이다.

50) 섹스투스 엠페리쿠스(《학자들에 대한 비판》, Ⅶ, 8)와 알렉산드리아의 클레멘스 (《학설집》, i. 14, 63)에 따르면, 자연학에만 몰두하는 철학자들을 가리킨다.

51) 또는 '관습'.

52) 이도메네우스(idomeneus)는 람프사코스의 이도메네우스. 에피쿠로스의 제자이며 《소크라테스학파에 관하여》의 저자로 기원전 325년에서 대략 270년까지 생존했다. 이 책에서 그는 여러 소크라테스 제자들, 특히 플라톤, 아이스키네스, 아리스티포스 사이에 이루어졌던 우애와 적대 관계에 관해 언급한다. 그 외에도 이 책은 소크라테스를 연설술의 선생으로 내세운다.

53) 크세노폰, 《회상록》, 1권 2절 31행.

54) 기원전 404년 아테네가 스파르타에게 전쟁에 패하고 스파르타에 의해 세워진 정권. 30명이 전권을 휘두르는 과두정체였는데, 이들의 포악한 정치 때문에 30인 참주정이라고도 불렸다.

55) 아리스토파네스, 《구름》, 112~118행 참조.

56) 아이스키네스에 대해서는 2권 60절 이하 참고.

로 연설술을 가르쳤다. 이도메네우스도 《소크라테스학파》에서 그렇게 말한다. 57) 그는 삶에 관해 토론한 최초의 철학자이기도 하고, 재판을 받고 죽은 최초의 철학자이기도 했다. 스핀타로스의 아들 아리스톡세노스는 그가 돈을 벌기도 했다고 말한다. 아무튼 그는 자본금을 투자해서 이문을 거두어들이고, 그것을 다 쓰고 나면 다시 자본금을 투자했다는 것이다.

비잔티움의 데메트리오스58)는 크리톤이 그의 혼에 깃든 매력을 사랑하게 된 나머지 그를 작업장에서 나오게 하여 교육시켰다고 말한다. 〔21〕 그는 자연에 관한 연구가 우리와 관련이 없다는 것을 알고, 윤리적 문제에 관한 철학적 탐구를 작업장과 광장 아고라에서 행하였다. 그리고 자신이 찾는 것은 바로 이것이라고 주장했다.

집에서 일어나는 나쁜 것과 좋은 것이 무엇인지. 59)

종종 그는 탐구과정에서 매우 격렬히 토론하다가 주먹질당하거나 머리털이 뽑히기도 했으며, 대개의 경우 웃음거리가 되고 경멸당했다. 그러나 그는 이 모든 것을 참고 견뎠다. 그 때문에 그가 걷어차이고서도 참는 것에 대해 어떤 이가 놀라움을 표시하자, 그는 "만약 당나귀가 나를 걷어찼다면 내가 당나귀를 고발해야 되는 거요?"라고

---

57) 아마도 이 보고는 디오게네스 라에르티오스 자신이 참고한 두 전거에서 별도로 확인했을 가능성이 있는 동일한 인용 구절일 것이다. 디오게네스 자신은 파보리누스와 이도메네우스 간의 일치에 주목했다. 이도메네우스는 에피쿠로스의 제자였기 때문이다. 그는 기원전 310~270년에 에피쿠로스를 만났다.
58) 달리 알려진 바가 없다.
59) 호메로스, 《오뒤세이아》, 4권 392행.

말했다. 여기까지가 데메트리오스가 한 말이다.

〔22〕 대개의 사람들과는 달리 그는 원정(遠征)에 참여해야 했던 경우 외에는 해외에 나갈 필요를 느끼지 않았다.[60] 그는 여생을 집에 머무르면서 매우 논쟁적으로 대화상대들과 공동탐구에 임했다. 그들의 의견을 논박하기 위해서가 아니라, 그들에게서 참된 것을 철저히 배우기 위해서였다. 에우뤼피데스가 그에게 헤라클레이토스의 책을 주고 "어떻게 생각하시오?"라고 묻자, 그는 "내가 이해한 부분은 훌륭하오. 그리고 내가 이해하지 못한 부분도 훌륭하다고 생각하오. 델로스의 잠수부가 필요하다는 것 외에는 말이오"[61]라고 대답했다고 한다.

그는 신체단련에도 신경을 썼으며, 좋은 상태를 유지했다. 이를테면 그는 암피폴리스[62]로 원정을 가서 델리온 전투에서[63] 크세노폰이 말에서 떨어졌을 때 그를 부축해 구해 주었다. 〔23〕 그리고 아테네인들이 모두 패주할 때 그는 누가 자신을 공격하면 방어할 수 있도록 차분히 후방을 경계하면서 조용히 퇴각했다. 그는 포티다이아에

---

60) 플라톤, 《크리톤》, 52b 참고.

61) 아리스톤, 《단편》, 30. 이 일화는 케오스의 아리스톤에게서 나왔다. 디오게네스 라에르티오스는 9권 11~12절에서 문법학자 셀레우코스가 인용하는 어떤 크로톤 사람의 말을 인용하여, 이 말은 소크라테스가 한 것이 아니라 헤라클레이토스의 책을 그리스에 가져온 사람은 크라테스라는 사람이라고 말한다. 잠수부에 대한 언급은 헤라클레이토스의 이 책에 빠지는 것을 경계하기 위해 한 말이라고 역시 9권 11~12절에 언급되어 있다.

62) 암피폴리스(Amphipolis)는 고대 그리스 북부, 현재의 마케도니아 중앙에 자리한 해안도시다. 소크라테스는 이곳에서 기원전 422년에 벌어진 스파르타와의 전쟁에 참전했다.

63) 플라톤, 《향연》, 221a~b 및 《라케스》, 181a 참고.

도 원정64) 을 갔다. 바닷길로 갔는데, 전쟁 때문에 길이 막혀 육로로
는 불가능했기 때문이다. 65) 그리고 밤새도록 자신의 위치를 벗어나
지 않았고, 66) 그래서 용기로 포상을 받았지만 즉석에서 알키비아데
스67) 에게 포상을 양보했다고 한다. 아리스티포스는 《옛사람들의 애
정행각에 대하여》4권에서 소크라테스가 알키비아데스를 사랑하고
있었다고 말한다. 키오스 출신의 이온은 소크라테스가 젊었을 때 아
르켈라오스와 함께 사모스로 여행했다고 말한다. 그리고 아리스토텔
레스는 그가 델피에 갔다고 말한다. 그뿐 아니라 파보리누스가 《회
상록》1권에서 말하는 바에 따르면, 그는 이스트모스에도 갔다.

〔24〕 그는 신념이 굳었으며 민주주의자였다. 이는 크리티아스 일
파가 살라미스의 부자 레온을 사형에 처하려고 자신들에게 끌고 오
라는 명령을 그에게 내렸을 때 그들에게 굴복하지 않았다는 사실68)
에서 분명하다. 그뿐 아니라 10명의 장군들을 방면하자는 쪽에 그
혼자 표를 던졌고, 그가 감옥에서 탈출할 수 있었음에도 그러기를
거부했으며, 69) 비통해하는 친구들을 꾸짖었고70) 구속 상태에서도

---

64) 기원전 432~429년. 플라톤, 《향연》, 219e~220e 및 《카르미데스》, 153a 참고.
65) 이 설명은 유효하지 않다. 아테네와 트라키아 간의 교류는 통상적으로 해로를
   통해 이루어졌기 때문이다. 더구나 포티다이아에 대한 포위공격은 펠로폰네소
   스 전쟁이 발발하기 한 해 전인 기원전 432년에 시작되었다. 이 설명은 아마
   몇 줄 아래에 나오는 이스트모스와 관련 있을지 모른다. 아테네인들이 펠로폰
   네소스 전쟁 초기에 이스트모스 경기에 참가하려면 메가라인들의 극심한 적대
   감으로 인해 육로로 가는 위험을 감수하지 않는 편이 더 안전했기 때문이다.
66) 플라톤, 《향연》, 220c~220d 참고.
67) 알키비아데스(Alkibiades)는 기원전 5세기에 활동한 아테네의 정치가이다.
68) 플라톤, 《소크라테스의 변론》, 32c 참고. 이 일화는 30인 참주정 당시(기원
   전 403년)에 일어났던 일이다.

너무나 훌륭한 말을 그들에게 해주었다는 점에서도 그렇다.

그는 자립적인 사람이었고 위엄 있었다. 팜필레가 《비망록》 7권에서 말하는 바로는, 언젠가 알키비아데스가 그에게 집을 지으라고 넓은 땅을 주자, 그는 "내게 신발이 필요해서 자네가 신발을 직접 만들라고 나에게 가죽을 준다고 해보세. 내가 그걸 받는 것은 어리석은 일일 걸세"라고 말했다. 〔25〕 그는 종종 수많은 상품들을 바라보면서 자신에게 말하곤 했다. "내게 필요 없는 것들이 얼마나 많은가?" 그리고 이어서 다음과 같은 이암보스 시구를 읊었다.

> 은장식들과 자줏빛 의복들은
> 비극무대에나 쓸모가 있지 생활에는 쓸모가 없네. 71)

그는 마케도니아의 아르켈라오스72)와 크란논의 스코파스73)와 라리사의 에우륄로코스74)를 경멸했기에 그들이 보낸 돈을 받지 않고 그들에게 가지도 않았다. 그는 생활방식이 매우 절도 있었기 때문에 아테네인들 사이에 종종 역병이 발생했을 때도 그 혼자만 역병

---

69) 플라톤, 《크리톤》, 50a 이하 참고.
70) 플라톤, 《파이돈》, 117d~117e 참고.
71) 스토바이오스(*Florilegium*, LVI, 15)는 이 시구를 희극시인 필레몬의 것으로 간주한다. 필레몬은 소크라테스보다 나중 사람이기 때문에, 이 시의 작가가 필레몬이 맞다면, 소크라테스가 그것을 인용하는 것은 불가능하다.
72) 아르켈라오스(Archelaos)는 마케도니아의 참주다.
73) 크란논(Krannōn)은 그리스 중북부 테살리아 지역의 한 도시다. 스코파스 (Skopas)는 이곳의 통치자였다.
74) 라리사(Larissa)는 크란논과 같이 테살리아 지역의 도시이고, 에우륄로코스 (Eurylochos)는 이곳의 장군이었던 것으로 보인다.

을 겪지 않았다.

〔26〕그는 두 여인과 결혼했다고 아리스토텔레스는 말한다. 첫 번째 여인은 크산티페이며 그녀에게서 람프로클레스를 얻었다. 두 번째 여인은 정의로운 자 아리스테이데스[75]의 딸 뮈르토이며, 그는 지참금 없이 그녀를 데려갔는데, 그녀에게서 소프로니스코스와 메넥세노스를 얻었다. 그러나 어떤 사람들은 그가 뮈르토와 먼저 결혼했다고 말하는가 하면, 사튀로스와 로도스의 히에로뉘모스를 포함해서 일부의 사람들은 그가 두 여인을 동시에 취했다고 말한다. 그들은 아테네인들이 인구부족으로 인해 인구를 늘리고자 해서 한 여인과 결혼하고도 다른 여인에게서 아이를 낳을 수 있게 하는 법률을 통과시켰다고 말한다. 그 때문에 소크라테스도 그렇게 했다는 것이다.

〔27〕그는 자신을 비웃는 사람들을 경멸할 만한 충분한 능력이 있었다. 그리고 그는 검소한 생활에 자부심을 가지고 있었으며 누구에게도 보수를 요구하지 않았다. [76] 그는 양념을 가장 적게 필요로 하는 음식이 먹는 즐거움이 가장 크고, 곁에 없는 또 다른 마실 것을 가장 덜 찾게 하는 음료가 마시는 즐거움이 가장 크며, 필요한 것이 가장 적은 자가 신들과 가장 가까이 있는 자라고 말하곤 했다. 이 말은 희극작가들한테서 나왔을 수도 있다. 그들은 그를 조롱하는 말로 자신들도 모르게 그를 칭찬한다. 아리스토파네스가 그렇다.

---

75) 아리스테이데스(Aristeidēs)는 기원전 530~468년에 살았던 아테네의 정치가로 공명정대하다 하여 '정의로운 자'란 호칭을 얻었다.

76) 소크라테스가 가르치는 것에 보수를 바라지 않았다는 사실에 대해서는, 플라톤, 《소크라테스의 변론》, 31b~31c 및 크세노폰, 《회상록》, 1권 2절 60행, 6절 11~14행 참고.

큰 지혜를 원하는 것이 마땅한 사람이여,

그대는 아테네인과 그리스인들 사이에서 얼마나 행복한 삶을 살아갈 것인가!

그대는 기억력이 좋고 사고력이 깊은 자이며, 참을성이

그대의 기질 속에 들어 있기 때문이네. 서 있거나 걷거나 그대는 피로하지 않고

추위를 심하게 타지도 않고, 아침식사에 연연하지 않네.

술이나 포식 그리고 다른 모든 무분별한 것들을 멀리하네. 77)

〔28〕 아메입시아스78)는 낡아빠진 외투를 걸친 그를 무대에 등장
시키면서 이렇게 말한다.

A: 소크라테스, 소수의 사람들 중에서는 가장 훌륭하지만, 그러나 단연
가장 쓸모없는 그대가 왔다.
바로 그대가 우리에게로. 그대는 굴하지 않는 자이다. 어디서 그대는
외투를 얻을 수 있을까?
B: 이 고약한 짓은 제화공들에게 모욕이 된다네.
A: 그러나 그는 굶주려도 굴복해서 아첨했던 적은 없네.

또한 그의 경멸적 태도와 고매한 정신을 아리스토파네스는 다음
과 같은 말로 드러내고 있다.

왜냐하면 그대는 길에서 거드름피우며 걷고 두 눈을 굴리며
맨발로 다니고 많은 것을 견디며 우리에게 거만한 태도를 보이기 때문이네. 79)

---

77) 아리스토파네스의 《구름》, 412~417행의 대목과 유사하나 똑같지는 않다. 아
리스토파네스의 이 작품의 이 대목을 디오게네스 라에르티오스가 소크라테스
에게 적용될 수 있는 형태로 고쳐 쓴 듯하다.
78) 아메입시아스(Ameipsias)는 기원전 5세기 후반에 활동한 아테네의 희극작가다.

그러나 때때로 그는 플라톤의 《향연》에서80) 그가 아가톤81)의 집으로 갈 때처럼, 상황에 맞추기 위해 옷을 잘 차려입기도 했다.

〔29〕 그는 권하는 설득에나 말리는 설득에 모두 유능했다. 이를테면 그는 지식에 관해서 테아이테토스와 대화를 나눈 결과, 플라톤이 말하고 있듯이, 82) 테아이테토스를 영감으로 가득 채워 떠나보냈다. 그리고 에우튀프론이 외지인을 살해한 혐의로 자신의 아버지를 기소했을 때, 소크라테스는 경건에 관해서 그와 일단의 대화를 나눔으로써 그의 생각을 바꾸어 놓았다. 83) 그리고 그는 뤼시스를 권고의 말로 설득하여 지극히 윤리적인 사람으로 만들어 놓았다. 84) 그는 사실들로부터 논변을 이끌어내는 데 유능했기 때문이다. 그리고 자신의 아들 람프로클레스가 어머니에게 화를 내자, 크세노폰이 어디에선가85) 말했듯이, 소크라테스는 아들의 생각을 바꾸어 놓았다. 또 플라톤의 형제 글라우콘이 정치활동을 하길 원하자, 크세노폰의 말에 따르면, 86) 소크라테스는 그가 경험이 없다는 이유를 들어 못하게 했다. 반면에 카르미데스는 자질이 있다는 이유로 정치활동을 하게 했다. 87)

---

79) 아리스토파네스, 《구름》, 362~363행.

80) 플라톤, 《향연》, 174a.

81) 아가톤(Agathōn)은 기원전 448~400년에 살았던 아테네의 비극시인이다. 그의 비극 작품은 전해지지 않으나 플라톤의 《향연》에 등장했던 인물로 유명하다.

82) 플라톤, 《테아이테토스》, 210b.

83) 플라톤, 《에우튀프론》, 4a.

84) 플라톤, 《뤼시스》.

85) 크세노폰, 《회상록》, 2권 2절 1~2행.

86) 크세노폰, 《회상록》, 3권 6절 1~2행.

〔30〕 그는 이발사인 메이디아스의 닭들이 날개를 퍼덕이며 칼리아스[88]의 닭들과 어떻게 맞서는가를 보여줌으로써 장군인 이피크라테스[89]를 분발케 했다. 그리고 글라우콘의 아들은[90] 나라를 위해서는 꿩이나 공작과도 같은 그가 있어야 한다고 말했다.

그는 사람들이 저마다 자신의 가축이 얼마나 많은지는 쉽게 말할 수 있으면서 친구들이 얼마나 많은지 그 이름들을 모두 대지 못하는 것은 이상한 일이라고 말하곤 했다. 그처럼 각자는 친구들에 대해 관심을 기울이지 않는다는 것이다. 에우클레이데스[91]가 논쟁적인 대화에 열중하는 것을 보고 "에우클레이데스, 자네는 소피스트들과 어울릴 수는 있겠지만 결코 사람들과 어울릴 수는 없을 걸세"라고 말했다. 그런 식의 좀스러운 논의는, 플라톤이 《에우튀데모스》에서 말하듯이,[92] 쓸데없는 일이라고 생각했기 때문이다.

〔31〕 카르미데스가 그에게 노예들을 주어서 그들로부터 수입을 얻게 해주었지만 그는 받지 않았다. 그리고 어떤 사람들에 따르면 그는 알키비아데스의 아름다움을 경멸했다.[93] 그리고 크세노폰이 자신의 《향연》에서[94] 말하는 바에 따르면, 그는 여가를 소유물 중에서 가

---

87) 크세노폰, 《회상록》, 3권 7절 1~2행.

88) 칼리아스(Kallias)는 아테네의 부자이다. 이피크라테스와 더불어 코린토스에서 스파르타군을 물리친 것으로 알려져 있다.

89) 이피크라테스(Iphikratēs)는 기원전 4세기경 아테네의 유명한 장군이다. 그의 영광과 몰락은 여러 문헌을 통해 잘 알려져 있다.

90) 카르미데스를 가리킨다.

91) 에우클레이데스(Eukleidēs)는 메가라학파의 창시자. 2권 106절 이하 참고.

92) 아마도 《에우튀데모스》의 끝부분(304e)에서 익명의 대화상대가 크리톤에게 내놓는 논변을 가리키는 것 같다.

93) 플라톤, 《향연》, 216d 참고.

장 멋진 것으로 칭송했다. 그는 유일하게 좋은 것 한 가지는 지식(앎)이며, 유일하게 나쁜 것 한 가지는 무지라는 말도 했다. 그리고 부(富)와 좋은 가문은 고귀함을 조금도 가지고 있지 않으며, 정반대로 나쁜 것을 가지고 있다고 했다. 이를테면 어떤 이가 그에게 안티스테네스는 어머니가 트라키아인이라고 말하자, "당신은 그가 2명의 아테네인에게서 태어나면 그렇게 고귀할 거라고 생각하시오?"라고 대답했다. 그는 포로가 되어 노예로 전락한 파이돈이 풀려나도록 몸값을 지불하라고 크리톤에게 시켰고, 그리고 그를 철학자로 만들었다.

〔32〕 그뿐 아니라 그는 노년에 비로소 뤼라 연주를 배우면서 누구든 모르는 것을 배우는 것은 전혀 이상하지 않다고 말했다. 더구나 그는, 크세노폰이 《향연》에서95) 말하고 있듯이, 쉬지 않고 춤을 추곤 했는데, 그와 같은 훈련이 몸을 좋은 상태로 유지하는 데 도움이 된다고 생각해서였다. 그는 영적 존재가 장차 일어날 일을 자신에게 미리 알려 준다는 말도 했다. 96) 그리고 올바름은 사소한 것이 아니지만 사소한 것에 좌우된다97)고 했으며, 아무것도 알지 못한다는 바로 그 사실 외에 자신은 아무것도 알지 못한다고 했다. 그는 제철이 아닌 과일을 비싸게 산 사람들은 제철에 나는 과일을 포기한 것이라는 말도 했다. 그리고 언젠가 젊은이의 덕이 무엇이냐는 질문을 받고, "조금도

---

94) 크세노폰, 《향연》, 4장 44절.
95) 크세노폰, 《향연》, 2장 16~20절.
96) 플라톤의 《변론》, 31d에서 영적 존재(daimonion), 또는 신령(daimōn)은 소크라테스에게 어떤 행위를 못하도록 말리지 적극적으로 권하지는 않는다. 그런 점에서 디오게네스 라에르티오스의 이 증언은 차이가 있으며, 이는 크세노폰의 증언을 따른 것이다(《회상록》, 1권 1절 2~9행, 19행 및 4권 8절 1행).
97) 이와 비슷한 경구가 7권 26절에서는 제논의 것으로 소개된다.

지나침이 없는 것"이라고 그는 대답했다. 그는 기하학 공부는 물려받거나 물려줄 땅을 잴 수 있는 정도까지 해야 한다고 주장했다.

〔33〕 에우뤼피데스가 《아우게》에서 덕에 관해 다음과 같이 말할 때

자유로운 상태로 내버려 두는 것이 최선이다. 98)

그는 일어나 이렇게 말하며 극장을 떠났다. "사람들이 노예를 못 찾을 때는 그걸 찾는 것을 가치 있게 여기면서, 덕을 그처럼 사라지게 내버려 두는 것은 우스운 일이다." 결혼을 해야 하는지 하지 말아야 하는지 질문을 받고, 그는 "어느 쪽을 택하든 당신은 후회할 것이다"라고 대답했다. 돌 조각상을 만드는 사람들이 최대한 닮은 석상이 되게 하려고 돌에는 마음을 기울이면서, 자신들이 그 돌 조각상과 닮아 보이지 않도록 자신들에게는 주의를 기울이지 않는 것이 놀랍다고 말했다. 또한 젊은이들이, 용모가 아름다우면 그에 걸맞은 행위를 하게 되고, 용모가 추해 교육을 통해 결점을 감출 수 있으려면, 거울을 계속 보는 것이 좋다고 그는 생각했다.

〔34〕 그가 부자들을 식사에 초대했을 때 크산티페가 부끄럽게 여기자, "기운 내게. 그들이 지각 있는 자들이라면 식사에 적응을 할 테고, 못난 자들이라면 우리가 그들에게 전혀 신경 쓰지 않으면 되니까"라고 말했다. 다른 사람들은 모두 먹기 위해서 살지만, 자신은 살기 위해서 먹는다고 그는 말했다. 그는 하찮은 군중에 대해서 마치 누군가가 4드라크마짜리 동전 하나는 가짜라고 거절하고, 가짜인 동

---

98) 이 구절은 에우뤼피데스의 《엘렉트라》, 379행에 인용되는데, 아마도 유실된 희극 작품인 《아우게》가 출처인 것 같다.

전 무더기는 진짜라고 받아들이는 것과도 같다고 말했다. 아이스키네스가 "나는 가난하고 달리 가진 것이라고는 아무것도 없지만 나 자신을 당신에게 주겠소"라고 말하자, "그렇다면 당신은 나에게 가장 큰 것을 준다는 걸 깨닫지 못하시오?"라고 그는 대답했다. 30인 참주들이 일어나 권력을 잡았을 때, 자신이 무시당한다고 불만을 토로하는 사람에게 "당신이 유감스러운 건 그게 아니잖소?"라고 그는 말했다. 〔35〕 "아테네인들이 당신에게 사형선고를 내렸소"라고 말하는 사람에게, "자연이 저들에게도 사형선고를 내렸소"라고 그는 대답했다. 그러나 어떤 사람들은 그 말은 아낙사고라스가 했다고 말한다.[99] 그의 아내가 "당신은 부당하게 죽는군요"라고 말하자, "당신은 내가 마땅하게 죽기를 바랐소?"라고 반문했다. 그는 꿈에서 누가 자신에게

세 번째 날에 그대는 기름진 프티아에 닿을 것이다.[100]

라고 말했다고 믿고 아이스키네스에게 "세 번째 날에 내가 죽을 것이다"라고 말했다. 그가 독배를 마시려고 할 때 아폴로도로스가 그에게 멋진 옷을 주어 그것을 입고 죽음을 맞게 하려 하였다. 그러자 그는 "어째서 지금 내 옷이 입고 살기에는 충분하지만 입고 죽기에는 그렇지 않단 말인가?"라고 말했다. "아무개가 당신을 나쁘게 말한다"고 말하는 사람에게 "그는 좋게 말할 줄 모르기 때문이오"라고 대답

---

99) 2권 13절 참고.
100) 호메로스, 《일리아스》, 9권 363행. 이 인용문은 플라톤의 《크리톤》, 44b에도 나온다.

했다. 〔36〕 안티스테네스가 옷이 해진 부분을 눈에 보이게 드러내자 그는 "나는 옷을 통해서 당신의 자만심을 보오"라고 말했다. "아무개가 당신에게 욕을 하고 있지 않소?"라고 말하는 사람에게 "아니오, 그건 나에게 해당되지 않으니까"라고 그는 대답했다. 우리는 희극작가들에게 일부러 자신을 내맡겨야 한다고 그가 말하곤 했다. 왜냐하면 만약 그들이 우리에게 해당되는 말을 한다면 그렇게 해서 우리를 바로잡아 줄 것이고, 그렇지 않다면 우리와는 아무 상관이 없을 테니까. 크산티페가 먼저 욕을 하고 난 다음 그에게 물을 끼얹자, 그는 "크산티페가 천둥을 쳐서 비를 내리게 할 거라고 내가 말하지 않았소?"라고 그녀에게 말했다. 크산티페가 욕을 하면 참기 어려울 거라고 말하는 알키비아데스에게 그는 "하지만 나는 습관이 되어 있다네. 도르래 장치의 소음을 계속 듣는 데 익숙해 있는 것과 마찬가지로 말일세. 〔37〕 자네도 거위가 꽥꽥거리는 소리를 견디지 않나"라고 말했다. 알키비아데스가 "하지만 거위들은 저를 위해 알과 새끼 거위들을 생산합니다"라고 말하자 "내게도 크산티페가 아이들을 낳아 준다네"라고 그는 말했다. 언젠가 그녀가 광장(아고라)에서 그의 외투를 찢자, 지인들이 그에게 손으로 방어하라고 충고했는데, 그는 "암, 제우스께 맹세컨대, 그렇게 해서 우리가 서로 주먹질을 하는 동안 자네들은 각자 '소크라테스 잘한다!', '크산티페 잘한다!' 그럴 테지"라고 말했다. 기수들이 혈기왕성한 말들과 지내는 것과 마찬가지로 그는 드센 여인과 산다고 말했다. "그러나 그들이 그 말들을 다룰 줄 알고 나면 다른 말들을 모두 쉽게 다룰 수 있게 되듯이 나도 크산티페와 잘 지내면 다른 어떤 사람과도 잘 적응하게 될 걸세"101) 라고 그는 말했다.

그가 이런 말들을 했고 이와 같은 행동들을 했다는 것을, 퓌티아가 카이레폰에게 저 유명한 신탁을 내렸을 때, 그녀가 입증해 주었다.

모든 사람들 가운데 소크라테스가 가장 현명하다.

〔38〕 바로 그 때문에 그는 특히 질시를 받기도 했다. 무엇보다도 그는 자부심이 큰 사람들을 논박해서, 플라톤의 《메논》[102]에서 아뉘토스를 그렇게 했던 것처럼, 그들의 우둔함을 보여 주었기 때문이다. 실제로 아뉘토스[103]는 소크라테스의 조롱을 참지 못하고 먼저 아리스토파네스와 그의 측근들을 부추겨 그를 공격하게 했다. 그런 다음에 멜레토스를 설득해서 불경하다는 것과 젊은이들을 타락시킨다는 혐의로 그를 고발하게 했다.

그래서 파보리누스가 《잡다한 것들의 역사》에서 말하는 바에 따르면, 고발은 멜레토스가 했고 논고[104]는 폴뤼에욱토스[105]가 했다. 그러나 헤르미포스의 말대로라면 소피스트인 폴뤼크라테스가 그 논고문을 썼거나, 아니면 어떤 사람들의 말대로 아뉘토스가 썼다. 그러나 이 모든 일을 꾸민 것은 대중 지도자인 뤼콘이었다.

---

101) 크세노폰, 《향연》, 2장 10절 참고.

102) 《메논》, 89e~95a.

103) 아뉘토스(Anytos)는 제혁업으로 돈을 벌고 정치에 입문했던 아테네의 정치가다. 소크라테스와 동시대 사람이다.

104) 디케(*dike*)는 법정 용어로서 원칙적으로는 심문이나 예심이 있은 후에 원고와 피고 양측의 변론에 대해서 내리는 선고를 뜻하지만, 여기서는 원고 측이 내리는 논고 내지 구형을 가리킨다.

105) 폴뤼에욱토스(Polyeuktos)는 소크라테스 당시의 아테네의 변론가이다.

〔39〕 안티스테네스는 《철학자들의 계보》에서, 그리고 플라톤은 《소크라테스의 변론》에서 아뉘토스, 뤼콘, 멜레토스, 이 세 사람이 소크라테스를 고발한 자들이라고 말한다. 아뉘토스는 장인들과 정치가들을 대신해서 분노했고, 뤼콘은 연설가들을 대신해서, 그리고 멜레토스는 시인들을 대신해서 분노했는데, 이들을 모두 소크라테스가 조롱했던 것이다. 파보리누스는 자신의 《회상록》 1권에서 소크라테스에 대한 폴뤼크라테스의 논고는 참이 아니라고 말한다. 거기서 그는 소크라테스가 코논이 주도한 성벽의 개축[106]을 언급한다고 말하기 때문이다. 그 성벽은 소크라테스가 죽고 여섯 해 만에 개축되었으며 그게 사실이다.

〔40〕 맹세[107] 뒤에 이어진 논고는 다음과 같은 형식이었다 — 파보리누스는 그 논고문이 오늘날에도 여전히 메트로온[108]에 봉납되어 있다고 말한다 — "피토스 구민(區民) 멜레토스의 아들 멜레토스가 알로페케 구민 소프로니스코스의 아들 소크라테스에 대해서 맹세와 함께 다음과 같은 논고를 내렸다. 소크라테스는 나라가 인정하는 신들을 인정하지 않고, 새로운 다른 신령들을 들여오는 죄를 범했다. 그리고 그는 젊은이들을 타락시키는 죄도 범했다. [109] 형벌은 사형에 해당된

---

106) 코논(Konōn)은 아테네의 장군이다. 이 사람은 펠로폰네소스 전쟁에서 아테네가 패하고 항복의 조건으로 허물었던 장성을 다시 개축(改築)했다.

107) 안토모시아(antōmosia). 재판에서 재판절차가 시작될 때 원고와 피고가 하는 맹세를 가리킨다.

108) 메트로온(Mētrōion)은 아테네의 아고라에 있었던 사원으로 신들의 어머니인 퀴벨레, 레아, 데메테르 여신을 위한 것이다. 메트로온은 평의회(boulē)의 회합 장소로 사용되다가, 기원전 5세기 말에 평의회 건물이 세워진 후에는 어머니 여신에게 봉헌되었다.

다." 이 철학자는 뤼시아스가 그를 위해 변론문을 작성하자 그것을 훑어보고는 "훌륭한 변론이오, 뤼시아스, 하지만 나한테는 어울리지 않소"라고 말했다. 당연히 그 변론은 대체로 철학적이기보다는 법정에 맞는 것이었기 때문이다. [41] 뤼시아스가 "훌륭한 변론이라면 어째서 당신에게 어울릴 수가 없지요?"라고 묻자, "훌륭한 옷도 훌륭한 신발도 나한테는 안 어울리지 않겠소?"[110] 라고 대답했다.

티베리아스 사람 이우스토스[111] 가 자신의 《화관》(花冠)에서 말하는 바에 따르면, 소크라테스가 재판받을 때 플라톤이 법정 연단에 올라가서 "아테네 사람들이여, 연단에 올랐던 사람들 중에서 제가 가장 젊지만 …"이라고 말하자, 재판관들이 "내려오시오, 내려오시오" 하고 고함을 질렀다. 이리하여 무죄석방 표보다 더 많은 281표로 유죄판결이 내려졌다. 그리고 재판관들이 그가 어떤 벌을 받아야 할지 내지 어떤 대가를 지불해야 할지 결정할 때에, 소크라테스는 25드라크마를 지불하겠다고 말했다(에우불리데스[112] 는 그가 100드라크마를 지불하는 데 동의했다고 말한다). [42] 그러나 재판관들이 법석을 떨자 그는 "내가 한 일들을 생각하면 나는 프뤼타네이온[113] 에

---

109) 플라톤, 《소크라테스의 변론》, 24b 및 크세노폰, 《회상록》, 1권 1절 1행 참고.

110) 키케로의 《연설가에 관하여》, 1권 232절에 이 일화와 유사한 이야기가 나온다. 키케로도 디오게네스 라에르티오스도 이 일화의 출처를 밝히지는 않는다.

111) 이우스토스(Ioustos)는 기원후 1세기 후반에 활동한 유대의 저술가다.

112) 에우불리데스(Euboulidēs)는 기원전 4세기경의 철학자이다. 메가라학파로 에우클리데스의 제자였다(2권 106절 참고).

113) 프뤼타네이온(prytaneion)은 나라의 정무를 보는 청사이자, 공적 제단이나 화덕이 모셔졌던 장소이다. 외국 사절이나 귀빈들, 나라에 큰 공을 세운 시민들이 이곳에서 식사대접을 받았다.

자크 루이 다비드(Jacques Louis David), 〈소크라테스의 죽음〉(*La mort de Socrate*), 1787.

서 식사대접을 처벌로 받겠소"[114] 라고 말했다.

그리고 그들은 80표를 더 보태서 그에게 사형을 선고했다. 구금된 후 며칠 지나지 않아 그는 훌륭하고 좋은 긴 대화를 나눈 후에 독배를 마셨다. 그 대화를 플라톤이 《파이돈》에서 보고하였다. 그뿐 아니라 어떤 사람들의 말에 따르면, 그가 찬가(讚歌)를 지었는데, 그 첫머리는 이렇게 시작한다.

델로스의 아폴론이여 만세!
그리고 아르테미스 만세, 이름 높은 두 오누이여!

그러나 디오뉘소도로스는 그가 이 찬가를 짓지 않았다고 말한다.

―――――――――

114) 플라톤, 《소크라테스의 변론》, 36d 참고.

그는 썩 잘되지는 않았지만 아이소포스 우화식의 우화도 지었는데,
그 첫머리는 이렇게 시작한다.

언젠가 코린토스시의 주민들에게 말했다.
덕을 대중 법정의 지혜로 판단해서는 안 된다고.

〔43〕그렇게 해서 그는 사람들로부터 사라졌다. 아테네 사람들은
곧 후회했으며 레슬링 도장과 체육관 문을 닫을 정도였다. 그래서
그들은 다른 고발자들을 모두 추방시켰고 멜레토스는 사형에 처했
다. 그리고 청동상으로 소크라테스를 명예롭게 했다. 그 상은 뤼시
포스115) 가 제작했으며 그들은 그것을 폼페이온116) 에 세웠다. 또한
헤라클레아117) 주민들은 아뉘토스가 그곳을 방문했을 때 바로 그날
로 그를 추방했다. 비단 소크라테스에 대해서뿐만 아니라 다른 많은
사람들에 대해서도 아테네인들이 이런 경험을 했다. 실제로 그들
은, 헤라클레이데스118) 의 말에 따르면, 광기가 있다고 해서 호메로
스에게 50드라크마의 벌금을 물렸고, 튀르타이오스119) 가 헛소리를
한다고 말했으며, 아스튀다마스120) 를 아이스퀼로스와 그의 일족들

---

115) 뤼시포스(Lysippos) 는 기원전 4세기 중·후반기에 활동한 그리스의 청동
　　 조각가다.
116) 폼페이온(Pompeion) 은 성물들이나 종교행렬에 사용되는 제기(祭器) 들을
　　 저장하는 곳이다.
117) 헤라클레아(Heraklea) 는 이탈리아 남동쪽 해안의 도시로 타라스 근처에 있다.
118) 폰토스의 헤라클레이데스(Herakleidēs) 로 추정된다(아리스톤, 《단편》, 169).
119) 튀르타이오스(Tyrtaios) 는 기원전 7세기경의 아테네 시인이다. 스파르타에
　　 서 활동하여 스파르타군의 사기를 진작시키는 많은 시를 지었다.
120) 아스튀다마스(Astydamas) 라는 이름을 가진 극작가는 두 사람으로 부자간

보다 먼저 청동상으로 명예롭게 했다. 〔44〕 에우뤼피데스는 《팔라메데스》에서 아테네인들을 비난하면서 이렇게 말한다.

　당신들이 죽였네, 당신들이 죽였네, 지극히 현명한 자를
　아무런 해도 끼치지 않는, 무사들의 노래하는 새를

이것이 그가 한 말이다. 그러나 필로코로스[121)]는 에우뤼피데스가 소크라테스보다 먼저 죽었다고 말한다.

아폴로도로스가 자신의 《연대기》에서 말하는 바에 따르면, 그는 압세피온이 최고행정관으로 있던 77회 올륌피아기의 네 번째 해[122)] 타르겔리온[123)] 6일에 태어났다. 이날은 아테네인들이 자신의 나라를 정화하는 날이며, 델로스 사람들 말로는 아르테미스가 태어난 날이다. 그는 95번째 올륌피아기의 첫해에[124)] 70의 나이로[125)] 죽었다. 팔레론의 데메트리오스도 그렇게 말한다. 그러나 어떤 사람들은 그가 60세에 죽었다고 말한다.

〔45〕 소크라테스와 에우뤼피데스, 두 사람 다 아낙사고라스의 제자였다. 에우뤼피데스는 칼리아데스가 최고행정관으로 있던 75번

　이다. 이들은 기원전 4세기 초반에서 후반까지 활동하였다.
121) 필로코로스(Philochoros)는 기원전 340~261년에 살았던 아테네 역사를 기록한 역사가이자 점술가다.
122) 기원전 469/468년.
123) 타르겔리온(Targēliōn)은 달(月) 이름이다. 오늘날의 월력으로 환산하면 대략 5월로 추정된다. 이달에 아테네에서는 아폴론과 아르테미스의 축제(*thargelia*)가 열렸는데, 이 축제의 이름에서 유래한 명칭이다.
124) 기원전 400/399년.
125) 플라톤, 《소크라테스의 변론》, 17d 및 《크리톤》, 52e 참고.

째 올륌피아기의 첫해126)에 태어났다.

내가 보기에 소크라테스는 자연철학의 문제에 관해서도 대화를 나누었다고 생각된다. 그는 예지(豫知)에 관해서도 대화를 나누었기 때문이다. 크세노폰도 그렇게 말한다.127) 비록 그가 소크라테스는 윤리적 문제에 관해서만 토론했다고 말하기는 하지만.128) 그뿐 아니라 플라톤도 《소크라테스의 변론》에서 아낙사고라스와 다른 몇몇 자연철학자들을 언급하였고, 소크라테스는 이 문제들을 멀리 하였지만,129) 플라톤 자신은 이 문제들에 자신의 주장을 내놓았다. 비록 그가 모든 것을 소크라테스의 입을 빌려 말하고는 있지만.

아리스토텔레스는 한 마고스130)가 시리아에서 아테네로 와서 소크라테스에게 온갖 저주를 다했는데, 특히 소크라테스가 강압에 의해 생을 마감하게 될 것이라는 예언을 했다고 말한다.

〔46〕 나도 그를 위해 다음과 같은 글을 지었다.

이제 술잔을 드시라, 소크라테스여, 제우스의 거처에서.
신께서 그대를 진정 현자라 하셨고, 지혜가 곧 신이시니.
그대는 아테네인들로부터 진솔하게 독배를 받았네.
허나 그대의 입으로 그 독배를 비운 것은 바로 그들 자신이네.

---

126) 기원전 480/479년.
127) 《회상록》, 1권 4절 6행 참고.
128) 《회상록》, 1권 1절 16행 참고.
129) 《소크라테스의 변론》, 26d~26e 및 《파이돈》, 97b~99c 참고. 디오게네스의 이 판단은 앞서 크세노폰의 증언에 근거해서 소크라테스가 자연철학에 관심을 가졌다는 판단과 상충한다.
130) 1권 2절 주석 참고.

아리스토텔레스가 《시학에 관하여》 3권에서 말하는 바에 따르면, 렘노스의 안틸로코스[131] 라는 어떤 사람과 예언가인 안티폰이, 퀼론[132] 과 오나타스[133] 가 피타고라스에 맞서 그랬듯이, 그와 맞서 경쟁했다.[134] 그리고 호메로스가 살아 있는 동안에는 쉬아그로스[135] 가, 죽고 나서는 크세노파네스가 호메로스와 맞섰다. 그리고 헤시오도스가 살아 있는 동안에는 케르콥스[136] 가, 죽고 나서는 앞서 말한 크세노파네스가 헤시오도스와 맞섰다. 그리고 코스의 암피메네스[137] 가 핀다로스와 맞섰으며, 페레퀴데스는 탈레스와, 프리에네의 살라로스[138] 는 비아스와 맞섰다. 안티메니다스와 알카이오스[139] 는 피타코스와, 소시비오스[140] 는 아낙사고라스와, 티모크레온[141] 은 시모니데스와 맞섰다.

〔47〕 그의 후계자들이자 소크라테스학파로 불리는 사람들의 수장들로는 플라톤, 크세노폰, 안티스테네스가 있다. 전해지는 10명 중

---

131) 달리 알려진 바가 없다.
132) 8권 49절의 맥락을 보면 퀼론은 피타고라스의 정치적 대적자였던 듯하다.
133) 오나타스는 이암블리코스의 피타고라스학파 사람들의 '목록'에 들어 있다 (DK58A).
134) 이 구절은 소피스트인 안티폰에 관하여 딜스가 정리한 증언들 속에 들어 있다(DK87A5).
135) 쉬아그로스(Syagros)는 고대 그리스의 전설적인 구술시인. 트로이 전쟁에 대한 서사시를 처음 지었다고 전해진다.
136) 케르콥스(Kerkōps)는 오르페우스 계열의 시인이다.
137) 달리 알려진 바가 없다.
138) 달리 알려진 바가 없다.
139) 안티메니다스와 알카이오스는 형제간이다. 이 일화에 대해서는 1권 81절 참고.
140) 달리 알려진 바가 없다.
141) 티모크레온(Timokreōn)은 기원전 480년경에 활동한 로도스 출신 서정시인이다.

에서 가장 두드러진 네 사람은 아이스키네스, 파이돈, 에우클레이데스, 아리스티포스이다. 먼저 크세노폰에 관해서 말해야 하고, 그다음에는 견유학파의 안티스테네스에 관해서, 그다음에는 소크라테스학파에 관해서, 그다음에는 플라톤에 관해서 말해야 하는데 그로부터 10개의 학파가 시작되기 때문이다. 플라톤 자신이 아카데미아를 최초로 건립했다. 그래서 순서가 그렇게 되어야 한다.

역사가로서 아르고스의 지리(地理)에 관해 글을 쓴 다른 소크라테스도 있었다. 비튀니아[142]의 소요학파 사람인 또 다른 소크라테스가 있었다. 그리고 짧은 풍자시들을 지은 또 다른 소크라테스도 있었으며, 신들의 이름에 관해서 글을 쓴 코스의 소크라테스도 있었다.

6. 크세노폰

〔48〕그륄로스[143]의 아들 크세노폰은 아테네 사람으로 에르키아[144] 구민이었다. 그는 얌전하고 인물이 너무나 수려하여 지나칠 정도였다. 소크라테스는 골목길에서 그를 만나자 각종 먹거리를 파는 곳이 어딘지 물으면서 지팡이를 뻗어 그가 지나가는 것을 막았다고 한

---

142) 비튀니아(Bitynia)는 소아시아 흑해 부근의 도시다.

143) 달리 알려진 정보가 없는 인물이다. 크세노폰은 여러 전거들에서 그륄로스의 아들로 언급된다(이를테면 파우사니아스의 《그리스 안내기》, V, 6.5, 스트라본의 《지리지》(*Geographica*), IX, 2.7). 에우세비오스의 《연대기》 아르메니아 판본은 크세노폰의 어머니 이름이 '디오도라'라고 알려 준다.

144) 에르키아(Erchia)는 아테네의 북동부에 위치한 구역(데모스)으로 소크라테스도 이 구역 구민이었다.

크세노폰

다.145) 대답을 듣고 그는 다시 사람들이 훌륭하고 뛰어나게 되는 곳
이 어디냐고 물었는데, 크세노폰이 당황해하자 "그럼 나를 따라와서
배우게"라고 말했다고 한다. 그 후로 그는 소크라테스의 제자가 되
었다. 그는 최초로 소크라테스의 대화들을 기록하여 '회상록'146) 이
라는 제목을 붙여서 사람들 앞에 내놓았다. 그뿐 아니라 그는 철학
자들 가운데 최초로 역사책147) 을 썼다.

아리스티포스는 《옛사람들의 애정행각에 대하여》 4권에서 그가
클레이니아스를 사랑했다148) 고 말한다. 〔49〕 그는 클레이니아스를

---

145) 크세노폰이 소크라테스를 만난 것은 기원전 404년이었으며, 20살을 조금
   넘긴 나이였다. 그는 3년가량 소크라테스와 함께하였다.
146) 《회상록》의 전통은 계속 이어졌던 것 같다. 스토아학파의 제논은 스승인
   견유학파의 크라테스에 관한 《회상록》을 썼다(7권 4절).
147) 크세노폰은 실제로 《원정기》와 《헬레니카》를 썼다.
148) 클레이니아스가 크세노폰의 동성애인(*paidika*) 이었음을 뜻한다.

두고 이런 말을 했다는 것이다. "지금 나는 클레이니아스를 바라보는 것이 세상의 다른 모든 아름다운 것을 보는 것보다 더 즐겁다. 클레이니아스 한 사람을 못 보게 되느니 차라리 다른 모든 것들을 못 보는 쪽을 택할 것이다. 밤도 잠도 내게는 성가시다. 왜냐하면 내가 그를 못 보기 때문에. 반면에 낮과 해에게 가장 크게 감사한다. 왜냐하면 클레이니아스를 나에게 보여 주니까."149)

그가 퀴로스와 친구가 된 사연은 이러하다. 그에게는 프록세노스라는 이름을 가진 친구가 있었다. 그는 보이오티아 종족이며, 레온티니150) 사람인 고르기아스151)의 제자이자 퀴로스의 친구였다.152) 그가 사르디스에 있는 퀴로스 궁전에서 지낼 때 아테네로 크세노폰에게 편지를 보내 퀴로스와 친구가 되게 하려고 그를 초청했다. 〔50〕 크세노폰은 그 편지를 소크라테스에게 보여 주면서 조언을 구했다. 소크라테스는 그를 델포이로 보내 신탁을 구하게 했다. 크세노폰은 그의 말을 따라 델포이의 신에게로 갔다. 그는 자신이 퀴로스에게 가야 하는지를 묻지 않고 어떻게 거기에 가야 하는지를 물었다. 그 때문에 소크라테스는 그를 나무랐지만 그에게 떠나라고 권고했다. 그래서 그는

---

149) 《향연》, 4장 12절에서 크세노폰은 이 말을 크리토불로스의 입을 빌려 말한다. 크리토불로스는 크리톤의 아들이며 소크라테스가 죽을 때 곁에 있었던 일행 중 한 사람이다(《파이돈》, 59b). 《옛사람들의 애정행각에 대하여》의 저자는 크세노폰과 크리토불로스를 혼동했던 것 같다. 이 두 인물은 《회상록》, 1권 3절 8~13행에서 소크라테스와 대화를 나눈다.

150) 레온티니(Leontini)는 이탈리아 시켈리아에 있는 도시다.

151) 고르기아스(Gorgias)는 기원전 485~380년에 살았던 소피스트이자 연설가로서, 지식의 성립과 전달 불가능성에 대한 논변으로 유명하다.

152) 퀴로스에 관한 이 구절 전체는 《원정기》, 3권 1장 4~7절의 모방이다. 거기서 크세노폰은 여러 해 동안 프록세노스의 손님이었던 것으로 나온다.

퀴로스 곁으로 갔고, 그와 프록세노스 못지않은 친구가 되었다. 원정153)과 귀환 시에 있었던 모든 일을 그는 직접 우리에게 자세히 전해 주고 있다. 그러나 그는 원정기간 동안 용병대장이던 파르살로스의 메논154)과는 적대적이었다. 155) 그래서 그는 메논이 자신보다 나이가 많은 동성애인들을 상대한다고 하면서 그를 욕했다. 156) 그뿐 아니라 그는 아폴로니데스라는 어떤 사람을 귀에 구멍을 뚫었다고 비난한다.

〔51〕 원정과 폰토스에서의 재난, 그리고 오드뤼시아157)인들의 왕 세우테스의 배신행위 이후에 크세노폰은 아시아로 돌아와 라케다이몬인들의 왕 아게실라오스에게로 가서158) 그에게 퀴로스의 군대를 용병으로 제공했다. 그는 아게실라오스와 절친한 사이였다. 그 무렵에 그는 라코니아159) 편을 든다는 이유로 아테네인들로부터 추방형

---

153) 그리스군 1만 명을 거느리고 젊은 퀴로스의 용병으로 퀴로스의 형인 아르타 크세륵세스에 대항해 전투를 벌였다. 그리스 군대의 원정은 처음에는 사르 디스에서 바뷜론 부근까지 이뤄졌다. 그다음에 쿠낙사 전투(기원전 401년) 를 치르고 나서 원정은 계속 오름길(*anabasis*)로 진행되며 아르메니아의 산 악지대를 지날 때까지 이어졌다. 그러나 그 후로 에욱신에 이르기까지 내림 길(*katabasis*)을 가게 된다. 전체 원정은 비잔티움까지 바다로 가는 항해 (*parabasis*)를 포함해서 세 국면으로 이루어졌다.

154) 메논(Menōn)은 플라톤의 《메논》에도 등장하는 인물이다. 테살리아 지방 남쪽의 도시 파르살로스 출신으로 정치가이자 장군이다.

155) 《원정기》, 2권 6장, 21~29절 참고.

156) 《원정기》, 2권 6장, 28절에서 크세노폰은 동성애인들 가운데 한 명의 이 름(타뤼파스)을 언급한다.

157) 오드뤼시아(Odrysia)는 현재의 불가리아 지역이다. 이곳에 트라키아인들의 부족 연합이 기원전 5~3세기 사이에 존립하고 있었다.

158) 《원정기》, 5권 3장 6절, 플루타르코스의 《비교열전》 중 《아게실라오스》, 20절 참고. 크세노폰은 아게실라오스에 대한 찬사를 적어 놓았는데, 이것 을 디오게네스 라에르티오스는 2권 57절에서 언급한다.

을 선고받았다. 그는 에페소스에 있으면서 돈을 모아 그 절반을 아르테미스 신전의 사제인 메가뷔조스에게 맡기고 자신이 다시 올 때까지 보관하게 했다. 그리고 만약 돌아오지 않으면 조각상을 만들어 여신께 바치라고 했다. 그리고 나머지 절반은 델포이에 바치는 헌금으로 보냈다. 그러고 나서 그는 아게실라오스와 함께 그리스로 왔다. 아게실라오스는 테베인들에 대항하는 전쟁에 호출을 받고 있었다. 그리고 라케다이몬인들은 크세노폰에게 국빈으로서의 특권을 부여했다.

〔52〕 그러고 나서 그는 아게실라오스를 떠나 그 나라에서 멀지 않은 엘리스의 한 구역인 스킬루스160) 로 갔다. 마그네시아 사람 데메트리오스의 말에 따르면, 필레시아라고 불리는 그의 아내도 그를 따라갔으며, 크세노폰이 변절한161) 해방노예를 고발했을 때 데이나르코스162) 가 그 노예를 변호하는 글에서 말하는 바에 따르면, 두 아들 그륄로스와 디오도로스도 그를 따라갔는데, 이들은 디오스쿠로이163) 라고도 불렸다. 메가뷔조스가 축제에 참여한다는 이유로 그곳에 왔을 때 그는 맡겼던 돈을 받아 땅을 사서 여신164) 께 봉헌했는데, 에페소스에 있는 강과 이름이 같은 셀리노스강이 그 땅을 가로질러 흘렀다. 165) 그 후로 그는 사냥을 하고 친구들을 초대해 대접하

---

159) 라코니아(Lakōnia) 는 라케다이몬(Lacedaemon) 이라고도 한다.
160) 스킬루스(Skillous) 는 올림피아 남쪽의 작은 도시다. 《원정기》, 5권 3장 7∼13절 참고. 크세노폰은 이곳에서 기원전 390∼371년경 약 20년간 머물렀다.
161) 해방노예가 전 주인에 대한 의무를 저버리는 것을 말한다.
162) 데이나르코스(Deinarchos) 는 기원전 361∼291년에 살았던 코린토스 출신의 변론문 작성가였다.
163) 1권 73절의 주석 참고.
164) 아르테미스 여신.

며 역사책을 쓰는 것으로 시간을 보냈다. 그러나 데이나르코스는 라케다이몬인들이 그에게 집도 주고 농토도 주었다고 말한다. 166)

〔53〕 그뿐 아니라 스파르타 사람 퓔로피다스가 다르다노스167) 출신의 전쟁포로들을 스킬루스에 있는 그에게 선물로 보냈으며, 그는 그들을 자신이 원하는 대로 처분했다는 이야기도 있다. 그리고 라케다이몬인들이 지체했기 때문에168) 엘리스인들이 스킬루스로 진군해 와서 그 지역을 차지했다고 한다. 그 때문에 그의 아들들이 하인들 몇몇과 함께 레프레온169)으로 물러갔으며, 크세노폰 자신은 먼저 엘리스로 갔다가 그다음에 레프레온에 있는 그 아이들에게 갔고, 거기서 그들과 함께 코린토스로 물러나 무사하게 되었으며 그곳에 거주했다. 그러는 동안 아테네인들은 라케다이몬인들을 돕기로 표결했으므로 그는 아이들을 아테네인들에게 보내어 라케다이몬인들을 위한 전투에 참여하게 했다. 〔54〕 디오클레스170)가 《철학자들의 생

---

165) 《원정기》, 5권 3장 7~10절 참고.

166) 《원정기》, 5권 3장 7절 및 《파우사니아스》, 5권 6장 4~6절 참고. 크세노폰의 땅은 스파르타에서 올륌피아로 가는 도로변에 있었다.

167) 다르다노스(Dardanos)는 헬레스폰토스 해협을 사이에 두고 트라키아의 케르소네소스 반도와 마주보는 아시아 지역의 아뷔도스 남쪽에 위치한 도시다.

168) 스킬루스(Skillous)는 본래 엘리스의 영토였는데, 스파르타가 이를 정복하고서 크세노폰에게 양도한 것이다. 이후 엘레스인들이 다시 이 땅을 회복했는데, 이 사건은 그때에 벌어진 일인 듯하다.

169) 레프레온(Lepreon)은 스킬루스 남쪽 20㎞ 지점에 위치한 곳이다.

170) 디오클레스(Dioklēs)는 마그네시아 출신의 고대 저술가. 기원전 2세기 내지 기원전 1세기에 살았을 것으로 추정한다. 그의 작품으로 알려진 것은 《철학자들의 생애》와 《철학자 편람》으로, 《유명한 철학자들의 생애와 사상》에서 특히 견유학파와 스토아학파의 중요한 출전으로 활용되었다. 그의 생애와 작품에 대해서는 달리 알려진 바 없다.

애》에서 말하는 바에 따르면, 그들은 그곳 스파르타에서 교육을 받았기 때문이다. 디오도로스는 두드러진 활약을 전혀 못하고 전투에서 무사히 돌아왔으며, 그의 형제와 같은 이름의 아들을 얻었다. 한편 그륄로스는 기병대에 배속되어 ― 전투는 만티네이아171) 에서 있었다 ― 에포로스가 그의 책172) 25권에서 말하는 바에 따르면, 격렬하게 싸우다가 죽었다. 케피소도로스가 기병대장이었고 헤게실레오스가 총사령관이었다. 이 전투에서 에파메이논다스173) 도 죽었다. 바로 그때에 크세노폰은 머리에 관을 쓰고 제물을 바치고 있었는데, 아들의 사망소식이 그에게 전해지자 머리에 쓴 관을 벗어 버렸으나, 아들이 훌륭하게 죽었다는 것을 알고는 다시 관을 머리에 썼다고 한다. 〔55〕 어떤 사람들의 말로는 그가 눈물을 흘리지도 않고 오히려 "나는 내가 낳은 아이가 죽게 마련인 존재임을 알고 있소"라고 말했다고 한다. 아리스토텔레스는 무수히 많은 사람들이 그륄로스에 대한 칭송문과 비문을 썼으며 그래서 그의 아버지에게도 어느 정도 기쁨을 주었다고 말한다. 174) 또한 헤르미포스도 《테오프라스토스의 생애》에서 이소크라테스도 그륄로스에 대한 칭송문을 썼다고 말한다. 그러나 티몬은 크세노폰을 다음과 같이 조롱한다.

---

171) 만티네이아(Mantineia) 는 펠로폰네소스 중앙에 있던 아르카디아의 동쪽에 있던 도시다.
172) 30권으로 된 에포로스의 책 《역사》를 말하는 듯하다.
173) 에파메이논다스(Epameinōndas) 는 기원전 420~362년에 살았던 테베 장군이다. 아테네와 스파르타를 누르고 일시적이나마 아티카반도에서 테베의 패권을 확립했다.
174) 아리스토텔레스, 《단편》, 68.

둘이나 셋, 또는 그보다 훨씬 많은 허약한 말들,

그것은 시키는 대로 쓰는 크세노폰이나 아이스키네스와도 같네.

그의 생애는 다음과 같다. 그는 95번째 올림피아기의 네 번째 해[175]
에 전성기를 보냈으며, 크세나이네토스가 최고행정관으로 있을 때,
소크라테스가 죽기 1년 전에, 퀴로스와 함께 원정길에 올랐다.

〔56〕아테네 사람 스테시클레이데스[176]가 《최고행정관들과 올
림픽 우승자들의 명부》에서 말하는 바에 따르면, 그는 칼리데메스
가 최고행정관으로 있던 105회 올림피아기의 첫해[177]에 죽었다. 그
해에 아뮌타스의 아들 필리포스[178]가 마케도니아인들을 다스리게
되었다. 그는 코린토스에서 죽었는데, 마그네시아 사람 데메트리오
스의 말에 따르면, 당연히 이미 퍽 늙은 나이였다. 그는 모든 면에서
훌륭한 인물이었고, 특히 말〔馬〕을 좋아하고 사냥을 좋아했으며,
그의 저술에서 드러나듯이, 유능한 전술가였다. 그는 신앙심이 깊
고 제물 드리기를 좋아했으며, 희생제물로 길흉을 분간하는 능력이
있었으며, 소크라테스를 철저히 본받으려 노력하였다.

그는 40권가량의 책을 썼는데, 그것들을 분류하는 방식은 사람들
마다 다르다.

---

175) 기원전 401~400년.
176) 도란디가 텍스트를 고쳤다. 달리 알려진 바가 없다.
177) 기원전 360~359년.
178) 이 필리포스(Philippos)는 필리포스 2세로서 아뮌타스 3세의 아들이고 유명
한 알렉산드로스의 아버지이다.

〔57〕《원정기》

(각 권마다 서문을 붙였지만 책 전체의 서문은 붙이지 않았다)

《퀴로스의 교육》

《헬레니카》

《회상록》

《향연》

《살림살이》

《승마술에 관하여》

《사냥에 관하여》

《기병대장의 직무》

《소크라테스의 변론》

《소득에 관하여》

《히에론179) 또는 참주정에 관하여》

《아게실라오스》180)

《아테네인들과 라케다이몬인들의 정치체제》

마그네시아의 데메트리오스는 이《아테네인들과 라케다이몬인들의 정치체제》가 크세노폰의 것이 아니라고 말한다. 그는 세간에 알려지지 않았던 투퀴디데스의 책을 제 것으로 삼을 수도 있었지만 사람들 앞에 내놓아 좋은 평판을 받게 했다고 한다. 그의 글은 표현

---

179) 히에론(Hierōn)은 시켈리아의 참주였다. 그는 형의 뒤를 이어 기원전 477년 부터 467년까지 쉬라쿠사이를 통치했다.

180) 크세노폰은 코로네아에서 스파르타의 아게실라오스를 위해 아테네, 테베, 아르기나에 대항해서 전투를 치렀다.

이 감미로웠기에 그는 아티카의 무사[181]로도 불렸다. 그 때문에, 플라톤에 관한 장[182]에서 언급하겠지만, 그와 플라톤은 서로 질투하곤 했다.

〔58〕그를 위해 내가 지은 다음과 같은 형식의 짧은 시가 있다. [183]

크세노폰은 퀴로스로 인해 페르시아로 가는 원정[184]에 올랐을 뿐만 아니라, 제우스에게로 올라가는 길도 추구했네.
그는 그리스인의 업적[185]이 그의 교육[186]에서 비롯되었음을 보여 주었고 소크라테스[187]의 지혜가 얼마나 훌륭한지 기억나게 해주었기 때문이네. [188]

그가 어떻게 죽었는지에 관한 다른 보고가 있다.

크세노폰, 크라나오스[189]와 케크롭스의 시민들[190]이 당신의 친구 퀴로스 때문에 당신에게 추방형을 선고했을지라도, 외국인을 환대하는 코린

---

181) 무사(*mousa*).
182) 3권 34절 참조.
183) 시에서 크세노폰이 쓴 책들의 제목이 암시되었다.
184) 《원정기》를 암시한다.
185) 《헬레니카》를 암시한다.
186) 《퀴로스의 교육》을 암시한다.
187) 《회상록》을 암시한다.
188) 그의 저술 제목을 직접적으로 언급하지 않는 것으로 해석하면 다음과 같이 달리 번역할 수도 있다. "그는 자신이 받는 교육을 통해서 제우스에게로 올라가는 길을 추구했으므로, 그리스인의 업적을 서술한 후에 소크라테스의 지혜가 얼마나 훌륭한지 기억나게 해주기까지 했네."
189) 크라나오스(Kranaos)는 케크롭스의 뒤를 이어 아테네의 왕이 된 전설상의 인물. 케크롭스는 아테네를 건립한 최초의 왕이므로 이들의 시민들은 아테네인들을 가리킨다.
190) 케크롭스는 아테네의 전설상의 왕이니 그의 나라는 아테네를 가리킨다.

토스는 당신을 받아들였다. 당신이 즐거워하고 그처럼 만족스러워하도록 말이다. 그래서 당신은 그곳에 머물기로 작정했던 것이다. 191)

〔59〕 나는 다른 곳에서 그가 89회192) 올림피아기에 소크라테스의 다른 제자들과 같은 시기에 전성기를 누렸다는 것을 알아냈다. 그리고 이스트로스193)는 그가 에우불로스의 법령에 의해 추방되고 같은 사람의 법령에 의해 되돌아왔다고 말한다.

7명의 크세노폰이 있었다. 첫 번째 크세노폰은 지금까지 말한 사람이고, 두 번째는 아테네인이자 니코스트라토스의 형제로 《테세우스》를 지었고, 무엇보다도 《에파메이논다스와 펠로피다스194)의 생애》를 쓴 사람이다. 세 번째는 코스의 의사이고, 네 번째는 《한니발의 역사》를 쓴 사람이다. 다섯 번째는 전설상의 경이로운 이야기들을 집필한 사람이고, 여섯 번째는 파로스195)의 조각가이다. 일곱 번째는 고희극(古喜劇) 시인이다.

---

191) 기원전 371년 스파르타와 엘리스 간의 전쟁으로 인해 크세노폰은 20년간 살았던 스킬루스를 떠날 수밖에 없었다. 그 후에 그는 코린토스에 정착했다.

192) 기원전 424~420년. 이 보고는 2권 55절의 보고와 어긋난다.

193) 크세노폰이 추방에서 돌아왔다는 보고는 이스트로스만이 전한다. 이 보고는 크세노폰이 명예회복이 되었다는 증거일 수도 있다. 이스트로스에 대해서는 달리 알려진 바가 없다.

194) 펠로피다스(Pelopidas)는 테베의 정치가이자 장군으로 기원전 364년에 세상을 떠났다.

195) 파로스(Paros)는 에게해 중앙, 퀴클라데스 제도에 속하는 섬이다. 양질의 대리석 산지로 유명하다.

7. 아이스키네스

〔60〕 아이스키네스는 소시지 제조업자인 카리노스의 아들로 — 어떤 사람들은 뤼사니아스의 아들이라고 한다 — 아테네 사람이고 어린 시절부터 부지런했다. 그 때문에 그는 소크라테스를 떠나지 않았다. 그래서 소크라테스는 "소시지 제조업자의 아들만이 나를 존경할 줄 안다"고 말했다. 이도메네우스는 감옥에서 소크라테스에게 탈옥에 관해 조언한 사람은 아이스키네스이지 크리톤이 아니라고 말한다. 196) 플라톤이 그 말을 크리톤의 것으로 돌렸는데, 아이스키네스가 플라톤 자신보다 아리스티포스와 더 친하다는 이유에서였다. 아이스키네스는 특히 에레트리아의 메네데모스197) 로부터 비방받았는데, 그 이유는 그의 대화편들 대부분은 크산티페한테서 얻은 것으로, 소크라테스의 저술임에도 제 것으로 만들었기 때문이다. 그중에서 이른바 '머리말 없는' 것들은 매우 허술하게 되어 있고 소크라테스적 긴장을 보여 주지 못한다. 이것들은 아이스키네스의 저술도 아니라고 에페소스의 페리스트라토스198) 는 말한다. 〔61〕 그리고 페르사이오스199) 는 7권의 대화편들 대부분이 에레트리아의 파시폰200) 이 쓴 것인데, 파시폰이 그것들을 아이스키네스의 대화편들 속에 포함시켰다고 말한다. 그뿐 아니라 아이스키네스는 안티스테네스의 대

---

196) 3권 36절 참조. 이도메네우스의 책은 이 책 2권 60절과 3권 36절의 배경이 된다고 볼 수 있다.
197) 2권 '메네데모스' 항목 참조.
198) 달리 알려진 바가 없는 인물이다.
199) 페르사이오스에 관해서는 7권 36절 참조.
200) 파시폰(Pasiphōn)은 기원전 3세기경에 활동한 저술가다.

화편들 가운데 《작은 퀴로스》와 《더 작은 헤라클레스》, 201) 《알키비아데스》, 그리고 다른 저자들의 대화편들도 자기 것으로 날조했다. 그러나 아이스키네스의 대화편들 가운데 소크라테스적 특징을 흉내 낸 것은 7권이다. 《밀티아데스》가 그 첫 번째인데 그 때문에 아무래도 더 취약하다. 그다음으로 《칼리아스》, 《악시오코스》, 《아스파시아》, 《알키비아데스》, 《테라우게스》, 《리논》이 있다.

그는 가난 때문에 시켈리아의 디오뉘시오스에게 갔다고 한다. 플라톤은 그를 무시했으나 아리스티포스가 그를 디오뉘시오스에게 소개했는데, 그는 대화편들 가운데 일부를 디오뉘시오스에게 주고 선물을 받았다고 한다. 〔62〕 그 후 아테네로 돌아왔을 때 그는 소피스트 활동을 할 엄두를 내지 못했다. 그때 플라톤과 아리스티포스에 대한 평판이 높았기 때문이다. 그러나 그는 수강료를 받고 강의했다. 202) 그 후에 그는 피해를 당한 의뢰인들을 위해서 법정 변론문을 썼다고 한다. 그 때문에 티몬이 그에 대해서 "시키는 대로 쓰는 아이스키네스의 능력"203) 이라는 말을 했던 것이다. 소크라테스는 아이스키네스가 가난에 쪼들렸기 때문에 그에게 자기한테서 양식을 빌려가라고 하며 자기 집 양식을 덜어 냈다고 한다. 아리스티포스조차 그의 대화편들을 의심했다. 아무튼 그가 메가라에서 사람들 앞에서

---

201) '작은'과 '더 작은'은 동명의 책에 비해 분량이 적은 책이라는 뜻이다. 플라톤의 작품 중에는 《대(大) 히파아스》, 《소(小) 히피아스》라고 통칭되는 작품들이 있는데, 이때 대소 개념이 바로 이런 경우이다.
202) 2권 65절에서 소크라테스의 제자들 가운데 아리스티포스가 처음으로 수강료를 받고 강의했다고 한다.
203) 2권 55절 참고.

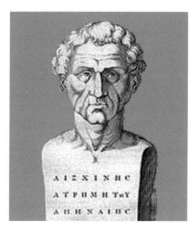
아이스키네스

책을 낭독할 때 아리스티포스는 "도둑아, 너 그거 어디서 났니?"라
고 하면서 그를 조롱했다고 한다.

〔63〕 멘데[204]의 폴뤼크리토스가 《디오뉘시오스에 관하여》 1권에
서 말하는 바에 따르면, 아이스키네스는 쉬라쿠사이에서 쫓겨날 때
까지[205] 그 참주와 같이 살았고 디온[206]이 쉬라쿠사이로 돌아올
때[207]까지 생존하였으며, 비극시인 카르키노스[208]도 그와 함께 있

---

204) 멘데(Mendē)는 그리스 북서쪽의 펠레네 반도에 있는 도시. 폴뤼크리토스
에 대해서는 달리 알려진 바가 없다.

205) 쫓겨난 사람은 아이스키네스라기보다는 참주 디오뉘시오스 2세를 말하는
것으로 보인다.

206) 디온(Diōn)은 쉬라쿠사이의 정치가로 디오뉘시오스 1세의 처남이자 디오뉘
시오스 2세의 외삼촌이다. 디오뉘시오스 1세 때 방문한 플라톤을 만나 그의
제자가 되었고, 후에 디오뉘시오스 2세가 참주가 되자 플라톤을 불러 철인
정치를 구현하고자 했으나, 디오뉘시오스 2세의 질투와 주변의 모함으로 오
히려 본인이 쉬라쿠사이에서 축출된다. 후에 그는 내란을 일으켜 디오뉘시
오스 2세를 축출하였으나 부하 장수의 배반으로 암살된다.

207) 기원전 356년.

었다고 한다. 디오뉘시오스에게 보내는 아이스키네스의 편지도 전해진다. 장군인 파이악스의 아버지를[209] 위한 변론과 디온을 위한 변론이 보여 주듯이 그는 수사술 훈련도 충분히 받았다. 그는 특히 레온티니의 고르기아스를 모방했다. 뤼시아스는 〈궤변에 관하여〉라는 제목의 글을 써서 그를 공격했다. 이런 점에서도 그가 수사(修辭)에 능한 자였음이 분명하다. 별명이 뮈토스[210] 인 아리스토텔레스가 그의 유일한 추종자로 전해진다.

〔64〕 파나이티오스[211]는 모든 소크라테스적 대화편들 가운데 플라톤, 크세노폰, 안티스테네스, 아이스키네스의 것들이 진짜라고 생각한다. 그러나 파이돈과 에우클레이데스의 것들에 대해서는 의심스러워하며, 그 밖에 다른 것들은 모두 부정한다.

8명의 아이스키네스가 있었다. 첫 번째는 지금까지 말한 사람이다. 두 번째는 수사기법들에 관한 책을 쓴 사람[212]이다. 세 번째는 데모스테네스[213]와 동년배의 연설가다. 네 번째는 이소크라테스의 제자인

---

208) 《수다》에 따르면, 카르키노스는 아테네에서 100번째 올륌피아기에 전성기를 보냈다.

209) 파이악스의 아버지는 에라시스트라토스다. 투퀴디데스의 《역사》(5권 4~5절)에서 민중 지도자인 파이악스는 기원전 422년 펠로폰네소스 전쟁 기간에 동료 2명과 함께 사절로 시켈리아와 이탈리아에 파견된다.

210) 뮈토스(mythos)는 신화나 이야기를 뜻한다.

211) 파나이티오스(Panaitios)는 기원전 185~110년에 살았던 로도스 출신 스토아 철학자다. 그의 여러 저술 가운데 특히 《학파들에 관하여》는 소크라테스와 그의 학파에 대한 풍부한 사실과 비판적 논평 등을 담고 있어 중요한 가치가 있다.

212) 엘레우시스의 아이스키네스를 가리킨다.

213) 데모스테네스(Demosthenes)는 기원전 384~322년에 살았던 인물로 아테네의 10대 연설가로 꼽히는 연설가였다.

아르카스 사람이다. 다섯 번째는 '연설가의 회초리'라고도 불리는 뮈
틸레네 사람이다. 여섯 번째는 로도스 사람 멜란티오스의 제자이자
동성애인인 아카데미아 소속 철학자인 나폴리 사람이다. 일곱 번째는
정치 분야 저술가인 밀레토스 사람이다. 여덟 번째는 조각가다.

8. 아리스티포스

〔65〕 아리스티포스는 퀴레네 태생이지만, 아이스키네스의 말로는,
소크라테스의 명성 때문에 아테네로 왔다고 한다. 소요학파인 에레
소스[214]의 파니아스[215]의 말에 따르면, 그는 소피스트로 활동하면
서 소크라테스의 제자들 가운데 최초로 수업료를 받았으며[216] 돈을
스승에게 보냈다. 한번은 그가 20므나를 스승에게 보냈다가 되돌려
받았는데, 영적 존재가 돈 받는 것을 자신에게 허락하지 않는다고
소크라테스가 말했기 때문이다. 소크라테스는 그러는 것이 불쾌했
던 것이다. 크세노폰은 아리스티포스에게 적대적이었다. 때문에
그는 아리스티포스를 공격하기 위해 소크라테스의 입을 빌려 쾌락
에 대한 비판적 논의를 했다.[217] 그렇지만 테오도로스[218]도《학파
들에 관하여》에서 아리스티포스를 비난했으며, 다른 곳에서 우리

---

214) 에레소스(Eresos)는 이오니아 지역에 있는 레스보스섬의 도시이다.
215) 파니아스(Phanias)는 기원전 4세기경에 활동한 철학자이다.
216) 2권 72절과 74절에서 이 수업료 이야기가 다시 나온다. 크세노폰의《회상
　　록》, 1권 2절 60행에서 소크라테스는 누구에게도 수업료를 요구하지 않았
　　다고 한다. 반면에 그의 제자들 대부분은 비싼 수업료를 받았다.
217) 크세노폰의《회상록》, 2권 1절 참고.
218) 이 테오도로스에 관해서는 알려진 정보가 없다.

가 말했듯, 플라톤 역시 《혼에 관하여》219) 에서 그를 비난한다.

〔66〕 그는 장소, 시간, 인물에 잘 적응하며 어떤 환경에서든 제 몫을 적절하게 해내는 능력이 있었다. 그 때문에 그는 디오뉘시오스 곁에서도 다른 누구보다도 평판이 좋았다. 그는 언제나 주어진 상황을 잘 꾸려 나갔기 때문이다. 그는 곁에 있는 것들에서 얻는 즐거움을 누렸고, 곁에 없는 것들을 즐기려고 애써 노력하지 않았다. 그래서 디오게네스는 그를 '임금 개'220) 라고 불렀다. 그러나 티몬은 나약하다221) 는 이유로 그를 비웃으며 다음과 같이 말한다.

"거짓된 것들을 더듬어 만지는222) 아리스티포스의 섬약한 본성이 그와 같았다."

한번은 그가 꿩을 50드라크마에 사게 했다고 한다. 누가 그를 비난하자 "당신은 그동안 이걸 1오볼로스223) 에 사오지 않았소?"라고 그가 물었다. 그렇다고 머리를 끄덕이자, "50드라크마가 내게는 1오볼로스와 같은 값이오"라고 그는 말했다. 〔67〕 디오뉘시오스가

---

219) 플라톤의 대화편 《파이돈》을 말하는 듯하다. 《파이돈》, 59c에서 아리스티포스는 소크라테스가 독배를 마시는 날 아이기나에 있었다고 파이돈이 말하는 대목이 있는데, 이 말만으로는 비난을 담고 있다고 보기 어렵다. 하지만 만약 아리스티포스가 정말 마음이 있었다면, 아이기나에서 아테네로 쉽게 올 수 있었으리라는 암시를 담고 있다고 본다면 수긍할 만한 구석이 없지는 않다.

220) '바실리콘 퀴나'(*basilikon kyna*) 는 아리스티포스가 보여 주는 지혜로운 처신에 대한 찬사의 말로 여겨지며, 견유학파를 배경으로 한 표현이다.

221) 트륍토메논(*thryptomenon*) 은 사치나 방탕에 무너지기 쉽다는 뜻이다.

222) '내적 접촉'으로도 표현되는 아리스티포스의 감각이론을 암시하는 표현이다. 2권 92절의 내용과 비교해 보라. 더 자세한 내용은 섹스토스 엠피리코스의 《학자들에 대한 반박》, 7권 191절을 참조하라.

223) 은화의 화폐단위. 1드라크마는 6오볼로스와 같은 값이다.

아리스티포스

어느 날 3명의 기녀[224] 중에서 하나를 고르라고 요구하자 그는 셋을 모두 데려가면서 이렇게 말했다. "하나를 선택하는 것은 파리스에게 조차 전혀 도움이 되지 않았지요."[225] 그러나 그는 그녀들을 현관까지 데려가서 놓아주었다고 한다. 이처럼 그는 선택하는 것도 무시하는 것도 통 크게 했다. 그 때문에 언젠가 스트라톤[226]이 — 어떤 사

---

224) 헤타이레(*hetairē*). 신체의 아름다움뿐만 아니라 보통의 아티카 여인들보다 훨씬 수준 높은 교양과 재능을 갖춘 직업여성이다. 보통은 혼자서 우아하게 살거나 때로 둘이나 셋이서 같이 살기도 했다. 그들은 부유함을 누렸고 나라에 세금을 내고 보호를 받았다. 그들의 신분은 외국인이거나, 노예, 아니면 자유를 얻은 여인들이었지만, 집에서만 주로 생활해야 했던 결혼한 여성들보다 훨씬 많은 자유를 누렸다. 결혼한 남자들이 그들의 집을 드나들었지만 사회적으로 비난받지는 않았다. 그들은 종종 잔치나 가족 제례에 예능인으로 고용되었다. 코린토스와 아테네의 헤타이레들이 육체의 아름다움과 교양으로 특히 유명했다.
225) 트로이 전쟁의 시발점이 된 파리스의 심판을 빗댄 것으로 보인다.
226) 5권 '스트라톤' 항목 참고.

람들은 플라톤이 ― 그에게 "좋은 외투를 입는 것도 넝마를 걸치는 것도 당신에게만 허락되었군"이라고 말했다고 한다. 디오뉘시오스가 그에게 침을 뱉어도 그는 견뎠다. 누가 그의 이런 태도를 비난하자 "그러니까 어부들이 물고기를 잡기 위해 바닷물을 뒤집어쓰는 것은 견뎌야 하고, 내가 군침이 도는 물고기를 얻기 위해 침을 뒤집어쓰는 것은 견디지 말아야 하는 거요?"라고 반문했다.

〔68〕 어느 날 디오게네스가 채소를 씻고 있는데 그가 지나가자 비웃으며 말했다. "당신이 이런 걸 먹어 버릇했던들, 참주들에게 아첨하지는 않을 것을." 그러자 그는 "당신도 사람들과 어울릴 줄 알았던들 채소를 씻고 있지는 않을 텐데"라고 대답했다. 227) 그는 철학에서 얻는 것이 뭐냐는 질문을 받고 "누구와도 대담하게 어울릴 수 있는 것"이라고 대답했다. 228) 한번은 사치스러운 생활을 한다는 이유로 비난받자 그는 "그게 나쁜 것이라면, 신들의 축제에 그것이 용납되지 않았을 거요"라고 말했다. 언젠가 철학자들은 어떤 유익을 얻느냐는 질문을 받고, "법이 모두 폐지되어도 우리의 삶은 한결같을 거요"라고 대답했다. 〔69〕 철학자들은 부자들의 대문간으로 가는데, 부자들은 철학자들의 대문간으로 가지 않는 이유가 무엇이냐는 질문을 디오뉘시오스로부터 받고, "철학자들은 필요한 것이 무엇인지 알지만, 부자들은 그렇지 않기 때문이오"라고 대답했다. 229) 〔한번은 사치스럽게 산다고 플라톤으로부터 비난받자, "당신은 디오뉘시오스가 훌륭하다고 보시

---

227) 2권 102절, 6권 58절 참고. 그리고 호라티우스의 《서간시》, 1권 17행 참고.
228) 같은 질문에 대한 안티스테네스의 대답은 6권 6절을 참고하라.
229) 2권 70절 참고. 이와 비슷한 대답이 아리스토텔레스의 《수사학》, 2권 16장 1391a에서 안티스테네스와 시모니데스에게 돌려진다.

오?" 플라톤이 그렇다고 하자, "하지만 그는 나보다 더 사치스럽게 살고 있소. 그러니 사치스러우면서 훌륭하게 살지 못할 이유가 없는 것이오"라고 말했다.)230) 교육받은 자들과 교육받지 못한 자들이 무슨 차이가 있느냐는 질문을 받고 "길들여진 말들이 길들여지지 않은 말들과 다른 것과 똑같은 거요"라고 대답했다. 어느 날 그가 기녀의 집 안으로 들어가는데, 그와 함께 있던 소년들 가운데 하나가 얼굴을 붉히자, "들어가는 게 문제가 아니라 나오지 못하는 게 문제인 거야"라고 말했다.

〔70〕 누가 그에게 수수께끼를 내면서 "풀어 보시오"라고 하자, "어리석은 사람아, 묶여 있어도 우리에게 문제가 되는데 그걸 왜 풀려고 하나?"라고 반문했다. 그는 교육받지 못한 자가 되느니 구걸을 하는 것이 더 낫다고 말했다. 거지들은 돈을 필요로 하지만 교육받지 못한 자들은 사람다움을 필요로 하기 때문이라고 했다. 한번은 그가 욕을 듣고 물러나자, 욕한 자가 그를 쫓아가며 "왜 피하는 거요?"라고 물었다. 그는 "당신은 욕할 자유가 있고, 나는 듣지 않을 자유가 있으니까"라고 대답했다. 누군가가 늘 부자들의 대문간에서 철학자들을 본다고 말하자, "의사들도 환자들의 대문간에 있소. 하지만 그렇다고 해서 의사이기보다 환자이기를 원할 사람은 아무도 없을 거요"라고 말했다. 〔71〕 한번은 그가 코린토스로 배를 타고 가다가 폭풍을 만나 헤매게 되었는데, "평범한 우리들은 불안하지 않는데, 철학자인 당신들은 겁을 내는군요"라고 누가 말하자, 그는 "당신들이 염려하는 혼과 우리들이 염려하는 혼231)은 같은 종류가

---

230) 괄호 안의 구절은 필사본 d, g, t에는 이곳에 포함되지만, B, P, F에는 2권 76절에 포함되었다.
231) 프쉬케(*psychē*).

아니니까"라고 그에게 대답했다. 어떤 이가 박식함을 뽐내자 그는 "너무 많이 먹는 사람들이 필요한 것들만 취하는 사람들보다 더 건강한 것은 아니듯이, 많이 읽은 사람들이 아니라 쓸모 있는 것을 읽는 사람들이 뛰어난 자들이오"라고 말했다. 그를 변호하는 법정 연설문을 써 줘서 승소하게 해준 연설문 작성가가 그에게 "소크라테스는 당신에게 무슨 도움을 주었소?"라고 묻자, 그는 "당신이 나를 위해 한 변론이 참이라는 것, 바로 그것이오"라고 그에게 대답했다.

〔72〕 그는 지나침을 멸시하도록 훈련시킴으로써 자신의 딸 아레테에게 최선의 가르침을 주었다. 자신의 아들이 교육을 받으면 더 나아질 이유가 무엇이냐는 어떤 사람의 질문을 받고 "설령 전혀 나아지지 않더라도 어쨌든 극장에서 돌 위에 돌이 앉게 되진 않을 거요"라고 대답했다. 어떤 이가 아들을 그에게 제자로 보내자 그는 500드라크마를 요구했다. "그 돈이면 내가 노예 하나를 살 수 있소"라고 말하자, "사시오, 그러면 노예 둘을 갖게 될 거요"라고 대답했다. 아는 사람들한테서 돈을 받는 것은 자신이 쓰기 위해서가 아니라 그들이 돈을 어떻게 써야 하는지 알게 하기 위해서라고 그는 말했다. 한번은 그가 소송에 임하면서 변론가를 고용했다는 이유로 비난을 받자 "나는 정찬(正餐)을 들 때 요리사를 고용한다오"라고 말했다.

〔73〕 언젠가 디오뉘시오스로부터 철학적인 문제 하나를 논해 보라는 강요를 받고서 그는 "만약 당신이 나한테서 뭘 말해야 하는지를 배우고, 그것을 언제 말해야 하는지는 당신이 나에게 가르친다면 우스운 일일 거요"라고 말했다. 이 말에 디오뉘시오스는 화가 나서 그를 식탁 끝에 앉게 했는데, 그러자 아리스티포스는 "이 끝자리를 더 영광스럽게 만들고 싶었군요"라고 말했다. 어떤 이가 다이빙 솜씨를 뽐내

자 그는 "돌고래가 하는 행위를 가지고 자랑하는 것이 부끄럽지 않소?"라고 말했다. 언젠가 지혜로운 사람이 지혜롭지 못한 사람과 어떤 점에서 다르냐는 질문을 받고 "그 둘을 발가벗겨 낯선 사람들에게 보내시오, 그러면 알게 될 거요"라고 대답했다. 어떤 이가 술을 많이 마셔도 취하지 않는다고 뽐내자, "노새도 그렇소"라고 그는 말했다.

〔74〕 그가 기녀와 같이 산다고 비난하는 사람에게 "한때 여러 사람들이 살았던 집을 취하는 것과 아무도 살지 않은 집을 취하는 것이 무슨 차이라도 있소?"라고 반문했다. 없다고 대답하자 "한때 수많은 사람들이 타고 항해했던 배로 항해하는 거나 아무도 타지 않았던 배로 항해하는 거나 무슨 차이가 있소?" "전혀 없소" "그렇다면 여러 사람들을 상대했던 여인과 같이 사는 것이나 전혀 그렇지 않은 여인과 같이 사는 거나 아무런 차이가 없는 거요"라고 그는 말했다. 그가 소크라테스의 제자임에도 돈을 받는다고 비난하는 사람에게 "당연한 일이오, 소크라테스도 어떤 사람들이 그에게 양식(糧食)도 보내고 술도 보냈을 때 조금은 받고 나머지를 돌려보냈으니까. 그는 아테네인들 가운데 으뜸가는 자들을 재산 관리인으로 가졌고, 나는 돈 주고 산 에우튀퀴데스를 가졌소"라고 말했다. 소티온이 《철학자들의 계보》 2권에서 말하는 바에 따르면, 그가 같이 지냈던 기녀는 라이스였다. 〔75〕 그는 자신을 비난하는 사람들에게 "내가 라이스를 가지고 있지 그녀가 나를 가지고 있지는 않소. 가장 좋은 것은 쾌락을 지배하고 굴복하지 않은 것이지, 쾌락을 누리지 않는 것이 아니오"라고 말했다. 그의 사치스러운 식사를 비난하는 사람에게 "3오볼로스라면 당신이 이것을 사지 않겠소?"라고 물었다. 그렇다고 하자 "그렇다면 더 이상 나는 쾌락을 좋아하는 자가 아니고, 오히려 당신

이 돈을 좋아하는 자요"라고 말했다. 한번은 디오뉘시오스의 재산관리인인 시모스가 — 그는 프뤼기아인이고 고약한 사람이었다 — 돌로 포장된 값비싼 집들을 그에게 보여 주자 아리스티포스는 가래를 돋워서 그의 얼굴에 뱉었다. 그가 화를 내자 아리스티포스는 "더 마땅한 데가 없구려" 하고 말했다.

〔76〕 "향유(香油)를 바르는 자가 누구인가?"라고 묻는 카론다스[232]에게 — 어떤 사람들 말로는 파이돈에게 — 그는 "팔자 사나운 나일세. 그리고 나보다 더 팔자 사나운 페르시아의 왕일세. 그러나 다른 어떤 동물도 그것 때문에 더 나빠지지 않듯이, 사람도 과연 그러할지 살피시게. [233] 우리의 훌륭한 향유를 망쳐 놓는 자들, 그들이 누구든 그 톳쟁이[234]들은 나쁜 자로 나쁘게 죽어야지"[235]라고 말했다. 소크라테스가 어떻게 죽었느냐는 질문을 받고 그는 "내가 그렇게 죽기를 간절히 바라는 식으로"라고 대답했다. 그의 사치스러운 삶을 비난하는 플라톤에게 "당신은 디오뉘시오스가 훌륭하다고 보시오?" 플라톤[236]이 그렇다고 하자, "하지만 그는 나보다 더 사치스럽게 살고 있소. 그러니 사치스러우면서도 훌륭하게 살지 못할 이유가 전혀 없소"라고 말했다. [237] 어느 날 소피스트인 폴뤼크세노스가 그에게

---

232) 달리 알려진 바가 없다.

233) 알렉산드리아의 클레멘스, 《교육자》, 2권 8장 63절 2행에 비슷한 구절이 있다.

234) 동성애의 대상이 되는 젊은이를 가리키는 말인데, 현재 통용되는 말은 구차스러워 순우리말을 채택했다.

235) 알렉산드리아의 클레멘스, 《교육자》, 2권 8장 69절 1행 참조.

236) 플라톤은 《파이돈》, 59c에서 말고는 자신의 저술에서 아리스티포스의 이름을 언급한 적이 없다.

237) 2권 69절 참조.

갔을 때 사치스러운 식사와 여인들을 보고 나중에 그를 비난했는데, 〔77〕 조금 지나서 아리스티포스가 "당신도 오늘 우리와 함께 할 수 있소?"라고 물었다. 그가 고개를 끄덕이며 동의하자, 아리스티포스는 "그렇다면 왜 비난했던 거요? 당신이 비난한 것은 식사가 아니라 비용인 것 같소"라고 말했다. 비온238) 이 자신의 《강연집》에서 말하는 바에 따르면, 그의 하인이 돈을 가지고 길을 가다가 무거워하자 "힘 닿는 만큼만 가지고 가고 그 이상은 쏟아 버리게"라고 말했다. 한번은 그가 배를 타고 가다가 해적선을 발견하고는 즉시 돈을 꺼내 세기 시작했다. 그러고 나서 마치 실수인 양 바다에 돈을 내던지고는 곧바로 통곡하기 시작했다. 어떤 사람들 말로는, 돈 때문에 아리스티포스가 사라지는 것보다는 아리스티포스 때문에 돈이 사라지는 것이 더 낫다는 말을 그가 덧붙였다고 한다. 어느 날 디오뉘시오스가 무엇 하러 왔느냐고 그에게 묻자, 그는 자신이 가진 것들은 나누어 주고, 자신이 갖지 못한 것은 나누어 가지기 위해서라고 대답했다. 〔78〕 그 러나 어떤 사람들 말로는 그가 이렇게 대답했다고 한다. "지혜가 필요할 때 나는 소크라테스에게 갔소. 그러나 지금은 돈이 필요해서 당신에게 왔소."239) 그는 사람들이 그릇을 살 때는 그것을 두드려 시험해 보면서 삶은 아무렇게나 평가한다고 질책했다. 그러나 어떤 사람들은 이 말을 디오게네스가 했다고 한다.240) 한번은 디오뉘시오스가

---

238) 원문대로(*hoi peri ton Biona*) 번역하면 "비온을 따르는 사람들", 즉 "비온과 그의 제자들"이 되지만 여기서는 비온만을 가리킨다. 비온에 대해서는 4권 46절 이하 참고.
239) 2권 80절 참고.
240) 6권 30절 참고.

주연(酒宴) 중에 각 사람에게 자색 옷을 입고 춤을 추라고 지시했는데, 플라톤은 참여하지 않고 이렇게 말했다고 한다.

나는 여인의 옷은 입을 수가 없소. 241)

그러나 아리스티포스는 옷을 입고 춤을 막 추려고 하면서 재치 있게 이런 말을 했다고 한다.

박코스 축제에서조차
절제 있는 여인은 타락하지 않을 터이니. 242)

〔79〕한번은 그가 친구를 위해서 디오뉘시오스에게 부탁했지만 이루지 못하자 디오뉘시오스의 발 앞에 엎드렸다. 그를 조롱하는 사람에게 "내 탓이 아니라 발에 귀를 가진 디오뉘시오스 탓이오"라고 그는 말했다. 그가 아시아에 머무르며 총독인 아르타페르네스243)에게 포로로 붙잡혀 있을 때 누가 "그런 상황에서도 용기가 나시오?"라고 묻자, 그는 "어리석은 사람아, 내가 아르타페르네스와 대화를 나누려고 하는 지금 말고 언제 더 용기를 낼 수 있겠나?"라고 대답했다. 그는 통상적인 교육244)은 받았지만 철학 교육은 받지 않은 사람들을 페넬로페의 구혼자들에 비유하곤 했다. 왜냐하면 그들은 멜란토와 폴뤼도라, 그리고 다른 모든 하녀들을 취했지만, 바로 그 여주

---

241) 에우뤼피데스, 《박코스의 여신도들》, 5권 836행.
242) 에우뤼피데스, 《박코스의 여신도들》, 5권 317~318행.
243) 달리 알려진 바가 없다.
244) engkyklios paideia.

인과의 결혼만은 할 수가 없었기 때문이다. 245) 〔80〕 아리스톤도 이와 유사한 비유를 했다. 246) 오뒤세우스가 지하세계로 내려갔을 때 죽은 자들을 거의 모두 보고 만났지만 바로 그 여왕247)은 보지 못했다고 그는 말했기 때문이다.

아무튼 아리스티포스는 영특한 어린이들이 배워야 할 것들이 무엇이냐는 질문을 받고 "어른이 되었을 때 쓸모 있는 것들"이라고 대답했다. 소크라테스를 떠나 디오뉘시오스에게로 갔다고 그를 비난하는 사람에게 그는 "나는 교육받기 위해 소크라테스에게 갔고, 놀기248) 위해 디오뉘시오스에게 갔소"249)라고 말했다. 아리스티포스가 가르치는 일로 돈을 벌었을 때, 소크라테스가 그에게 "어디서 그만한 돈이 자네에게 생겼나?"라고 묻자, "당신에게는 조금밖에 안 생기는 데서 생겼죠"라고 대답했다.

〔81〕 기녀가 그에게 "당신한테서 임신했어요"라고 말하자, "그건 그대가 모르는 일이지, 그대가 골풀 숲을 지나면서 이 골풀에 찔렸다고 단언할 수 있는지 어떤지 만큼이나"라고 말했다. 아들을 마치 자기가 낳은 자식이 아닌 것처럼 내버리고 돌보지 않는다고 누가 그를 비난했다. 그래서 그는 "가래도 이도 우리한테서 나왔다는 것을 알지만 쓸모없기 때문에 우리는 그것들을 될 수 있는 대로 멀리 내던

---

245) 고르기아스, 《단편》(DK82B29)과 위 플루타르코스(*De Liberis Educandis* II, 10. 7c~d)에서 비슷한 구절이 비온의 것으로 간주된다.
246) 스토아 철학자인 키오스의 아리스톤을 가리킨다. 7권 160절 이하 참고.
247) 페르세포네를 가리킨다. 실제로 《오뒤세이아》, 11권에서 오뒤세우스가 지하세계로 내려갔을 때 그가 만난 자들 가운데 페르세포네는 들어 있지 않다.
248) 놀이(*paidia*)와 교육(*paideia*)은 어원이 같은 말이다.
249) 2권 78절 참고.

져 버린다오"라고 말했다. 디오뉘시오스한테서 그는 돈을 받고 플라톤은 책을 가져오자250) 누가 그를 비난했는데, "당연한 일이오, 나는 돈이 필요하고 플라톤은 책이 필요하니까"라고 그에게 대답했다. 무슨 이유로 디오뉘시오스한테 논박당하느냐고 누가 그에게 물으니, "다른 모든 사람들이 그를 논박하는 것과 같은 이유로"251) 라고 그에게 대답했다.

〔82〕그가 디오뉘시오스에게 돈을 요구하자 디오뉘시오스는 "아니, 지혜로운 자는 궁핍하지 않다고 당신이 말했소"라고 했다. 그는 그 말을 되받으며 "돈을 주시오, 그리고 그 문제를 살펴봅시다"라고 말했다. 디오뉘시오스가 돈을 주자 "보시다시피 내가 궁핍하지 않잖소?"라고 말했다. 디오뉘시오스가 그에게 다음과 같이 말했다.

> 누구든 참주에게 자주 가는 자는
> 그의 노예라, 설사 자유인으로 갈지라도252)

그는 다음과 같은 말로 응수했다.

> 자유롭게 간다면 그는 노예가 아니네

이 말은 디오클레스가 자신의 《철학자들의 생애》에서 한 것이다. 그러나 다른 사람들은 플라톤의 말로 돌린다. 그가 아이스키네스에

---

250) 이 책 8권 84절 참고.
251) 목적어가 명시되어 있지 않으므로 '그를'(디오뉘시오스) 대신에 '나를'(아리스티포스)로 읽을 수도 있다.
252) 소포클레스, 《단편》, 789행.

게 화를 내고서 잠시 후에 이렇게 말했다. "우리가 화해하고 어리석은 짓을 그만두지 않겠나? 아니면 누군가 술잔으로[253] 우리를 화해시켜 줄 때까지 기다릴까?" 그러자 그가 "좋소"라고 대답했다. [83] "그렇다면 내가 당신보다 나이가 많음에도 먼저 다가갔다는 걸 기억하시오"라고 아리스티포스가 말했다. 아이스키네스도 "그야, 헤라께 맹세컨대, 지당한 말씀이오. 당신은 나보다 훨씬 더 훌륭하오. 반목은 내가 시작했고, 친목은 당신이 시작했으니까"라고 응답했다. 이상이 그가 한 말로 간주되는 것들이다.

4명의 아리스티포스가 있었다. 지금까지 말한 아리스티포스, 두 번째로는 아르카디아에 관한 책의 저자, 세 번째는 첫 번째 아리스티포스의 외손자로 '어머니의 제자'라는 별명을 가진 자, 네 번째는 신아카데미아 출신의 철학자이다.

이 퀴레네인 철학자의 저술로는 다음과 같은 것들이 전해진다. 그가 디오뉘시오스에게 보낸 3권짜리 리비아에 대한 역사책. 25개의 대화편이 들어 있는 저술 한 권. 이 대화편들의 일부는 아티카 방언으로 썼고 일부는 도리아 방언으로 썼는데, 그 목록은 다음과 같다.

[84] 《아르타바조스》[254]

《난파선 선원들에게》

《추방자들에게》

---

253) 술잔으로(*epi tēs kylikos*). 2권 84절에 나오는 대화편의 제목 《술잔을 받은 자에게》(*Pros ton epi tēs kylikos*), 플라톤의 《향연》214a, 플루타르코스의 《데모스테네스의 생애》25절에도 비슷한 표현이 나온다.

254) 아르타바조스(Artabazos)는 프뤼기아 총독인 파르나바조스의 아들로, 기원전 387~325년에 살았던 인물이다.

《거지들에게》

《라이스에게》

《포로스에게》

《거울과 관련하여 라이스에게》

《헤르미아스》

《꿈》

《술잔을 받은 자에게》255)

《필로멜로스》256)

《가까운 친구들에게》

《오래 묵은 술과 기녀들을 가지고 있다고 비난하는 자들에게》

《사치스러운 식사를 한다고 비난하는 자들에게》257)

《딸 아레테에게 보내는 편지》

《올림픽 경기를 위해 자신을 훈련하는 사람에게》

《질문》

《다른 질문》

《디오뉘시오스에게 주는 격언》258)

《조상(彫像)에 관한 다른 격언》

《디오뉘시오스의 딸에 관한 다른 격언》

---

255) 2권 82절 참고. 주연(酒筵)의 좌장으로서 참석자들에게 술잔을 돌리는 역할
을 맡은 사람을 가리킬 수도 있고, 연회에서 술잔을 받고 연설이나 노래를
하는 사람을 가리킬 수도 있다.

256) 필로멜로스(Philomēlos)는 아테네 사람으로 필리피데스의 아들이자 이소크
라테스의 제자다.

257) 2권 75절의 일화 참고.

258) 크레이아(chreia). 크레이아는 흔히 재치 있는 산문체로 된 격언이다.

《모욕당한다고 생각하는 자에게》

《조언을 하려 드는 자에게》

어떤 사람들은 그가 연구서 3권을 썼다고 말한다. 그러나 어떤 사람들은 — 로도스의 소시크라테스259) 도 그들 중 한 사람이다 — 그가 아무것도 전혀 쓰지 않았다고 말한다.

〔85〕 2권260) 에서 소티온에 따르면, 그리고 파나이티오스에 따르면 그의 저술들은 다음과 같다.

《교육에 관하여》

《덕에 관하여》

《철학입문》

《아르타바조스》

《난파선 선원들》

《추방자들》

《연구서》 6권

《격언들》 3권

《라이스에게》

《포로스에게》

《소크라테스에게》

《운(運)에 관하여》

---

259) 또한 소시크라테스는 6권 80절에서 디오게네스가 아무것도 쓰지 않았다고 말하며, 7권 163절에서는 아리스톤이 《편지들》 외에는 아무것도 쓰지 않았다고 말한다.

260) 《철학자들의 계보》, 2권.

그는 목적261) 은 감각에 주어지는 매끄러운 운동262) 이라는 것을 논증했다.

우리가 그의 생애를 기록했으므로, 이제는 그를 따르는 퀴레네학파 사람들을 훑어보기로 하자. 그들 가운데 일부는 자신들을 헤게시아스의 추종자들이라 부르고, 일부는 안니케리스의 추종자들이라 부르며, 일부는 테오도로스의 추종자들이라 부른다. 263) 그렇지만 파이돈을 따르는 사람들도 훑어볼 것이다. 그들의 수장들264) 은 에레트리아 사람들이다. 〔86〕 제자들의 계보는 이러하다. 아리스티포스 자신의 딸 아레테, 프톨레마이스265) 사람 아이티옵스, 그리고 퀴레네의 안티파트로스가 아리스티포스의 제자였다. 아레테의 제자는 '어머니의 제자'라는 별명을 가진 아리스티포스이고, 이 아리스티포스의 제자는 무신론자로 곧이어 신이라 불린266) 테오도로스였다. 안티파트로스

---

261) 아리스토텔레스가 인간 행위의 궁극적 목적이 무엇인가 하는 문제를 제기한 바 있다(서론, 21절의 내용과 주석 참고).

262) 아래 86~87절 참고.

263) 이 문장의 내용은 이후 아리스티포스(86~93절), 헤게시아스(93~96절), 안니케리스(96~97절), 테오도로스(97~99절)로 나눠서 자세히 설명되는, 쾌락주의에 대한 유익한 개요의 서두와도 같은 것이다. 그런데 이 대목에서 파이돈과 에레트리아학파 사람들이 갑자기 등장하는 것은 분명히 이상하다. 아마도 디오게네스 라에르티오스가 앞으로 소개할 내용의 방향을 간단히 적어 두는 것이 아닌가 생각된다.

264) 코뤼페(koryphē). 2권 47절에서 소크라테스를 따르는 사람들의 수장들(플라톤, 크세노폰, 안티스테네스)을 가리키는 말로 사용되었다.

265) 이 도시 이름이 마케도니아 왕조로 이집트를 지배한 프톨레마이오스에서 따온 것이라면, 그 시민들 가운데 한 사람이 소크라테스의 동료인 아리스티포스와 동시대인이 될 수는 없다. 설사 작은 아리스티포스(아리스티포스의 외손자)가 아이티옵스의 스승이었다 해도 사정은 마찬가지다.

266) 2권 116절 참고.

의 제자는 퀴레네의 에피티미데스였고, 에피티미데스의 제자는 파라이바테스였으며, 파라이바테스의 제자는 자살 옹호론자인 헤게시아스, 몸값을 지불하고 플라톤을 풀려나게 했던 안니케리스였다. 267)

아리스티포스의 가르침에 충실하며 퀴레네학파268) 로 불렸던 자들은 다음과 같은 학설을 주창했다. 그들은 쾌락과 고통 두 가지 느낌269) 을 가정한다. 쾌락은 매끄러운 운동이고 고통은 거친 운동이다. 〔87〕 쾌락은 쾌락과 다르지 않으며270) 어떤 쾌락이 다른 어떤 쾌락보다 더 쾌락적이지도 않다. 쾌락은 모든 생명체에게 환영받지만 고통은 배척받는다. 그러나 그들이 말하는 쾌락은, 파나이티오스가 《학파들에 관하여》에서 말하는 바에 따르면, 궁극목적이기도 한 육체의 쾌락이지, 고통의 제거에 따른 정지된 쾌락, 예컨대 에피쿠로스가 궁극목적으로 받아들이는 동요 없는 상태가 아니다. 271) 그들은 목적과 행복은 다르다고 본다. 272) 목적은 개별적 쾌락이지만, 행복은 개별 쾌락들의 연합(聯合)273) 으로, 여기에는 지나간 쾌

---

267) 이 안니케리스는 마케도니아의 알렉산드로스 대왕 시절(기원전 336~323년)에 살았던 사람으로 플라톤보다 훨씬 후대 사람이다. 따라서 플라톤의 몸값을 지불한 안니케리스는 그 이전의 다른 안니케리스인데, 디오게네스 라에르티오스가 착각한 듯하다.

268) 퀴레네학파의 창시자가 큰 아리스티포스인지 아니면 작은 아리스티포스인지에 대해서는 이견들이 있다.

269) 파토스(*pathos*).

270) 쾌락들의 차이에 대한 논의는 플라톤의 《필레보스》, 13c에도 나오며, 여기서 플라톤은 쾌락들이 서로 다르다고 말한다.

271) 쾌락에 대한 퀴레네학파와 에피쿠로스학파의 다른 입장은 10권 136~137절을 참고하라.

272) 아리스토텔레스는 일반 사람들이 행복을 궁극목적으로 본다고 전제하며, 이를 받아들인다.

락들뿐 아니라 앞으로 있을 쾌락들도 같이 결합되어 있기 때문이다.

〔88〕 개별적 쾌락은 그 자체 때문에 선택할 만한 것274)이지만, 행복은 그 자체 때문이 아니라 개별 쾌락들 때문에 선택할 만한 것이다.275) 쾌락이 목적인 증거는 우리는 아이 때부터 무의식적으로 쾌락과 친근해지며, 그것을 만나면 더 이상 아무것도 요구하지 않고, 그것과 반대되는 고통을 피하듯이 그것을 피하지는 않는다는 사실이다. 히포보토스가 《학파들에 관하여》에서 말하는 바에 따르면, 쾌락은 설사 가장 볼품없는 것들에서 생겼어도 좋은 것이다. 설사 행위가 이상하더라도, 오히려 쾌락은 그 자체 때문에 선택할 만한 것이며 좋은 것이기 때문이다. 〔89〕 반면에 그들은 에피쿠로스가 주장하는 식의 고통의 제거가 쾌락은 아니라고 본다. 쾌락의 부재도 고통이 아니다. 쾌락과 고통은 모두 운동 중에 있지만, 고통의 부재나 쾌락의 부재는 운동이 아니기 때문이다. 고통의 부재는 말하자면 잠자는 사람의 상태와도 같은 것이니까. 그들은 어떤 사람들은 왜곡으로 인해서276) 쾌락을 선택할 수가 없다고 주장한다. 그렇지만 모든 정신적 쾌락과 고통이 육체적 쾌락과 고통에 좌우되지는 않는다. 우리는 사적 번영만큼이나 조국의 번영에 사심 없는 기쁨을 느끼기

---

273) 쉬스테마(*systēma*).

274) 아리스토텔레스는 《니코마코스 윤리학》, 1097b17에서 행복을 가장 선택할 만한 것이라고 규정한다.

275) 아리스토텔레스는 《니코마코스 윤리학》, 1097b1~2에서 "우리는 행복을 언제나 그 자체 때문에 선택하지, 결코 다른 것 때문에 선택하지는 않는다"고 말한다.

276) 이 용어는 스토아학파에서는 반대로 육체적 쾌락을 선택하게 되는 이유로 사용되는 말이다(7권 8절, 112절 참고).

때문이다. 그렇지만 그들은 좋은 것들에 대한 기억이나 기대로 말미암아 쾌락이 생긴다는 것은 — 에피쿠로스가 바로 그렇게 생각했다 — 부정한다. 〔90〕혼[277]의 운동은 시간이 지나면서 희미해진다고 보기 때문이다. 또 그들은 단순히 보거나 듣는 것만으로는 쾌락이 생기지 않는다고 말한다. 이를테면 우리는 슬픔을 모방하는 노래들은 즐겁게 듣지만, 정말로 슬픈 사람의 곡소리는 고통스럽게 듣는다는 것이다. 그들은 쾌락의 부재와 고통의 부재를 중간적 상태라고 불렀다. 하지만 그들은 육체적 쾌락이 정신적 쾌락보다 훨씬 더 좋으며, 육체적 괴로움이 정신적 괴로움보다 훨씬 더 나쁘다고 말한다. 그렇기 때문에도 더더욱 잘못을 저지른 자들이 육체적 괴로움으로 벌을 받는다는 것이다. 고통을 겪는 것은 더 견디기 어렵지만, 즐거워하는 것은 더 친근하다[278]고 그들은 생각했기 때문이다. 그렇기 때문에 그들은 쾌락에 대한 관리에 더 주의를 기울였다. 그러므로 비록 쾌락이 그 자체로 선택할 만한 것이라 해도, 쾌락을 가져다주는 것들 가운데는 종종 쾌락과 반대되는 고통스러운 것들이 있다고 그들은 생각했다. 그래서 쾌락들이 행복을 가져다줄지라도 그것들을 모으는 일이 그들에게는 가장 성가시게 여겨졌다. [279]

---

277) 프쉬케(*psychē*).

278) oikeios. '더 본성에 가깝다'(*oikeioteron*)는 뜻이기도 하다.

279) 도란디는 315행의 편집을 달리했다. 그에 따라 앞부분을 포함해서 번역을 다시 하면(정확하지는 않지만) "바로 그런 이유로 해서 그들은 쾌락이 그 자체로 선택할 만한 것인데도 불구하고, 어떤 쾌락의 경우에는 종종 쾌락을 일으키는 것이 괴로움을 일으키는 반대의 결과를 낳는다는 것을 알았다. 그렇게 해서 쾌락의 축적이 행복을 낳지 않는다는 사실이 그들에게 아주 골치 아픈 문제로 등장했다."

〔91〕 지혜로운 사람 모두가 즐거운 삶을 살거나 어리석은 사람 모두가 고통스러운 삶을 사는 것은 아니지만 대체로 그렇다고 그들은 생각한다. 한편 그들은 그때그때 닥치는 하나의 쾌락이라도 즐긴다면 그것으로 족하다고 한다. 분별은, 그 자체 때문이 아니라 그것으로 말미암은 결과 때문에 선택할 만한 것이지만,[280] 좋은 것이라고 그들은 말한다. 친구가 좋은 것은 필요성 때문이다. 우리는 육체의 일부를 그것이 우리에게 붙어 있는 한 소중하게 여기기 때문이다. 덕들[281] 가운데 어떤 것들은 어리석은 자들에게도 있다. 신체단련은 덕의 습득에 기여한다. 지혜로운 자는 질투하지도 않고 욕정에 불타지도 않으며 미신에 두려워하지도 않을 것이다. 그런 것은 공허한 생각에서 생기기 때문이다. 그렇지만 그가 고통과 두려움은 느낄 것이다. 그런 느낌은 자연적으로 생기기 때문이다. 〔92〕 부유함도, 그 자체 때문에 선택할 만한 것은 아니지만, 쾌락을 가져다주는 것이다.

느낌은 파악 가능한 것이라고 그들은 말한다. 느낌이 생겨나는 대상은 알 수 없지만 느낌 그 자체는 알 수 있다는 것이다. 그들은 자연에 관해서는 명료하게 이해할 수 없다는 이유로 연구를 포기했지만, 논리적 문제는 유용하다는 이유로 연구에 공을 들였다. 그러나 멜레아그로스[282]가 《견해들》 2권에서, 그리고 클레이토마코스가 《학파들에 관해서》 1권에서 말하는 바로는, 그들은 자연에 관한 분야와 변증론[283] 분야를 쓸모없다고 생각했다. 왜냐하면 좋은 것과 나쁜 것에 관

---

280) 분별은 아니지만, 플라톤은 《국가》, 2권 앞부분에서 정의가 그 자체로 좋은 것인지 그 결과 때문에 좋은 것인지를 논의한다.

281) 아레테(arete).

282) 멜레아그로스(Meleagros)는 기원전 1세기경에 활동한 가다라 출신 시인이다.

한 이론을 다 배우면, 말(논변)도 잘하고 미신에서 벗어날 뿐만 아니라 죽음에 대한 두려움도 넘어설 수 있기 때문이다.〔93〕그들은 본래부터 정의롭거나 아름답거나 추한 것은 아무것도 없고, 관습과 습관에 따라 그런 것이라고 주장한다. 그러나 훌륭한 사람은 처벌이나 평판의 위협 때문에 적절치 못한 행위를 전혀 하지 않을 것이다. 그리고 지혜로운 자는 실제로 있다고 한다. 그들은 철학에서뿐만 아니라 다른 분야에서도 '진전'(進展)을 인정한다.284) 또 그들은 어떤 사람은 다른 사람보다 고통을 더 크게 느끼며, 그래서 감각들이 언제나 참된 것을 알려 주지는 않는다고 말한다.

그런데 헤게시아스285)의 추종자로 불리는 사람들이 같은 목표286)를 갖고 있었다. 그들은 쾌락과 고통을 목적으로 삼았던 것이다. 그들의 생각은 이렇다. 감사, 우정, 친절 같은 것은 없다. 우리가 그것들을 선택하는 이유는 그 자체 때문이 아니라 필요 때문이며, 필요가 없으면 그것들도 없다.〔94〕행복은 전적으로 불가능하다. 왜냐하면 육체는 많은 감정들287)에 시달리는 한편, 혼은 육체

---

283) 디알렉티콘(*dialektikon*).

284) 진전은 다른 학파들도 인정했다. 7권 127절에서 소요학파는 덕과 악덕 사이에 진전이 있다고 말한다. 6권 10절에서 안티스테네스는 덕이 가르쳐질 수 있다는 것을 입증했다.

285) 86절의 '자살 옹호론자'를 가리킨다.

286) 도란디는 마네비치(Mannebach)의 견해를 인용하여, 이 부분의 사본이 중세 방식으로 복사가 이루어져 순서가 바뀌었다고 지적한다. 즉, 헤게시아스학파와 안니케리스학파의 순서가 뒤바뀌었다고 본다. 그래서 같은 목표란 현재 순서대로 읽어서 퀴레네학파와 같은 목표가 아니라 안니케리스학파와 같은 목표로 읽어야 한다는 것이다. 내용상 맞는 지적이다.

287) 파테마타(*pathēma*).

가 겪는 것을 같이 겪고 교란당할 뿐 아니라, 운(運)이 우리가 희망하는 것들 대부분을 방해하기 때문이다. 따라서 이런 이유들 때문에 행복은 실현 불가능한 것이다. 그리고 삶과 죽음은 선택할 만한 것이다. 그들은 본래부터 즐겁거나 괴로운 것은 없고 결핍이나 낯섦, 또는 포만으로 인해 어떤 사람들은 즐거워하지만, 어떤 사람들은 괴로워한다고 생각했다. 가난과 부는 쾌락과 전혀 무관하다. 부자들이 즐거워하는 것이나 가난뱅이들이 즐거워하는 것이나 차이가 없기 때문이다. 쾌락을 기준으로 하면 예속과 자유, 가문의 좋고 나쁨, 평판의 좋고 나쁨은 동등하며 차이 없는 것288)이다. 〔95〕 어리석은 자에게는 삶이 이로운 것이지만 현명한 자에게는 차이 없는 것이라고 한다. 또한 지혜로운 자는 자신을 위해서 모든 것을 행할 것이라고 한다. 그는 다른 사람들 가운데서는 자신에 필적할 만한 사람은 아무도 없다고 믿기 때문이다. 설령 그가 누군가로부터 가장 큰 유익을 얻는 것처럼 보일지라도, 그것이 그가 자신에게 기여하는 것에 필적할 만한 것은 못된다. 헤게시아스의 추종자들 역시 감각들은 정확한 인식을 확보해 주지 못한다는 이유로 그것들을 부정한다. 그리고 이치에 맞다고 여겨지는 것은 모두 실천할 것을 권한다. 잘못은 용서받아야 한다. 일부러 잘못하는 것이 아니라 어떤 감정으로 인해 어쩔 수 없이 저지르게 된다는 이유에서다. 그리고 사람을 미워하지 말고 오히려 더 나아지도록 가르쳐야 한다. 지혜로운 자는 좋은 것들을 선택할 때도 나쁜 것들을 피할 때와 마찬가

---

288) 스토아학파에서 주로 쓰는 말로, 좋지도 나쁘지도 않은 중립적인 것을 가리킨다. 이곳의 문맥에도 맞는 말이다.

지로 지나치게 많은 것을 선택하지 않을 것이다. 그가 궁극목적으로 삼는 것은 힘들지도 괴롭지도 않게 사는 것이다. 〔96〕쾌락을 가져다주는 것들에 무관심한 삶들이 얻는 이득이 바로 이것이다.

안니케리스의 추종자들은 그 밖의 다른 점에서는 이들[289]과 생각이 같지만, 삶 속에는 우애도, 감사도, 부모에 대한 공경도, 조국을 위한 봉사도 있다는 것을 인정했다. 따라서 이런 것들 때문에 지혜로운 자는 괴로운 일들을 겪고 즐거운 일이 그에게 조금밖에 안 생겨도 마찬가지로 행복해할 것이다. 그리고 친구의 행복은 그 자체 때문에 선택할 만한 것은 아니다. 그것은 가까이 있다고 해서 느낄 수 있는 것이 아니기 때문이다. 이성[290]은 그 자체로는 자신감을 갖게 하거나 대중의 의견보다 우월한 위치를 차지하기에 충분하지 않다. 우리 속에서 오랫동안 자란 나쁜 기질 때문에 우리에게는 습관화가 필요하다. 〔97〕친구는 필요 때문만이 아니라 ─ 필요가 없으면 관심이 없어지므로, 생겨나는 호의 때문에라도 ─ 그 호의로 인해 우리는 힘든 일도 견디므로 ─ 환대해야 한다. 실제로 우리는 쾌락을 목적으로 삼으며 쾌락을 빼앗길 때는 신경질을 내지만 그럼에도 친구에 대한 사랑 때문에 그것을 기꺼이 견딘다.

'테오도로스의 추종자들'로 불리는 사람들은 앞서 말한 테오도로스로부터 그런 이름을 따왔으며, 그의 학설들을 받아들였다. 테오도로스는 신들에 대한 생각들을 전적으로 부정했다. 우리는 《신들

---

289) 헤게시아스의 추종자들. 앞의 도란디의 입장을 받아들이면, 입장이 같은 쪽은 퀴레네학파가 될 것이다.

290) 로고스(*logos*).

에 관하여》라는 제목이 붙은 그의 책을 우연히 접했는데 얕잡아 볼 만한 것은 아니었다. 그들은 에피쿠로스가 하는 말 대부분이 그 책에서 취한 것이라고 주장한다.

〔98〕 안티스테네스가 《철학자들의 계보》에서 말하는 바에 따르면, 테오도로스는 안니케리스의 제자이기도 하고, 변증론가인 디오뉘시오스의 제자이기도 했다. 그는 즐거움과 고통을 목적으로 놓았다. 즐거움은 분별에 달려 있고 고통은 우매함에 달려 있다. 분별과 정의는 좋은 것이고, 그 반대되는 상태는 나쁜 것이며, 쾌락과 고통은 그 중간이다. 그러나 그들도291) 우애를 부정한다. 그것이 우매함에도 속하지 않고 지혜로움에도 속하지 않는다는 이유에서다. 필요가 없어지면 우애도 떠나가며, 지혜로운 자들은 자족적이므로 친구들을 필요로 하지 않기 때문이다. 그들도 훌륭한 사람이 조국을 위해 자신을 내놓지 않는 것은 합당한 일이라고 말했다. 그들이 우매한 자들의 유익을 위해서 분별을 잃어 버려서는 안 되니까.

〔99〕 그는 세계292) 가 자신의 조국이라고 말했다. 그리고 필요한 경우에는 도둑질하고 간통하며 신전을 털 수도 있다고 했다. 그런 행위들에 대한 편견이 제거되면 그중 어떤 행위도 본래부터 부끄러운 것이 아니며, 그런 편견은 우매한 자들을 장악하기 위해 꾸며진 것이기 때문이다. 지혜로운 자는 아무 거리낌 없이 남들 보는 데서293) 애인들과 성관계를 가질 것이다. 그렇기 때문에 그는 다음과 같은 질문들을 하

291) 헤게시아스의 추종자들처럼 (2권 93절).

292) 코스모스 (*kosmos*).

293) 이것은 견유학파의 일화로도 인용된다 (6권 97절 참고).

212

곤 했다. "읽고 쓰기에 능숙한 여자는 읽고 쓰기에 능숙한 한에서 쓸모 있을 수 있는가?" "그렇다." "읽고 쓰기에 능숙한 어린이나 젊은이도 읽고 쓰기에 능숙한 한에서 쓸모 있을 수 있는가?" "그렇다." "그렇다면 아름다운 여자도 아름다운 한에서 쓸모 있을 수 있고, 아름다운 어린이나 젊은이도 아름다운 한에서 쓸모 있을 수가 있지?" "그렇다." "따라서 아름다운 어린이나 젊은이도 그들의 아름다움 때문에 쓸모 있을 수 있지?" 〔100〕 "그렇다." "그리고 그것은 성교하는 데 쓸모가 있다." 이 논변이 받아들여지자 그는 이렇게 결론지었다. "그렇다면 자신이 쓸모 있는 한에서 성교하는 사람이 있다면 그는 잘못하는 것이 아니다. 따라서 자신이 쓸모 있는 한에서 아름다움을 즐긴다면 잘못하는 것이 아니다." 그는 이런 질문들을 하는 가운데 논변으로 상대를 압도했다.

그는 신이라 불렸던 것 같다. 스틸폰이 그에게 "테오도로스, 당신은 당신이 자처하는 그런 자요?"라고 물었을 때, 그가 그렇다고 하자, "당신은 신이라 자처하시오?" 그가 동의하자, "그렇다면 당신은 신이오"라고 말했다. 테오도로스가 흔쾌히 수락하자 스틸폰이 웃으며 "못된 사람아, 하지만 그 논리대로라면 당신은 자신이 갈까마귀이기도 하고 무수한 다른 것이기도 하다는 것을 인정해야 할 거요."

〔101〕 그러나 테오도로스가 한번은 사제[294]인 에우뤼클레이데스 옆에 앉아서 "에우뤼클레이데스, 은밀한 것들[295]에 대해 불경을 저지르는 자들이 누구인지 내게 말해 주시오"라고 말했다. 에우뤼클레이데스는 "입문 의식을 치르지 않은 자들에게 그것을 보여 주는 자들

---

294) 히에로판테스(*hierophantes*). 입교 의식을 집행하는 사제.
295) 뮈스테리아(*mystēria*).

이오"라고 대답했다. 그러자 그는 "그렇다면 당신도 불경을 저지르고 있소. 입문 의식을 치르지 않은 자들에게 그것들을 설명해 주고 있으니 말이오"라고 말했다. 그리고 팔레론 사람 데메트리오스가 그를 구해 주지 않았다면, 정말이지 그는 아레이오파고스로 거의 끌려 올라갈 뻔했다. 암피크라테스[296]는 《저명인사들에 관하여》에서 그가 독배를 마시라는 선고를 받았다고 말한다.

〔102〕 그가 라고스의 아들 프톨레마이오스 궁전에서 지낼 때 프톨레마이오스가 그를 뤼시마코스[297]에게 사절로 보낸 적이 있었다. 그때 그가 거침없이 솔직하게 말하자 뤼시마코스는 "테오도로스, 내게 말해 주시오, 당신은 아테네에서 추방당했던 자가 아니오?"라고 물었다. 그는 "제대로 들으셨소. 세멜레가 디오뉘소스를 견딜 수 없었듯이[298] 아테네인들의 나라가 나를 견딜 수 없어서 내쫓았던 거요"라고 대답했다. 뤼시마코스가 다시 "우리에게 더 이상 오지 않도록 조심하시오"라고 말하자, "프톨레마이오스가 보내지 않으면 안 올 거요"라고 말했다. 뤼시마코스의 회계담당 관리인 미트라스[299]가 곁에

---

296) 암피크라테스(Amphikratēs)는 1세기의 아테네인 수사학자이다.

297) 뤼시마코스(Lysimachos)는 기원전 360~281년 살았던 인물로 마케도니아인 관리이자 알렉산드로스 대왕의 후계자였다. 기원전 306년에 트라키아, 소아시아, 마케도니아를 통치하는 왕이 되었다.

298) 디오뉘시오스(Dionysos)는 인간인 세멜레와 제우스 사이에서 난 자식이다. 제우스는 자신의 본모습을 보고 타죽게 된 세멜레의 뱃속에서 디오뉘소스를 꺼내 자신의 허벅지에 넣고 남은 개월 수를 채워 디오뉘소스를 출생시켰다. 그리스어 'pherein'에는 '견디다'와 '임신하다'라는 뜻이 같이 있어 이를 두고 한 말장난이다.

299) 미트라스는 시리아인이었다. 에피쿠로스의 저술 목록에 미트라스에게 헌사한 논문이 하나 있다(28절).

있다가 "당신은 신들뿐만 아니라 왕들도 무시하는 것 같군요"라고 말하자, "내가 당신을 신들의 적으로 간주하는데 어떻게 내가 신들을 무시할 수 있겠소?"[300] 라고 말했다. 한번은 그가 코린토스에서 대규모의 제자들을 거느리고 지나가는데, 견유학파의 메트로클레스가 스칸딕스[301] 를 씻다가 "소피스트인 당신이 채소를 씻었더라면 제자들이 이렇게나 많이 필요하지는 않았을 텐데"라고 말하자, 그가 되받아서 "당신도 사람들과 사귈 줄 알았더라면 그 채소들이 필요 없었을 텐데"라고 말했다고 한다. 〔103〕 앞에서 말했듯이,[302] 이와 유사한 일화가 디오게네스와 아리스티포스와 관련해서 전해진다.

테오도로스는 그런 사람이었고 그가 한 말들은 그러했다. 마침내 그는 퀴레네로 떠났고 거기서 마가스[303] 와 같이 살면서 줄곧 큰 명예를 누렸다. 그곳에서 그가 처음 쫓겨날 때 재치 있는 말을 한마디 했다고 전해진다. "잘해 주는구려, 퀴레네 사람들이여, 리비아에서 그리스로 나를 내쫓아 주니 말이오"라고.

테오도로스로 불리는 자들이 20명 있었다. 첫 번째는 사모스 사람으로, 로이코스의 아들이다. 그는 에페소스에 있는 신전의 기초 아래 숯을 넣으라고 충고한 자이다. 그 터가 매우 습하기 때문에, 그는 나무 성질을 잃은 숯이 물에 영향을 받지 않는 견고함을 지니게 될 것이라고 말했다. 두 번째는 퀴레네인 기하학자인데 플라톤이 그의 가르침을

---

300) 6권 42절에도 유사한 일화가 나온다.
301) 미나리과 식물, 수프나 샐러드의 향미료로 쓰인다.
302) 2권 68절 참고.
303) 마가스(Magas)는 기원전 317~250년에 살았던 마케도니아 출신 그리스인으로 퀴레나이케의 왕이었다.

받았다. 304) 세 번째는 앞에서 언급했던 철학자다. 〔104〕 네 번째는 발성 연습에 관해 매우 훌륭한 책을 쓴 사람이다. 다섯 번째는 테르판 드로스305) 에서 시작하는 작곡가들에 관해 책을 쓴 사람이다. 여섯 번째는 스토아학파 사람이다. 일곱 번째는 로마인들에 관한 책을 쓴 사람이다. 여덟 번째는 용병술에 관한 글을 쓴 쉬라쿠사이 사람이다. 아홉 번째는 정치연설로 유명한 비잔틴 사람이다. 열 번째는 마찬가지로 유명한 사람으로, 아리스토텔레스가 연설가들에 관한 개요에서 언급하는 사람이다. 열한 번째는 조각가인 테베 사람이다. 열두 번째는 폴레몬306) 이 언급하는 화가이다. 열세 번째는 아테네인 화가이며 메노도토스307) 가 그에 관한 글을 썼다. 열네 번째는 에페소스의 화가이며, 테오파네스308) 가 《회화술(繪畵術) 에 관하여》에서 그를 언급한다. 열다섯 번째는 짧은 풍자시를 쓰는 시인이다. 열여섯 번째는 시인들에 관해 글을 쓴 사람이다. 열일곱 번째는 아테나이오스의 제자인 의사이다. 열여덟 번째는 키오스의 스토아 철학자다. 열아홉 번째는 밀레토스 사람으로 역시 스토아 철학자다. 스무 번째는 비극시인이다.

---

highest304) 플라톤의 《소피스트》와 《정치가》의 시작 부분에 등장하며 《테아이테토스》에서도 나오는 테오도로스로 여겨진다.

305) 테르판드로스(Terpandros) 는 레스보스 출신의 시인이자 키타라 연주자로 기원전 7세기 초엽에 살았다. 그리스 음악의 아버지라고도 불린다.

306) 폴레몬(Polemōn) 은 일리아스 출신으로 스토아학파 계열의 지리학자이다.

307) 메노도토스(Mēnodotos) 는 사모스 출신의 역사가다.

308) 테오파네스(Theophanēs) 가 기원전 1세기 중엽에 살았던 레스보스 출신의 역사가인 테오파네스와 동일인물인지에 대한 논란이 있다.

9. 파이돈

〔105〕파이돈은 엘리스 사람으로 귀족 집안 출신이며 조국이 망하면
서 포로가 되었고 강제로 사창가에 있게 되었다. 그러나 그는 그곳
문을 닫고 소크라테스의 문하에 들어갔고, 마침내 소크라테스가 알
키비아데스와 그의 친구들 또는 크리톤과 그의 친구들에게 그의 몸
값을 지불하게 하여 그를 자유롭게 해주었다. [309] 그 이후로 그는 자
유인이 되어 철학을 했다. 히에로뉘모스는 《판단중지》에서 그를 노
예라고 하면서 공격했다. 그는 대화편들을 저술했는데, 《조퓌로
스》와 《시몬》은 진짜 그의 것이고, 《니키아스》는 의심스럽다. 《메
디오스》는 어떤 사람들은 아이스키네스의 것이라고 하고, 어떤 사람
들은 폴뤼아이노스[310]의 것이라고 한다. 《안티마코스》나 《연장자
들》역시 의심스럽다. 《구두장이들의 이야기들》역시 어떤 사람들
은 아이스키네스의 것이라고 말한다. [311]

그의 후계자로는 엘리스의 플레이스타노스가 있고, 그의 3대 후
계자들로는 에레트리아의 메네데모스와 플리우스의 아스클레피아
데스인데 이들은 스틸폰의 제자로 있다가 옮겨왔다. 이들까지는 그
들이 엘리스학파로 불렀지만 메네데모스 이후로는 에레트리아학파
로 불렀다. 메네데모스에 관해서는 나중에[312] 언급하게 될 것이다.
그 역시 학파를 새로 열었기 때문이다.

---

309) 2권 31절 참고.
310) 폴뤼아이노스(Polyainos)는 기원후 2세기의 마케도니아 출신 저술가다.
311) 2권 122절 참고.
312) 2권 125~144절 참고.

10. 에우클레이데스

[106] 에우클레이데스는 이스트모스 쪽의 메가라 태생이거나, 아니면 알렉산드로스가 《철학자들의 계보》에서 말하듯이 어떤 이들의 말대로 겔라[313] 태생이다. 그는 파르메니데스의 철학에 몰두했고,[314] 그의 후계자들은 메가라학파로 불렸다. 그다음에는 논쟁가들[315]로 불렸고 나중에는 변증론가들로 불렸다. 그들을 '변증론가들'이라고 처음 부른 사람은 칼케돈[316]의 디오뉘시오스[317]였는데, 그들이 질문과 대답의 형식으로 논변을 구성한다는 이유에서였다. 헤르모도로스는 소크라테스가 죽은 후에 플라톤과 나머지 철학자들이 참주들의 잔인함을 두려워해서 그에게 왔다고 말한다. 그는 좋은 것은 어떤 때는 분별로, 어떤 때는 신으로, 또 다른 때는 지성으로 등 여러 이름으로 불리지만 실은 하나라는 견해를 밝혔다. 반면에 좋은 것과 정반대되는 것들은 존재하지 않는다고 주장하면서 부정했다.

[107] 그는 논증들을 공격할 때 전제를 겨냥하지 않고 결론을 겨냥했다. 그는 비유에 의지하는 논변은 닮은 것들로 이루어지거나 닮지 않은 것들로 이루어져야 한다고 말하면서 그것을 부정했다. 만약 그것이 닮은 것들로 이뤄진다면 그것이 다뤄야 하는 것은 논점들과

---

313) 메가라(Megara)는 코린토스와 엘레우시스 사이의 이스트모스 쪽에 있고, 겔라(Gela)는 시켈리아의 남쪽에 있다.
314) 에우클레이데스의 철학에서 엘레아적 측면과 소크라테스적 측면을 구별하기는 어렵다.
315) 에리스티코이(*eristikoi*).
316) 칼케돈(Kalkēdōn)은 소아시아 지방의 도시로 비잔티움의 맞은편에 있다.
317) 달리 알려진 바가 없다.

에우클레이데스

닭은 것들이 아니라 논점들 자체를 다루어야 하고, 만약 닮지 않은 것들로 이루어진다면 그것들을 나란히 놓을 필요가 없다는 것이다. 그렇기 때문에 티몬은 그에 대해서 다음과 같이 말하면서 소크라테스학파의 나머지 사람들도 헐뜯는다.

그러나 나는 객소리하는 이자들에게 관심 없다. 다른 누구에게도 없고, 파이돈이 누구든 그에게도 없고, 메가라인들에게 말싸움의 광기를 불어넣었던 논쟁가 에우클레이데스에게도 없다.

〔108〕 그는 6편의 대화편을 썼다. 그것은 《람프리아스》, 《아이스키네스》, 《포이닉스》, 《크리톤》, 《알키비아데스》, 《사랑에 관한 대화》이다. 에우클레이데스의 후계자로는 밀레토스의 에우불리데스도 있다. 그 역시 변증론에 의지해 많은 논변들을 질문 형식으로 제시했는데, 〈거짓말〉, 〈위장하는 자〉, 〈엘렉트라〉, 〈베일에 싸인 논변〉,

〈모래더미〉, 〈뿔 달린 논변〉, 〈대머리〉가 그것이다. 희극시인들 가운데 누군가가 그에 대해서 다음과 같이 말했다.

뿔 달린 질문들을 하고 거짓되고 과장된 논변으로 연설가들을 혼란시켰던 논쟁가 에우불리데스는 데모스테네스의 공허한 허풍을 지닌 채 가 버렸다.

데모스테네스도 그의 가르침을 받았으며 '로'(ρ) 발음을 아주 못 했는데 그걸 고쳤던 것 같다. 〔109〕 에우불리데스는 아리스토텔레스와도 논쟁을 벌였고 그를 몹시 비난했다. 에우불리데스의 후계자로는 다른 사람들도 있으며, 그중에 논쟁을 매우 좋아하는 사람 엘리스의 알렉시노스가 있었다. 그 때문에 그는 엘렝시노스[318] 라고 불렸다. 특히나 그는 제논과 논쟁을 벌였었다. 그에 관해서 헤르미포스는 그가 엘리스를 떠나 올림피아로 가서 거기서 철학을 했다고 말한다. 그의 학생들이 왜 여기에 거주하는지 묻자, 그는 올림피아 학파로 불리게 될 학파를 세우려 한다고 대답했다. 그러나 체류비용에 쪼들리고 그 지역이 건강에 해롭다는 것을 알고는 학생들이 그곳을 떠났고, 알렉시노스는 하인 하나만 데리고 여생을 외롭게 보낸다. 그 후에 알페이오스[319] 에서 헤엄을 치다가 갈대에 찔렸고 그렇게 생을 마쳤다.

〔110〕 그를 위해 내가 지은 다음과 같은 시가 있다.

---

318) 엘렝시노스(Elenxinos)는 '엘렝코스'(elenchos, 논박) 라는 말과 '알렉시노스'(Alexinos) 라는 이름을 합쳐서 만든 말이다.
319) 알페이오스(Alpheios)는 아르카디아와 엘레스를 흐르는 긴 강이다.

불운한 자가 있어

자맥질을 하다가 발이 찔렸다는

저 이야기가 아무렇게나 지어진 것이 아니었네.

실로 그 대단한 사람은 알렉시노스였으니

그는 알페이오스를 건너기 전에

갈대에 찔려 죽었네.

그는 제논에 맞서는 글을 썼을 뿐 아니라 다른 책들도 썼으며, 특히 역사 저술가인 에포로스에 맞서는 글을 썼다.

올륀토스[320] 출신의 에우판토스[321]도 에우불리데스의 제자가 되었는데, 그는 당대의 역사를 기록했다. 그리고 그보다 더 많은 비극들도 지었으며, 비극 경연들에서 그 작품들로 유명해졌다. 그는 안티고노스 왕의 스승이었고 그 왕에게 《왕권론》을 써서 바쳤는데 그 책은 인기가 매우 높았다. 그는 늙어서 삶을 마감했다.

〔111〕 에우불리데스의 다른 제자들도 있다. 그들 중에는 크로노스 아폴로니오스도 있으며, 이아소스 사람 아메이니아스의 아들 디오도로스가 그의 제자인데 그 제자도 별명이 크로노스였다.

그에 관해서 칼리마코스는 짧은 풍자시로 이렇게 말한다.

모모스[322] 자신이

벽에다 썼네, "크로노스는 지혜롭다"라고.

---

320) 올륀토스(Olynthos)는 마케도니아 남쪽 칼키디케 반도에 있는 도시다.

321) 에우판토스(Euphantos)는 기원전 320년경에 전성기를 보낸 철학자이자 역사가, 비극시인이다.

322) 모모스는 조소(嘲笑)의 신인데 여기서는 벽에 글을 쓰는 조소자들을 상징한다.

그 역시 변증론가였고, 어떤 사람들에 따르면, '베일에 싸인 논변'과 '뿔 달린 논변'323) 을 처음 발견한 자로 여겨진다. 그가 프톨레마이오스 소테르324) 의 궁전에서 지낼 때 스틸폰으로부터 일련의 변증론적 질문을 받고는, 즉석에서 그것들을 해결하지 못하자 왕으로부터 심한 질책을 받았는데 그중에서도 특히 크로노스라는 별명을 조롱 삼아 듣게 되었다. [112] 그래서 그는 그 연회장을 떠났고, 그 문제에 관한 논의를 기록한 후에 낙담에 빠져 삶을 마쳤다.

역시 그를 위해 내가 지은 시가 있다.

디오도로스 크로노스여, 신령들 가운데 누가 그대를
고약한 낙담에 빠트려
스스로 자신을 타르타로스에 던지게 했던가?
스틸폰의 수수께끼 같은 말을 풀지 못했다고.
그러니 그대가 로와 카파가 빠진325)
크로노스가 된 것이네.

에우클레이데스의 후계자들 중에는 메탈로스의 아들 익튀아스가 있는데, 성품이 훌륭한 이 사람을 겨냥하여 견유학파의 디오게네스가 대화편을 지었다. 326) 그리고 투리오이의 클레이노마코스가 있다. 그

---

323) 이 논변들은 앞에서 에우클레이데스의 것으로 언급되었다.

324) 프톨레마이오스 소테르(Ptolemaios Sōtēr) 는 기원전 367~283년에 살았던 알렉산드로스 휘하 장군으로 알렉산드로스의 사후, 이집트를 차지해 프톨레마이오스 왕조를 열었다.

325) 크로노스($K\rho\acute{o}vo\varsigma$) 에서 '로' ($\rho$) 와 '카파' ($\kappa$) 가 빠지면 당나귀 (바보) 를 뜻하는 '오노스' ($\acute{o}vo\varsigma$) 가 된다.

326) 6권 80절에서 견유학파 디오게네스가 쓴 익명의 저작목록에 이 저작이 인용된다.

는 명제들과 술어 등에 관하여 최초로 글을 썼다. 그리고 가장 탁월한 철학자인 메가라의 스틸폰이 있다. 그에 관해서 이제 언급해야 한다.

11. 스틸폰

〔113〕 스틸폰은 그리스의 메가라 시민으로 에우클레이데스를 따르는 자들 가운데 어떤 사람들의 제자였다. 그러나 어떤 사람들은 그역시 에우클레이데스가 직접 가르친 제자였다고 말한다. 뿐만 아니라 헤라클레이데스의 말에 따르면, 그는 익튀아스[327]의 제자인 코린토스 사람 트라쉬마코스[328]의 제자이기도 했다. 그는 그리스 전체가그를 주목하고 메가라학파를 추종하기에 거의 부족함이 없을 정도로논변을 꾸며내는 재간과 소피스트적 논법에서 다른 어떤 동료들보다뛰어났다. 이 점에 대해서 메가라학파의 필리포스가 한 말을 그대로옮기자면 다음과 같다. "그는 테오프라스토스로부터 이론가[329]인메트로도로스와 겔라의 티마고라스를 빼왔고, 견유학파의 아리스토텔레스로부터는 클레이타르코스와 심미아스를 빼왔다. 그런가 하면변증론가들 쪽에서는 아리스테이데스로부터 파이오네이오스를 빼왔고, 에우판토스의 아들 보스포로스[330] 사람 디필로스와 엑사이네

---

327) 2권 112절에서 익튀아스는 에우클레이데스의 제자인 에우불리데스의 제자로 언급된다. 전승에 따르면 스틸폰에게 다른 두 스승이 있다. 크라테스의 형제 테베 사람 파시클레스와 시노페의 디오게네스가 그들이다.

328) 달리 알려진 바가 없다.

329) 테오레마티코스(*theorēmatikos*). 3권 49절 참고.

330) 보스포로스(Bosporos)는 흑해와 지중해 사이에 있는 해협으로 현재 터키와 그리스의 경계선을 이루며 유럽과 아시아를 가른다.

토스의 아들 뮈르멕스는 둘 다 그를 논박하러 왔으나 그가 그 둘을 자신의 열렬한 추종자로 만들었다. 331) 두 사람 다 그를 논박하러 왔다가 그렇게 된 것이다.”〔114〕이들 외에도 그는 소요학파이자 자연학에 조예가 깊은 프라시데모스를 자기편으로 만들었고, 그리스의 모든 연설가들 중에서 으뜸가는 연설가 알키모스, 332) 크라테스, 333) 그리고 그가 사로잡은 수많은 다른 사람들을334) 자기편으로 만들었다. 더 나아가 이들을 포함해서 그는 포이니케의 제논335) 도 빼왔다.

그는 정치 분야에도 매우 뛰어났다.

그리고 그는 어떤 여인과 결혼했으나, 오네토르336) 가 어디에선가 말하고 있듯이, 니카레테라는 기녀와 같이 살았다. 그리고 그는 방탕한 딸을 두었는데, 그의 한 친구인 쉬라쿠사이의 심미아스가 그녀와 결혼했다. 그녀는 올바른 방식으로 생활하지 않았기 때문에 누군가 스틸폰에게 그녀가 스틸폰의 이름을 더럽힌다고 말했다. 그러자 스틸폰은 “내가 그녀를 명예롭게 하는 정도 이상은 아니오”라고 대답했다.

〔115〕프톨레마이오스 소테르도 그를 받아들였다고 한다. 그가 메가라를 장악하게 되었을 때337) 그에게 돈을 주었고, 이집트로 같

---

331) OCT(Oxford Classical Texts) 의 독법을 따랐다.

332) 알키모스(Alkimos) 는 기원전 4세기에 활동한 연설가다. 이 사람이 3권 9절에 나오는 알키모스와 동일인인지는 확실하지 않다.

333) 견유학파의 크라테스와 관련이 있다.

334) 2권 125절에서 메네데모스가 친구인 플리온테의 아스킬레피아데스와 함께 스틸폰에게 왔고, 9권 109절에서 티몬도 스틸폰에게 자주 드나들었다고 한다.

335) 키티온의 제논을 말한다(2권 120절, 7권 24절 참고).

336) 오네토르는 3권 9절에서도 인용된다. 달리 알려진 바는 없다.

337) 프톨레마이오스 소테르와 데메트리오스가 메가라를 장악한 일은 기원전 308~306년 사이에 있었다. 이 사건은 스틸폰의 연대 계산에 유용하다.

스틸폰

이 여행하자고 그를 초대했다. 그러나 스틸폰은 적정 금액의 돈만 받았으며, 그 여행을 거절하고 프톨레마이오스가 배 타고 떠날 때까지 아이기나[338] 로 가 있었다. 그뿐 아니라 안티고노스의 아들 데메트리오스[339] 는 메가라를 접수했을 때 스틸폰의 집이 보존되도록 하고 빼앗겼던 재산을 모두 돌려받도록 배려했다. 그가 스틸폰에게서 잃어버린 재산 목록을 받고자 했을 때, 스틸폰은 자신의 재산 중에서 아무것도 잃어버리지 않았다고 말했다. 왜냐하면 아무도 자신의 학식을 가져가 버리지 않았고, 자신은 여전히 말과 지식을 가졌기 때문이라고 했다.

〔116〕 사람들에게 선행을 베푸는 것에 관해서 데메트리오스와 대화를 나누면서 그는 데메트리오스를 매료시켜 자신에게 관심을 쏟게 만들었다. 그는 페이디아스의 아테나[340] 에 관해서 다음과 같은 논변

---

338) 아이기나(Aigina) 는 아테네 남서쪽의 섬이다.

339) 데메트리오스(Dēmētrios) 는 기원전 294~288년 사이에 재위한 마케도니아의 왕으로 안티고노스 왕조를 열었다.

을 질문을 통해 내놓았다고 한다. "제우스의 딸 아테나는 신[341]인가?" "그렇소"라고 대답하자, "그러나 그녀는 제우스에게서가 아니라 페이디아스에게서 났소"라고 그가 말했다. 그렇다고 동의하자, "그렇다면 그녀는 신이 아니오"라고 말했다. 이 일로 그는 아레이오파고스로 소환당했을 때 혐의를 부정하지 않았고, 올바른 문답이었다고 주장했다. 왜냐하면 아테나는 남신이 아니라 여신이며, 남신들은 남성이기 때문이라고 했다.[342] 그럼에도 불구하고 아레이오파고스 의원들은 그에게 그 도시에서 즉시 떠나라고 명령했다고 한다. 그러자 신(테오스)이라는 별명을 가진 테오도로스가 놀리면서 "스틸폰이 그걸 어디서 알게 되었을까? 그가 그녀의 옷을 걷어 올리고 그 작은 뜰을 보았나?" 하고 말했다고 한다. 테오도로스는 참으로 너무나 무분별했던 반면에, 스틸폰은 너무도 창의적이었다.

〔117〕어쨌거나 크라테스가 신들이 예배와 기도를 기뻐하는지 어떤지 그에게 묻자, 그는 "어리석은 사람아, 그런 질문은 길에서 하지 말고 단 둘이 있을 때 하시오"라고 대답했다고 한다. 비온도 신들이 있느냐는 같은 질문을 받고 이렇게 말했다고 한다.

비참한 늙은이야, 나한테서 군중을 흩어 버리려는 것은 아니지?

---

340) 페이디아스(Pheidias)는 아테네의 유명한 조각가로 파르테논 신전을 건축하면서 그곳에 아테나 여신상을 세웠다. 여기의 아테나는 그 여신상을 말한다.
341) 테오스(*theos*). 여신을 가리키는 원어는 테아(*thea*)이다.
342) 그리스어로 '신'은 'theos'인데, 이것은 남성명사이고 여성형은 'thea'이다. 그러나 보통 남성명사인 'theos'로 남신과 여신 모두를 가리킨다. 이 논변은 이 애매함을 이용한 것이다.

스틸폰은 소박했고 꾸밈없었으며 평범한 사람에게 자신을 잘 맞추는 자였다. 이를테면 언젠가 견유학파의 크라테스가 질문받은 것에 대답은 하지 않고 방귀를 뀌자, 그는 "알았소, 당신은 해야 할 말을 제외하면 무슨 소리든지 낸다는 것"이라고 말했다. 〔118〕 그뿐 아니라 한번은 크라테스가 그에게 질문하면서 말린 무화과를 내놓았는데 그는 무화과를 받아서 먹었다고 한다. 상대방이 "어이구 헤라클레스여, 내가 무화과를 잃어버렸군" 하고 말하자, 그는 "당신은 무화과뿐 아니라 질문도 잃어버렸소, 무화과는 질문의 보증금이었으니까"라고 대답했다. 또 언젠가 스틸폰이 크라테스가 겨울에 추위로 움츠리는 것[343]을 보고는 "크라테스, 내가 보기에 당신은 새 겉옷이 필요한 것 같소."(바로 이 말은 겉옷과 지각[344]이 필요하다는 뜻이다) 그러자 크라테스가 화가 나서 그에 관해 다음과 같은 풍자의 글을 지었다.

실로 나는 스틸폰이 메가라에서 고난과 고통을 겪는 것을
지켜보았다. 그곳에는 튀포스의 거처[345]가 있다고 한다.

---

343) 'synkekammenon'(몸을 움츠리는) 대신에 'synkekaumenon'으로 읽는 사본을 따르는 번역은 "(추위로) 몸에 열이 나는"으로 옮기거나 "(화로에 너무 가까이 가서 불을 쬐느라) 옷에 불이 붙은"으로 옮긴다.

344) '새 겉옷'(*himatiou kainou*)을 '겉옷과 지각'(知覺)(*himatiou kai nou*)으로 바꾸어 읽는 언어유희. '새'(*kainou*)를 '그리고'(*kai*)와 '지각'(*nou*)으로 파자하여 이용한 같은 언어유희가 6권 3절에도 나온다.

345) 튀포스(Typhōs). 백 개의 뱀 머리를 가진 킬리키아의 괴물로, 튀폰(Typhōn), 튀파온(Typhaōn)으로도 불린다. 가이아의 막내아들로 바람의 신 타르타로스가 아버지다. 시에서 크라테스는 'typhōs'를 'typhos'(자만심)로 읽는 언어유희를 한다. 말하자면 메가라를 'typhos'(자만심)의 거처로 묘사한 셈이다. 실제로 신화에서 괴물 튀포스는 메가라와는 아무 관련도 없다.

거기서 그는 으레 논쟁을 벌였다. 그의 많은 주변 동료들과,

그들은 철자를 바꾸는 방식으로346) 덕을 탐구하며 시간을 보내고 있었다.

[119] 그가 아테네에서 사람들을 얼마나 매료시켰던지 그들이 그를 보려고 일터에서 달려와 모일 정도였다. 그리고 누군가 "스틸폰, 그들이 마치 괴물에게 그러듯 당신에게 경탄하고 있소"라고 말하자, "천만에, 그게 아니라 진짜 인간에게 하듯이 그러는 거요"라고 말했다. 그는 논쟁에 대단히 능수능란했기에 형상개념347) 까지도 논파했다. 그는 이렇게 말했다. 사람이 있다고 말하는 자는 어떤 사람도 말하고 있지 않다. 그 말은 여기 이 사람이 있다는 말도 아니고 저기 저 사람이 있다는 말도 아니기 때문이다. 어째서 그것이 여기 이 사람이기보다 오히려 저기 저 사람인가? 따라서 그것은 여기 이 사람도 아니다. 또다시 그는 이렇게 말했다. '채소'는 보여 줄 수 있는 것이 아니다. 채소는 수만 년 전부터 있어왔기348) 때문이다. 따라서 이것이 채소가 아니다. 그가 크라테스와 대화를 나누다가 도중에 서둘러 물고기를 사러 가게 되었는데, 크라테스가 붙잡으려 하면서 "논의를 포기하는 거요?"라고 다그치자, 그는 "나는 포기하지 않소. 오히려 논의는 유지하고 당신을 포기하는 거요. 논의는 기다려 주지만 그 물고기는 팔려 버릴 테니까"라고 대답했다.

---

346) 파라 그람마(*para gramma*). 아리스토텔레스, 《수사학》, 3권 11장 141226b3에서 아리스토텔레스는 '파라 그람마'에 따른 농담의 사례들을 제공하는데, 여기서 파라 그람마는 한 낱말에서 철자들을 변화시켜 뜻이 달라지게 하는 것이다.

347) 개념(*eidos*). 여기서 에이도스는 종(種) 개념을 가리킨다.

348) 이것은 '있는'이라는 현재형과 '있어왔다'란 동사의 시제가 다르다는 점을 이용한 논변이다.

〔120〕그가 쓴 건조한349) 문체의 대화편 9편이 전해진다. 《모스코스》, 《아리스티포스》또는 《칼리아스》, 《프톨레마이오스》, 《카이레크라테스》, 《메트로클레스》, 《아낙시메네스》, 《에피게네스》, 《그의 딸에게》, 《아리스토텔레스》. 헤라클레이데스350)는 스토아학파 창시자인 제논도 스틸폰의 제자였다고 말한다. 헤르미포스의 말에 따르면 스틸폰은 늙어 죽었는데, 죽음을 재촉하려고 포도주를 마셨다고 한다.

역시 그를 위해 내가 지은 글이 있다.

아마 그대는 메가라의 스틸폰을 알 테지,
늙음과 그 후의 질병이 그를 죽였지, 극복하기 어려운 두 가지 멍에가.
그러나 그는 알아냈지, 술이 그 한 쌍의 몹쓸 말들보다
더 뛰어난 마부임을. 그는 술을 마시고 마차로 '하데스'로 가 버렸으니까.

그는 희극시인 소필로스351)로부터 그의 희극 《결혼》에서 다음과 같이 조롱당했다.

카리노스352)의 말(논변)은 스틸폰의 뚜껑353)이라네.

---

349) 프쉬크로스(psychros)의 일차적 의미는 '차가운'이며, 넓게는 '따분한', '무미건조한'이라는 뜻이다.

350) 렘보스의 헤라클레이데스, 7권 24절 참고. 7권 25절에는 다른 메가라 사람 디오도로스도 제논의 스승으로 언급된다.

351) 아테네의 중기 희극기(기원전 404년 이전 시기) 작가.

352) 달리 알려진 바가 없다.

353) 뷔스마타/퓌스마타. 뷔스마타(bysmata)는 '질문들'을 뜻하는 퓌스마타(pysmata)를 연상시키는데, 이런 추측이 맞는다면 카리노스의 논변은 상대방을 걸려들게 하는 스틸폰의 질문들을 막는 마개 역할을 한다는 뜻이다. 스틸폰도 소피스트적 논변들로 논쟁상대들의 입을 닫게 했다는 사실도 고려해 봄직하다.

12. 크리톤

〔121〕 크리톤은 아테네 사람이었다. 그는 특히나 소크라테스를 향한 애정이 매우 깊었고, 그래서 그에게 필요한 것은 무엇 하나 부족한 적이 없을 정도로 그에게 신경을 썼다. 그리고 그의 아들들인 크리토불로스, 헤르모게네스, 에피게네스, 크테시포스도 소크라테스의 제자였다. 크리톤은 17편의 대화편들을 썼는데, 한 권의 책으로 전해진다. 그 제목들은 다음과 같다.

《배움에 의해서 훌륭한 자들이 되지 않는다는 것》
《과다함에 관하여》
《적절함이란 무엇인가?》 또는 《정치가》
《아름다움에 관하여》
《악행에 관하여》
《질서정연한 기질에 관하여》
《법률에 관하여》
《신성한 것에 관하여》
《기술들에 관하여》
《교제에 관하여》
《지혜에 관하여》
《프로타고라스》〔또는 《정치가》〕
《문자들에 관하여》
《작시술에 관하여》
〔《아름다움에 관하여》〕354)

《배움에 관하여》

《앎에 관하여》 또는 《지식에 관하여》

《앎이란 무엇인가?》

13. 시 몬

〔122〕 시몬은 아테네 사람으로 구두장이였다. 소크라테스가 그의
작업장에 가서 어떤 대화를 나눈 후에는, 으레 그는 자신이 기억하
는 것을 모두 적어 두었다. 그 때문에 사람들은 그의 대화편들을 '구
두장이의 대화편'이라 불렀다. 이 대화편들은 33편이며 한 권의 책
으로 전해진다.

《신들에 관하여》

《좋음에 관하여》

《아름다움에 관하여》

《아름다움이란 무엇인가?》

《정의에 관하여》 1권, 2권

《덕에 관하여, 그것은 가르쳐질 수 없다는 것》

《용기에 관하여》 1권, 2권, 3권

《법률에 관하여》

《민중을 지도하는 일에 관하여》

---

354) 위에서 17편이라고 했는데, 실제 나열된 편수는 18편인 이유는 이 저술이
네 번째에도 나왔었기 때문이다. 그래서 마르코비치의 편집본에는 이 부분을
빼자고 하였다. 이를 따랐다.

《명예에 관하여》

〔《작시(作詩)에 관하여》〕

《안락함에 관하여》

《사랑에 관하여》

《철학에 관하여》

《지식에 관하여》

《시가(詩歌)에 관하여》

《작시(作詩)에 관하여》

〔123〕〔《아름다움이란 무엇인가?》〕

《가르침에 관하여》

《대화에 관하여》

《판정(判定)에 관하여》

《있음에 관하여》

《수(數)에 관하여》

《보살핌에 관하여》

《일하는 것에 관하여》

《이욕(利慾)에 관하여》

《허풍에 관하여》

〔《아름다움에 관하여》〕

다른 대화편들로는,

《숙고(熟考)에 관하여》

《비율에 관하여》 또는 《적절함에 관하여》

《악행에 관하여》

그는 소크라테스적 대화를 처음으로 실행했다고 한다. 페리클레스가 그에게 먹여 살리겠다고 약속하며 자기한테 오라고 불렀을 때, 그는 거리낌 없이 말하는 자유355)를 대가로 치르지 않겠노라고 대답했다.

〔124〕 수사기법들에 관하여 글을 쓴 다른 시몬도 있었다. 또 다른 시몬은 의사이며 셀레우코스 니카노르356)가 다스리던 때 사람이다. 그리고 조각가인 시몬이 있었다.

14. 글라우콘

글라우콘357)은 아테네 사람이다. 그가 쓴 9편의 대화편들은 한 권의 책으로 전해진다. 358)

---

355) '거침없이 말하기'(*parrēsia*)는 견유학파 사람들의 커다란 특징이기도 했다.

356) 셀레우코스 니카노르(Seleukos Nikanōr)는 기원전 358~281년에 살았던 인물로, 알렉산드로스를 바빌론까지 수행했으며 알렉산드로스가 죽은 후에 바빌론의 총독이 되었다.

357) 글라우콘(Glaukōn)은 아리스톤의 아들이며 아데이만토스와 플라톤, 그리고 포토네와 형제간이다(2권 29절, 3권 4절 참고).

358) 이 대화편들 가운데 현재 남아 있는 것은 없다. 대화편 제목들은 아마 역사적 인물의 이름인 듯하다. 에우뤼피데스와 아리스토파네스 두 인물은 잘 알려진 시인이다. 케팔로스는 플라톤의 《파르메니데스》의 주요 화자(*narrator*)로 아고라에서 아데이만토스와 글라우콘을 만났던 클라조메네의 케팔로스일 수 있다. 그러나 뤼시아스, 폴레마르코스, 에우튀데모스의 아버지로 플라톤이 《국가》 1권의 시작 부분에서 만났던 쉬라쿠사이의 케팔로스일 가능성도 있다. 혹은 펠로폰네소스 전쟁에서 큰 영향력을 행사했던 아테네인 민주주의자 콜뤼토스의 케팔로스일 수도 있다. 메넥세노스는 소크라테스가 죽을 때 곁에 있었던 제자일 것이다. 그의 이름은 플라톤의 대화편 제목으로도 나온다. 에우티아스란 이름은 기원전 342년에 3단노선(전함)의 후원자이자 부유한 아테네인으로 확인된다. 그는 이소크라테스의 가르침을 받았고 뤼시테이데스란 이름을 가졌다. 그러나 이들이 동일인물이라고 단정할 단서는 없다.

글라우콘

《페이뒬로스》

《에우뤼피데스》

《아뮌티코스》

《에우티아스》

《뤼시테이데스》

《아리스토파테스》

《케팔로스》

《아낙시페모스》

《메넥세노스》

32편의 다른 대화편들도 전해지나 가짜로 간주된다.

15. 심미아스

심미아스[359]는 테베 사람이었다. 그가 쓴 23편의 대화편들이 한 권의 책으로 전해진다.[360]

《지혜에 관하여》

《계산에 관하여》

《시가(詩歌)에 관하여》

《서사시에 관하여》

《용기에 관하여》

《철학에 관하여》

《진리에 관하여》

《문자들에 관하여》

《가르침에 관하여》

《기술에 관하여》

《통치에 관하여》

《적절함에 관하여》

《선택할 만한 것과 피할 것에 관하여》

《친구에 관하여》

《앎에 관하여》

---

359) 테베의 심미아스(Simmias)는 피타고라스주의자로 크로톤의 필롤라오스가 키웠으며, 테베의 케베스와 가까운 친척이고, 플라톤의 《파이돈》에 나오는 화자들 가운데 한 사람이다. 그는 소크라테스가 죽을 때 곁에 있었다.

360) 심미아스의 목록과 시몬의 목록에서 공통되는 제목이 7개다.

《혼에 관하여》

《잘 삶에 관하여》

《유능함에 관하여》

《재물에 관하여》

《삶에 관하여》

《아름다움이란 무엇인가?》

《돌봄에 관하여》

《사랑에 관하여》

16. 케베스

〔125〕 케베스[361]는 테베 사람이다. 그가 쓴 3편의 대화편이 전해진다.

《서판》(書板)

《일곱 번째 날》[362]

《프뤼니코스》

---

361) 심미아스와 마찬가지로 케베스(Kebēs)도 피타고라스학파의 필롤라오스가 보이오티아에 거주할 때 그에게 가르침을 받았다. 그 후 그는 아테네로 갔고 거기서 심미아스와 함께 소크라테스에게 드나들었다. 그는 플라톤의 《파이돈》에 나오는 화자들 중 한 사람이며, 소크라테스가 죽을 때 곁에 있었다.
362) 이 제목은 아마도 아폴론이 태어난 날을 가리키는 것 같다. 이날은 플라톤이 태어난 날이기도 하다(3권 2절 참고).

17. 메네데모스

이 사람은 파이돈학파에 속해 있었다. 그는 테오프로피데스라고 불리는 씨족 출신 클레이스테네스의 아들로서, 이 클레이스테네스란 사람은 좋은 집안에서 태어났지만 집 건축가였고 가난했다. 그런데 어떤 사람은 말하길 이 사람이 무대미술가이기도 했고 그래서 메네데모스는 그 두 가지 일을 다 배웠다고 한다. 그래서 그가 어떤 법령을 기초했을 때 알렉시네이오스라는 어떤 사람은, 무대를 장식하는 일이나 법령을 기초하는 일은 철학자에게 어울리지 않는다고 그를 공격하기도 했다. 메네데모스는 에레트리아 사람들에 의해 메가라에 수비대원으로 파견되었던 시절, 아카데미아로 플라톤을 찾아갔다. 그리고 플라톤에게 매료되어 군무를 포기하였다.

〔126〕 그러나 플리우스 출신인 아스클레피아데스가 그를 돌려세워 메가라로 끌고 가서 스틸폰의 문하에 들어가, 두 사람 다 그의 강의를 들었다. 그리고 거기서 그들은 엘리스로 배를 타고 가 파이돈학파인 앙키필로스와 모스코스를 만났다. 앞서 파이돈의 생애를 다룬 부분에서363) 말했듯이, 그들의 학파는 이 사람들까지는 엘리스학파로 불렸다. 그러나 그다음부터는 지금 이야기하는 사람의 고향 이름을 따서 에레트리아학파로 불리게 되었다.

실로 메네데모스는 매우 위엄 있는 사람이었던 것으로 보인다. 그래서 크라테스는 그를 이렇게 풍자해서 말했다.

---

363) 2권 105절.

플리우스의 아스클레피아데스와 에레트리아의 황소

그리고 티몬은 이렇게 말했다.

아둔한 게 우쭐하여 거드름 피며 허풍을 떠는 자

〔127〕 그는 이렇듯 위엄을 세우는 사람이어서, 카산드리아 사람 에우뤼로코스가 퀴지코스의 젊은이 클레이퓌데스와 함께 안티고노스 왕364)의 초대를 받았을 때, 메네데모스가 그것을 알게 될까 두려워 가기를 마다했을 정도이다. 그는 신랄하고도 입바른 소리를 잘하는 사람이었기 때문이다. 사실 한 젊은이가 그에게 버릇없이 굴자 그는 아무 말도 하지 않고 막대기를 들어 땅 위에다 그를 욕보이는 그림을 그렸다. 모든 사람들의 시선이 그것으로 모아지자 그 젊은이는 수치를 느껴 그 자리를 떠났다.

또 페이라이에우스365) 시를 지휘하던 히에로클레스366)가 암피아라오스367)의 신전에서 그와 함께 왔다 갔다 하면서 에레트리아 공략에 관해 많은 이야기를 했을 때, 그는 아무 대꾸도 하지 않고 안티고

---

364) 안티고노스 2세(Antigonos Ⅱ)는 기원전 283년에서 239년까지 재위했던 마케도니아의 왕이다. 데메트리오스의 아들이자 알렉산드로스 대왕의 수하 장수였던 안티고노스의 손자이다. 스토아학파 제논의 제자였으며 시인, 철학자, 역사가 등과 교분이 두터웠다고 한다.

365) 페이라이에우스(Peiraieus)는 아테네에서 남동쪽으로 12㎞ 정도 떨어진 항구도시다.

366) 히에로클레스(Hierokēs)는 마케도니아 출신의 장군이다.

367) 암피아라오스(Amphiaraos)는 전설상의 예언자이자 장군이다. 테베와의 전쟁에 참여했다가 죽은 후 제우스로부터 불멸의 삶을 받고 신탁을 내리는 존재가 되었다.

노스가 무엇을 목적으로 자신을 그렇게 취급했는지 물었다. 368)

〔128〕 또 바람이 잔뜩 들어간 음탕한 남자를 향해 "맛있는 즙을 갖고 있는 게 양배추만인 줄 아느냐? 무도 그렇다는 것을 넌 모르냐"369) 라고 그는 말했다.

또 그는 아주 시끄럽게 떠드는 젊은이를 향해 "네 뒤에 뭐가 있는지 살펴보라"고 말했다.

안티고노스가 그에게 마을 축제370) 에 가야 할지 어떨지 자문을 구했을 때, 그는 다른 말은 하지 않고 단지 "당신은 왕의 아들입니다"라는 전갈을 보내도록 명했다.

또 어떤 지각없는 자가 그에게 쓸데없는 말을 하자 그는 "너는 밭을 가지고 있는가?"라고 물었다. 그자가 갖고 있다고 말하고 그것도 또 아주 넓은 밭을 갖고 있다고 대답하자 그는 "그렇다면 가서 밭을 돌보아라. 밭들도 망치고 영리한 농부 한 사람도 망치는 일이 일어나지 않게 하려면"이라고 말했다. 371) 그리고 또 어떤 사람이 훌륭한372)

---

368) 안티고노스가 메네데모스를 구체적으로 어떻게 취급했는지는 나타나지 않았지만, 이곳에서 쓰인 동사 'perainei'가 앞 절에서 메네데모스의 '욕보이는' 행위와 관련해 쓰인 분사 'perainomenon'과 서로 연관 있을 것이라는 관점에서 무엇인가 욕보이는 일로 해석하는 사람들이 있다〔Apelt, *Leben und Meinungen berühmter Philosophen*, Felix Meiner Verlag, 1998(1921 초판), 138쪽, 주 49 참고〕.

369) 이것은 물론 성적인 것과 관련이 있을 것이다. 참고로 아테네에서는 음탕한 남자에 대해 작은 무를 항문에 넣는 치욕적 형벌이 가해졌다(아리스토파네스, 《구름》, 1,083행 참조).

370) kōmos. 마을 축제 또는 밤까지 흥청대며 즐기는 큰 규모의 잔치. 야회(夜會).

371) 'pampleista ktēmata'의 내용이 '많은 가축'일 수도 있다(R. D. Hicks, *Lives of Eminent Philosophers I*, Harvard UP, 1925, p. 261 참고). 만약 '많은 가축'이라고 할 경우 이렇게 해석할 수 있다. "그자가 갖고 있다고 말하고

사람이 결혼해야 하는지에 대해 답을 구하자 그는 그 사람에게 "내가 훌륭한 사람으로 보이나, 안 보이나?"라고 묻고, 그자가 훌륭한 사람으로 보인다고 말하자 그는 "그래서 나는 결혼했다"고 말했다.

〔129〕 또 좋은 것들이 많다고 언명한 사람을 향해 그는 그 수가 얼마인지 그리고 그것이 100보다도 많다고 생각하는지 물었다. 또 어떤 사람이 여러 번 그를 만찬에 초대했는데 그 과도한 사치를 그만두게 할 수 없자 한번은 초대된 자리에서 그는 아무 말도 하지 않고 단지 올리브만을 먹음으로써 암묵적으로 그 사람을 비난했다.

그런데 그는 거리낌 없이 해대는 이러한 말373) 때문에 퀴프로스의 니코크레온374)의 궁정에서 친구인 아스클레피아데스와 함께 하마터면 위험에 빠질 뻔했다. 왜냐하면 그 왕이 달마다 여는 연회를 베풀면서 다른 철학자들에게 그랬던 것처럼 그들도 초대했을 때, 메네데모스는 이러한 사람들의 모임이 훌륭한 것이라면 연회는 매일이라도 열어야 하지만 그렇지 않다면 지금 이 자리조차 이상한 일이라고 말했기 때문이다.

〔130〕 그러자 그 참주는 이에 대해 응답하기를 이날은 철학자들

또 아주 많은 가축을 갖고 있다고 대답하자 '그렇다면 가서 가축을 돌보아라. 가축도 망치고'…." 그러나 최근에는 그냥 '아주 넓은 밭'으로 번역한 역본이 많아 그에 따랐다.

372) 훌륭한(*spoudaios*). '좋은', '부지런한', '진지한', '여러 일에 능숙한' 등 여러 가지 다른 의미도 가진 말이다.

373) to parrēsiastikon. 대놓고 솔직하게 하는 말.

374) 니코크레온(Nikokreōn)은 북 퀴프로스 출신으로 살라미스의 마지막 왕이다. 프톨레마이오스에게 항복하기를 거부하고 자결했다고 전해진다. 현재 살라미스 네크로폴리스에 그의 기념비로 추정되는 유적이 남아 있다.

에게 귀 기울일 여유를 갖기 위해 그 자리를 마련했다고 하면서도 연회가 진행되는 동안에 계속 더 거친 어조로 어떤 경우에도 철학자들의 말에 귀를 기울여야 마땅하다는 점을 한참 내보였다.375) 만일 어떤 피리 연주자 한 사람이 그들을 잘 데리고 나가지 않았더라면 그들은 결국 죽고 말았을 것이다. 그래서 그 후 그들이 배를 타고 가다 폭풍을 만났을 때 아스클레피아데스가 이런 말을 했다고 사람들이 전한다. "피리 연주자의 재주는 우리를 구했으나, 거리낌 없이 해대는 메네데모스의 말은 우리를 파멸시켰다."

그런데 사람들이 말하길 그는 게으름뱅이376)였고 옷차림에도 무관심했다. 그래서 그의 교실에는 어떤 질서 같은 것을 찾아볼 수가 없었고 좌석도 둥글게 배치되어 있지 않았다. 학생들은 각자 내키는 대로 걸어 다니거나 또는 앉은 채 그의 강의를 들었다. 그리고 메네데모스 자신도 같은 방식으로 행동했다.

[131] 그러나 다른 한편 그는 신경이 예민하여 평판도 중시했다고377) 한다. 그래서 예전에378) 그와 아스클레피아데스가 목수를 도와 함께 집을 짓고 있었을 때 아스클레피아데스는 지붕 위에서 진흙

---

375) deiknys. 당황한 왕이 언짢은 심기를 감추려고 속마음과 반대로 떠들어대는 모습. '한참'은 의미상 덧붙인 말이다.
376) ekklitēs. 직접적인 의미는 게으름뱅이라는 뜻이나, 여기에서는 사람들이 일상적으로 신경 쓰는 일에 태만하고, 통례대로 하지 않으려는 메네데모스의 유별난 행태를 표현한 말로 쓰였다.
377) philodoxos. 즉, '평판이나 명예를 좋아하는 사람' 내지 '자존심에 민감한 사람'이란 뜻이다.
378) 'to proteron'(예전에)을 바로 뒤에 나오는 'tektoni'(목수)에 붙여 번역하는 사람도 있다. 그럴 경우 "예전에 목수였던 사람을 도와"가 된다.

을 건네면서 벗은 몸을 그냥 내보였어도 메네데모스는 누군가가 가까이 오는 것을 보면 몸을 숨기려 했다.

또 나랏일을 맡게 된 다음부터도 그는 신경이 예민한 나머지 향로에 향을 넣으려다 잘못하여 떨어뜨릴 정도였다.

또 한때 크라테스가 그의 곁에 와서 그가 정치에 관여하는 것을 비난했을 때 그는 어떤 사람들에게 크라테스를 감옥에 가두라고 명령했다. 그러나 그럼에도 불구하고 크라테스는 감옥에서 지나가는 그를 보고 발끝까지 세워 밖을 내다보며 "새끼 아가멤논,379) 나라의 지도자 나리!"380) 라고 불렀다.

〔132〕 그는 또 약간 미신을 두려워하고 있었다. 사실 언젠가 그는 아스클레피아데스와 함께 여인숙에 머물렀을 때 잘 모르고, 버려진 고기를 먹었는데 그런 사실을 알고 나서 그는 구토 증세를 보이고 얼굴이 창백해졌다. 그래서 아스클레피아데스는 "너를 어지럽히고 있는 것은 고기가 아니라 고기에 대한 생각"이라고 그를 질책하였다.

그러나 또 다른 측면에서 그는 통이 크고 자유인다운 사람이었다. 또 그의 신체상태와 관련해서도 그는 노령일 때조차 육상선수 못지않을 정도로 튼튼한 데다 얼굴 또한 늘 단단하고 탱탱하며 햇볕에 그을린 모습을 띠고 있었다. 몸매 또한 에레트리아의 오래된 경기장에 있는 그의 작은 조각상에서도 볼 수 있듯이 아주 균형이 잡혀 있었다. 왜냐하면 그의 조각상은, 물론 의도적이었겠지만, 거의

---

379) 트로이 전쟁에서 그리스 연합군 총사령관을 맡았던 아가멤논을 말하는 듯하고, 그가 보였던 욕심 사나운 모습을 빗대 조롱하는 것으로 보인다.

380) Hēgēsipolis. '나라의 지도자'란 의미이지만 직책명으로 보인다. 비아냥거리는 말투일 것이다.

나체로 몸의 대부분을 드러내 보이고 있기 때문이다.

〔133〕그는 또 모여서 노는 것을 좋아해서381) 에레트리아의 기후가 건강에 좋지 않다는 것을 핑계로 자주 동료를 불러 모아 연회를 열곤 했다. 그 가운데는 시인들과 음악가들도 있었다. 그는 아라토스382)와 비극작가인 뤼코프론383) 그리고 로도스 사람 안타고라스384)와 만나는 것을 좋아했다. 그런데 그는 누구보다도 특히 호메로스 공부에 빠져 있었다. 그리고 그다음으로 서정시인들에게 그리고 소포클레스에게 그리고 또 아카이오스385)에게 마음을 주었다. 이 아카이오스에게 그는 사튀로스극386)의 작가로서 두 번째 지위를 부여했는데 그 첫 번째 지위는 아이스퀼로스에게 주었다. 그래서 그는 자기의 정적(政敵)들을 향해 이러한 시구를 인용하기도 했다.

---

381) philypodoxos.

382) 아라토스(Aratos)는 기원전 315~240년(또는 기원전 310~245년)에 살았던 솔로이 출신 철학자이자 시인이다. 잠시 아테네에 머물면서 스토아학파 철학을 배웠고 마케도니아의 안티고노스 2세의 궁정에도 초빙되었다. 천문에 관한 시《파이노메나》로 유명하고 처음으로 성단(星團)을 발견한 사람으로 알려져 있다.

383) 뤼코프론(Lykophrōn)은 에우보이아의 칼키스 출신의 비극작가이다. 기원전 320년에 태어난 그는 젊었을 때 메네데모스의 제자였으나 뒤에 알렉산드리아에 가서 프톨레마이오스 2세의 명령으로 희극 작품들을 정리하였다.

384) 안타고라스(Antagoras)는 로도스 출신 극작가이자 시인으로 안티고노스 2세의 궁정에 초대된 문인 중 한 사람이다.

385) 아카이오스(Achaios)는 기원전 484년에 태어난 에레트리아 출신 비극작가로 기원전 5세기 후반에 아테네에서 활약했다. 수많은 작품을 썼다고 전해지나 제목이 알려진 것의 반수 이상이 사튀로스극이다.

386) satyrikēs. 3부로 이루어진 비극을 상연한 뒤 기분 전환을 위해 공연한 풍자적 희극이다.

머지않아 빠른 자는 약한 자에 의해서 추월당하고
독수리 또한 거북이에 의해서 순식간에 추월당하리라 387)

〔134〕이것은 아카이오스의 사튀로스극《옴팔레》에서 따온 것이
다. 따라서 그가 에우뤼피데스의《메데이아》— 어떤 사람들은 이
것을 시퀴온 사람 네오프론의 작품이라고도 하는데 — 이외에는 아
무것도 읽지 않았다고 말하는 사람들은 잘못된 것이다.

그는 교사들 중에서 플라톤 학원과 크세노크라테스 학원의 교사
들을 위시해 퀴레네학파 사람 파라이바테스도 경멸했지만 스틸폰은
존경했다. 그리고 어느 때인가 스틸폰에 대해 질문을 받자, 그 사람
은 자유인이라는 것 외에 아무 대답도 하지 않았다.

그런데 메네데모스는 또 속내를 이해하기 힘든 사람이었다. 그래
서 그와 협의할 경우 그를 감당해내기 힘들었다. 그는 요리조리 모
든 방향으로 논의를 틀어가며 도망갈 구멍을 잘도 찾아냈다. 388) 또
안티스테네스가《철학자들의 계보》389)에서 언급한 바에 따르면
그는 논쟁에 아주 능한 사람이었다. 특히 그는 이런 질문을 잘 던
지곤 했다.

"어떤 것이 다른 어떤 것과 다른가?"

"그렇다."

---

387) 문맥이 부족하여 정확한 해석은 어려우나, 빠른 자와 독수리는 자신을, 약한
　　자와 거북이는 정적들을 의미하는 듯하다.
388) estrepheto te pros panta kai euresilogei. 레슬링 선수가 요리조리 몸을
　　틀어가며 상대의 공격을 막아내듯, 토론할 때 상대의 공격을 요리조리 잘
　　피해가는 것을 뜻한다.
389) Diadoxa(FGrH 508 F 6).

"그러면 이롭게 하는 것은 좋은 것과 다른가?"

"그렇다."

"그러면 이롭게 하는 것은 좋은 것이 아니다."

〔135〕사람들이 말하기를 그는 또 부정명제들을 인정하지 않고 그것을 긍정명제들로 전환시켰고, 그리고 긍정명제들 중에서도 오직 단순명제만을 인정하고, 단순하지 않은 것은 인정하지 않았다고 한다. 여기서 단순하지 않은 것이란 내 생각에 가언명제나 연언명제를 말한다.390)

그런데 헤라클레이데스는 그가 학설에서는 플라톤주의자였지만 변증론은 조롱했다고 말한다. 그래서 언젠가 알렉시노스가 너는 아버지를 때리는 것을 그만두었는가라고 물었을 때 그는 "아니, 나는 때리지도 않고 그만두지도 않았다"고 대답했던 것이다. 그래서 알렉시노스가 다시 '네' 또는 '아니오'만으로 대답하여 애매한 점을 없애야 한다고 요구하자, 그는 "문턱에서 막을 수 있는데 너희들의 규칙에 따른다는 것은 터무니없는 일이지"라고 대답했다. 또 비온이 점쟁이들을 집요하게 헐뜯자, 그는 비온이 시체들을 도륙하고 있다391)고 말했다.

〔136〕또 언젠가 어떤 사람이 '가장 좋은 것이란 자기가 원하는 것을 전부 갖는 것'이라고 말하는 것을 듣고, 그는 "해야 할 바를 원하는 것이 훨씬 더 좋은 일이다"라고 말했다. 또 카뤼스토스392) 사람

---

390) 부정명제(apophatika), 긍정명제(kataphatika), 가언명제(synēmmena), 연언명제(sympeplegmena)에 대해서는 7권 68절 참고.

391) 아마도 속담으로, 시체를 도륙한다는 말은 쓸데없는 짓을 한다는 의미인 듯하다(Kindstrand, *Bion of Borysthenes*, p. 238 참고).

안티고노스는 말하기를, 그는 글을 쓴 적도 책을 지은 적도 없었고 그래서 또 어떤 학설을 고집하는 일도 없었다고 한다. 그러나 토론할 때 그는 아주 전투적이어서 치명타를 맞고서야 비로소 물러섰다고 안티고노스는 또 전한다. 그러나 그는 말할 때는 그러했을지라도 행동할 때는 아주 유연했다. 그래서 그는 알렉시노스를 아주 놀려대고 몹시도 비웃긴 했지만, 그럼에도 그에게 잘해 주었다. 왜냐하면 알렉시노스의 아내가 여행 도중 강도를 만나 털리지는 않을까 걱정했을 때, 그는 델포이에서 칼키스[393]까지 그녀에게 호위하는 사람을 보내 주었기 때문이다.

[137] 그리고 그는 아주 우애 깊은 사람이었다. 아스클레피아데스와 호흡을 같이한 것을 봐도 그 점은 분명하다. 그것은 퓔라데스의 우정[394]에 조금도 뒤떨어지지 않았다. 그러나 아스클레피아데스가 더 나이가 많았기 때문에 아스클레피아데스는 작가이고 메네데모스는 배우였다고들 말한다.

그런데 또 사람들이 전하는 바로는, 한때 아르케폴리스가 그들에게 3천 드라크마 상당의 증서를 써 주었을 때, 누가 덜 가져야 할지를 두고 서로 제 주장만 펴다 누구도 그 돈을 가질 수 없었다고도 한다.

또 전해지기로 그들은 아내를 얻었는데, 아스클레피아데스는 딸을, 메네데모스는 그 딸의 어머니를 아내로 삼았다고 한다. 그런데

---

392) 카뤼스토스(Karystos)는 에우보이아에 있는 도시다.
393) 칼키스(Khalkis)는 에우보이아섬에 있는 도시로, 델포이에서 130㎞ 정도 떨어져 있다. 아리스토텔레스 어머니의 고향으로 알려져 있다
394) 포키스의 왕자 퓔라데스와 그곳에 피신해 있던 아가멤논의 아들 오레스테스 사이의 우정을 말한다. 그리스 신화 〈엘렉트라〉 참고.

아스클레피아데스는 자기 아내가 죽은 후 메네데모스의 아내를 취했고, 한편 메네데모스는 나라의 지도자가 된 후, 부잣집 딸을 아내로 삼았는데 그럼에도 불구하고 그들은395) 한집에 살았기 때문에 메네데모스는 그녀에게 집안 살림을 맡겼다고 한다.

〔138〕 그러나 아스클레피아데스가 먼저 에레트리아에서 고령으로 죽었다. 그는 메네데모스와 함께 살았고 많은 재산을 갖고 있었음에도 아주 검소했다. 그런데 얼마 후 아스클레피아데스가 좋아하던 사람이 마을 축제에 왔을 때 젊은이들396) 이 그를 내쫓으려 하자 메네데모스는, 아스클레피아데스는 지하에 있으면서도 그를 위해 문을 열어 두었다고 말하면서 그를 들이도록 명령했다.

그들을 후원한 사람들로는 마케도니아 사람 히포니코스와 라미아397) 사람 아게토르가 있었다. 아게토르는 그 두 사람 각각에게 30므나를 주었고 히포니코스는 메네데모스에게 그의 딸들의 몫으로 2천 드라크마를 주었다. 헤라클레이데스가 전하는 바에 따르면 메네데모스는 오로피아 태생의 아내 사이에서 낳은 3명의 딸이 있었다.

〔139〕 그런데 그는 연회를 이런 식으로 열곤 했다. 즉, 그는 2~3명의 친구와 함께 미리 식사를 하고서 날이 저문 이후 늦게까지 기다렸다가, 누구를 시켜 이미 식사하고 왔을 손님들을 불러들인다.398) 이런 식인지라 누군가 좀 일찍 온 사람의 경우, 집 앞을 왔다

---

395) 여기서 같이 산 사람들은 아스클레피아데스와 메네데모스인 것으로 보인다.
396) neaniskōn. 아마도 그가 가르치는 젊은 학생 또는 집안의 노예일 것이다.
397) 라미아(Lamia) 는 그리스 중앙지대의 도시다.
398) 일부러 약속시간을 늦게 잡아 초대된 사람이 식사를 하고 올 수 밖에 없도록 하였다는 것이다.

갔다 하다가 집에서 나온 사람들에게 식탁에 무엇이 차려져 있는지 또 지금은 몇 시쯤인지 묻고, 그래서 식탁에 있는 것이 야채라든가 저린 생선이면 그들은 가 버리고, 고기라면 집 안으로 들어갔던 것이다. 여름철에는 긴 의자 위에 골풀로 만든 깔개가 깔려 있었고 겨울철에는 양가죽이 깔려 있었다. 그러나 베개는 자기 것을 가지고 가야 했다. 또 돌아가는 술잔은 1코튈레399) 들이 술잔보다도 크지 않았다. 후식은 미선콩이나 이집트콩400) 이었다. 그러나 때로는 제철 과일들도 나왔는데, 배라든가 석류라든가 완두콩이라든가 또 정말이지 말린 무화과401) 도 있었다.

〔140〕 이 모든 것들은 뤼코프론이 그를 위해 만든 사튀로스극 가운데서 말하는 것이다. 이 사튀로스극은 《메네데모스》라는 제목으로 이 철학자를 기리기 위해 쓰인 것이다. 아래 내용은 그것의 일부다.

간소한 식사가 끝난 후 작은 잔이
그들 사이를 재량껏 돌아간다. 그리고 후식은
사려 깊은 대화. 모두들 그것에 귀를 기울이고

그런데 처음에 그는 에레트리아 사람들로부터 개라든가 허풍쟁이로 경멸당했다. 그러나 나중에는 찬탄의 대상이 되어 사람들이 그에게 나랏일을 맡겼다. 그리고 그는 프톨레마이오스와 뤼시마코스에

---

399) 1파인트 정도의 양. 약 0.55~0.57리터.
400) 'thermos ē kyamos thermos'는 유럽 남부가 원산지인 쌍떡잎식물 콩과류로 루핀이라고도 한다. 'kyamos'는 이집트산 콩과류 식물의 열매로 피타고라스 주의자들에게는 금기시되었다고 한다.
401) 배(apios), 석류(rhoia), 완두콩(hōchroi), 말린 무화과(iachas).

게 사절로까지 파견되어 어디를 가든 존경받았다. 그뿐 아니라 그는 데메트리오스에게도 사절로 갔다. 그리고 그는 자기 나라가 매년 데메트리오스에게 바쳤던 공납금을 200탈란톤에서 50탈란톤을 감액시키는 역할을 해냈다. 또 자신이 프톨레마이오스에게 나라를 팔아 먹으려고 한다고 사람들이 데메트리오스에게 중상했을 때, 그는 다음과 같이 시작하는 편지를 써서 변명하였다.

〔141〕 메네데모스가 데메트리오스 대왕님께 삼가 문안 인사를 드립니다. 소생은 저에 관한 보고가 대왕님께 올라가 있다고 듣고 있습니다.

그런데 그의 정적들 가운데 아이스퀼로스라고 하는 어떤 자가 그를 중상한 것이라는 말이 있다. 그러나 에우판토스402)도 《역사》에서 회고하듯이 그는 오로포스403)와 관련된 사안을 위해 아주 막중한 임무를 띤 사절로서 데메트리오스에게 파견되었던 것으로 보인다. 또 안티고노스도 그를 좋아해서 자신을 그의 제자라고 공언하였다. 그리고 안티고노스가 뤼시마케이아404) 주변의 이방 민족을 무찔렀을 때, 메네데모스는 그를 위해 칙령을 발의했는데405) 그것은 간결하고도 입에 발린 내용이 없는 것이었다. 그 서두는 이와 같다.

---

402) Historiai, FGrH F. Jacoby, *Die Fragmente der griechschen Historiker* (Berlin 1923~1930, Leiden 1940~1958).
403) 오로포스(Ōropos)는 아티카의 동쪽에 있는 작은 마을이다.
404) 뤼시마케이아(Lysimacheia)는 트라케의 남쪽 끝에 있는 도시다.
405) 안티고노스를 칭송하는 칙령을 포고하기 위해 민회에 결의안을 제출한 것을 의미한다.

〔142〕 장군들과 정무행정관들406)이 말한다. 안티고노스 왕은 전투에서 이방 민족을 무찌른 뒤 고국으로 돌아오고 있다. 그리고 나머지 모든 사안도 그의 뜻대로 실행되고 있다. 이에 평의회와 시민들은 의견을 모았다.

사실 그는 이런 점들뿐만 아니라 다른 점에서도 안티고노스 왕과 친밀했기 때문에 그 자신이 안티고노스 왕에게 나라를 갖다 바치려고 한다는 의심을 받아, 아리스토데모스의 중상으로 에레트리아에서 쫓겨났다. 그래서 그는 잠시 오로포스의 암피아라오스 신전에서 지냈다. 그러나 신전 안에 있었던 황금으로 만든 잔들이 분실되는 바람에, 헤르미포스가 전하는 바에 따르면,407) 그는 보이오티아 사람들의 공동 결의에 의해 그곳에서 떠날 것을 명받았다고 한다. 그리하여 그는 실의에 빠져 있다가 그 후 몰래 조국에 들어와 부인과 딸을 데리고 안티고노스 왕에게 가 거기서 상심 속에 생애를 마쳤다.

〔143〕 그러나 헤라클레이데스는 그것과는 정반대의 것을 전한다. 메네데모스는 에레트리아의 정무행정관이 되어 데메트리오스에게 도움을 요청하여 여러 번 조국을 참주들로부터 해방시켰다는 것이다. 그러므로 그가 조국을 안티고노스에게 넘기려 했다는 것은 있을 수도 없으며 다만 그가 거짓된 중상을 당했다는 것이다. 또 그가 안티고노스에게 종종 드나들면서 조국을 해방시키려고 도움을 구했으나 안티고노스가 그것에 응하려 하지 않았기 때문에 그는 실의에 빠

---

406) 정무행정관(*probouloi*) 은 평의회(Boulē) 에서 선발된 고위직 관리들로 최고 행정관인 아르콘(Archōn) 을 보좌하여 평의회에서 결정한 사항을 집행했다.

407) FHG(*Fragmenta Historicorum Graecorum*, C. & T. Mueller, eds. , Paris, 1841~1870).

져 7일 동안 음식을 끊고 생애를 마쳤다는 것이다. 그리고 이것과 비슷한 이야기는 카뤼스토스 사람 안티고노스도 전한다.

다만 페르사이오스408) 에 대해서만은 그는 날 선 목소리로 싸움을 걸었다. 왜냐하면 그는, 안티고노스가 메네데모스를 위해서 에레트리아 사람들에게 민주정을 회복시켜 주려고 했을 때, 페르사이오스가 그것을 방해했다고 생각했기 때문이다.

〔144〕 그 때문에 또 메네데모스는 한때 술자리에서 페르사이오스를 논쟁에서 물리친 다음에 여러 가지를 말했을 뿐만 아니라 특히 "이 사람은 철학자이기는 하지만 인간으로서는 지금 살아 있는 사람과 이제부터 태어날 사람들 가운데서 가장 저질이다"라고 말했다.

헤라클레이데스에 의하면 그는 74세의 나이로 죽었다. 그리고 나는 그에게 이와 같은 시를 써 주었다.

메네데모스여, 나는 그대의 운명을 들었노라.
당신 뜻대로 7일간 아무것도 먹지 않고 스스로 목숨을 끊었다는 것을.
행동은 에레트리아 사람다웠지만 그럼에도 사람다운 일은 아니거늘.
절망이 그대를 이끌어 죽음으로 내몬 것이니.

자, 이상에서 다룬 사람들은 소크라테스의 제자들이거나 그 후계자들이다. 그러나 이제 아카데미아의 창시자인 플라톤과 그의 후계자들에 대한 이야기로 넘어가야 한다. 그들의 이름이 드높이 불리는 한.

---

408) 페르사이오스는 데메트리오스의 아들인 동시에 스토아학파 철학자였다(2권 61절 참고).

플라톤

1. 플라톤

〔1〕 플라톤은 아리스톤과 페릭티오네 또는 아리스톤과 포토네[1] 의
아들이며 아테네 사람이다. 어머니의 가계는 솔론까지 거슬러 간
다. 솔론의 형제가 드로피데스이고, 드로피데스는 크리티아스의 아
버지다. 크리티아스는 칼라이스크로스의 아버지이고, 칼라이스크
로스는 30인 참주[2] 의 한 사람인 크리티아스의 아버지이자 글라우
콘의 아버지이다. 글라우콘은 카르미데스[3] 와 페릭티오네의 아버지
이고, 바로 그녀와 아리스톤의 아들이 플라톤이니, 플라톤은 솔론
의 6대손인 것이다. 한편 솔론의 가계는 넬레우스[4] 와 포세이돈까

---

1) 3권 4절에서 디오게네스 라에르티오스는 포토네가 플라톤의 어머니가 아니
   라 누이라고 한다. 이곳과 그곳의 출처가 다른 것을 디오게네스 라에르티오
   스가 조정하지 않았기 때문으로 보인다.
2) 2권 21절의 주석을 참조하라.
3) 30인 참주정에 참여했던 인물(2권 29절 참고).

지 거슬러 올라간다. 플라톤의 아버지 역시 멜란토스5)의 아들인 코드로스까지 거슬러 올라간다고들 하는데, 트라쉴로스에 따르면 이들은 포세이돈의 후손이라고 한다.

〔2〕 스페우시포스는 《플라톤의 장례연회》라고 제목을 붙인 책에서, 클레아르코스는 《플라톤 송가》라는 책에서, 아낙실라이데스는 《철학자들에 관하여》 2권에서 아테네에 돌아다니는 이야기를 전한다. 그 이야기에 따르면 아리스톤은 결혼 적령기의 페릭티오네를 억지로 취하려 했으나 뜻을 이루지 못했다고 한다. 억지로 하려고 하지 않자, 그는 아폴론의 모습을 보았다고 한다. 그 이후 그녀의 출산 때까지 그는 그녀와 결혼하지 않고 그녀를 순결하게 지켰다고 한다. 6)

그리고 아폴로도로스가 《연대기》에서 말하는 바에 따르면 플라톤은 88회 올륌피아기 타르겔리온 달7)의 일곱째 날에 태어났다고

---

4) 넬레우스(Nēleus)는 신화적 인물. 티로와 포세이돈의 아들로서 메세나에 필로스시를 세운 인물로 알려져 있다. 호메로스의 《일리아스》에 지혜로운 인물로 등장하는 네스토르가 그의 아들이다.

5) 멜란토스(Melanthos)는 넬레우스의 후손으로 메세네에서 쫓겨나 아테네 왕이 됐다는 이야기와 엘레우시스에 정착했다는 이야기가 같이 전해지는 인물이다.

6) 번역은 직역했으나 '결혼'(gamos)의 의미에 대한 타란(Tarrant, 1981)의 해석은 들을 만하다. 그에 따르면 여기서 '결혼'은 '성관계'를 의미한다. 따라서 '결혼 적령기'는 '성관계를 맺기에 맞춤한 시기'를 뜻한다. 또한 아리스톤이 페릭티오네를 강제로 취하려고 한 시기는 법적 결혼 이전이라기보다는 첫날밤을 치른 시점으로 보아야 한다는 것이다. 결론적으로 스페우시포스는 플라톤이 아폴론의 아들로서 처녀 수태로 태어났다는 당시 아테네의 소문을 전하고 있다는 것이 타란의 생각이다(Tarrant, 1981: 228). 그러나 이 소문은 플라톤 자신이 《소크라테스의 변론》에서 아데이만토스가 자신의 형이라고 증언한 사실과 배치된다.

플라톤

한다. 델로스 사람들은 이날이 아폴론이 태어난 날이라고 말한다.
한편 그는 — 헤르미포스에 따르면 결혼식 피로연 중에8) — 108회 올
림피아기 첫해에 [3] 81세로 생을 마쳤다. 하지만 네안테스는 그가
84세에 죽었다고 말한다. 9) 따라서 그는 이소크라테스보다 여섯 살
어리다. 왜냐하면 이소크라테스는 뤼시마코스10) 임기 중에 태어났
으나 플라톤은 아메이니아스11)의 임기 중에 태어났기 때문이다. 그
해에 페리클레스가 죽었다. 플라톤은 콜뤼토스 구민이었다고 안틸

7) 현대의 5월에 해당한다. 타르겔리온의 의미에 대해서는 2권 44절 주석 참고.
8) 헤르미포스, 《단편》, 70(FGH 1026).
9) 네안테스, 《단편》, 20(FGH 84).
10) 뤼시마코스(Lysimachos)는 기원전 436~435년에 최고행정관으로 재임한
    아테네의 정치가이다.
11) 아메이니아스(Ameinias)는 기원전 428~427년에 최고행정관으로 재임한
    아테네의 정치가이다.

레온이 《연대기》 2권에서 말한다. 그리고 어떤 사람들에 따르면 그는 아이기나에서 태어났고, 파보리누스가 《잡다한 것들의 역사》에서 말하는 바에 따르면 그는 탈레스의 아들 페이디아데스의 집에서 태어났다. 그때는 그의 아버지가 다른 사람들과 함께 이주민으로서 그곳에 보내졌다가 아이기나 사람들을 돕는 라케다이몬 사람들에 의해 쫓겨나 아테네로 돌아오던 시기였다. 그리고 플라톤은 아테노도로스[12]가 《산책》 8권에서 말하듯이 〔4〕 디온이 내는 돈을 가지고 아테네에서 가무단의 재정 지원자 역할을 맡기도 하였다. 한편 그에게는 아데이만토스와 글라우콘이라는 형제와 포토네라는 누이가 있었다. 그녀에게서 태어난 아이가 스페우시포스였다.

그리고 플라톤은 자신이 《연적들》에서 언급하기도 한 디오뉘시오스에게서 글을 배웠다. [13] 한편 그는 아르고스 출신 레슬링 선수인 아리스톤에게서 체육 교육을 받았다. 체격이 좋다고 해서 그에게서 플라톤이라는 이름도 새로 얻었으며, [14] 그전에는 할아버지의 이름을 따서 아리스토클레스라고 불렸다고 알렉산드로스는 《철학자들의 계보》에서 말한다. 어떤 사람들은 그의 폭넓은 표현력 때문에 그렇게 이름이 붙었다고 한다. 또는 이마가 넓어서라고 하는데, 이는 네안테스가 하는 말이다. [15] 한편 디카이아르코스도 《생애에 관하여》에서 말하듯이, 〔5〕 그가 이스트모스 제전에서 레슬링 경기에 참여하기도 했고, 그림에 관심을 두기도 했으며, 처음에는 디튀람

---

12) 달리 알려진 바가 없다.
13) 《연적들》, 132a. 이 책은 일반적으로 위서(僞書)로 분류된다.
14) 플라톤(Platōn)과 유사한 발음인 플라튀스(platys)는 '어깨가 넓다'란 뜻이다.
15) 네안테스, 《단편》, 21a(FGH 84).

보스,16) 그다음에는 서정시와 비극시를 쓰기도 했다고 말하는 사람들이 있다. 또한 아테네 사람인 티모테오스17)가 《생애에 관하여》에서 말하듯이, 플라톤은 목소리가 가늘었다고 한다. 한편 소크라테스는 꿈에서 자신이 백조 새끼를 무릎에 앉혀 두고 있는 것을 보았는데, 그 백조 새끼가 곧 깃털이 나더니 고운 소리로 높이 울고 나서 날아가 버렸다고 한다. 그다음 날 플라톤이 자신의 모임에 들어온 것을 보고 그는 이 사람이 그 새라고 말했다고 전해진다.

그는 알렉산드로스가 《철학자들의 계보》에서 말하듯이 처음에는 아카데메이아18)에서, 그 후에는 콜로노스구19)의 정원에서 철학을 했었다. 그는 헤라클레이토스학파의 일원이었다. 하지만 그 이후 비극 작품을 갖고 경연에 나서려던 차에 디오뉘소스 극장20) 앞에서 소크라테스가 하는 말을 듣고 써 두었던 시를 불태우며 플라톤은 말했다.

헤파이스토스여, 이리 오소서. 플라톤이 지금 당신을 열망할 일이 있습니다.21)

---

16) 디튀람보스(*dithyrambos*)는 디오뉘소스 신을 찬양하는 내용의 합창시가의 형식이다. 아울로스나 키타라의 반주가 곁들여지곤 했다.

17) 달리 알려진 바가 없다.

18) 이 아카데메이아는 나중에 플라톤이 세운 철학학교가 아니라, 그 철학학교가 세워진 장소를 말한다. 이곳은 체육관이 있던 곳이었다.

19) 콜로노스(Kolōnos)는 아크로폴리스에서 멀지 않은 작은 구(區)이다.

20) 디오뉘소스 극장은 4년마다 벌어지는 대(大) 디오뉘소스 축제에서 희비극이 경연되던 극장이다. 아크로폴리스 남쪽 경사면에 있다.

21) 《일리아스》, 18권 392행을 본뜬 표현이다.

〔6〕 당시 20세이었던 플라톤은 이때부터 소크라테스를 추종하였다고 한다. 소크라테스가 세상을 떠나자 플라톤은 헤라클레이토스학파의 일원인 크라튈로스22)의 철학에 전념했고 파르메니데스의 철학을 연구하는 헤르모게네스23)의 철학에 전념했다. 헤르모도로스에 따르면, 24) 그 후 그는 28세가 되어 다른 소크라테스학파 사람들과 함께 메가라에 있는 에우클레이데스에게 가서 은거했다. 그다음에 그는 퀴레네에 있는 수학자 테오도로스에게 갔다. 거기서 다시 이탈리아에 있는 피타고라스학파 사람인 필롤라오스와 에우뤼토스25)에게 갔다. 그는 또 그곳을 떠나 이집트의 사제들에게 갔다. 사람들은 거기에 에우뤼피데스도 따라가, 거기에서 병에 걸렸으나 사제들이 바닷물을 이용한 치료법으로 그를 낫게 했다고 말한다. 그런 이유로 그는 어디선가

바다는 인간의 모든 나쁜 것들을 씻어낸다. 26)

---

22) 크라튈로스(Kratylos)는 아테네 출신의 철학자로 5세기 중엽에 활동하였다. 아리스토텔레스는 《형이상학》, 1권 6장 987a32~b1에서 플라톤이 이 사람의 영향을 받았다고 전한다. 플라톤의 대화편 《크라튈로스》에 등장하는 크라튈로스와 이 크라튈로스가 동일인물인지에 대해서는 논란이 있다.

23) 헤르모게네스(Hermogenēs)는 기원전 5세기에서 기원전 4세기 사이에 활동한 아테네 출신의 철학자이다. 이 사람 역시 플라톤의 《크라튈로스》에 크라튈로스의 의견에 반대하는 인물로서 등장한다.

24) 헤르모도로스, 《단편》, 1b(FGH 1008).

25) 기원전 4세기에 활동한 피타고라스학파 철학자. 크로톤 또는 타라스 출신이며, 아리스토텔레스의 《형이상학》, 1092b에는 그가 공간적 크기의 한계가 점이라고 말한 것으로 소개되어 있다.

26) 에우뤼피데스, 《타우리케의 이피게네이아》, 1193행.

고 말했다고 한다.

〔7〕 아닌 게 아니라 호메로스도 이집트 사람들은 모든 사람을 위한 의사라고 말했다[27]고 한다. 플라톤은 마고스[28]들도 만나 보기로 결정했었다. 그러나 아시아의 전쟁으로 말미암아 포기하고 아테네로 돌아와 아카데메이아에서 지냈다. 그곳은 교외의 숲속에 있는 체육관으로, 헤카데모스[29]라는 한 영웅의 이름을 딴 곳이다. 에우폴리스[30] 역시 《병역기피자들》에서

  신적인 헤카데모스의 그늘진 경주로에서.

라고 말한다. 그뿐 아니라 티몬은 플라톤에 대해 말하면서 이야기하기를,

  모든 사람을 인도하는 플라티스타코스[31] 물고기인 그이지만, 연설가로서는
  부드러운 목소리를 가졌고, 매미처럼 글을 쓰니, 그 매미들은 헤카데모스의
  나무에 앉아 백합처럼 고운 목소리를 낸다.[32]

---

27) 《오뒤세이아》, 4권 228~232행 참조.

28) 1권 1절 주석 참고.

29) 헤카데모스(hekadēmos)는 아카데모스(Akadēmos)라고도 하는데 테세우스가 아테네 왕으로 있던 시대에 아테네를 구했다고 하는 전설상의 영웅이다.

30) 에우폴리스(Eupolis)는 기원전 446~411년경 살았던 아테네의 희극작가로 펠로폰네소스 전쟁 기간 중에 전성기를 보냈다.

31) 플라톤의 이름으로 언어유희를 한 것이다. 플라티스타코스(platistakos)라는 큰 물고기도 있고, 다른 사본에는 'platystatos'(아주 어깨가 넓은)라고도 되어 있는데, 이는 플라톤이란 이름이 체격이 좋아서(platys) 붙은 이름이라는 점에 착안한 것이다.

32) 《일리아스》, 3권 152행을 모방한 시.

〔8〕이전에는 그 장소가 엡실론(ε)이 붙어서 헤카데미아라 불렸다. 그 철학자는 이소크라테스와도 친구였다. 프락시파네스33)는 플라톤에게서 이소크라테스가 손님 대접을 받으며 교외에서 시인들에 관해서 하는 그들의 한담을 창작해내기도 하였다. 34) 또한 그에 대해 아리스톡세노스는 플라톤이 세 차례 전쟁에 참여했다고, 한 번은 타나그라35) 전투에, 두 번째는 코린토스 전투에, 세 번째는 델리온 전투36)에 참여했다고 한다. 37) 거기서 그는 수훈상을 타기도 했다고 한다. 38) 그는 헤라클레이토스의 주장과 피타고라스의 주장과 소크라테스의 주장을 섞기도 했다. 감각적인 것들에 대해서는 헤라클레이

---

33) 프락시파네스(Praxiphanēs)는 기원전 4세기 말에서 3세기 초의 소요학파 철학자다. 테오프라스토스의 제자로 로도스에서 가르쳤다.

34) 프락시파네스, 《단편》, 11.

35) 타나그라(Tanagra)는 아테네 북쪽에 있는 보이오티아의 마을이다.

36) 기록된 역사로는 타나그라에서 벌어진 전투는 각각 기원전 457년과 426년에 있었다. 또한 코린토스에서 벌어진 전투는 기원전 394년에, 델리온에서 벌어진 전투는 기원전 424년에 있었다. 플라톤의 출생년도는 기원전 428/427년이다. 따라서 앞뒤의 두 전투에는 나이가 어려 참여할 수 없었을 것이고, 코린토스 전투가 벌어졌을 때에는 플라톤이 아테네에 없었을 시기이다. 델리온 전투는 소크라테스가 참여했다고 플라톤이 밝혔고(《소크라테스의 변론》, 28e), 코린토스 전투에는 플라톤의 대화편 《테아이테토스》의 등장인물 테아이테토스가 이 부근에서 부상당했다는 일화(《테아이테토스》, 142a~142b)가 있다. 아마 이런 것들에 대한 오해가 이런 보고를 아리스톡세노스가 하게 된 이유로 보인다(Riginos, *Platonica: The Anecdotes Concerning the Life and Writings of Plato*, Columbia Studies in the Classical Tradition, 3. Leiden: Brill. 1976).

37) 아리스톡세노스, 《단편》, 61.

38) 플라톤이 아니라 소크라테스가, 델리온이 아니라 포티다이아 전투에 참가해 공을 세웠다는 이야기가 플라톤의 저작을 통해 전해진다(《소크라테스 변론》, 28e; 《향연》, 219e, 220d~221a; 《카르미데스》, 153b).

토스를 따라, 지성적인 것들에 대해서는 피타고라스를 따라, 정치적인 것39)에 대해서는 소크라테스를 따라서 철학을 했기 때문이다.40)

〔9〕사뒤로스를 포함한 어떤 사람들은 그가 디온에게 편지를 써서 피타고라스학파의 책 3권을 필롤라오스한테서 100므나에 사 달라 했다고 한다.41) 오네토르도 《현자는 돈을 버는지》라고 이름 붙인 책에서 말하듯이, 사실 플라톤은 디오뉘시오스에게서 80탈란톤을 받아 부유했기 때문이다. 또한 그는 알키모스42)가 《아뮌타스에 반대하여》라는 4권으로 된 책에서 말하듯이, 희극작가인 에피카르모스43)로부터 대부분의 것을 베껴 씀으로써 많은 도움을 받았다. 여기 이 책 1권에서도 그는 다음과 같이 말한다.

"플라톤 역시 에피카르모스의 많은 글에 대해 이야기하는 것이 분명하다.44) 살펴보자. 플라톤은 감각적인 것은 결코 특정한 질이나

---

39) '정치적인 것'이라고 번역한 'politikos'는 어원적으로는 '폴리스와 관련되는 것'이란 뜻이다. 따라서 이 영역은 가정의 영역이 아닌 공적 영역과 관련되는 것을 가리킨다. 따라서 정치뿐만 아니라 윤리와 교육도 여기에 포함된다.

40) 플라톤의 철학에 미친 이전 철학자들의 영향에 대해서는 아리스토텔레스도 자신의 《형이상학》, 987a29 이하, 1078b9 이하에서 자세히 설명한다.

41) 사뒤로스, 《단편》, 10.

42) 이 사람은 기원전 3세기에 활동하였던 시켈리아 출신의 수사학자 알키모스 (Alkimos)인 것으로 보인다. 《아뮌타스에 반대하여》라고 번역한 그의 책은 '반대하여'라고 해석한 'pros'가 애매하여 《아뮌타스에게 헌정하여》라고도 번역할 수 있다. '아뮌타스' 역시 플라톤의 제자이며 수학자인 헤라클레아 출신의 아뮈클로스(3권 46절)인지, 아니면 마케도이나의 왕 페르딕카스 3세의 아들인 아뮌타스 4세인지도 논란이 된다(M. Burnyeat & M. Frede, *The Psuedo-Platonic Seventh Letter*, 2015, p. 164, n. 67 참고).

43) 9권 78절 참고.

44) 알키모스 주장의 진위와 별도로 플라톤은 《고르기아스》, 505e에서 에피카르모스를 언급했고, 《테아이테토스》, 152e에서는 그를 희극의 최고봉이라 불렀다.

양을 끝까지 유지하는 것이 아니라 언제나 흐르고 변하는 것이라고 말하는데, 〔10〕 이는 누군가가 이것들로부터 수를 제거하면45) 이것들은 균등하지도 않고 어떤 것들이지도46) 않고, 질이지도 않고 양이지도 않다고 생각하기 때문이다. 이것들은 언제나 생성 중인 것이지 어떤 경우에도 실재는 아니다. 반면에 지성적인 것은 어떤 것도 제거되거나 부가되지 않는 것이다. 이것이 영원한 것들의 본성이다. 본성은 언제나 자기 자신과 닮아 있고 언제나 동일한 것이다. 자, 에피카르모스도 감각적인 것들과 지성적인 것들에 대해 분명하게 말했다.

참으로 신들은 언제나 있으며 어떤 때라도 미진하신 적이 없고,

이것들47) 또한 언제나 동일한 것들을 통하여 언제나 닮은 것으로 있나니.

A: 하지만 카오스48) 신은 신들 중에서 첫 번째로 태어났다고 하지요. 49)

B: 어찌 그럴 수 있겠소? 첫 번째 것이 오갈 데가 없는데.

A: 그럼 첫 번째 것이 어디서도 오지 않았단 말인가요?

A: 제우스께 맹세코 두 번째 것 역시 그렇고, 〔11〕 지금 우리가 이런 식으로

---

45) 아리스토텔레스, 《형이상학》, 1017b17~21 참고. '수'는 아니지만 플라톤은 《소피스트》, 237d1~237e8에서 '존재'가 아니면 '어떤 것'이나 '어떤 것들'이라고 말할 수 없다고 한다.

46) '어떤 것들'이라고 번역한 'tines'는 부정관사의 복수형태인데, 희랍어에서 부정사는 단수나 복수의 특정한 형태를 취해야 하기 때문에, 수가 제거되면 '어떤 것'이라고 말하기조차 어렵다는 뜻이다.

47) 문맥이 부족해 확정할 수는 없으나 뒷부분의 '닮은'에 착안하면 '신적인 것들'이라고 생각할 수 있다.

48) 카오스(Chaos)는 혼돈의 신이다.

49) 헤시오도스, 《신들의 탄생》, 116행 참고.

이야기하는 것들의 경우는 다 그렇지요. 그것들은 언제나 있죠. 50)

A: 누군가가 홀수에다, 또는 당신이 원한다면 짝수에다 조약돌을 보태거나 이미 있는 것들 중 하나를 갖길 원한다면, 정말 당신은 여전히 그것이 동일하다고 여기시나요?

B: 아니, 그렇게 여기지 않지요.

A: 완척 단위의 척도에다가 누가 다른 길이를 더하거나 이미 있던 것에서 잘라내기를 원한다면, 그것은 여전히 그 척도일까요?

B: 물론 아닙니다.

A: 그럼 같은 방식으로 사람들을 보시죠. 어떤 사람은 자라고, 어떤 사람은 소멸하니, 모두가 어느 때에나 변환 중에 있지요. 본성에 따라 변환하고 결코 동일한 상태에 머무는 법이 없는 것은 변환하기 이전 것과는 이미 다르겠지요. 당신과 나 역시 어제는 다른 사람이었고 지금도 다른 사람이며 이후로 또 다른 사람이 되어, 이 논리에 따르면 결코 동일한 법이 없지요."51)

[12] 더 나아가 알키모스는 다음과 같은 말도 한다. "현인들은 영혼이 어떤 것들에 대해서는 육체를 통해서 지각하지만, 예컨대 듣고 봄으로써 지각하지만, 어떤 것들에 대해서는 육체를 전혀 이용하지 않고 영혼 그 자체로 살핀다고 말한다. 52) 그런 이유로 있는 것들 중

---

50) 여기까지 인용된 내용하고 바로 뒤에 이어지는 내용은 각기 다른 곳에서 인용되었다는 것이 딜스의 생각이다. 그래서 딜스는 원문에 '그리고(kai)'를 삽입했고(번역문에는 번역하지 않고 의미로만 새겼다), 이를 마르코비치와 브리송(L. Brisson)이 받아들였다. 이에 따른다.

51) 이 2개의 대화가 에피카르모스의 어떤 작품에 실린 것인지는 알 수 없고, 따라서 그의 단편으로만 분류된다.

52) 《파이돈》, 79c 이하 및 《소피스트》, 246b 참고.

에 어떤 것들은 감각에 의해서 파악되는 것이고, 어떤 것들은 지성에 의해서 파악되는 것이다. 이것들53)에 대해서는 플라톤도 "모든 것의 원리들을 파악하고자 하는 사람들은54) '형상들을 일차적으로 그 자체로 분류해서, 예컨대 유사성, 단일성, 복수성, 크기, 정지, 운동으로 분류해야 하고, 55) 이차적으로는 아름다움, 〔13〕 좋음, 정의로움 등을 그 자체로 가정해야 하며, 56) 세 번째로 형상들 중에서 서로 관련되는 형상들이 얼마나 되는지, 예컨대 앎이나 크기나 주인임을 파악해야 한다. 57) 우리에게 있는 것들은 저것들에 관여함으로써 저것들과 같은 이름을 갖는다는 사실을 명심해야 한다. 내가 뜻하는 것은 예컨대 정의로움에 관여하는 것들은 정의롭다고 불리고, 아름다움에 관여하는 것들은 아름답다 불린다는 것이다"라고 말한다. 그런데 형상들 하나하나는 영원하고 관념일58) 뿐만 아니라,

---

53) 지성에 의해 파악되는 것들.

54) 《테아이테토스》, 181d; 《소피스트》, 250a, 251d; 《파르메니데스》, 129e, 130b 이하, 133d 이하; 《파이드로스》, 265d; 《법률》 12권 965b 이하 참고.

55) 플라톤, 《파르메니데스》, 129d6~e1 참고.

56) 《파르메니데스》, 130b7~9 참고. 다만 《파르메니데스》의 이 부분에서 형상들은 일차적인 것에 이어서 이차적으로 분류되는 것이 아니라 별도의 이유 때문에 예로 나온 것임을 고려해야 한다.

57) 《파르메니데스》, 133c8~134a1 참고. 관계 개념이라 할 수 있는 이것들도 역시 《파르메니데스》의 맥락에서는 관계형상들은 형상들끼리 관계를 맺고, 개별적 관계들은 개별자들끼리 관계를 맺는다는 것을 밝히는 과정에서 나오는 것임을 알아 둘 필요가 있다. 다시 말해 《파르메니데스》에서는 형상들을 체계적으로 제시하고자 하는 것이 본래 목적이 아니었으나 이를 알키노스가 재해석한 것이다.

58) 이런 생각은 《파르메니데스》, 132b에서 극중 소크라테스에 의해 제기되었으나 곧바로 파르메니데스에게 비판받았다.

영향받지 않는다. 59) 바로 이것이 플라톤 역시 형상들은 그 본성상
본과 같고, 다른 것들은 이것들과 닮았으며 이것들의 닮은꼴이라고
말하는 이유다. 그래서 에피카르모스는 좋음뿐만 아니라 형상들에
대해서 다음과 같이 말한다.

〔14〕 A: 그럼 아울로스 연주는 일종의 사물인가요?

B: 물론이지요.

A: 그러면 사람은 아울로스 연주인가요?

B: 전혀 아니지요.

A: 자 그럼 아울로스 연주자는 무엇일까요? 당신은 그가 누구라 여기시
　　나요? 사람 아닌가요?

B: 물론입니다.

A: 그러면 좋음의 경우도 같은 식이라 당신은 여기지 않나요? 좋음은 그
　　자체로 사물이고, 그것을 배워 아는 사람은 비로소 좋게 됩니다. 아
　　울로스 연주자가 아울로스 연주를 배우거나 무용수가 무용을 배우거
　　나 베 짜는 사람이 베 짜는 법을 배우거나 또는 일괄적으로 말해서 그
　　런 것들 중에서 당신이 원하는 그 어떤 것을 배워서 그 자신은 기술이
　　아니라 기술적이 되는 것이죠. 60)

---

59) 이에 대해 번역자들마다 다르게 옮긴다. '변화를 겪지 않는다'로 하기도 하고,
　　'영향을 받지 않는다'고 하기도 한다. 형상에 대한 일반적 이해를 놓고 보면
　　'변화를 겪지 않는다'도 맞는 해석일 수 있지만, 형상이 변하지 않는다는 데
　　대한 일반적 표현이 아니라는 점을 감안하고, 형상이 관념이라는 앞의 내용
　　이 《파르메니데스》, 132b에 나오고 바로 뒤인 132d에 '형상은 다른 것을 닮
　　지 않는다'라는 말이 나온 점을 볼 때, '외부의 다른 것에 의해 어떤 성질을
　　갖게 되지 않는다'는 뜻으로 해석하는 것이 적합할 듯하다.

60) 23DKB3.

〔15〕플라톤은 형상을 평가하는 곳에서[61] 기억이라는 것이 있기 때문에 있는 것들에 형상들이 있다고 말한다. 기억은 잠잠하고 머물러 있는 것에 대한 것이고,[62] 형상 말고 머물러 있는 것은 없기 때문이라는 것이다. 그는 말하기를, "사실 형상에 접촉하여, 그것을 향한 지성을 자연적으로 취하지 않고서 어떻게 동물이 생존할 수 있겠는가? 현실적으로 동물은 어떤 종류의 것이 자신들에게 맞는지, 즉 닮음과 먹이[63]를 기억한다. 이는 모든 동물에게 닮음에 대한 식견이 생래적으로 있다는 근거를 보여 주는 것이다. 그렇기 때문에 모든 동물들이 자기 동족들도 지각하는 것이다." 그럼 에피카르모스는 어떤가?

〔16〕에우마이오스여, 지혜는 하나에만 있는 것이 아니고,
살아 있고 의향을 가진 모든 것에 있다.
사실 암탉 역시
(세밀하게 잘 알고 싶은 마음만 있으면 알 수 있다), 새끼들을 산 채로
낳지 않지만 알을 품어 생명을 갖게 만든다.

---

61) 이곳이 플라톤의 어떤 책을 가리키는 것은 아닌 듯하다. 이에 따라 학자들은 이것이 플라톤의 사후 아카데미아학파에서 나온 것이라고 추정한다. 내용 역시 플라톤의 대화편에서는 찾을 수 없다.

62) 플라톤, 《크라튈로스》, 437b3 참고. 다만 이곳에서는 중요한 모든 말들의 어원이 '정지'와 관련되며, '기억' 역시 그렇다는 내용이 언급될 뿐이다.

63) 이 구절은 애매하다. '닮음'(homoitēs)의 처리가 까다로운 탓이다. 본문의 번역은 도란디의 편집본에 따라 애매한 대로 번역했으나 마르코비치는 사본에 없는 '종족'(genos)을 넣어 어려움을 해소하고자 했다. 그의 방안까지 고려해서 이 구절에 대한 해석을 시도해 보면 '어떤 종류의〔형상들이〕 그것들에〔개별자들에〕 있는지, 즉〔각〕종족들〔은 어떤 보편적 형상과〕 닮았고, 먹이는〔어떤 보편적 형상과〕 닮았는지'란 해석이 가능해 보인다.

일이 어떻게 되는 것인지에 대한 이 지혜는 본성만이

안다. 암탉은 스스로 교육받았기 때문이다. 64)

그리고 또한 그는 말한다.

우리가 본래 훌륭하게 생겨 먹었다고 우리 스스로 말하고

스스로 기뻐하며 그렇게 여긴다고 해도 하등 이상할

것이 없다. 개는 개에게

가장 훌륭해 보이고 소는 소에게

당나귀는 당나귀에게 가장 훌륭해 보이며, 사실 돼지는 돼지에게 그러하니까.

〔17〕 알키모스는 4권에 걸쳐 이것들을 비롯하여 이와 유사한 것들을 지지 사례로 제시해 에피카르모스로부터 플라톤이 얻은 도움을 밝혀냈다. 65) 우리는 에피카르모스 자신도 자신의 지혜를 모르지 않았다는 사실을 자신의 추종자를 예견한 그의 다음과 같은 글에서 알 수 있다.

내가 생각하기로는(사실 나는 그리 생각한다) 나는 분명히 알겠거늘,

나의 이 말들이 기억되고

누군가가 그것들을 취하여 지금의 운율들을 걷어내고

진홍빛 의상을 입히고 아름다운 산문으로 수를 놓아

자신은 싸움에 쉽게 지지 않으면서 남들을 쉽게 이겨 유명해질 것이다. 66)

---

64) 23DKB4.

65) 10절 중간부터 여기까지가 알키모스의 책에서 발췌한 내용이다. 알키모스 《단편》, 6(FGrHist 560).

66) 23DKB5.

〔18〕 또한 플라톤은 주목받지 못하던 소극작가인 소프론67)의 작품들을 처음으로 아테네에 들여왔고 그 사람이 했던 인물묘사를 따라 했던 것으로 보인다. 플라톤의 베개 밑에 그의 작품들이 보이기도 했다고 한다. 한편 그는 시켈리아를 뱃길로 세 차례 방문했다. 처음엔 그 섬과 분화구68) 관광을 위해 갔는데, 당시 참주이자 헤르모크라테스의 아들인 디오뉘시오스가 자신과 친교를 맺을 것을 강권하였다. 하지만 플라톤은 참주제에 대해 대화하며 더 강한 자가 덕에 있어서도 뛰어나지 않는 한, 더 강한 자의 이익이 그 자체로 〈이익이기〉만 하지는 않다고 주장하여 그를 성나게 했다. 디오뉘시오스는 화가 나서 "당신은 노망난 이야기를 하고 있소"라고 말했다. 그리고 플라톤은 "당신은 참주 같은 이야기를 하시는군요"라고 말했다. 이에 격분하여 참주는 처음에는 〔19〕 그를 죽이려 들었다. 이후에 그는 디온69)과 아리스토메네스70)의 만류로 그렇게 하지 못하고 마침 사절로 와 있던 라케다이몬의 폴리스71)에게 노예로 팔아 버리라고 넘겨주었다. 그러자 그는 플라톤을 아이기나로 데려가 팔았다. 그리고 그때 카르만드리데스72)의 아들 카르만드로스는 그 섬에 상륙한 아테네 사

---

67) 소프론(Sōphrōn)은 기원전 430년경에 전성기를 보낸 쉬라쿠사이 출신 소극작가다. 소극(mime, 笑劇)은 몸짓만으로 표현하는 팬터마임과 달리 대개 산문의 대사를 통해 사람이나 사물을 흉내 내는 광대극을 말한다(아리스토텔레스, 《시학》, 1447b 이하 참고).

68) 시켈리아의 동쪽 해안에 있는 아이트나 화산 분화구를 말한다.

69) 2권 63절 주석 참고.

70) 달리 알려진 바가 없다.

71) 달리 알려진 바가 없다.

72) 달리 알려진 바가 없다.

람은 재판 없이 사형한다는 아이기나 사람들 사이에 제정된 법률에
따라73) 플라톤을 기소하여 사형을 구형했다. 파보리누스가 《잡다한
것들의 역사》에서 말하는 바에 따르면 그 법을 제정한 사람은 바로 기
소한 사람 자신이었다고 한다. 그런데 누군가가 놀리느라고 상륙한
사람이 철학자라고 말하자, 그들은 그를 석방하였다. 어떤 사람들은
그가 민회에 인도되었고, 심리가 진행되는 동안 아무 말도 없이 결과
를 기다렸다고 한다. 민회는 표결을 통해 그를 사형시키지 않기로 결
정하고 포로로 잡힌 사람들의 방식에 따라 팔기로 결정했다.

〔20〕 그리하여 퀴레네 사람인 안니케리스74)가 우연히 그 자리에
있어서 20므나(어떤 사람들 말로는 30므나)의 몸값을 주고 그를 아테
네에 있는 동료들에게 돌려보냈다. 한편 그들은 즉각 그에게 돈을
보냈다. 그러나 그는 플라톤을 돌볼 자격을 그들만이 갖는 것은 아
니라고 말하며 그 돈을 받지 않았다. 어떤 사람들은 디온도 그에게
돈을 보냈으나 그는 받지 않고 그것으로 아카데메이아에 있는 과수
원을 샀다고 말한다. 폴리스는 카브리아스에게 패배하고75) 그 이후
에 헬리케의 바다에 빠져 죽었는데, 76) 이는 그 철학자 일로 신령한

---

73) 3권 3절에 나왔듯이, 아이기나 사람들이 스파르타의 도움을 받아 아테네인들
을 축출한 사건과 연관되는 듯하다.

74) 이 사람은 퀴레네학파의 일원이며 안니케리스학파의 창시자인 안니케리스
(Annikeris)가 아니고 유명한 전차경기 선수였다고 한다.

75) 카브리아스(Chabrias)는 기원전 4세기에 활약한 아테네의 유명한 장군이다.
그는 기원전 376년에 폴리스가 이끄는 스파르타의 함대와 전투를 벌여 승리
를 거두었다(크세노폰, 《헬레니카》, 5권 4장 61절 참고).

76) 헬리케(Helikē)는 펠로폰네소스 반도의 북쪽에 위치한 항구도시다. 기원전
373년에 지진과 해일이 이곳을 덮쳐 항구에 정박 중이던 스파르타의 3단노
선 10척이 수장됐고 이 도시 역시 지도에서 사라졌다. 폴리스의 죽음은 이

존재[77]가 〔21〕노한 탓이라는 이야기가 있다. 이는 파보리누스도 《회상록》에서 말하는 바이다. 디오뉘시오스는 가만있을 수 없었다. 그 사실을 안 그는 자신에 대해 험담하지 말라고 플라톤에게 편지했다. 그리고 플라톤은 디오뉘시오스를 기억할 만큼 한가하지 않다고 답장을 보냈다.

두 번째로 그가 시켈리아를 방문한 것은 디오뉘시오스 2세에게 자신의 정치체제[78]에 따라 살 사람들과 땅을 요청하기 위해서였다. 그러나 그는 약속은 해놓고 지키지 않았다. 한편 어떤 사람들은 플라톤이 그 섬을 자유로운 곳으로 만들라고 디온과 테오도타스[79]를 부추긴다는 의심까지 받았기 때문에 위험에 처해 있었다고 말한다. 이때 아르퀴타스[80]가 디오뉘시오스에게 편지를 써서 그의 양해를 구하고 플라톤을 아테네까지 무사히 데려다주었다. 그 편지는 다음과 같다.[81]

사건과 연결되는 듯하다. 플라톤으로 하여금 아틀란티스 대륙 이야기를 구상하게 했던 것이 바로 이 헬리케의 침몰이라고 보는 학자들도 있다(Ellis, R., *Imaging Atlantis*, 1998, p. 238 이하 참고).

77) 소크라테스가 만나곤 했다는 그 '신령한 존재'(*daimonion*)와 같은 말이다 (2권 32절 참고).

78) 플라톤이 《국가》에서 밝힌 이상적 정치체제를 말한다.

79) 달리 알려진 바가 없다.

80) 아르퀴타스(Archytas)는 기원전 428~347년에 살았던 피타고라스학파 철학자로, 수학자, 천문학자, 정치가였던 인물이다. 필롤라오스의 제자이자 에우독소스의 스승이던 그는 남부 이탈리아 타라스의 지도자이기도 했다(8권 83절 참고).

81) 아르퀴타스가 플라톤의 귀향을 위해 편지와 배를 쉬라쿠사이의 디오뉘시오스 2세에게 보냈다는 이 주장은 플라톤의 쉬라쿠사이 여행에 관한 믿을 만한 전거로 꼽히는 플라톤의 〈일곱째 편지〉의 내용과 맞지 않는다. 이 편지에 따르면 아르퀴타스가 편지와 배를 보낸 것은 디오뉘소스 2세의 두 번째 초청에 따라 플라톤이 쉬라쿠사이에 갔던, 그의 세 번째 쉬라쿠사이 방문 이후 귀향과 관련된 것이다(플라톤, 《편지들》, 350a~b 참고).

아르퀴타스가 디오뉘시오스의 건강을 빕니다.

〔22〕 플라톤의 벗인 우리 모두는 당신과 한 약속에 따라 그 사람을 인도받고자 라미스코스[82]와 포티다스[83]를 파견했습니다. 다른 것들과 관련해서도 그렇지만 특히 당신이 플라톤이 머무는 동안뿐만 아니라 떠나려하는 경우에도 그의 안전을 맡아 줄 것과 우리 모두에게 플라톤의 시켈리아 방문을 촉구하며 그를 채근할 것을 요구했던 때,[84] 당신의 그 열성을생각해서 올바르게 처신하시길 바랍니다. 또한 당신이 그의 방문을 소중하게 여겼으며 당신 궁정의 그 누구보다 그를 아꼈다는 사실도 기억해 보십시오. 뭔가 거슬리는 일이 있었더라도 너그럽게 생각하시고 그 사람을우리에게 안전하게 돌려보내 주십시오. 그리하시는 것이 정의로운 조치이며 우리에게 호의를 베푸시는 것이기도 합니다.

〔23〕 그가 세 번째로 방문한 것은 디온과 디오뉘시오스를 화해시키기 위해서였다. 하지만 그는 아무런 성과도 이루지 못하고 고국으로 돌아갔다. 고국에서 그는 정치에 손대지 않았으나, 그가 저술한것들로 볼 때 그는 정치인이었다. 그가 정치에 손대지 않은 이유는 이미 대중들이 다른 정치제도에 익숙해진 탓이었다. 한편 팜필레는 그

---

82) 라미스코스(Lamiskos)는 기원전 4세기경 타라스에서 활동했던 피타고라스학파 철학자로 아르퀴타스의 친구였다.

83) 포티다스(Phōtidas)는 피타고라스학파 철학자라는 것 외에는 달리 알려진바가 없다.

84) 플라톤의 〈일곱째 편지〉 350a 이하에 따르면 아르퀴타스가 이 편지를 쓴 때는 플라톤의 시켈리아 2차 방문이 아니라 3차 방문 때인 것으로 보인다. 이때 디오뉘시오스 2세는 2차 방문 때, 사정이 좋아지면 다시 돌아오겠노라고한 플라톤이 다시 시켈리아를 방문하게 하기 위해 플라톤의 친구였던 아르퀴데스와 그 주변 인물들에게 플라톤이 시켈리아를 다시 방문하게 설득해 줄것을 요구했었다고 한다.

녀의 책《회상록》25권에서 아르카디아와 테베 사람들이 메갈로폴리스[85]를 세울 때 플라톤을 입법가로 초청했다고 말한다. 그러나 그는 그들이 재산의 균등을 받아들이기를 원하지 않는다는 것을 알고는 그곳에 가지 않았다. 〔24〕 또한 그가 시민들 중 누구도 그러길 원치 않는 상황에서 장군인 카브리아스를 변호했다는 이야기도 있다.[86] 그가 카브리아스와 함께 아크로폴리스로 올라가고 있을 때, 무고꾼인 크로빌로스[87]가 그를 만나 말했다. "소크라테스의 독배[88]가 기다리는 줄도 모르고 다른 사람을 변호하시는가?" 이에 대해 플라톤은 말하길, "내가 조국을 위해 군에 갔을 때도 위험을 감수했지만, 이번에는 또한 친구에 대한 도리를 위하여 감수하고자 하오."

파보리누스가 자신의 책《잡다한 것들의 역사》8권에서 말하듯이, 플라톤은 문답 형태로 논증을 제시한 최초의 사람이었다. 또한 그는 분석에 의한 탐구 방법을 최초로 도입해 타소스[89] 사람인 레오다마스[90]에게 가르친 사람이었다. 또한 그는 대척점,[91] 요소,[92] 변

---

85) 메갈로폴리스(Megalopolis)는 아르카디아 남쪽에 있는 도시로 기원전 371년에 세워졌다.

86) 카브리아스는 기원전 366년에 아테네와 가까운 도시인 오로포스에 테베에 항복하라고 조언했다는 혐의로 재판받았으나 무죄로 석방된 적이 있다.

87) 달리 알려진 바가 없다.

88) 아테네에서 죄인을 사형에 처할 때 사용하던 독극물이다. 원어로 'kōneion'인 이 독극물은 영어로 'hemlock'이라 번역된 탓에 '독당근즙' 정도로 번역되기도 하고 '독미나리'로 번역되기도 한다(플라톤,《파이돈》, 박종현 역, 57a, 주석 1 참고). 여기서는 문맥에 자연스럽게 번역했다.

89) 타소스(Thasos)는 에게해 북쪽에 있는 섬 이름이자 그곳에 있는 도시 이름이다.

90) 레오다마스(Léo Damas)는 기원전 380년경에 활동한 그리스의 수학자이다.

91) 플라톤,《티마이오스》, 63a.

92) 플라톤,《크라튈로스》, 424d.

증술,93) 질(質),94) 직사각형수,95) 한계들 중에서 평면,96) 신의 섭리97) 라는 말을 철학에서 처음 만들어낸 사람이기도 하다.

〔25〕 또한 그는 케팔로스98) 의 아들 뤼시아스의 논변을 《파이드로스》에 말한 그대로 공개하고 반박한99) 최초의 철학자이기도 하다. 그는 최초로 문법의 의의를 이론적으로 고찰했다. 그리고 그는 자기 이전 시대 사람들을 거의 모두 반박한 사람인데, 왜 데모크리토스에 대해서는 그가 언급하지 않았는지 의문이 생긴다. 플라톤에 대해서 퀴지코스 사람인 네안테스는 말하길,100) "플라톤이 올륌피아에 오를 때 모든 그리스 사람들은 그를 향해 고개를 돌렸다"고 한다. 당시 플라톤은 디오뉘시오스한테 쳐들어가려던 디온을 만났다.101) 한편 파보리누스의 《회상록》 1권에는 페르시아 사람인 미트리다테스102) 가 플라톤의 조상을 아카데메이아에 봉헌하고 "오론토바테스의 아들 페

---

93) 플라톤, 《크라튈로스》, 390c.

94) 플라톤, 《테아이토테스》, 182a.

95) 플라톤, 《테아이테스》, 148a.

96) 플라톤, 《필레보스》, 51c, 《메논》에서 플라톤은 '형태'를 '입체의 한계'라고 이야기한다. 여기서 입체의 한계는 평면을 말하는 것일 텐데, 그런 점에서 평면은 여러 한계들 중 하나가 된다(플라톤, 《메논》, 이상인 역, 74e~75a 와 해당 주석 참고).

97) 플라톤, 《티마이오스》, 44c.

98) 2권 124절 주석 참고.

99) 플라톤, 《파이드로스》, 230e6~234c5.

100) 네안테스, 《단편》, 22(FGrHist 84).

101) 쉬라쿠사이에서 추방당했던 디온은 펠로폰네소스 반도에 머물다 기원전 357년 반란군을 이끌고 시켈리아에 상륙해 디오뉘소스 2세를 축출하기에 이른다.

102) 미트리다테스(Mithridatēs)는 키오스의 왕으로 기원전 337~302년 사이에 재위하였다.

르시아 사람 미트리다테스가 무사여신들에게 실라니온[103]이 제작한 플라톤의 조상을 봉헌했다"라는 명문을 새겼다.

〔26〕헤라클레이데스[104]는 그가 젊었을 때는 워낙 겸손하고 절도가 있어서 지나치게 웃는 모습을 보인 적이 없다고 말한다. 이러한 사람이었음에도 불구하고 그 역시 희극작가들에게 조롱을 받았다. 아무튼 테오폼포스[105]는 《헤뒤카레스》에서 다음과 같이 말한다.

플라톤이 말하듯,
하나는 전혀 하나가 아니고 둘이란 것조차 간신히 하나이기에. [106]

또한 아낙산드리데스[107]는 《테세우스》에서

플라톤도 그랬듯이 그가 올리브를 오물오물 먹고 있을 때[108]

라고 말하고 또한 티몬은 그의 이름을 갖고 다음과 같이 조롱한다.

---

103) 실라니온(Silaniōn)은 기원전 4세기에 활동한 그리스 조각가이다. 그의 플라톤 조각상은 독일 뮌헨의 글립토테크 박물관에 로마시대 복제품의 형태로 보관되어 있다.

104) 렘보스의 헤라클레이데스, 2권 113절 참고.

105) 테오폼포스(Theopompos)는 기원전 5세기에서 4세기 사이에 활동한 아테네의 희극작가이다.

106) 플라톤이 《파르메니데스》에서 했던 논변들을 풍자한 것으로 보인다.

107) 아낙산드리데스(Anaxandridēs)는 기원전 4세기경에 활동한 아테네의 희극작가이다.

108) 올리브는 플라톤의 아카데미아 학원 근처에 많이 자란 나무였다. 또한 이 책의 6권 25절에는 올리브 열매를 먹는 플라톤을 견유학파 철학자 디오게네스가 조롱하는 일화가 있다.

날조된 이상한 것을 본 플라톤이 날조해냈다. 109)

[27] 알렉시스110)는 《메로피스》에서

마침 잘 왔소, 내가 답을 못 찾고
위아래로 거닐면서 플라톤처럼
아무런 지혜로운 것을 발견하지도 못하고 내 다리만 아프게 하고 있으니.

또한 《앙퀼리온》에서는

당신은 자신이 모르는 것에 대해 말하는구려. 플라톤의 제자가 되어
돌아다니다 보면 비누와 양파의 본질111)을 알게 될 것이오.

암피스112)는 《암피크라테스》에서

A: 좋은 것이 무엇인지를 당신은 이것을 통해 획득하고자 하지만
   주인님, 나는 그것을 플라톤의 좋음보다도 모르겠습니다.

---

109) 이 말은 발음의 유사함을 이용한 장난이기 때문에 그것을 충분히 이해하기
    어렵다. 일단 '날조하다'의 뜻으로 쓰인 그리스어는 'plassein'인데, 이것은
    플라톤(Platōn)의 이름과 발음이 비슷한 말을 사용해 그의 학설이 날조되었
    다는 뜻을 밝힌 것으로 보인다. 그리고 '보았다'라고 번역한 'eidōs'는 '보
    다'(eidenai)란 동사의 분사형인데, 이것이 플라톤의 형상(eidos)과 유래와
    발음에서 유사하기에 쓴 말장난이다.
110) 알렉시스(Alexis)는 기원전 375~275년경 인물로 투리이 출신으로 아테네
    시민이 된 희극작가다.
111) 비누나 양파는 속 알맹이가 따로 없고 겉에서부터 쓰거나 벗겨가면 그것으로
    그만인 것들이다. 쓸데없거나 애당초 본질이랄 게 없는 것에 대해 부질없이
    본질을 파악한다는 논조로 플라톤 철학을 조롱하는 내용인 듯하다.
112) 암피스(Amphis)는 4세기경 활동한 아테네의 희극작가이다.

B: 잘 들어 보라.

〔28〕《덱시데미데스》에서는

플라톤이여,
당신은 달팽이처럼 눈썹을 근엄하게 꿈틀거려
우울한 얼굴을 하는 것 말고는 전혀 아는 것이 없구려.

크라티노스[113]는 《프세우뒤포볼리마이오스》[114]에서 말한다.

A: 당신은 사람이오?
B: 분명합니다.
A: 혼도 가지고 있습니까?
B: 플라톤을 따라서는 모르겠고, 나는 내가 가지고 있다는 것을 다음과
　 같이 의심하오.

알렉시스는 《올륌피오도로스》에서

A: 사멸하는 부분인 나의 육신은 말라 갔고,
　 불멸하는 부분은 공기 중으로 사라져 갔소.
B: 그것은 플라톤의 가르침이 아닌가요?

---

113) 크라티노스(Kratinos)는 기원전 4세기에 활동한 중기 희극기의 희극작가
　　 다. 고희극시대에 활동한 동명의 희극작가와 구별해 소(小) 크라티노스라
　　 고 불린다.
114) 이 작품의 제목은 작중인물의 이름이 아닌 '잘못 바꿔친'이란 일반 형용사에
　　 서 온 말이다.

또한 《파라시토스》에서

또는 플라톤처럼 혼자서 대화를 하는 것.

한편 아낙실라스115)도 《보트릴리온》과 《키르케》, 《부잣집 여인네들》에서 그를 비웃는다.

〔29〕 아리스티포스는 《옛사람들의 애정행각에 대하여》 4권에서 플라톤이 천문학 공부를 하던 아스테르라는 어떤 젊은이를 사랑했으며, 앞에서 말했던 디온도 사랑했다고 말한다(어떤 사람들은 그가 파이드로스116)도 사랑했다고 말한다). 하지만 아스테르에 대한 사랑은 그가 그를 위해 쓴 다음의 비문이 밝혀 보여 준다.

나의 아스테르,117) 그대는 별을 본다. 내가 하늘이 되어
수많은 눈으로 그대를 보았으면.

그리고 또 다른 것으로

아스테르, 한때 살아 있는 것들 사이에서 샛별이 빛났건만
이제는 죽어 태백성118)이 사멸하는 것들 사이에서 빛나네.

---

115) 아낙실라스(Anaxilas)는 기원전 4세기경 활동한 아테네의 희극작가이다.
116) 이 사람은 플라톤의 대화편 《파이드로스》에서 소크라테스와 대화를 나누는 인물이기도 하다.
117) 아스테르(Astēr)는 일반명사로 '별'이라는 뜻을 갖고 있다.
118) 샛별이나 태백성이나 다 같은 금성을 가리키는 말이다. 다만 샛별은 새벽에 동쪽 하늘에서 빛나는 금성을 가리키는 말이고, 태백성(개밥바라기)은 저녁에 서쪽 하늘에서 빛나는 금성을 가리키는 말일 뿐이다.

〔30〕 디온에 대해서는 그가 이렇게 썼다.

눈물이 헤카베[119]와 일리소스의 여인들에게는
운명으로 그들이 태어난 때에 주어졌고,
그대, 디온이여, 아름다운 행위들이란 제물을 바친 그대에게는
신들이 드넓은 희망을 쏟아부었소.
그대는 시민들의 존경을 받으며 조국의 넓은 땅에 누워 있소,
사랑으로 미쳐 버린 나의 심정, 디온이여.

〔31〕 이것은 쉬라쿠사이에서 실제로 묘비에 비명으로 새겨졌다고
아리스티포스는 말한다.

뿐만 아니라 사람들 말로는 그가 알렉시스[120]와 앞에서 말한 파
이드로스도 사랑하여 다음과 같은 형태의 글을 썼다.

자, 내가 아름답다고밖에 말할 수 없는 알렉시스,
그는 시선을 사로잡고 어느 누구나 어디서나 그에게 고개를 돌린다.
심장이여, 왜 개에게 뼈다귀를 보여 주는가? 그렇게 되면 그대는 나중에
상심할 것이다. 우리가 그렇게 해서 파이드로스를 잃지 않았는가?

또한 그는 아르케아나사와 관계했다고도 아리스티포스는 말한다.
그는 그녀를 위해 다음과 같이 썼다고 한다.

콜로폰 출신의 기녀 아르케아나사는 나의 것이니,

---

119) 헤카베(Hekabē)는 트로이 전쟁 당시 트로이(일리소스)의 왕비다.
120) 앞의 비극작가와는 동명이인으로 보인다.

그녀의 주름 위에조차 격한 사랑이 앉았다.
아아, 가련하다. 그녀의 젊음을 첫 항해 때 마주친 이들이여.
얼마나 커다란 불길을 그대들은 통과했던가.

〔32〕 그뿐 아니라 아가톤[121]을 위해서도 그는 썼다.

내가 아가톤에게 입 맞추는 사이 영혼이 입술에 왔다.
가련한 영혼은 그에게로 건너가려는 듯 왔다.

또한 다른 것도 있다.

나는 그대에게 사과를 던진다. 만일 그대가 나를 진심으로 사랑한다면,
그것을 받고 그대의 처녀를 나누어 주오.
일어나지 말아야 할 일이지만 만일 그대가 망설여진다면, 바로 그것을 잡고
그 계절 과일이 얼마나 짧은 세월을 사는지 살펴보오.

그리고 다른 것도 있다.

나는 사과. 당신을 사랑하는 누군가가 나를 던진다. 제발
고개를 끄덕이라, 크산티페여. 그대나 나나 사그라지는 것이다.

〔33〕 또한 그는 나라에서 쫓겨난 에레트리아 사람들을 위해서도
쓴 것이 있다고 사람들은 말한다.

---

121) 2권 28절 주석 참고.

우리는 에우보이아에서 온 에레트리아 부족이며, 수사[122] 근처에
우리는 누워 있다. 아아, 우리의 땅으로부터 얼마나 떨어져 있는지. [123]

또 저것도 있다.

퀴프리스[124] 가 무사여신들에게 말한다.
"소녀들이여, 아프로디테를 존경하라. 아니면 나는 너희들을 혼내려 에
로스를 무장시킬 것이다."
무사여신들이 퀴프리스를 향해 말한다.
"그런 헛소리는 아레스에게나 하시죠. [125] 우리 사이에서는 그런 꼬맹이
가 날아다니지 않아요."

또 다른 것도 있다.

어떤 사람이 황금을 발견하고 올가미를 남겼다. 그러나
자신이 남긴 황금을 발견하지 못한 사람은 발견한 올가미로 목을 매었다.

---

122) 수사(Sousa)는 티그리스강 동쪽, 메소포타미아 지역에 있는 도시. 바빌론에
    속해 있다가 후에 페르시아 제국의 영토가 되었다.
123) 다레이오스의 페르시아가 그리스를 쳐들어온 1차 페르시아 전쟁 당시, 에레
    트리아 사람들은 페르시아와 맞서 싸우다 포로가 되었다. 마라톤 전투에서
    패한 후에 페르시아인들은 이들을 페르시아의 수도였던 수사로 데려가서 수
    사 근처의 유전에서 노역을 시키며 정착시켰다(헤로도토스의 《역사》, 6권
    119절 참고).
124) 퀴프리스(Kypris)는 아프로디테 여신의 별칭이다.
125) 그리스 신화에서 헤파이스토스의 부인이었던 아프로디테는 아레스와 바람을
    피우다 남편이 쳐 놓은 그물에 아레스와 같이 걸려 조롱당했다는 이야기가
    전해진다.

〔34〕 하지만 플라톤에게 적대적인 몰론126) 은 "디오뉘시오스가 코린토스에 있다면127) 그건 놀라운 일이 아니지만, 플라톤이 시켈리아에 있다면 그건 놀라운 일이다"128) 라고 말한다. 크세노폰도 그와 별로 사이가 좋지 못했던 듯하다. 아무튼 그들은 경쟁심을 가지고 유사한 저술을 해서, 《향연》, 《소크라테스의 변론》과 윤리적 회상록들129) 을 저술했다. 그다음에 한 사람은 《국가》를, 다른 사람은 《퀴로스의 교육》을 저술했다. 그리고 플라톤은 《법률》에서130) 그의 교육이 허구라고 말한다. 퀴로스가 그런 인물이 못 된다는 것이 그의 이유이다. 두 사람 다 소크라테스를 회상해 글을 썼지만 서로에 대해서는 어디서도 그러지 않았다. 다만 크세노폰이 그의 《소크라테스 회상》 3권에서 플라톤에 대해 언급했을 뿐이다. 131) 〔35〕 이런 이야기도 있다. 안티스테네스가 자신이 쓴 책의 일부를 낭독하려 하면서 플라톤에게 참석해 달라고 요청한 적이 있다고 한다. 그리고 플라톤은 그가 무엇을 낭독하려는지 물었고, 그는 반박불가능성에 대한 것

---

126) '아폴로니오스 몰론(Molōn)'이라고도 불리는 이 사람은 기원전 70년경에 전성기를 보낸 로도스 출신의 저명한 수사학자였다.

127) 쉬라쿠사이의 참주 디오뉘시오스 2세는 디온에 의해 축출된 후 다시 쉬라쿠사이에 돌아와 정권을 잡았으나 또 히케테스에게 공격받자 코린토스의 원정군에 항복해 코린토스에서 여생을 보냈다(플루타르코스, 《비교열전》, 〈티몰레온〉, 14장, 3절 참고).

128) 플라톤이 부귀영화를 누리려 쉬라쿠사이에 갔다던 당시의 소문을 염두에 둔 말인 듯하다.

129) 크세노폰이 쓴 《소크라테스 회상》과 플라톤의 소규모 대화편들을 같이 묶어서 하는 말이다.

130) 플라톤, 《법률》, 3권 694c 참고.

131) 크세노폰, 《소크라테스 회상》, 3권 6장 1절.

이라고 말했다. 플라톤은 말했다. "그러면 어떻게 당신은 바로 그것에 대해서 글을 씁니까?" 그리고 플라톤은 그 논변이 전복된다[132]는 점을 가르쳤고, 반면에 안티스테네스는 플라톤에 대해 반대하는 대화편을 저술하여 《사톤》[133]이라고 제목을 붙였다. 그 이후 그들은 서로 끝까지 서먹하게 지냈다. 소크라테스조차도 플라톤이 《뤼시스》를 낭독한다는 소리를 듣고는, "맙소사. 그 젊은이가 나에 대해 얼마나 많은 거짓말을 하려나?"라고 말했다는 이야기가 있다. 플라톤이 소크라테스가 하지 않은 말을 적잖이 글로 썼기 때문이었다.

〔36〕한편 플라톤은 아리스티포스와도 사이가 좋지 못했다. 아무튼 그는 《영혼에 대하여》[134]에서 아리스티포스를 비난하여 그가 그리 멀지 않은 아이기나에 있었으면서도 소크라테스가 임종하는 자리에 참석하지 않았다고 말한다. 또한 아이스키네스에게도 플라톤은 경쟁의식을 가지고 있었다고 하는데, 그건 바로 그 사람도 역시 디오뉘시오스에게서 좋은 평판을 받고 있었기 때문이라는 것이다. 가난 때문에 시켈리아에 온 그를 플라톤은 무시했지만, 아리스티포스는 그를 합류시켰다고 한다. 감옥에서 탈옥에 대해 상의하는 크리톤에게 플라톤이 전개한 논변들은 본래 아이스키네스의 것이었는데, 그것을 크리톤에게 논변한 것은 아이스키네스에 대한 악감정 때

---

132) 반박이 불가능하다면 반박이 가능하다는 주장을 반박하는 것도 불가능한 것이 되고, 따라서 자기주장을 자기가 반박한 것이 되어 그 주장은 전복된다(뒤집어진다)는 말이다.

133) 사톤(sathōn)은 남성의 성기를 뜻하는 사테(sathē)에서 유래했는데, 유모가 유아를 어르는 말이었다고 한다.

134) 《파이돈》을 지칭하는 다른 이름이다.

문이었다고 이도메네우스는 말한다.

〔37〕《영혼에 관하여》[135] 와 《변론》을 제외하고 자신의 저술 어디에서도 플라톤은 자신에 대해 언급하지 않았다. 한편 아리스토텔레스는 플라톤의 대화편의 형태는 시와 산문의 중간이라고 말한다.[136] 이 사람만이 플라톤이 《영혼에 대하여》를 낭독할 때 그의 곁에 남았고 다른 사람들은 모두 자리에서 일어나 가 버렸다고 파보리누스는 어디선가 말한다. 어떤 사람들은 오푸스[137] 출신의 필리포스[138] 가 밀랍판에 있던 플라톤의 《법률》 사본을 만들었다고 한다. 이 사람이 《에피노미아》의 저자라고도 한다. 에우포리온[139] 과 파나이티오스는 《국가》의 서두가 여러 차례 개작되었다고 말했다. 아리스톡세노스는 《국가》의 거의 대부분의 내용이 프로타고라스[140] 의 《반박》에 쓰였던 것이라고 말한다. 〔38〕 한편 플라톤의 첫 저술이 《파이드로스》라는 이야기가 있다. 그 책의 주제가 젊은이다움이기 때문이라는 것이다. 다른 한편 디카이아르코스는 그 저술의 문체 전체를 통속적이라 비난하였다.

플라톤이 주사위 노름을 하는 어떤 사람을 보고 비난하였다는 이

---

135) 플라톤, 《파이돈》, 59b.

136) 아리스토텔레스, 《단편》, 73.

137) 오푸스(Opus) 는 로크리스 지방의 동쪽에 있는 도시다.

138) 필리포스는 기원전 396~314년에 살았던 플라톤의 제자이다.

139) 에우포리온(Euphorion) 은 에오보이아의 칼키스 출신 시인이자 문법학자이다. 기원전 275년경에 태어나 아테네에서 라퀴데스, 프뤼타니스와 더불어 철학 공부를 했던 것으로 전해진다.

140) 프로타고라스(Prōtagoras) 는 기원전 490~420년에 살았던 트라케의 압데라 출신 소피스트로서, 지식의 상대성을 논증한 것으로 유명하다.

야기가 있다. 그가 사소한 일이라고 말하자, 플라톤은 "하지만 습관은 사소한 것이 아니오"라고 말했다고 한다. 그는 앞선 사람들에 대한 회상록이 있듯이 그 자신에 대한 언행록이 있겠느냐는 질문을 받고서는 "먼저 이름을 얻어야 하고, 그러면 회상록은 많을 것이다"라고 대답했다. 하루는 크세노크라테스141)가 안으로 들어오자 플라톤이 자신의 노예를 때려 달라고 말했다. [39] 자신은 화가 나 있어서 할 수가 없다는 것이었다. 그뿐 아니라 어떤 노예에게는 "내가 화가 나 있지 않았다면, 나는 너를 때렸을 것이다"라고 말했다. 그는 말에 올라탔다가도 허영심142)에 사로잡히지 않도록 주의해야 한다고 말하며 바로 내려왔다. 술 취한 사람에게 그는 거울을 보라고 충고한다. 그런 몰골을 피하려 들 것이기 때문이라는 것이다. 취하도록 마시는 것은 포도주를 주신 신의 축제에서가 아니라면 어디서도 적절하지 못하다고 그는 말했다. 그리고 오래 자는 것에도 그는 반대했다. 그러니까 《법률》에서 그는 말하길, "잠을 자는 사람은 그가 누구든 아무 짝에도 쓸모가 없다"고 했다. 143) 또한 그는 듣는 것들 중에서는 진리가 가장 즐겁다고 말했다. 한편 어떤 사람들은 '진리를 말하는 것이 가장 즐겁다'고 말했다고 한다. [40] 그리고 진리와 관련해서 《법률》에서 그는 이렇게 말한다. "손님, 진리는 아름답고 영구적인 것이지요. 하지만 진리를 설득하기란 쉬운 일이 아닌 것 같군요."144) 또한 그는 자신에 대한 기억이 친구들이나 책 속에 남

---

141) 플라톤의 제자(4권 6절 이하 참고).
142) 허영심의 원래 뜻은 '좋은 말을 가진 것을 자랑스러워하는 마음, 또는 그로 비롯된 들뜬 마음'이다.
143) 플라톤, 《법률》, 7권 807e~808c 참고.

겨지는 것을 중요하게 생각했다. 또한 그는 어떤 사람들이 말하는 바에 따르면 대부분의 시간을 은둔하여 지냈다.

그리고 그는 우리가 말한 방식대로[145] 죽었고, 파보리누스 《회상록》 3권에서 말하듯이 필리포스 대왕[146] 13년에 죽었다. 필리포스 대왕은 그를 기렸다고 테오폼포스가 말한다. 뮈로니아노스는 《유사사례집》[147] 에서 필론이 플라톤의 이[148] 에 대한 속담들을 언급했던 것을 이야기한다. 그가 그렇게 해서[149] 죽었다고 생각하기 때문이다. 그리고 그는 자신이 대부분의 시간을 보내면서 철학을 했던 아카데미아에 묻혔다. 〔41〕 이곳의 이름으로부터 그가 세운 이 학파도 아카데미아학파라 불리게 됐다. 또한 그는 그곳의 모든 사람에게서 배웅을 받았다. 그의 유언은 다음과 같았다.

다음은 플라톤이 유언으로 남긴 유산이다.
이피스티아다이[150] 에 있는 땅: 북으로는 케피시아[151] 의 신전에서 나오는 길과 접하고, 남쪽으로는 이피스티아다이의 헤라클레스 신전과 접하며, 해 뜨는 쪽으로는 프레아리오이[152] 구민인 아르케스트라토스의 땅과

---

144) 플라톤, 《법률》, 663e.

145) 3권 2절.

146) 필리포스(Philippos) 대왕은 마케도니아의 필리포스 2세를 말한다.

147) 정확한 제목은 《역사적 유사사례집》, 5권 37절 참고.

148) 사람이나 짐승의 몸에 기생하는 이(虱) 를 말한다.

149) 아마 플라톤의 죽음이 이와 관련된 질병 탓이라는 소문이 있었던 듯하다. 페레퀴데스도 이로 인한 질병으로 죽었다고 한다(1권 118절 이하 참고).

150) 이피스티아다이(Iphistiadai) 는 아테네의 행정구역인 데모스(구, *dēmos*) 중 하나이다.

151) 케피시아(Kēphisia) 도 역시 데모스 중 하나이다.

접하고, 해 지는 쪽으로는 콜리다이 구민인 필리포스의 땅과 접하는 땅. 이 땅은 누구도 팔거나 교환할 수 없고, 가능한 한 어린 아데이만토스[153]에게 맡긴다.

〔42〕 에이레시다이[154]에 있는 땅: 칼리마르코스에게서 샀으며, 북으로는 뮈리누스 사람인 에우뤼메돈의 땅과 접하고, 남으로는 크쉬페테 사람인 데모스트라토스의 땅에 접하며, 해가 뜨는 쪽으로는 뮈리누스 사람인 에우뤼메돈의 땅과 접하고 해지는 쪽으로는 케피시아 땅에 접하는 땅.

은화 3므나. 165드라크마[155] 무게의 은접시, 45드라크마 나가는 잔. 4드라크마 3오볼 나가는 금반지와 금귀걸이 ─ 채석공 에우클레이데스는 나에게 3므나를 빚졌다. 아르테미스는 자유인으로 해방시킨다. 나는 튀콘, 빅타스, 아폴로니데스, 디오뉘시오스를 시종으로 남긴다. 〔43〕 데메트리오스[156]가 사본을 가진 등재된 가구들. 나는 누구에게도 전혀 빚지지 않았다.

유언집행인은 레오스테네스, 스페우시포스, 데메트리오스, 헤기아스, 에우뤼메돈, 칼리마코스, 트라시포스이다.

그의 유언은 이상과 같았다. 한편 그의 무덤에는 다음과 같은 비문이 새겨졌다. 우선,

---

152) 프레아리오이(Phrearrioi) 또한 데모스 중 하나다.
153) 플라톤의 형인 글라우콘이나 아데이만토스의 아들일 것으로 본다. 아테네 법으로는 플라톤의 남자 친척들 중에 이 아데이만토스(Adeimatos)가 아카데미아를 맡은 스페우시포스보다 플라톤의 재산 상속자로 더 적합했기 때문이다.
154) 에이레시다이(Eiresidai)도 데모스 중 하나다.
155) 드라크마에 대해서는 1권 45절의 주석 참고.
156) 데메트리오스(Dēmētrios)는 플라톤의 제자다. 달리 알려진 바가 없다.

사멸하는 자들 중 절제와 정의로운 품성에서 뛰어난 자,
바로 여기에 신적인 아리스토클레스가 눕다.
누군가가 모든 이로부터 지혜에 대한 위대한 명성을 얻는다면,
이 사람이 가장 많은 것을 얻을 것이고 질투는 뒤따르지 않을 것이다.

[44] 또 다른 것으로는

가이아가 플라톤의 이 육신을 가슴에 숨기고,
불멸하는 혼은 지복한 자들 사이에서 위치를 정한다.
아리스톤의 아들, 아무리 멀리 살지라도 훌륭한 사람이라면
그를 누구나 존경한다. 그가 신적인 삶을 보았으니.

그리고 더 최근의 것으로는

A: 독수리여, 너는 왜 무덤 위에 올라 있는가? 말하라! 진정
   너는 신들 중 누구의 반짝이는 거처를 멀찍이 보고 있는가?
B: 나는 올림포스로 날아가 버린 플라톤의 혼의
   닮은꼴이라오. 흙으로 된 육신은 아티카의 땅이 지녔지만.

[45] 그리고 내가 쓴 것은 이렇다.

그리고 어떻게, 만약 포이보스가 플라톤을 그리스에 태어나게 하지
   않았더라면,
인간들의 혼을 글로써 고칠 수 있었겠는가?
그리고 아스클레피오스[157]가 이 육신의
의사이듯이, 플라톤은 혼의 의사로다.

그리고 다른 것은, 그가 어떻게 죽었는가 하는 것이니,

포이보스는 사멸하는 자들 사이에 아스클레피오스와 플라톤이 태어나게
  했으니,
한 사람은 혼을, 다른 사람은 육신을 보존하기 위하여.
결혼 잔치를 치르고 그는 언젠가 자신을 위해 세웠던 나라,
제우스의 평원에 건립한 나라로 갔다.

이것들이 그의 비문시들이다.

〔46〕 그의 제자들은 아테네 사람 스페우시포스, 칼케돈 사람 크
세노크라테스, 스타게이로스 사람 아리스토텔레스, 오푸스 사람 필
리포스, 페린토스158) 사람 헤스티아이오스, 159) 쉬라쿠사이 사람
디온, 헤라클레아 사람 아뮈클로스, 160) 스켑시스161) 사람 에라스
토스와 코리스코스, 162) 퀴지코스 사람 티몰라오스, 163) 람프사코스
사람 에우아이온, 164) 아이노스165) 사람 퓌톤과 헤라클레이데스,

---

157) 아스클레피오스(Asklēpios)는 아폴론의 아들로서 의사였으나 제우스의 벼
    락을 맞고 죽고 신이 되었다.
158) 페린토스(Perinthos)는 현재 터키의 마르마라 바다(고대에는 프로폰티스)의
    북쪽 연안에 있는 도시로 기원전 400년 이후에는 헤라클레이아라고도 불렸다.
159) 달리 알려진 바가 없다.
160) 아뮈클로스는 3권 9절에 나오는 저술인 《아뮌타스에 반대하여》에 등장하는
    아뮌타스와 동일인물로 보인다. 그는 피타고라스학파 철학자이자 플라톤의
    제자였다고 한다.
161) 스켑시스(Skēpsis)는 소아시아 지역, 트로이 근방의 도시이다.
162) 에라스토스(Erastos)와 코리스코스(Koriskos)는 형제로서 플라톤의 제자
    이자 아리스토텔레스의 친구들이다. 플라톤의 《편지들》 중 〈여섯째 편지〉
    (위서로 추정)에 이들의 이름이 나온다.
163) 달리 알려진 바가 없다.

아테네 사람 히포탈레스와 칼리포스, 166) 암피폴리스 사람인 데메트리오스, 폰토스 사람인 헤라클레이데스와 그 외에 더 많은 사람들이 있다. 디카이아르코스가 말하듯이 이들과 더불어 2명의 여자가 있으니, 만티네이아 사람 라스테네이아와 남장을 했던 플리우스 사람 악시오테아167) 이다. 어떤 사람들은 테오프라스토스168)도 그에게서 강의를 들었다고 말한다. 카마이레온169)은 연설가인 휘페리데스170)와 뤼쿠르고스171)도 그렇다고 말한다. 〔47〕 폴레몬도 비슷한 보고를 한다. 또한 사비노스172)는 《연습 자료》에서 타소스 사람 므

---

164) 에우아이온(Euaiōn)은 아테네의 정치가이자 연설가였던 데모스테네스의 사촌이었다고 한다.

165) 아이노스(Ainos)는 헬레스폰토스를 지나 고대 그리스 지역으로 들어가는 입구에 있던 해안도시이다.

166) 플라톤의 《편지들》 중 〈일곱째 편지〉 333d~e에는 쉬라쿠사이로 귀환한 디온을 암살한 두 사람이 아테네 사람이라는 언급이 나온다. 이들의 이름은 코르넬리우스 네포스의 《명장전》(名將傳) 중 〈디온〉 9절에 나온다. 한 사람이 바로 칼리포스고 다른 사람은 그의 형제 필로스트라토스다. 디오게네스 라에르티오스가 플라톤의 제자 중 한 사람으로 칼리포스를 끌어들인 것은 이런 자료에 의한 것으로 보이는데, 정확한 보고인지는 확인하기 어렵다.

167) 이 둘은 4권 2절에 다시 언급되는 것 외에는 달리 알려진 바가 없다.

168) 테오프라스토스(Theophrastos)는 기원전 371~287년에 살았던 아리스토텔레스의 동료이자 제자로서, 아리스토텔레스 사후 뤼케이온 학원을 물려받은 철학자다. 5권 2절 '테오프라스토스' 항목 참고.

169) 카마이레온(Chamaileōn)은 기원전 350~275년에 살았던 헤라클레이아 폰티카 출신의 소요학파 철학자다. 고대 시인들에 대한 작품들을 많이 썼다.

170) 휘페리데스(Hyperidēs)는 기원전 390~322년에 살았던 아테네 출신 연설가로 아테네 10대 연설가에 꼽히는 인물이다.

171) 뤼쿠르고스(Lykourgos)는 기원전 390~324년에 살았던 아테네 출신 연설가로 역시 아테네 10대 연설가에 꼽히는 인물이다.

172) 사비노스(Sabinos)는 하드리아누스황제 시대의 소피스트다. 투퀴디데스의 책에 대한 주석서를 저술했다.

네시스트라토스[173)]를 인용하여 데모스테네스도 그렇다고 말하기도 한다. 일리가 있는 이야기다. [174)]

  당당한 플라톤 애호가이자 다른 어떤 철학자보다 그 철학자의 사상을 추구하는 당신을 위해서는 어쩔 수 없이 그의 대화의 성격[175)]과 대화편의 순서, [176)] 귀납추리의 방법[177)]을, 말하자면 기초적이고 개괄적으로 윤곽을 그려 보는 수밖에 없다고 나는 생각한다. 사실 당신에게 모든 것을 상세히 설명해야 한다면, 그건 사람들 말마따나 '아테네에 올뻬미를 가져가는 격'[178)]이 될 것이다. 이는 그의 삶과 관련하여 모아 놓은 사실들이 그의 학설들과 관련된다는 것을 밝히기 위해서다. [179)]

  〔48〕 대화편을 처음 쓴 사람은 엘레아학파의 제논이라고들 한다. 하지만 파보리누스도 《회상록》에서 말하듯이, 아리스토텔레스는 그의 《시인에 대하여》[180)] 1권에서 스튀라[181)] 또는 테오스[182)] 사람

---

173) 달리 알려진 바가 없다.

174) 이 같은 보고는 사비노스 이전에 키케로가 그의 《연설가에 대하여》, 1권 20장, 89장 등에서 이야기했다.

175) 3권 48~52절.

176) 3권 56~66절.

177) 3권 52~55절.

178) 아테네 속담. 당시 아테네 동전에는 올뻬미 모양이 있었다. 부유했던 당시 아테네에 아테네 돈을 가지고 간다는 것으로, 어떤 재화가 풍부한 곳에 바로 그 재화를 가져가는 쓸데없는 짓을 일컫는 속담이다.

179) 여기서부터 디오게네스 라에르티오스가 일종의 플라톤의 생애에 대한 자신의 글의 부록 격으로 덧붙인 내용이 시작된다. 여기서부터 66절까지는 부록의 첫 부분으로 플라톤 저술 연구의 입문에 해당된다.

180) 이 저술은 단편적으로만 전해진다.

181) 스튀라(Styra)는 에우보이아섬에 있는 도시다.

290

알렉사메노스[183]가 처음이었다고 한다. 하지만 내가 보기에는 플라톤이 그 형식을 완벽하게 만들었으니 그 미려함뿐만 아니라 발견의 측면에서도 일등상은 역시 그에게 주어야 한다. 대화편은 철학적이거나 정치적인 어떤 문제에 대한 질문과 대답으로 이루어지고, 거기에 등장인물의 적절한 설정과 표현방식에 대한 고려가 곁들여진 대화이다.[184] 변증술은 대화의 기술로서, 대화자들의 질문과 대답을 토대로 어떤 논증을 논박하기도 하고 구성하기도 하는 기술이다.

〔49〕 플라톤의 대화편에는 최상위의 두 가지 유형이 있는데, 가르침을 주기 위한 것과 탐구하기 위한 것이다. 가르침을 주기 위한 것은 다른 두 가지 유형으로, 즉 이론적인 것과 실천적인 것으로 나뉜다. 그리고 그것들 중 이론적인 것은 자연에 관한 것과 논리에 관한 것으로, 실천적인 것은 윤리에 관한 것과 정치에 관한 것으로 나뉜다. 탐구하기 위한 것 자체 중에도 두 가지가 최상위 유형인데, 훈련을 위한 것과 경합을 위한 것이다. 그리고 훈련을 위한 것에는 산

---

182) 테오스(Teōs)는 이오니아 지역, 클라조메나이 근처의 해안도시다.

183) 달리 알려진 바가 없다.

184) 이 구절은 플라톤의 대화 성격에 대한 고대의 일종의 정형구이다. 이 구절은 기원후 150년에 활동한 알비노스의 《플라톤 철학 입문》(Eisagōgē Eis Tous Platōnos Dialogous)에 처음 등장한다(1권 1절). 그 후 디오게네스 라에르티오스의 바로 이 부분에 나오고, 기원후 3세기 무렵 이름 모를 저자의 《플라톤 철학 서설》(Prolegomena Tēs Platōnos Philosophias)에서 다시 나오며(14장, 1절), 기원후 10세기경에 제작된 것으로 추정하는 고대의 백과사전인 《수다》(Souda)의 '대화'(dialogos) 항목에 또다시 등장한다. 다만 알비노스에는 '표현방식에 대한 고려'에 대한 설명이 뒤따르는 데 반해 이후의 문헌에는 이 부분이 등장하지 않는다. 알비노스의 설명은 "표현방식에 대한 고려와 구성은 아티카 문체와 우아함, 담백함, 풍성함이다"라는 것이다.

파술을 행하는 것과 시험하기 위한 것이 있고, 경합을 위한 것에는 증명을 위한 것과 뒤집기 위한[185] 것이 있다.

〔50〕 어떤 사람들은 대화편들을 달리 구별한다는 것을 우리가 모르진 않는다. 사실 그들은 대화편들 중 어떤 것들은 극적 구성을 가진 것이라고 말하고, 어떤 것들은 설명을 위한 것이라고 말하며 어떤 것들은 혼합된 것이라고 말한다. 하지만 저들은 철학적 내용보다는 비극의 형식에 따라 대화편들의 특성에 이름을 붙였다. 반면에 자연에 관한 내용을 담은 것으로는 《티마이오스》가 있는가 하면 논리에 관한 것에는 《정치가》, 《크라튈로스》, 《파르메니데스》, 《소피스트》가 있다. 윤리적인 것에는 《변론》, 《크리톤》, 《파이돈》, 《파이드로스》, 《향연》, 《메넥세노스》, 《클레이토폰》, 《편지들》, 《필레보스》, 《히파르코스》, 《연적들》이 있다. 정치에 관한 것에는 《국가》, 〔51〕 《법률》, 《미노스》, 《에피노미스》와 《아틀란티스 이야기》[186]가 있다. 산파술을 행하는 것에는 《알키비아데스》, 《알키비아데스 Ⅱ》, 《뤼시스》, 《라케스》가 있다. 시험하기 위한 것에는 《에우튀프론》, 《메논》, 《이온》, 《카르미데스》, 《테아이테토스》가 있다. 증명을 위한 것에는 《프로타고라스》가 있다. 또한 뒤집기 위한 것에는 《에우튀데모스》, 《고르기아스》, 《힙피아스 Ⅰ》, 《힙피아스 Ⅱ》가 있다. 대화편과 관련하여 그것이 무엇이고, 그것의 특성은 무엇인지에 대해서는 이 정도 이야기하는 것으로 충분하다.

---

185) 상대방의 입장이 자기모순을 범한다는 사실을 밝혀 상대방의 주장을 거꾸러 뜨리는 방식의 대화편을 말한다(3권 35절과 주석 134 참고).
186) 《크리티아스》를 말한다.

어떤 사람은 플라톤이 독단적 주장을 한다고 말하고, 어떤 사람은 아니라고 말하는 등 많은 입장 차이가 있으니,187) 이에 대해서도 분간해 보자. 독단적 주장을 한다는 것 자체가 입법하는 것이 법을 세우는 것이듯이188) 사상을 확립한다는 것이다. 한편 사상은 두 가지로 이름이 붙기도 하는데, 표현된 사상과 의견 자체이다. 189)

〔52〕 이것들 중에 표현된 사상은 진술이고 의견은 생각이다. 그래서 플라톤은 그가 파악한 것은 표명하고 거짓된 것은 논박하며 불확실한 것들에 대해서는 판단을 유보한다. 또한 자신이 의견을 가진 것에 대해서는 4명의 인물, 소크라테스, 티마이오스, 아테네의 손님, 190) 엘레아의 손님191)을 통해서 표명한다. 손님들은, 어떤 사람

---

187) 1권 16절에도 유사한 내용의 주석이 있으나, 플라톤이 독단론자냐, 아니냐는 논쟁은 오늘날 우리가 '독단'에 대해 갖는 선입견만으로 이해하면 곤란한 점이 있다. 이 논쟁은 반대로 플라톤을 회의론자로 보는 입장과 맞물리기 때문이다. 이 경우 회의론도 역시 오늘날 어감과는 달리 지식 자체의 성립 가능성을 원리적으로 부정하는 입장이 아니고, 특히 플라톤과 관련해서는 플라톤이 자신의 대화편에서 적극적으로 자신의 학설을 제기하고 있지 않다는 해석의 입장이다. 따라서 플라톤에 대한 '독단론적' 입장이란 플라톤이 자신의 대화편에서 제시한 철학적 문제들에 대해 적극적으로 자신의 입장과 학설을 밝히고 있다는 해석의 입장이다.

188) '독단적 주장을 하다'라고 해석한 'dogmatizein' 자체에도 '법령으로 공포하다'라는 뜻이 있다.

189) 다소 까다로운 이 말은 '독단적 주장을 하다'(doxazein)란 말을 어원적으로 분해하고, 그 어원에 있는 '의견'(doxa)이란 말의 이중적 의미를 분석함으로써 플라톤이 부정적 의미의 독단론자가 아니라고 증명한다. 일반적으로 어떤 대상에 품는 생각(hypolēpsis) 자체와, 그 생각을 언어나 글로 드러낸 '표현된 사상'(doxazomenon)을 구별할 수 있다면, 이 분석을 이해할 수 있을 것이다.

190) 플라톤의 대화편 《법률》에서 논의를 이끌어가는 인물로 등장한다.

191) 플라톤의 대화편 《정치가》와 《소피스트》에서 논의를 이끌어가는 인물로 등장한다.

들이 추정하듯이, 플라톤과 파르메니데스가 아니라 이름 없는 가상의 인물이다. 플라톤은 소크라테스의 말과 티마이오스의 말을 하면서도 자기 의견을 세우기 때문이다. 거짓된 것들과 관련하여 논박당하는 사람들로 그는 트라쉬마코스,[192] 칼리클레스,[193] 폴로스,[194] 고르기아스, 프로타고라스, 또는 힙피아스, 에우뒤데모스[195] 및 이와 유사한 사람들을 끌어들인다.

〔53〕 증명을 하면서 그는 대부분 귀납의 방법을 사용하지만[196] 한 가지 방법이 아니라 이중으로 사용한다. 귀납은 참된 어떤 것들을 통해서 자신과 닮은 참된 것을 적절한 방식으로 추론하는 논리이다.[197] 귀납의 방식은 두 가지로, 대립에 따른 방식과 합치로부터 하는 방식이다. 대립에 따른 것은 무슨 대답을 하든지 질문받은 사

---

192) 트라쉬마코스(Thrasymachos)는 플라톤의 대화편 《국가》, 1권에도 등장하는 인물로서 기원전 459~400년에 살았던 칼케돈 출신의 소피스트이다.

193) 칼리클레스(Kalliklēs)는 플라톤의 대화편 《고르기아스》에 등장하는 인물로서 기원전 5세기 후반에 활동했다고 추정되나, 플라톤이 창작해낸 인물이라는 의견도 있다. 《고르기아스》에서는 민주파의 젊은 정치인으로서 소피스트의 입장에 동조하는 인물로 묘사된다.

194) 폴로스(Pōlos)는 플라톤의 대화편 《고르기아스》에 고르기아스의 제자로 등장한다. 기원전 5세기경 활동했으리라고 추정되는 아테네 출신 소피스트이다.

195) 에우뒤데모스(Euthydēmos)는 플라톤의 대화편 《에우뒤데모스》에 나오는 키오스 출신의 소피스트로 그의 형제 디오뉘소도로스와 함께 늦게 소피스트 술을 배운 것으로 나온다. 활동 연대는 정확히 알려지지 않았으나 대화편에서는 소크라테스보다 연상인 것으로 되어 있다.

196) 아리스토텔레스는 그의 《형이상학》, 1078b28에서 소크라테스가 "귀납적 논증과 보편적 정의"를 했다고 보고한다.

197) 정의가 불분명하기는 하지만, 뒤에 나오는 사례를 통해 살펴보면 이 개념정의는 오늘날 우리가 '경험적 개별 사실들로부터 일반적 원리를 정립하는 것'이라고 아는 귀납논증에 대한 이해와는 다르다.

람의 입장과 대립되는 결과가 뒤따르는 방식이다. 198) 예컨대 "나의 아버지는 너의 아버지와 다르거나 같다. 따라서 너의 아버지가 너의 아버지와 다르다면, 너의 아버지는 아버지와 다르기 때문에 아버지가 아닐 것이다. 반면에 나의 아버지와 같다면, 같기 때문에 나의 아버지와 동일하기 때문에 〔54〕나의 것은 아버지일 것이다. "199) 그리고 다시 예를 들자면, "사람이 동물이 아니라면, 그는 돌이나 식물일 것이다. 그는 돌이나 식물이 아니다. 그는 혼이 깃들어 있고 자신으로부터 운동하기 때문이다. 따라서 그는 동물이다. 200) 반면에 동물이라면, 개도 소도 동물이며, 사람은 동물이면서 개이자 소일 것201)이다. "202) 이것이 대립과 다툼에 따른 방식의 귀납이다. 플라톤은 이것을 의견을 세우기 위해서가 아니라 논박하기 위해서 사용하였다. 합치의 귀납은 이중적이다. 하나는 개별적인 것을 통해 개별적 결론을 입증하는 것이고, 다른 하나는 개별적인 것을 통해 보편적인 것을 입증하는 것이다. 203) 그리고 앞의 것은 연설술과 관련되는 것이고 두 번째 것은 변증술과 관련되는 것이다. 예컨대 앞의 것에서 "이러저러한 사람이 살인을 저질렀는지에 대한 탐구가 이루어진다.

---

198) 이 설명에서 알 수 있듯이 여기서 말하는 귀납은 뜻으로만 본다면, '유도법'이나 '추론법'이라 해야 할 것이다.

199) 이 두 논변은 플라톤의 《에우튀데모스》, 297e~298c에서 플라톤이 아닌 소피스트인 디오뉘소도로스가 소크라테스를 상대로 한 논변이다.

200) '~이다'라는 말을 주술관계에서 포섭관계를 표현하는 계사로 보지 않고 주어와 술어를 동일한 것으로 보는 '동일성의 오류'를 범한 것으로 볼 수 있는 논변이다.

201) 이곳의 오류 역시 '동일성의 오류'로 보인다.

202) 《에우튀데모스》, 298c~299a 참고.

203) 이 부분은 도란디의 편집이 아니라 마르코비치의 편집본을 따랐다.

입증은 그가 그 시간에 피 묻은 채로 발견되었다는 것이다."

〔55〕귀납의 이 방식은 연설술과 관련된다. 연설술도 부분에 입각한 것들과 관계되고 보편적인 것은 문제되지 않기 때문이다. 그것은 정의로운 것 자체와 관련해서 탐구를 진행하지 않고 부분에 입각한 정의로운 것들과 관련하여 탐구를 진행하기 때문이다. 다른 편의 것은 변증술에 관한 것으로, 여기서는 보편자가 개별적인 것에 입각한 것들을 통해 입증되는 과정이 먼저 있다. 예컨대 혼이 불사인지, 또 죽은 자들로부터 산 자들이 나오는지 하는 탐구 주제가 있다. 바로 이 문제들이《영혼에 대하여》에서 어떤 보편적인 것, 즉 대립되는 것에서 대립되는 것이 나온다는 것을 통해 입증된다.204) 보편적인 것 자체는 또 개별적인 어떤 것들로부터 확립되는 것이다. 예컨대 잠듦은 깨어남에서 나오고 그 역도 참이며, 더 큰 것은 더 작은 것에서 나오며 그 역도 참이라는 것이 그것이다. 이 방법을 그는 자신이 의견으로 삼는 것의 정립을 위해 사용하였다.205)

〔56〕예전에는 비극에서 가무단이 홀로 연극을 이끌고 가는 것이 최초의 형태였지만, 나중에 테스피스가 가무단이 숨 돌리라고 한 명

---

204) 플라톤,《파이돈》, 70d~72a.

205) 55절의 이 내용은 귀납법에 대한 설명으로 보기에 다소 혼란스럽다. 개별에서 보편으로 상승한다는 아리스토텔레스의 말(《변증론》, 105a13~15)과 변증술의 성격을 연결지어 이 부분을 생각해 보자. 변증술에서 대상을 문답을 통해 분석하려면 먼저 그 대상을 포함하는 상위의 개념을 포착해야 하는데, 이 과정을 '모음'(synagōgē)이라고 한다. 아마 디오게네스 라에르티오스 또는 그가 참고한 자료의 저자는 이 과정을 귀납이라고 생각한 듯하다. '모음'의 과정 이후 그 개념을 나누어가는 '이분의 나눔'(dichotomia)의 과정이 있는데, 디오게네스 라에르티오스가《파이돈》(《영혼에 대하여》)을 인용하여 하는 설명은 이 나눔의 방법에 대한 것이지 귀납은 아닌 것으로 보인다.

의 배우를 고안하였고 두 번째 배우는 아이스퀼로스가, 세 번째 배우는 소포클레스가 고안하여 비극을 완성했듯이, 206) 그렇게 철학의 논의는 먼저 자연에 관한 것이 유일한 형태였고, 두 번째 것으로 소크라테스가 윤리에 관한 것을 덧보탰고, 세 번째로는 플라톤이 변증술에 관한 것을 덧보태서 철학을 완성에 이르게 했다. 트라쉴로스는 플라톤이 자신의 대화편들을 비극의 4부작 형식에 따라서 출간했다고 말한다. 예컨대 비극시인들은 4개의 연극으로 경합하였다(〈디오뉘소스 축제〉, 〈레나이아 축제〉, 〈판아테나이아 축제〉, 〈퀴트로이 축제〉207)). 그것들 중 네 번째 것이 사튀로스극이었다. 그 4개의 연극208)이 4부작이라 불렸다.

〔57〕 그리하여 트라쉴로스는 자신이 보기에 진서인 플라톤의 대화편들은 56편이라고 말한다. 이는 《국가》를 10권으로 나누고(파보리누스는 《국가》가 프로타고라스의 《반박》에서 거의 전체가 발견된다고 《잡다한 것들의 역사》 2권에서 말하기도 한다), 《법률》을 12권으로 나누는 경우이다. 4부작은 《국가》가 책 한 권 자리를 차지하고 《법률》이 또 한 자리를 차지한다면 9개이다. 그리하여 그는 공동의 주제를 가진 것을 첫 번째 4부작으로 놓는다. 209) 즉, 철학자의 삶이 어떠

---

206) 아리스토텔레스, 《시인에 관하여》, 단편 42.

207) 판아테나이아 축제는 아테네 여신을 기려 4년에 한 번씩 열리는 축제였고, 나머지 세 축제는 디오뉘소스 신을 기려 매년 열리는 축제였다. 그중 퀴트로이 축제는 포도주의 숙성을 기원하는 안테스테리아 축제의 마지막 세 번째 날에 벌어지는 축제였다.

208) 비극시인은 비극 3편, 사튀로스극 1편을 경연에 올렸다.

209) 트라쉴로스의 첫 번째 4부작은 《에우튀프론》, 《소크라테스의 변론》, 《크리톤》, 《파이돈》이다. 이 4개의 대화편은 소크라테스가 고소를 당해 관할 관

해야 하는지 그 표본을 보이고 싶어 했던 것이다. 한편 트라쉴로스는 책들 하나하나에 이중의 제목을 사용하여, 하나는 등장인물의 이름에서 나온 것을, [58] 다른 하나는 주제에서 나온 것을 사용한다. 첫 번째인 이 4부작을 이끄는 것이 《에우튀프론》 또는 《경건한 것에 관하여》이다. 그 대화편은 '시험을 위한 것'이다. 두 번째는 《소크라테스의 변론》이고 '윤리에 관한 것'이다. 세 번째는 《크리톤》 또는 《실천적인 것에 관하여》로 '윤리에 관한 것'이다. 네 번째는 《파이돈》 또는 《영혼에 관하여》이고 '윤리적인 것'이다. 두 번째 4부작은 '논리에 관한 것'인 《크라튈로스》 또는 《이름들의 올바름에 관하여》를 필두로 하여 '시험을 위한 것'인 《테아이테토스》 또는 《앎에 관하여》, '논리에 관한 것'인 《소피스트》 또는 《있는 것에 관하여》, '논리에 관한 것'인 《정치가》 또는 《왕정에 관하여》 순이다. 세 번째 4부작은 '논리에 관한 것'인 《파르메니데스》 또는 《형상에 관하여》를 필두로 하여 '윤리에 관한 것'인 《필레보스》 또는 《즐거움에 관하여》, '윤리에 관한 것'인 《향연》 또는 《좋음에 관하여》, 《파이드로스》 또는 《사랑에 관하여》 순이다.

[59] 네 번째는 '산파술을 행하는 것'인 《알키비아데스》 또는 《인간의 본질에 관하여》를 필두로 하여 '산파술을 행하는 것'인 《알키비아데스 II》 또는 《기도에 관하여》, '윤리에 관한 것'인 《히파르코스》 또는 《이익을 좋아하는 자》, '윤리적인 것'인 《연적들》 또는 《철학에 관하여》 순이다. 다섯 번째는 '산파술을 행하는 것'인 《테

청에 출두하는 장면에서 독배를 마시고 죽는 장면까지를 시간 순서대로 담은 대화편들의 묶음이다. '공동의 주제'란 바로 뒤에 나오는 '철학자의 삶이 어떠해야 하는가' 하는 주제이다.

아게스》 또는 《철학에 관하여》를 필두로 하여 '시험하기 위한 것'인 《카르미데스》 또는 《절제에 관하여》, '산파술을 행하는 것'인 《라케스》 또는 《용기에 관하여》, '산파술을 행하는 것'인 《뤼시스》 또는 《우정에 관하여》 순이다. 여섯 번째는 '뒤집기 위한 것'인 《에우튀데모스》 또는 《논쟁적인 것》을 필두로 하여 '입증을 위한 것'인 《프로타고라스》 또는 《소피스트들》, '뒤집기 위한 것'인 《고르기아스》 또는 《연설술에 관하여》, '시험하기 위한 것'인 《메논》 또는 《덕에 관하여》 순이다. 〔60〕 일곱 번째는 '뒤집기 위한 것'인 2개의 《힙피아스》 중에서 《힙피아스》 알파(α)는 《아름다운 것에 관하여》, 베타(β)는 《거짓에 관하여》를 필두로 하여 '시험하기 위한 것'인 《이온》 또는 《일리아스에 관하여》, '윤리에 관한 것'인 《메넥세노스》 또는 《장례연설》 순이다. 여덟 번째는 '윤리에 관한 것'인 《클레이토폰》 또는 《권유를 위한 것》, '정치에 관한 것'인 《국가》 또는 《정의로운 것에 관하여》, '자연에 관한 것'인 《티마이오스》 또는 《자연에 관하여》, '윤리에 관한 것'인 《크리티아스》 또는 《아틀란티스에 관한 것》 순이다. '정치에 관한 것'인 아홉 번째 것은 《미노스》 또는 《법에 관하여》를 필두로 하여 '정치에 관한 것'인 《법률》 또는 《입법에 관하여》, '정치에 관한 것'인 《에피노미스》 또는 《야간회의 또는 철학》, 〔61〕 '윤리에 관한 것'인 《편지들》 13편 (여기서 플라톤은 '잘 사시길'이라고 썼는데, 에피쿠로스는 '잘 지내시길'이라고, 클레온은 '안녕하시길'이라고 썼다), 《편지들》은 아리스토도로스[210]에

---

[210] 버넷(Burnet)이 편집한 *Platonis Opera*에는 '아리스토데모스'라고 되어 있다. 이 사람에 대해서는 달리 알려진 바가 없다.

게 1편, 아르퀴타스에게 2편, 디오뉘시오스에게 4편, 헤르미아스[211]
와 에라스토스와 코리스코스에게 1편, 레오다마스에게 1편, 디온
에게 1편, 페르딕카스[212]에게 1편, 디온의 친지들에게 2편이다. 트
라쉴로스도 그렇고 다른 사람들도 이렇게 구별한다.

　문법학자인 아리스토파네스[213]를 비롯한 어떤 사람들은 대화편
들을 3부작으로 끌어다 붙여서 〔62〕 첫 번째로는 《국가》를 필두로
하는 《티마이오스》, 《크리티아스》를 놓는다. 두 번째로는 《소피스
트》, 《정치가》, 《크라튈로스》를, 세 번째로는 《법률》, 《미노스》, 《에
피노미스》를, 네 번째로는 《테아이테토스》, 《에우튀프론》, 《변
론》을, 다섯 번째로는 《크리톤》, 《파이돈》, 《편지들》을 놓는다.
그리고 그 밖의 분류들은 하나하나 산만하게 이루어진다. 앞서 말했
듯이[214] 어떤 사람들은 《국가》에서 시작하고 어떤 사람들은 《알키
비아데스》에서 시작한다. 또 어떤 사람들은 《테아게스》에서 시작한
다. 어떤 이들은 《에우튀프론》에서 시작하며 다른 이들은 《클레이
토폰》에서 시작한다. 어떤 사람들은 《티마이오스》에서 시작하고 다
른 편 사람들은 《파이드로스》에서 시작한다. 또 다른 사람들은 《테
아이테토스》에서 시작한다. 하지만 많은 사람은 《변론》을 시작으로

---

211) 헤르미아스(Hermias) 또는 헤르메이아스(Hermeias)는 아타르네우스 출
　　신으로 그곳의 참주가 되었다. 그는 아카데미아에 공부하러 왔다가 아리스
　　토텔레스를 만났고, 나중에 그를 사위로 맞는다.
212) 페르딕카스(Perdikkas)는 기원전 365～359년에 마케도니아를 다스렸던 페
　　르딕카스 3세를 말한다.
213) 아리스토파네스(Aristophanēs)는 기원전 257년에 태어나 기원전 185년 또
　　는 180년에 사망한 비잔틴의 학자이다.
214) 바로 앞 절의 아리스토파네스를 말하는 것으로 보인다.

잡는다. 대화편들 중에서 《미돈》 또는 《말 기르는 사람》, 《에뤽시아스》 또는 《에라시스트라토스》, 《알퀴온》, 《아케팔로이》, 《시쉬포스》, 《악시오코스》, 《파이아케스》, 《데모도코스》, 《켈리돈》, 《일곱째 날》, 《에피메니데스》는 위작으로 추정된다. 이들 중 《알퀴온》은 파보리누스가 《회상록》 5권에서 말하는 바에 따르면, 알려지지 않은 레온이라는 사람의 작품인 것으로 여겨진다.

〔63〕플라톤은 자신의 주제에 무지한 사람들이 쉽게 이해하지 못하도록 다채로운 용어를 사용했다. 아주 독특한 의미에서 플라톤은 지혜가 지성에 의해 알려지는 것들과 참으로 있는 것들에 대한 앎이라고 생각했으며, 그 지혜는 신과 영혼에 관한 것이고 육체와 동떨어진 것이라고 말한다. 특별히 그는 지혜를 지혜사랑이라고도 부르는데, 이는 철학이 신적 지혜에 대한 열망이기 때문이다. 일반적으로 그는 모든 경험 역시 지혜라고 말한다. 예를 들어 기술자가 지혜롭다고 말하는 경우가 그렇다. [215] 한편 그는 동일한 용어를 아주 다른 의미를 가진 것으로 사용하기도 한다. 그러니까 '평범한 사람'은 그에게서 '단순한 사람'이란 의미로 이야기된다. [216] 이는 마치 에우뤼피데스의 《뤼킴니오스》에서 헤라클레스에게 다음과 같이 적용되는 것과 같다. [217]

평범하고, 소박하고, 가장 위대한 것에 훌륭한,
모든 지혜를 행위로
압축하고, 수다에 능숙하지 못한

---

215) 플라톤, 《테아게스》, 123c~d.
216) 플라톤, 《테아이테토스》, 147c5 참고.
217) 에우뤼피데스, 《단편》, 473.

〔64〕 하지만 때때로 플라톤은 평범하다는 그 말을 나쁜 것을 뜻하는 것으로 사용하기도 한다. 또 때로는 작은 것을 뜻하는 데 사용하기도 한다. 또 그는 종종 다른 용어들을 같은 뜻을 가진 것으로 사용하기도 한다. 그러니까 그는 형상을 형태,[218] 종, 본, 원리, 원인이 되는 것이라고 부르기도 한다. 또한 그는 대립되는 표현을 같은 것에 사용하기도 한다. 그러니까 그는 '감각에 의해 아는 것'을 '있다'라고도 부르고 '있지 않다'라고도 부른다.[219] '있다'는 것은 그것의 생성 때문에 그런 것이고, '있지 않다'는 것은 끊임없는 변화 때문에 그런 것이다. 또한 그는 형상을 움직이지도 머물러있지도 않는다고 말한다. 또한 동일한 그 형상을 '하나이자 여럿'이라고 말한다.[220] 그는 이와 같은 일을 이 이상의 더 많은 경우에 일상적으로 하고 있다.

〔65〕 그의 논의에 대한 해설은 삼중적이다. 첫 번째는 논의되는 것들 각각이 무엇인지 설명해야 한다는 것이다. 그다음으로는 무엇을 위해서 논의된 것인지, 즉 주요 논지에 맞춰서인지 아니면 비유의 부분으로인지, 그리고 주장의 구성을 위해서인지 아니면 대화상대의 논박을 위해서인지 설명해야 한다. 세 번째로는 옳게 논의된

---

218) 일반적으로 'eidos'는 형상이라고 번역하지만 앞의 'idea'의 번역어와 구별하기 위해서 '형태'로 하였다.

219) '있는 것'과 '있지 않은 것'이라고 번역한 말에 들어 있는 'on'은 영어의 'to be'와 같은 동사인 'einai'의 중성분사형이다. 따라서 이 말은 정확히 말하면 '있다'과 '있지 않다'로도 '이다'와 '이지 않다'로도 번역할 수 있는 말이다. 플라톤의 형상이론을 이해하는 데 한 가지 중요한 논쟁점이 되는 이 논란을 여기서 다룰 수는 없지만 두 번역이 다 가능하고 의미 있다는 점은 알아 둘 필요가 있다. 여기서는 우리말로 자연스러운 '있다'로 대표 번역을 통일하였다.

220) 《소피스트》, 244b~245e, 《파르메니데스》, 129b, 《필레보스》, 14c 참고.

것인지 설명해야 한다.

그의 책들에는 어떤 기호들이 첨가되어 있으니, 이것들에 대해서도 좀 이야기해 보자. X (키)221)는 특정 어휘와 수사적 표현, 즉 전반적으로는 플라톤의 관용적 표현들을 표시하기 위해 채택된다. 〔66〕 >222)는 주장과 플라톤 특유의 견해를 표시하기 위해 채택된다. ※223)는 발췌와 미문(美文)을 표시하기 위해 채택된다. ≫224)는 어떤 것들의 수정을 표시하기 위해 채택된다. ÷225)는 경솔한 삭제를 표시하기 위해 채택된다. Ɔ226)는 철자의 반복과 자리바꿈을 표시하기 위해 채택된다. ⊤227)은 철학 학파를 표시하기 위해 채택된다. *228)는 학설들의 어울림을 표시하기 위해 채택된다. —229)는 삭제를 표시하기 위해 채택된다. 기호들과 책들은 이와 같다. 최근에 출간된 바로 이것들을〔카뤼스토스 사람 안티고노스가 《제논에 관하여》에서 하는 말이다〕 훑어보고 싶은 사람은 소유자들에게 돈을 지불했다.

〔67〕230) 플라톤 특유의 견해들은 다음과 같은 것이었다. 그는

---

221) 그리스어 'χρῆσθαι'(사용하다)의 머리글자 'X'(ch)이다.

222) 'diplē'는 '이중적'이란 뜻인데, 표시가 2개의 선을 사용한 탓으로 이런 이름이 붙은 것으로 보인다.

223) 'chi peristigmenos'는 '둘레에 점이 찍힌 X'라는 뜻이다.

224) 'diplē peristigmenos'는 '둘레에 점이 찍힌 >'라는 뜻이다.

225) 'obelos peristigmenos'는 '둘레에 점이 찍힌 가로선'이라는 뜻이다. '의구선' (疑懼線)이라고도 번역된다.

226) 'antisigma peristigmenos'는 '둘레에 점이 찍힌 뒤집혀진 ς(시그마)'라는 뜻이다.

227) 'keraunion'은 본래 '송로버섯 종류'를 가리키는 말인데, 일반적으로는 훼손된 구절을 표시하는 기호라는 뜻으로 사용된다.

228) 'asteriskos'는 '작은 별'이란 뜻이다. 별표라고도 번역된다.

229) 'obelos'는 '가로선'이라는 뜻이다.

영혼이 불멸하고 여러 육체를 갈아입는 한편,231) 영혼은 산술적 원리를 가지며 육체는 기하학적 원리를 갖는다232)고 말했다. 한편 그는 영혼을 모든 방향으로 산재되어 있는 숨이라고 정의했다.233) 또 그것은 자기운동을 하고234) 3분되어 있다235)고 했다. 그것의 이성적 부분은 머리에 자리잡고 있고 격정적 부분은 심장에, 욕구적 부분은 배꼽에 자리잡고 있다236)고 했다.

〔68〕 한편 그는 영혼이 육체를 가운데서부터 전체에 걸쳐 둥글게 감싸고 있으며237) 그것은 요소들로 형성되었다238)고 말했다. 또한 그것은 조화로운 간격을 두고 나뉘어져239) 연접한 2개의 원240)을 이루는데, 그중 안쪽의 원이 6개 부분으로 갈라져 전체는 7개의 원을 이룬다241)고 말했다. 또한 이 원은 안에서 사선을 따라 왼쪽으로

---

230) 여기서부터 80절까지가 '플라톤 특유의 견해들'이란 항목으로 부록 삼아 붙은 것이다.

231) 플라톤, 《메논》, 81c;《국가》, 608d, 611d, 621c;《티마이오스》, 42e~43a;《법률》, 959b, 967d;《악시오코스》, 365e;《편지들》, 335a.

232) 이 부분은 논란이 있지만 관련 구절은 《티마이오스》, 41d, 54a 이하 참고.

233) 이것은 플라톤의 대화편에서는 전거를 찾기 어렵다. 스페우시포스, 《단편》, 54, 플루타르코스의 《〈티마이오스〉에서 영혼의 생성에 관하여》, 1023b 참고

234) 플라톤, 《파이드로스》, 246a 이하, 253c 이하;《국가》, 438d 이하, 550b, 580d;《티마이오스》, 89c;《법률》, 896a;《정의》, 411c.

235) 플라톤, 《파이드로스》, 246a 이하, 253c 이하;《국가》, 438d 이하, 550b, 580d;《티마이오스》, 69c 이하, 89c.

236) 플라톤, 《티마이오스》, 69e~70b.

237) 플라톤, 《티마이오스》, 34b~36d.

238) 플라톤, 《티마이오스》, 35a 참고.

239) 플라톤, 《티마이오스》, 35b~36b.

240) 플라톤, 《티마이오스》, 36b~c.

241) 플라톤, 《티마이도스》, 36d.

움직이고, 다른 원은 측면을 따라서 오른쪽으로 움직인다고 말했다.[242] 그런 이유로 하나인 원이 지배한다고 말했다. 안에 있는 다른 원은 나뉘어 있기 때문이라는 것이다. 그리고 하나는 동일성의, 다른 것들은 타자성의 원들이며 영혼의 운동은 우주의 운동이자 행성들의 회전운동이라고[243] 말했다.

〔69〕 이렇게 중심으로부터 가장자리까지 영혼에 조화를 이루게 분리되어 있기에[244] 영혼은 있는 것들을 알고 그것들이 조화를 이루게 할 줄도 안다[245]고 그는 말했다. 자신 안에 있는 요소들을 조화롭게 갖고 있기 때문[246]이라는 것이다. 또한 의견은 타자성의 원이 제 길을 감에 따라 생기고, 앎은 동일성의 원이 제 길을 감에 따라 생긴다고 그는 말했다.[247]

모든 것의 원리는 둘, 즉 질료와 신(플라톤이 지성이라고 부르고 원인이 되는 것이라고도 부르는 것)이라고 그는 밝혔다. 한편 그는 질료는 형태도 없고 성질도 없고[248] 그것에서 복합물이 생긴다고 밝혔다. 한때 질료는 무질서하게 운동하였으나 무질서보다 질서가 더 좋

---

242) 플라톤, 《티마이오스》, 36c~d. 이것은 일차적으로 우주혼, 즉 천구의 구조를 말하는 것이자 인간의 영혼을 말하는 것이다. 인간의 영혼은 우주혼의 구조를 본떠 만들어졌기 때문이다. 내부의 원은 회전축이 기울어 있기 때문에 사선으로 회전한다.

243) 플라톤, 《티마이오스》, 38c~39e.

244) 플라톤, 《티마이오스》, 36b~c.

245) 플라톤, 《티마이오스》, 37a~c의 내용과 연관되는 것으로 보인다.

246) 플라톤, 《티마이오스》보다는 아리스토텔레스가 《영혼에 관하여》에서 플라톤의 영혼에 대해 지적한 404b16~30을 참고한 것으로 보인다.

247) 플라톤, 《티마이오스》, 37b7.

248) 플라톤, 《티마이오스》, 50d~e, 51a.

다고 생각하는 신[249]에 의해 한 장소로 한꺼번에 이끌렸다고[250] 그는 말한다. 〔70〕이 실재[251]가 불, 물, 공기, 흙의 네 요소로 변환되고, 이것들로부터 우주[252]와 그 안에 있는 것들이 생겨난다고 그는 말한다.[253] 한편 그는 흙만은 변화하지 않는다고[254] 말하는데, 그는 그 원인을 그것이 구성되는 형태들의 차이라고 생각한다.[255] 왜냐하면 다른 것들의 형태는 종류가 같은 반면(모두 직각부등변삼각형 하나로 구성되니까[256]), 땅의 형태는 독특하기 때문이라고[257] 그는 말한다. 불은 피라미드 형태[258]고 공기는 정팔면체, 물은 정이십면체, 땅은 정육면체라는 것이다.[259] 그런 이유로 흙은 이것들로

---

249) 플라톤, 《티마이오스》, 30a, 69b; 에우세비오스, 《복음의 준비》(*Praepatio Evangelica*), 5권 2절 및 6권 4절 참고. 《티마이오스》에는 질료들이 원래는 무질서하고 자기운동을 했으나 신(데미우르고스)이 질서를 부여했다는 말은 있지만, 한곳에 모였다는 말은 없다. 신이 단일한 우주를 형성했다는 맥락에서 우주가 생성되기 전에는 흩어져 방황하던 질료가 하나의 우주로 모였다는 함의를 읽어낸 것으로 보인다.

250) 플라톤, 《티마이오스》, 31b~c.

251) 질료를 말한다.

252) 앞 절의 '우주'와 이곳의 '우주'는 각기 'holon'과 'kosmos'를 번역한 말이다. 플라톤도 이 두 말을 같은 뜻으로 사용하기는 하지만, holon은 '전체'가 강조된 말이고, 'kosmos'는 '질서'와 '조화'가 강조된 말이다.

253) 플라톤, 《티마이오스》, 50b~c, 53a~b.

254) 불, 물, 공기는 상호 변환하는데, 흙만은 다른 것으로 변화되지 않는다는 말이다.

255) 플라톤, 《티마이오스》, 56d; 아리스토텔레스, 《하늘에 관하여》, 306a20.

256) 플라톤, 《티마이오스》, 53c~55c.

257) 모든 물체는 직각부등변삼각형과 직각등변삼각형을 기본 단위로 구성되는데, 그중 흙은 직각등변삼각형을 기본 단위로 구성되는 정육면체다.

258) 정사면체.

259) 플라톤, 《티마이오스》, 55d~56b.

변화하지 않고 이것들도 흙으로 변화하지 않는다고 그는 말한다.

〔71〕 한편 요소들 각각은, 회전운동이 작은 요소들을 뭉치게 하고 가운데로 한꺼번에 끌고 들어가서 결합시키는 한편, 그 작은 요소들은 큰 요소들을 분해하기 때문에 자신들의 장소로 흩어지지 않는다고 그는 말한다. 바로 그런 이유로 요소들은 자신들의 형태를 바꿈에 따라 장소도 바꾼다[260]고 그는 말한다.

또한 그는 우주는 하나이고 생겨났다[261]고 말하는데, 이는 그것이 신에 의해 제작되어 감각 가능하기도 하기 때문[262]이라는 것이다. 또한 영혼이 있는 것이 영혼이 없는 것보다 더 좋은 것이기 때문에 우주는 영혼이 있으며,[263] 가장 훌륭한 원인이 되는 것의 산물이라 추정된다[264]고 그는 말한다. 또한 그것은 하나이지 무한하지[265]

---

260) 플라톤, 《티마이오스》, 58a~c. 작은 요소들은 결합해서 다른 성질이 되고, 큰 요소들은 분해되어 또 다른 성질이 되며, 이에 따라 새로 바뀐 성질들은 각각 물, 불, 공기, 흙의 고유한 장소로 향하게 된다. 그리고 이렇기 때문에 각 요소들이 제자리를 찾아가서 운동이 정지되는 일이 없이 끊임없는 운동이 일어날 수 있게 된다.

261) 플라톤, 《티마이오스》, 31a~b, 33a, 55c~d, 92c.

262) 플라톤, 《티마이오스》, 28b8~9. 플라톤에게는 생성되지 않는 것은 형상들이며, 이것들은 지성(nous)에 의해 파악되는 것들이다. 반면에 생성되는 것들은 감각에 의해 파악되는 것들이다. 즉, 개별적 물질의 성격을 갖는 것들이다.

263) 플라톤, 《티마이오스》, 30b.

264) 플라톤, 《티마이오스》, 30a~b, 55c~d. '추정된다'(hypokeisthai)라는 용어를 사용한 것은 이 설명이 '그럴듯한 설명'(eikotoi logoi)이라는 말이 《티마이오스》의 이 구절들에 붙어 있기 때문인 것으로 보인다.

265) '무한하다'고 번역한 'apeiron'은 69절에서는 '성질이 없다'라고 번역했다. 원래 이 말은 '양적으로나 질적으로 규정되지 않았다'란 뜻으로 중립적으로 번역할 수 있는데, 문맥을 고려해 번역을 달리했다. 2권 1절의 아낙시만드로스가 만물의 원리로 꼽은 것이 바로 이 'apeiron'이었다.

않은데, 이는 그가266) 그것을 제작할 때 고려한 표본267) 역시 〔72〕 하나였기 때문이라고268) 그는 말한다. 다른 한편 우주는 구형인데,269) 낳은 자 역시 그런 형태를 하고 있기 때문270)이라고 그는 말한다. 낳은 자는 다른 생물들을 포괄하고 이 형태는 모든 것의 형태를 포괄하기 때문이라 한다.271) 또한 그것은 매끄럽고 빙 둘러 아무런 기관도 갖고 있지 않은데, 전혀 필요가 없기 때문이라는 것이다.272) 더 나아가 우주는 내내 소멸하지 않고 존속하는데, 이는 그것이 신으로 해체되지 않기 때문273)이라 한다. 또한 천구 생성의 원

---

266) '가장 훌륭한 원인이 되는 자'(ho beltistos aitios)를 말한다.

267) 플라톤이 《티마이오스》에서 사용하는 용어는 '본'(paradeigma)이며 '표본'(hypodeigma)은 헬레니즘 시대의 용어이다.

268) 플라톤, 《티마이오스》, 31a~b, 55c~d.

269) 플라톤, 《티마이오스》, 33c~d, 34b, 62d, 63a.

270) 이것은 플라톤 자신의 명시적 생각이라기보다는 스토아학파의 생각으로 보인다. 키케로《신들의 본성에 관하여》, 1권 18절, 24절 참고.

271) 플라톤, 《티마이오스》, 33b에서는 '세계가 생물들을 포괄한다'고 하였는데, 디오게네스는 이를 달리 보고하고 있다.

272) 플라톤, 《티마이오스》, 33c~d.

273) 이것은 《티마이오스》 문맥에서 제대로 이해되지 않는 말이다. 이에 따라서 아펠트는 '신으로서'(hōs theon), 베일(Bale)은 '신이라면'(ean ton theon)으로 사본을 고치자는 제안을 했으나 제안일 뿐 어떤 편집본도 사본 자체를 고친 경우는 없다. 아펠트의 제안은 《티마이오스》에서 조화 세계를 신이라고 말하는 부분이 있기 때문에, 베일의 제안은 역시 《티마이오스》에서 '만든 신이 허락하지 않는 한 파괴되지 않는다'라는 내용이 있기 때문에 가능한 해석이다. 이렇게 해석할 수 있는 관련 구절은 《티마이오스》, 32c, 33a, 38b, 41a, 43c 참고. 하지만 이런 해석들은 원문을 해석에 맞춰 번역한 것이기에 바람직하지 않다. 디오게네스 라에르티오스의 플라톤 해석이 꼭 플라톤의 문헌을 통해서만 정당화될 이유는 없기 때문이다. 그런 의미에서 브리송은 글자 그대로 번역하는 쪽을 택한다(Diogène Laêrce, Vies et Doctrines des Pilosophes Illustres, p. 443. n. 1 참고).

인이 되는 것은 신인데, 이는 좋음은 본래 좋은 일을 하는 것이고,274) 천구의 생성 원인이 되는 것은 지성이기 때문이라고 그는 말한다. 왜냐하면 가장 아름다운 것의 생성 원인이 되는 것은 지성에 의해 알 수 있는 것들 중 가장 좋은 것이기 때문이라는 것이다.275) 그리하여 신이 이와 같고, 천구는 가장 아름다운 한에서 가장 좋은 것과 닮았기에, 오직 신과 닮았을 뿐, 생성된 것들 중 그 어느 것과도 닮지 않았다276)고 그는 말한다.

〔73〕 우주는 불, 물, 공기, 흙으로 구성되었다고 그는 말한다. 불로 구성된 이유는 보이는 것이기 위해서고, 흙으로 구성된 이유는 단단한 것이기 위해서고, 물과 공기로 구성된 이유는 비례관계가 되기 위해서고277) (입체의 특성상 비례관계가 되어 전체가 하나로 되는 방식이기 위해서는 2개의 비례중항이 필요하기 때문이다), 전체 4개로 구성된 이유는 완전하고 소멸하지 않도록 하기 위해서라고 그는 말한다.

또한 시간은 끝없는 영원의 모상으로 생겨났다고 그는 말한다. 끝

---

274) 플라톤, 《티마이오스》, 32c, 33a, 38b, 41a, 43d.

275) 플라톤, 《티마이오스》, 29e~30a, 42e.

276) 플라톤, 《티마이오스》, 29e~30a, 42e.

277) 비례관계의 문제가 대두되는 이유는 《티마이오스》, 31b~c의 내용으로 봐서, 불과 흙, 2개를 연결하기 위한 끈으로 다른 것이 필요하고 "끈들 중에서도 가장 훌륭한 것은 자신도 묶여진 것들도 최대한 하나로 만드는 것이겠는데" (플라톤, 《티마이오스》, 박종현·김영균 역, 서광사, 31c), 이것이 비례관계(특히 등비비례)이기 때문이다. 묶여지는 두 가지와 묶는 끈 사이에 성립되는 관계가 동일한 것이 될 때 묶는 끈과 묶이는 것들이 하나가 되기 때문이다. 그런데 입체의 경우는 비례중항(묶는 끈)이 2개가 필요하다는 것이 당시 첨단의 논의여서(플라톤, 《티마이오스》, 박종현·김영균 역, 서광사, 88쪽, 주 113 참고), 여기에 2개의 비례중항이 첨가되어 비례관계를 맺는 것이다.

없는 영원 역시 언제나 머물러 있으며, 천구의 운동이 시간이라고 그는 말한다. 밤과 낮도 그와 유사한 모든 것도 다 시간의 부분이기 때문이란 것이다. 그렇기 때문에 우주의 존재 없이는 시간이 없다고 그는 말한다. 그것이 있는 것과 동시에 시간이 있기 때문[278]이란 것이다.

〔74〕 시간의 생성과 관련하여 해와 달과 행성들이 생겨났다고 그는 말한다. 한편 그는 계절의 수가 구별되고 동물들이 수에 관여할 수 있도록[279] 신이 해의 불을 붙였다고 말한다.[280] 다른 한편 그는 달은 땅[281] 바로 위의 궤도에 있고, 해는 그다음 궤도에 있으며 상위의 궤도들에는 행성들이 있다[282]고 말한다. 그것들은 영혼이 있는 운동에 묶여 있기 때문에 완전하게 살아 있다[283]고 그는 말한다. 한편 지성에 의해 알 수 있는 동물[284]과 닮게 태어난 우주가 완전할 수 있도록 다른 동물들의 본성도 생겨났다고 그는 말한다. 그리하여 지성에 의해 알 수 있는 것이 갖고 있는 것은 천구도 갖고 있어야 한다고 그는 말한다.[285] 그리하여 그는 한편으로는 천구가 대체로 불의 성질을 갖는 신들[286]을 갖고 있으며 다른 세 가지 부류, 〔75〕 즉 날개 달린 것, 물속에 사는 것, 걸어 다니는 것도 있다[287]고 말한

---

278) 플라톤, 《티마이오스》, 37d~38b.

279) 수 개념을 가질 수 있도록 했다는 말이다.

280) 플라톤, 《티마이오스》, 47a~b.

281) 요즘으로 말하면 지구이다.

282) 플라톤, 《티마이오스》, 38c~d.

283) 플라톤, 《티마이오스》, 38c~39d.

284) 실제 생물들이 아니라 생물들의 형상을 의미한다. 《티마이오스》, 30c 참고.

285) 플라톤, 《티마이오스》, 39e~41d.

286) 천체들을 말한다.

다. 한편 그는 신들 중에서 땅이 천구에서 가장 나이가 많다고 말하는 한편 그것은 밤과 낮이라는 산물을 만들도록 생겨났다[288]고 그는 말한다. 그것은 중앙에 있으면서 중심을 감싸고 운동한다[289]고 그는 말한다. 원인은 두 가지가 있어서, 어떤 것들은 지성에 의한 것들[290]이고, 어떤 것들은 필연으로부터 이루어진 것[291]이라 말해야 한다고 한다. 후자가 공기, 불, 흙, 물로서 엄밀한 의미의 요소는 아니고 수용자이다.[292] 이것들은 삼각형들이 구조를 이루어 생성되고 그것들로 분해된다고 그는 말한다. 한편 이것들의 요소는 직

---

287) 플라톤, 《티마이오스》, 39c~40a.

288) 플라톤, 《티마이오스》, 40b~c.

289) 자전운동을 말한다. 《티마이오스》, 40b 참고. "중심을 감싸고 운동한다"는 애매한 표현과 관련한 논란에 대해서는 《티마이오스》(플라톤, 《티마이오스》, 박종현·김영균 역, 서광사, 88쪽, 주 186) 참고.

290) 《티마이오스》, 46d~e, 68e~69a 참고. 원인의 종류는 둘이지만, 각 종류에 속하는 개별적 원인들은 그 이상의 복수다. '지성에 의한 원인들'이란 '각 사물의 훌륭한 상태들'인 것으로 보인다.

291) '필연'으로 번역한 'anankē'에는 기본적으로 '어쩔 수 없는 것'이란 뜻이 있다. '필연'은 일반적 번역에 따른 것이지만, 《티마이오스》에서 'anankē'는 '어쩔 수 없다'는 성격이 강하다. 질료는 데미우르고스가 우주를 창조하려 하기 이전부터 있었던 것이고, 데미우르고스도 어쩔 수 없이 이것을 기본적인 것으로 받아들여야 한다는 의미가 깔려 있기 때문이다. 자연법칙의 필연성이라는 것도 생각해 보면 우리가 어쩔 수 없이 따라야 하는 것이라는 의미로 이해한다면 왜 '어쩔 수 없다'란 말이 '필연'의 의미도 갖게 되는지 이해할 수 있다.

292) 요소가 아니라 수용자라고 하는 이유는, 필연으로서의 공기, 불, 흙, 물은 본래부터 그 성질을 제대로 갖추고 있던 것이 아니라 데미우르고스가 요소 삼각형들을 이것들에 부여함으로써 비로소 제 성격들을 제대로 갖추게 되기 때문이다. 그래서 요소 삼각형이 부여되기 이전의 이 원소들에 대해서는 '흔적'(ichnē)이라는 이름이 부여된다. 《티마이오스》, 49a 이하, 50b~51b, 52a~b 참고.

각부등변삼각형과 직각이등변삼각형이라고[293] 그는 말한다.

〔76〕 그리하여 언급된 원리들과 원인은 둘, 즉 신과 질료라고 그는 말한다. 질료라는 것은 다른 수용자들의 경우와도 마찬가지로[294] 필연적으로 형태가 없다고 그는 말한다. 다른 한편 이것들의 원인이 되는 것은 필연적으로 있다고 그는 말한다. 왜냐하면 어떻게든 그것은 형상들을 받아들여 실재를 생성하고 힘들이 서로 닮지 않은 탓[295]에 운동하며, 그것은 운동을 시작해서 그것으로부터 생겨난 것들을 운동하게 하기 때문이라고[296] 플라톤은 말한다. 이것들이 이전에는 불규칙적으로 무질서하게 운동하였으나 우주를 구성하기 시작한 이래로는 가능한 한에서 〔77〕 신에 의해서 균형 잡히고 질서 잡힌 상태로 생겨나게 되었다고 그는 말한다. 원인들은 천구의 제작 이전에도 2개가 있었고, 생성이 세 번째 원인이지만, 뚜렷하지 않았고 흔적만이 무질서한 상태로 있었다고 그는 말한다. 그런데 우주가 생겼을 때 이것들도 질서를 갖추었다는 것이다. 한편 존재하는 모든 물질로부터 천구가 이루어졌다고 그는 말한다.[297] 한편 그는 신이 영혼과 마찬가지로 육신이 없는 것으로 여긴다. 왜냐하면 그래야만 소멸과 겪음을 받아들이지 않기 때문이라는 것이다. 이미 말했듯이 플라톤은

---

293) 플라톤, 《티마이오스》, 53c~55c.

294) 공간도 플라톤에게는 수용자로 이해된다. 플라톤, 《티마이오스》, 50b~51b 참고.

295) 힘들이 서로 닮지 않아서, 힘들의 균형을 이루지 못하고, 그런 불균형으로 인하여 흔들리고 운동하게 된다는 설명이 《티마이오스》, 52e에 있다.

296) 이 '원인이 되는 것'은 수용자로서의 공간이다. 플라톤, 《티마이오스》, 52d, 53b, 57c, 69b~c.

297) 그래서 천체 바깥에는 다른 존재들이 없다.

형상들이 자연적인 것들 안에 있음으로써 자연적인 것들이 이러저러한 것이 되는 어떤 원인들이고 원리들이라고 전제한다.

〔78〕한편 그는 좋은 것들과 나쁜 것들에 대해서 다음과 같이 말했다. 궁극목적은 신과의 동화이다.[298] 덕은 행복을 위해 자족적이지만[299] 추가적으로 수단들을 필요로 한다. 그것들은 육체와 관련된 이득, 즉 힘, 건강, 예민한 감각능력 및 이와 유사한 것들[300]이며, 또한 외부적인 것,[301] 즉 부, 좋은 가문, 명성이다. 하지만 지혜로운 자는 이것들이 없다고 해도 행복해지는 데 아무런 문제가 없다. 그런가 하면 지혜로운 자는 나랏일도 보고 결혼도 하겠지만[302] 기존의 법률을 거스르지 않는다고 한다. 또한 지혜로운 사람은 민중의 지나친 의견 대립의 와중에서 사태가 어찌할 수 없는 지경이라고 보지 않는 한, 즉 가능한 한도 내에서 〔79〕자신의 조국을 위해 법을 제정할 것이라고 그는 말한다. 한편 신들은 인간사를 굽어보며[303] 영적인 존재는 있다[304]고 그는 생각한다. 또한 그는 아름다움의 개념이

---

298) 플라톤, 《테아이테토스》, 176b~c;《파이드로스》, 248a, 253a;《국가》, 613a;《티마이오스》, 90d.

299) 플라톤, 《파이돈》, 69a 이하;《테아이테토스》, 176a 이하;《고르기아스》, 470e, 506b;《국가》, 612a~b.

300) 플라톤, 《필레보스》, 63d 이하;《에우튀데모스》, 281d;《메넥세노스》, 246e;《국가》, 491c.

301) 이 표현에 대해서는 아리스토텔레스의 《니코마코스 윤리학》, 1098b 13 및 《에우데모스 윤리학》, 1218b 32 참고.

302) 플라톤이 《국가》에서 철학자들이 정치를 맡는 대신 결혼하지 못하게 한 것을 두고 하는 말이다. 반면에 《법률》에서는 모든 시민들이 결혼해야 한다고 플라톤은 말한다. 플라톤, 《법률》, 772d~e.

303) 플라톤, 《소피스트》, 265c~d;《필레보스》, 28d 이하;《티마이오스》, 30b, 44c;《법률》, 709b, 899d 이하, 901d;《에피노미스》, 930d.

칭송받을 만한 것, 지적인 것, 유용한 것, 적합한 것, 조화로운 것305)과 연관이 있다고 밝힌 최초의 사람이었다. 바로 이 모든 것들이 자연에 대한 순응과 일치306)와 연관된다고 그는 말하는 것이다.

이름들의 올바름에 대해서도 그는 논의했다.307) 그리하여 그는 옳게 묻고 대답하는 법을 지나칠 정도로 많이 직접 구사해 봄으로써 그것에 대한 체계적인 앎을 명백히 제시한 첫 번째 사람이었다. 한편 그는 대화편들에서 정의를 신의 법이라고 간주한다. 왜냐하면 죽은 뒤에 악한으로서 재판받지 않으려면 정의로운 일을 하라고 권유하는 것이 더 강력하다고 생각하기 때문이다.308) 〔80〕 그런 이유로 해서 어떤 사람들에게는 그가 더욱더 신화적 취향을 갖는 것으로 보이기도 한다. 그가 그러한 설명을 자신의 저술들에다가 섞어 넣어 사후의 일에 대해 잘 알 수 없다는 것을 이유로 불의를 멀리하도록309) 했기 때문이다. 이상이 그에게 특유한 사상이었다.

아리스토텔레스의 말로는 그가 존재하는 것들을 다음과 같은 방식

---

304) 플라톤, 《소크라테스의 변론》, 27c 이하; 《크라튈로스》, 397e 이하; 《향연》, 202c; 《국가》, 392a; 《티마이오스》, 40d; 《법률》, 713e, 717b.

305) 플라톤, 《크라튈로스》, 416c 이하; 《향연》, 206d; 《고르기아스》, 474d 이하; 《힙피아스 I》, 290c~291c, 293c~294e, 295c~297d.

306) '자연에 대한 순응과 일치'는 플라톤의 특정한 대화편에 나오는 말은 아니지만, 플라톤의 사상을 대변한다고 할 수 있으며, 스토아학파의 핵심적 사상이기도 하다.

307) 대화편 《크라튈로스》가 바로 이 주제를 다룬다.

308) 플라톤, 《고르기아스》, 523a; 《국가》, 364b, 613a; 《티마이오스》, 42b; 《법률》, 716a, 904b.

309) 사후 세계와 윤리에 대한 그의 신화적 설명은 《파이드로스》, 245c~256c; 《파이돈》, 107c~108c; 《국가》, 614b~621d; 《고르기아스》, 523a~527c 참고.

으로 나누었다고 한다. 310) 좋은 것들 중에는 영혼에 있는 것, 육체에 있는 것, 외부에 있는 것이 있다. 예컨대 정의, 분별, 311) 용기, 절제 등은 영혼에 있는 것이다. 아름다움, 활기, 건강, 힘은 육체에 있는 것이다. 친구들, 조국의 번영, 〔81〕 명성, 부는 외부에 있는 것이다. 312) 따라서 좋은 것들에는 세 종류가 있다. 영혼에 있는 것, 육체에 있는 것, 외부에 있는 것.

우정에는 세 종류가 있다. 그중 하나는 자연적인 것이고, 다른 것들은 동무끼리의 것과 외국인과의 것이다. 그러니까 자연적인 것은 부모가 자식에 대해서 갖거나 친족들이 서로에 대해서 갖는 것이다. 313) 여기에는 다른 동물들도 해당된다. 동무끼리의 것은 사귐에

---

310) 여기서부터 세 번째 부록이 시작된다. 디오게네스 라에르티오스는 이 부분이 아리스토텔레스의 것이라고 말한다. 하지만 현대의 편집자 로즈(Rose)는 후대의 기독교 작가에 의해 수정된 이 부분의 원문은 헬레니즘 시대의 작가에 의해 만들어졌을 것으로 추정한다(Rose, *Pseudepigraphus*, p. 679 이하 참고).

311) 여기 나열된 덕목들 중에서 '분별'을 제외한 세 가지는 흔히 플라톤의 4주덕이라고 말하는 것들에 속한다. 4주덕에는 보통 '분별'(*phronēsis*) 대신에 '지혜'(*sophia*)가 들어간다. 이 문맥에서 '지혜' 대신에 '분별'이 들어간 이유는 아리스토텔레스가 플라톤과는 달리 지혜는 이론적 지혜와 실천적 지혜(*phronēsis*)로 나뉜다고 보았기 때문일 것이다. 그래서 아마 플라톤의 지혜는 아리스토텔레스의 실천적 지혜, 즉 분별에 해당한다고 보고 이렇게 바꿨을 것이다.

312) 플라톤, 《법률》, 697b, 717c, 724a, 870b; 《에우튀데모스》, 278e; 《필레보스》, 48d~e; 《파이드로스》, 238d 이하; 아리스토텔레스, 《수사학》, 1360b25 이하; 《정치학》, 1323a21~38; 《니코마코스 윤리학》, 1098b, 1216; 《에우데모스 윤리학》 1218b32~33 등.

313) 이 사례에서도 알 수 있듯이 'philia'를 '우정'으로 번역하는 데는 한계가 있다. '친애'라는 번역을 사용하기도 하지만 이것은 또 뒤의 사례에 잘 맞지 않는다. 번역어는 마땅하지 않지만 'philia'는 '서로 아끼는 사이'에 붙이는 말임을 알아 둘 필요는 있다.

서 생기는 것이지 혈족에는 전혀 해당되지 않는 것으로, 예컨대 오레스테스에 대한 퓔라데스314) 의 우정을 들 수 있다. 외국인315) 과의 우정은 외국인을 상대로 소개와 편지로 이루어지는 것이다. 그래서 우정에는 자연적인 것, 동무들끼리의 것, 외국인과의 것이 있다. 316) 어떤 사람들은 네 번째 것으로 사랑하는 사람끼리의 우정을 덧붙인다.

〔82〕정치체제에는 다섯 종류가 있다. 이 중 하나로 민주정체가 있고, 다른 것으로 최선자지배정이 있으며, 세 번째로 과두정체, 네 번째로 왕정, 다섯 번째로 참주정체가 있다. 민주정체는 다수가 그 나라에서 힘을 갖고 최고행정관과 법률을 스스로 선택하는 정치체제이다. 최선자지배정은 부유한 자들이나 가난한 자들이나 명망가들이 다스리는 것이 아니라 나라에서 가장 훌륭한 자들이 지도자가 되는 정치체제이다. 과두정체는 평가재산을 근거로 통치자가 선택되는 경우이다. 왕정에는 법에 따른 왕정이 있고, 혈통에 따른 왕정이 있다. 카르케돈317) 에 있던 왕정은 법에 따른 것이었다. 그것은

---

314) 퓔라데스(Phyladēs) 는 트로이 전쟁의 영웅 아가멤논의 아들 오레스테스의 친구다. 아가멤논이 자신의 부인 클뤼타임네스트라에 의해 죽자 누나인 엘렉트라가 그를 빼돌려 포키스 사람 스트로피오스에게 키우도록 준다. 그는 오레스테스를 자기 아들인 퓔라데스와 함께 키워낸다. 후에 오레스테스가 아버지의 복수를 할 때 친구인 퓔라데스가 늘 곁에서 돕는다.

315) 'xenos'는 '외국인'이라고 번역하면 정확한 번역은 못된다. 좁은 의미로 쓸 때 이 말은 같은 그리스어를 사용하는 헬라스 사람이면서 나라(폴리스) 가 다르고 나와 친분관계가 있는 사람을 가리킬 때 쓰는 말이기 때문이다. 아예 민족과 언어가 다른 경우는 '이민족'(barbaroi) 이라고 부른다.

316) 이 구별과 관련된 아리스토텔레스의 언급은 《니코마코스 윤리학》, 1157b22 ~24; 《수사학》, 1381b34; 《에우데모스 윤리학》, 1245a24~26 참고.

317) 아프리카 북부에 있던 도시. 로마와 지중해의 패권을 다투던 카르타고의 그리스 이름이다.

사고파는 것318)이었기 때문이다. 〔83〕 라케다이몬과 마케도니아에
있던 왕정은 혈통에 따른 것이었다. 그들은 어떤 가문에서 뽑아 왕
을 삼기 때문이다. 참주정체는 누군가에 의해 오도되어서거나 강제
로 통치를 받는 정치체제이다. 따라서 정체들에는 민주정체, 최선
자지배정, 과두정체, 왕정, 참주정체가 있다. 319)

정의에는 세 종류가 있다. 그중 하나는 신들과 관련된 것이고, 다
른 것들은 인간들과 관련된 것과 돌아가신 분들과 관련되는 것들이
다. 법식에 따라 제사를 지내고 신전들을 돌보는 사람들은 신들과
관련하여 경건하게 행동하는 것이 분명하다. 빚을 갚거나 담보를 돌
려주는 사람들은 사람들과 관련하여 정의롭게 행동한다. 무덤을 돌
보는 사람은 돌아가신 분들과 관련하여 정의롭게 행동하는 것이 분
명하다. 따라서 정의에는 신들과 관련된 것이 있고, 사람들과 관련
된 것이 있으며, 돌아가신 분들에 관한 것들이 있다. 320)

〔84〕 앎에는 세 종류가 있다. 한 종류는 실천을 위한 것이고, 다
른 종류들은 제작을 위한 것과 이론을 위한 것이다. 건축술과 조선
술은 제작을 위한 앎이다. 그것들에 의해 만들어진 산물은 볼 수 있
는 것이기 때문이다. 321) 정치술과 아울로스 부는 기술, 키타라322)

---

318) 카르케돈(카르타고)에서는 덕성뿐만 아니라 재산 정도도 관직을 정하는 기
　　준이 되었기에 하는 말이다. 플라톤, 《국가》, 544d; 아리스토텔레스, 《정
　　치학》, 1273a 36 참고.
319) 이 구별과 관련된 언급은 다음을 참고하라. 플라톤, 《정치가》, 291d~
　　294c; 《국가》, 544d; 아리스토텔레스, 《정치학》, 2권 7~11장.
320) 플라톤, 《에우튀프론》, 12e; 《고르기아스》, 507b; 《법률》, 717a~c.
321) 제작의 의미를 육안으로 볼 수 있는 것의 생산에 한정하는 규정이다.
322) 키타라(kithara)는 하프나 거문고 형태의 현악기이다.

타는 기술 및 이와 유사한 기술들은 실천을 위한 앎이다. 이것들에 의해 만들어진 산물은 볼 수 있는 것이 전혀 아니지만, 그 사람들은 뭔가를 실행하기 때문이다. 왜냐하면 어떤 사람은 아울로스를 하고 키타라를 하며 어떤 사람은 정치를 하기 때문이다. 기하학, 선법, 천문학은 이론적이다. 아무것도 실행하거나 만들어내지 않기 때문이다. 기하학에 정통한 사람은 도형들이 서로 어떤 관계에 있는지를 관조하고 선법에 정통한 사람은 소리를 관조하고, 천문학에 정통한 사람은 별과 우주를 관조한다. 따라서 앎에는 이론을 위한 것, 실천을 위한 것, 제작을 위한 것이 있다. 323)

〔85〕 의술에는 다섯 종류가 있다. 한편으로는 조제술이 있고, 다른 편으로는 외과술, 섭생술, 진단술, 치료술이 있다. 조제술은 약을 통해 질병을 치료하고, 외과술은 절개와 소작(燒灼)을 통해 건강하게 하고, 섭생술은 섭생을 통해 질병을 축출하고, 진단법은 질병을 인지함으로써, 조력술은 즉석에서 도움으로써 고통을 축출한다. 따라서 의술에는 조제술, 외과술, 섭생술, 조력술, 진단술이 있다. 324)

〔86〕 법의 구별은 둘이다. 그중 하나는 글로 쓰인 것이고 다른 것은 글로 쓰이지 않은 것이다. 우리가 나라에서 공동체를 꾸려가는 데 입각하는 것은 글로 쓰인 법이다. 반면에 다음과 같이 관습에 따라 생

---

323) 이 구별과 관련된 플라톤의 언급은 다음을 참고하라. 《정치가》, 258e；《카르미데스》, 163b~d；《고르기아스》, 449e 이하, 450d, 451c. 아리스토텔레스의 언급은 다음을 참고하라. 《니코마코스 윤리학》, 1139a6~15, 2, 1139a27~b4；《변증론》, 145a15~16, 157a10~11；《형이상학》, 1025b18 이하, 1064a16.

324) 이와 관련해 《프로타고라스》를 참조할 수 있으나 충분한 전거를 플라톤의 작품에서 찾기는 어렵다.

긴 것은 글로 쓰이지 않은 법이라 불린다. 예컨대, 벌거벗고 시장에 가서는 안 된다거나 여자 옷을 입어서는 안 된다는 것을 들 수 있다. 어떠한 법도 이것들을 제지하지 않지만, 그럼에도 불구하고 글로 쓰이지 않은 법에 의해 제지받기 때문에 우리는 실행하지 못한다. 따라서 법에는 글로 쓰인 것이 있고, 글로 쓰이지 않은 것이 있다. 325)

논의는 다섯 가지로 나뉜다. 그것들 중 하나는 민회에서 공동체를 꾸려가면서 말하는 논의로서, 정치적 논의라고 불린다. 〔87〕 논의의 다른 구별은 연설가들이 발표를 위해 글로 써서, 칭송, 표결, 변론, 기소를 위해서 내놓는 논의이다. 이러한 형태는 연설을 위한 것이다. 논의의 세 번째 구별은 개인이 서로 대화로 하는 논의이다. 그래서 이 방식은 개인적이라고 이름이 붙는다. 논의의 또 다른 구분은 짧게 묻고 물어보는 사람에게 대답하여 대화로 나누는 논의이다. 그래서 이 것은 대화로 하는 논의라고 불린다. 논의의 다섯 번째 구분은 자기 기술의 전문가들이 기술에 대하여 대화로 하는 논의이다. 그래서 이것은 전문적이라고 불린다. 따라서 논의에는 정치적인 것, 연설을 위한 것, 개인적인 것, 대화로 하는 것, 전문적인 것이 있다. 326)

〔88〕 시가술은 셋으로 나뉜다. 한편에는 입만을 통하는 시가술, 즉 가창이 있다. 두 번째로는 입과 손을 통한 시가술, 즉 키타라병창

---

325) 이에 관한 플라톤의 언급은 다음을 참고하라. 《국가》, 363d; 《정치가》, 295e, 298e, 299a; 《법률》, 680a, 793a~b. 아리스토텔레스의 언급은 다음을 참고하라. 《니코마코스 윤리학》, 1080b1; 《수사학》, 1368b7.

326) 이와 관련된 플라톤의 언급은 다음을 참고하라. 《파이드로스》, 261a~b; 《고르기아스》; 《파르메니데스》, 2부; 《프로타고라스》, 329b, 335b~3. 아리스토텔레스의 언급은 다음을 참고하라. 《수사학》, 1358b6~13; 《소피스트적 논박》, 172a17~18.

이 있다. 세 번째로는 손만을 통한 시가술, 즉 키타타 탄주술이 있다. 따라서 시가술에는 입만을 통한 것, 입과 손을 통한 것, 손을 통한 것이 있다. 327)

한편 좋은 태생은 네 가지 형태로 나뉜다. 하나는, 선조들이 훌륭하고 아름다우며 올바른 경우에, 이들로부터 태어난 사람들을 좋은 태생이라고 말하는 경우이다. 다른 것으로는, 만약 선조들이 권력자였거나 최고행정관이었으면, 이들의 후손들도 좋은 태생이라고 말하는 경우이다. 또 다른 것으로는, 선조들이 유명한 경우, 즉 장군직을 지냈거나 경합에서 우승한 자였거나 한 경우이다. 이들로부터 태어난 자들 역시 〔89〕 우리는 좋은 태생이라고 부른다. 다른 형태로는, 어떤 사람 자신이 그 영혼이 잘났고 고매한 경우이다. 사람들은 이 사람도 좋은 태생이라고 말한다. 그리고 좋은 태생 중에서는 이것이 가장 훌륭하다. 따라서 좋은 태생에는 훌륭한 조상들로부터 태어난 경우, 권력자인 조상들로부터 태어난 경우, 명망 있는 조상들로부터 태어난 경우, 자신이 훌륭한 아름다움의 소유자인 경우가 있다. 328)

아름다움은 셋으로 구별된다. 그중 하나는 찬탄받을 만한 것, 예컨대 보기 좋은 모양이 그런 것이다. 또 다른 것은 쓸모 있는 것, 예컨대 도구와 집과 같은 유의 것들은 쓸모의 측면에서 아름답다. 나머지 뜻은 법과 일과 같은 것들이 이익의 측면에서 아름다운 경우다. 따라서 아름다움 중의 어떤 것은 찬탄받을 만하다는 점과, 다른 하나

---

327) 이와 관련된 플라톤의 언급은 다음을 참고하라. 《법률》, 669b~670c; 《국가》, 393 이하. 아리스토텔레스의 언급은 《정치학》, 2권 참고.

328) 이에 관한 언급은 다음을 참고하라. 플라톤, 《테아이테토스》, 174e 이하; 아리스토텔레스, 《수사학》, 1360b31~38.

는 쓸모의 측면과, 또 다른 하나는 이익의 측면과 관련되어 있다. 329)

〔90〕 영혼은 셋으로 나뉜다. 그중 한편은 이성적인 것이고, 다른 편들은 욕구하는 것과 격정적인330) 것이다. 이들 중 이성적인 부분은 숙고하고 헤아리고 생각하는 등의 모든 일의 원인이 되는 것이다. 욕구하는 부분은 영혼이 먹기를 욕구하고 성교하기를 욕구하는 등의 모든 일의 원인이 되는 것이다. 격정적인 부분은 흥겨워하고 즐거워하고 괴로워하고 분노하는 일의 원인이 되는 것이다. 따라서 영혼에는 이성적인 것, 욕구하는 것, 격정적인 것이 있다. 331)

완전한 덕에는 네 부류가 있다332). 하나는 분별이고, 다른 하나는 정의이며, 다른 것은 용기이고, 네 번째 것은 절제이다. 〔91〕 이들 중 분별은 옳게 사안을 처리하는 원인이다. 반면 정의는 공동체와 거래에서 정의롭게 행동하는 원인이다. 또 한편 용기는 위험과 공포의 상황에서 할 일을 중단하지 않고 고수하는 것의 원인이다. 또한 절제는 욕구들을 억제하고 무엇에 의해서도 즐거움의 노예가 되지 않고 절도 있게 사는 것의 원인이다. 따라서 덕에는 한편으로는 분별, 다른 편으로는 정의, 세 번째로는 용기, 네 번째로는 절제가 있다.

---

329) 플라톤, 《고르기아스》, 474d~474e; 《힙피아스 I》, 295c, 296e, 298a.

330) '격정적인'은 보통 '기개적인'(기개 있는)이라고 번역되는 'thymikos'를 번역한 말이다.

331) 관련되는 플라톤의 언급은 다음을 참고하라. 《국가》, 439d~e; 《파이드로스》, 246a 이하, 253c. 아리스토텔레스의 언급은 《니코마코스 윤리학》, 1139a6~15 참고.

332) 완전한 덕과 불완전한 덕이 플라톤의 저술들 안에서 명확히 언급되는지는 의문이다. 다만 브리송도 언급했듯이 (Ibid. p. 453 n. 5) 플라톤의 《국가》, 431b의 언급이 단서가 될 수는 있을 것이다. 그 언급을 단서로 풀어놓은 브리송의 말은 완전한 덕이란 타고난 덕성에 좋은 교육이 결합된 경우를 말한다.

지배는 다섯 부분으로 나뉜다. 하나는 법에 따른 것으로, 또 하나는 자연에 따른 것으로, 또 다른 하나는 관습에 따른 것으로, 〔92〕 네 번째는 혈통에 따른 것으로, 다섯 번째는 강제에 따른 것으로 나뉜다. 그래서 시민들에 의해 선출되어서 나라를 지배하는 사람들은 법에 따라 지배한다. 자연에 따라서 지배하는 것들, 예컨대 수컷들은 인간 세상에서뿐만 아니라 다른 동물들 사이에서도 지배한다. 왜냐하면 대체로 어디서나 수컷들이 암컷들을 지배하기 때문이다. 관습에 따른 지배는 아이를 보살피는 노예가 아이를 지배하고, 선생이 학생들을 지배하는 것과 같은 것이다. 혈통에 따른 지배는 라케다이몬의 왕들이 지배하는 것과 같은 어떤 것이라고들 한다. 왜냐하면 왕통이 어떤 혈통에서 나오기 때문이다. 마케도니아에서도 같은 방식으로 지배한다. 또한 거기서도 혈통에서 왕통이 확립된다. 폭력을 사용하거나 기만해서 지배하는 사람들은 비자발적 시민들을 지배한다. 이와 같은 지배는 폭력에 따른 지배라고 이야기된다. 따라서 지배에는 법에 따른 것, 자연에 따른 것, 관습에 따른 것, 혈통에 따른 것, 폭력에 따른 것이 있다. 333)

〔93〕 연설에는 여섯 형태가 있다. 누군가에 대항해 전쟁을 하거나 동맹을 맺으라고 시키는 경우에, 그런 형태는 권유 연설이라 불린다. 전쟁을 하거나 동맹을 맺지 말고 평화를 지키라고 주장하는 경우에, 그런 형태는 만류 연설이다. 연설의 세 번째 형태는 누군가에 의해 억울한 일을 당했다고 누군가가 주장하고 그가 많은 나쁜 일

---

333) 관련된 플라톤의 언급은 다음을 참고하라. 《국가》, 427c; 《파이돈》, 69b~c; 《법률》, 630b.

의 원인이 되는 자라고 밝히는 경우이다. 바로 이런 형태에는 기소 연설이라고 이름이 붙는다. 연설의 네 번째 형태는 자신이 어떤 불의도 저지르지 않았고 다른 어떤 비정상적인 〔94〕 행동도 하지 않았다고 밝히는 경우이다. 바로 이와 같은 것은 변론이라고 사람들은 부른다. 연설의 다섯 번째 형태는 누군가가 좋게 이야기하고 훌륭하고 아름다운 점을 밝히는 경우이다. 바로 이러한 형태는 칭송이라 불린다. 여섯 번째 형태는 형편없다는 점을 누군가가 밝히는 경우이다. 바로 이러한 형태는 비난이라 불린다. 따라서 연설에는 칭송, 비난, 권유, 만류, 기소연설, 변론334) 등이 있다. 335)

옳게 이야기하는 것은 네 가지로 나뉜다. 하나는 해야 할 말을 하는 것이다. 또 하나는 해야 할 만큼 말하는 것이고, 세 번째는 해야 할 상대에게 말하는 것이고, 네 번째는 해야 할 때에 말하는 것이다. 해야 할 말은 하는 사람과 듣는 사람에게 이익이 될 말이다. 〔95〕 해야 할 만큼 하는 말이란 충분한 말보다 많지도 적지도 않게 하는 말이다. 해야 할 상대에게 하는 말이란, 손윗사람을 상대로 말을 할 경우에 손윗사람에게 맞춰서 대화를 나누어야 한다는 것이다. 또한 손아랫사람을 상대로는 손아랫사람에게 맞춰서 대화를 나눠야 한다. 해야 할 때에 말하는 것은 너무 이르거나 늦지 않게 말하는 것이

---

334) 이 번역은 정확하지 않다. 고대 아테네에서는 원고가 피고 또는 재판관에게 하는 변론은 'katēgoria'(기소연설)라고 하고, 피고가 원고 또는 재판관에게 하는 연설은 'apologia'(변론)라고 한다. 우리의 재판용어는 이를 구별하지 않고 둘 다 '변론'이라고 하지만 용어를 구별하기 위해 우리 어법과 맞지 않는 번역어를 채택했다.

335) 관련된 아리스토텔레스의 언급은 《수사학》, 1358B6~20 참고.

다. 그렇지 못하면 잘못을 하게 되는 것이고 옳게 말하지 못하는 것이다. 336)

선행은 넷으로 나뉜다. 재물이거나 몸이거나 앎이거나 말로 하는 것이다. 재물로 하는 것이란 필요한 사람에게 누군가가 재물의 기준에서 어려움을 벗어나도록 돕는 경우이다. 몸으로 우리가 서로에게 잘해 주는 것은 폭행을 당하는 사람들을 곁에 있는 사람들이 도울 경우이다. 〔96〕 한편 교육하고 치료하고 어떤 좋은 것을 가르쳐 주는 사람들, 바로 이 사람들이 앎으로 선행을 한다. 한편 사람들이 법정에 서게 될 때 다른 사람을 돕는 어떤 사람이 어떤 훌륭한 말을 그를 위해 했을 경우에, 바로 이 사람이 말로 선행을 하는 것이다. 따라서 선행에는 재물을 통한 선행, 몸을 통한 선행, 앎을 통한 선행과 네 번째로 말을 통한 선행이 있다. 337)

존재하는 것의 완성은 네 가지 형태로 나뉜다. 하나는 법에 따라 존재하는 것이 완성되는 것이다. 법령이 의결되어 법이 그것을 승인하는 경우이다. 한편 자연에 따라 존재하는 것이 완성되기도 한다. 예컨대 날과 달과 계절이다. 다른 한편 기술에 따라서 존재하는 것이 완성되기도 한다. 예컨대 건축술의 경우이다. 그것은 집을 완성한다. 조선술도 그렇다. 〔97〕 배를 완성하기 때문이다. 한편 운에 따라서 사물들의 완성이 이루어진다. 누군가가 생각한 것과는 다른 방식으로 성공하는 경우이다. 따라서 사물들의 완성에는 법에 따른

---

336) 관련된 플라톤의 언급은 다음을 참고하라. 《프로타고라스》, 314a; 《파이드로스》, 268b, 272a, 275e. 관련된 아리스토텔레스의 언급은 《수사학》, 1358a37~b1 참고.

337) 이와 관련된 아리스토텔레스의 언급은 《수사학》, 1361a28~32 참고.

것, 자연에 따른 것, 기술에 따른 것, 운에 따른 것이 있다. 338)

능력은 네 가지 형태로 나뉜다. 하나는 생각에 의해서 우리가 할 수 있는 능력으로, 예컨대 계산하고 추측하는 능력이다. 또 다른 것은 몸으로 하는 것으로, 예컨대 길을 가거나 주거나 받는 등의 능력이다. 세 번째는 군인들과 재물의 수로 할 수 있는 능력이다. 이것을 근거로 왕이 많은 능력을 가진다고들 한다. 능력의 네 번째 구별은 잘 또는 잘못 겪거나 할 수 있는 능력이다. 예컨대 우리는 병약하거나 교육을 받거나 건강해지거나 등의 모든 일을 할 수 있다. 따라서 능력에는 생각에 있는 능력, 몸에 있는 능력, 군대와 재물에 있는 능력, 하거나 겪는 데 있는 능력이 있다.

〔98〕 인간애339)에는 세 형태가 있다. 하나는 호명을 통해 생기는 것으로, 예컨대 어떤 사람들이 만난 사람들의 이름을 일일이 부르고 오른손을 내밀어 반기는 것은 인간애에서 비롯되는 것이다. 다른 형태는 불행한 사람이라면 누구든지 도울 마음가짐을 가진 사람의 경우이다. 또 다른 인간애의 형태는 인간애를 가지고 식사대접을 하고 싶어 하는 사람들의 경우이다. 따라서 인간애에는 이름 부르는 것을 통한 것, 선행을 하는 것을 통한 것, 환대하고 식사를 나누기 좋아하는 것을 통한 것이 있다. 340)

---

338) 이와 관련된 플라톤의 언급은 《법률》, 888e 이하 참고. 아리스토텔레스의 언급은 다음을 참고하라. 《자연학》, 2권 1~3절, 4~7절; 《니코마코스 윤리학》, 1112a32~34, 1140a14~19.

339) 그리스어 자체로는 '사람을 좋아하는 성질'이라는 뜻이다.

340) 플라톤이나 아리스토텔레스는 이것과 관련된 구별을 찾아보기 어렵다. 헬레니즘 시대의 전통으로 보인다. 다만 《니코마코스 윤리학》, 1155a20~22에 '인간애를 가진 사람'이 나오는 대목을 참고할 수 있다.

행복은 다섯 가지 부분으로 나뉜다. 그중 한편은 현명함이고, 또 다른 것은 예민한 감각과 육신의 건강이고, 세 번째는 일하는 데 따른 성공이고, 네 번째는 사람들로부터 받는 명성이며, 다섯 번째는 재물과 삶에 이로운 것들의 [99] 풍족함이다. 현명함은 교육과 많은 것을 겪음으로써 생긴다. 한편 예민한 감각은 몸의 부분들에서 생기는데, 예컨대 누군가가 감각할 필요가 있는 것들을 눈으로 보거나 귀로 듣거나 코와 입으로 감각하거나 하는 경우이다. 바로 이와 같은 것이 예민한 감각이다. 성공은 훌륭한 사람이 실천해야 할 것을 올바른 방식으로 그가 고려하는 조건하에서 실현했을 경우이다. 명성은 누군가가 좋은 말을 들을 경우이다. 풍족함은 누군가가 삶에 유용한 것과 관련하여 친구들에게도 베풀고 사회적 요구에도 경쟁적으로341) 풍족하게 부응할 정도로 가진 경우이다. 이 모든 것이 갖추어진 사람은 완벽하게 행복하다. 따라서 행복에는 현명함, 예민한 감각과 육신의 건강, 성공, 명성, 풍족함이 있다. 342)

[100] 기술은 세 가지로 나뉜다. 한편으로는 일차적 기술이 있고, 이차적 기술, 삼차적 기술이 있다. 그러니까 일차적 기술이란 채광술과 벌목술이다. 이것들은 재료를 준비하는 기술이기 때문이다. 대장장이 기술과 목공술은 형태를 바꾸는 기술이다. 왜냐하면 대장장이 기술은 금속으로부터 무기를 만들고, 목공술은 목재로부터 아울로스와 뤼라를 만들기 때문이다. 사용기술, 예컨대 말 다루

---

341) 고대 그리스인들은 공적 행사에 자신의 재산을 기부하는 것을 명예롭게 생각했기에 이를 경쟁적으로 했다고도 볼 수 있다.

342) 이와 관련된 아리스토텔레스의 언급은 다음을 참고하라. 《니코마코스 윤리학》, 1153b17∼19; 《수사학》, 1360b14∼29.

는 기술은 말고삐를 사용하고, 전쟁기술은 무기를 사용하고, 시가술은 아울로스와 뤼라를 사용한다. 따라서 기술에는 세 가지 형태가 있다. 일차적인 것, 이차적인 것, 삼차적인 것이다. 343)

〔101〕좋은 것은 네 종류로 나뉜다. 그것들 중 하나로서 덕을 가진 사람은 개별적으로 좋다고 우리는 말한다. 다른 것으로 우리는 덕 자체와 정의를 좋다고 말한다. 세 번째는 예컨대 알맞은 음식과 운동과 약이다. 네 번째로 우리는 예컨대 아울로스 연주술, 연기술 등과 같은 것을 좋다고 말한다. 따라서 좋은 것에는 네 가지 형태가 있다. 한편으로는 덕을 갖는 것이고, 또 다른 것으로는 덕 자체이며, 세 번째로는 유용한 음식과 운동이다. 네 번째로 아울로스 연주술과 연기술을 우리는 좋다고 말한다. 344)

〔102〕있는 것들 중에는 한편으로는 나쁜 것들이 있고, 좋은 것들이 있으며 어느 쪽도 아닌 것들이 있다. 345) 이것들 중에 언제나 해를 끼칠 수 있는 것들, 예컨대 판단력 결핍, 무분별, 불의 등과 같은 것을 우리는 나쁘다고 말한다. 한편 이것들과 반대되는 것들은 좋다. 다른 한편 때로는 유익하고 때로는 해를 끼치거나(예컨대 산책하는 것, 자는 것, 먹는 것) 전체적으로 이롭지도 해를 끼치지도 못하는 것은 좋지도 나쁘지도 않다. 따라서 있는 것들 중에는 좋은 것들, 나

---

343) 이와 관련된 플라톤의 언급은 다음을 참고하라. 《에우튀데모스》, 289c; 《정치가》, 287d~289b; 《프로타고라스》, 321d; 《고르기아스》, 517e; 《향연》, 187d; 《소피스트》, 219c. 아리스토텔레스의 언급은 다음을 참고하라. 《니코마코스 윤리학》, 1094a9; 《정치학》, 1258b27.

344) 관련된 아리스토텔레스의 언급은 다음을 참고하라. 《대 윤리학》, 1183b20 ~37; 《에우데모스 윤리학》, 1248b16~37.

345) 이 책의 7권 101절 이하 및 플라톤, 《고르기아스》, 467e1 참고.

쁜 것들, 이들 중 어느 쪽도 아닌 것들이 있다.

〔103〕훌륭한 법질서는 셋으로 나뉜다. 하나는 법이 훌륭할 때, 우리가 그것을 훌륭한 법질서라고 말하는 경우이다. 또 다른 것으로는 기존의 법을 시민들이 준수할 때, 그것도 우리는 훌륭한 법질서라고 말한다. 세 번째로, 법이 있지 않더라도 관습과 관례에 따라 공동체가 잘 운용되면, 이것도 훌륭한 법질서라고 우리는 부른다. 따라서 훌륭한 법질서 중 하나는 훌륭한 법률일 수 있다. 다른 것으로는 있는 법을 사람들이 준수하는 경우이다. 세 번째로는 유용한 관습과 관례에 의해 공동체가 운용되는 경우이다. 346)

무법 상태는 셋으로 나뉜다. 그중 하나는 법이 외국인에 대해서든 내국인에 대해서든 악한 경우이다. 〔104〕또 다른 것은 기존에 있는 법에 사람들이 따르지 않는 경우이다. 다른 것은 전체적으로 법이 전혀 없는 경우이다. 따라서 무법 상태 중 하나는 법이 악한 것이다. 다른 것은 있는 법에 사람들이 따르지 않는 경우이다. 세 번째는 아무런 법도 없는 경우이다.

대립자들은 셋으로 나뉜다. 예컨대 우리는 정의가 불의에, 분별이 무분별에 대립되는 등의 경우들과 같이 좋은 것들은 나쁜 것들에 대립된다고 말한다. 다른 한편으로는 나쁜 것이 나쁜 것과 대립된다. 예컨대 사치는 인색함과, 부당하게 고문받는 것은 정당하게 고문받는 것347)과 대립된다. 이와 같은 나쁜 것들은 나쁜 것들과 대립한다.

---

346) 이와 관련된 아리스토텔레스의 언급은 다음을 참고하라. 《수사학》, 1375a25 ~b25; 《정치학》, 1294a3~9, 1287b5~8.

347) 아테네 등지에서는 노예의 진술이 법정 진술로서 효력이 있으려면 고문을 통해서 나와야 한다고 생각했다.

한편 무거운 것은 가벼운 것과, 빠른 것은 느린 것과, 검은 것은 흰 것과 [105] 대립한다. 이는 어느 쪽도 아닌 것들[348]이 어느 쪽도 아닌 것들과 대립되는 방식이다. 따라서 대립되는 것들 중에서 한편으로는 좋은 것들이 나쁜 것들과 대립되는 방식이 있다. 다른 한편으로는 나쁜 것들이 나쁜 것들과 대립되는 방식이 있다. 또한 어느 쪽도 아닌 것들이 어느 쪽도 아닌 것들과 대립되는 방식이 있다.

좋은 것들의 종류는 셋이다. 한편의 것들은 외적인 것들이고, 다른 편 것들은 관여할 수 있는 것들과 내적인 것들이다. 그러니까 한편으로 외적인 것들은 가질 수 있는 것, 예컨대 정의와 건강이다. 관여할 수 있는 것들은 가질 수는 없고 그것들에 관여할 수 있는 것들이다. 예컨대 좋음 자체는 가질 수는 없고 그것에 관여할 수 있다. 다른 한편 내적인 것들은 관여할 수도 가질 수도 없고 내면화해야 하는 것들이다. 예컨대 훌륭해짐과 정의로워짐은 좋다. 그리고 이것들은 가질 수도 관여할 수 없고 내면화해야 한다. 따라서 좋은 것들 중에는 한편으로는 외적인 것들이 있고, 다른 편 것들로는 관여할 수 있는 것, [106] 내적인 것들이 있다. [349]

조언은 셋으로 나뉜다. 그중 하나는 지나간 시간으로부터 받는 것이고, 다른 하나는 다가올 시간으로부터, 다른 하나는 자리잡고 있는 시간으로부터 받는 것이다. 그리하여 지나간 시간으로부터 받는 조언들은 예컨대 라케다이몬 사람들이 신뢰하지 못해서 무슨 일을 겪었는지와 같은 사례들이다. [350] 다른 편 것은 현재의 시간으로부

---

348) 좋지도 나쁘지도 않은 것.
349) 이와 관련된 언급은 《에우데모스 윤리학》, 1099b27 참고.

터 받는 것이다. 예컨대 취약한 성벽, 겁 많은 인간들, 부족한 식량을 적시하는 것이다. 또 다른 편 것은 다가올 시간으로부터 받는 것이다. 예컨대 그리스가 오명을 얻지 않으려면 의심 때문에 사신들에게 부당한 짓을 해서는 안 된다는 것과 같은 것이다. 따라서 조언에는 지나간 시간으로부터 오는 것이 있고, 현재의 시간으로 오는 것이 있고, 다가올 시간으로부터 오는 것이 있다. 351)

〔107〕 소리는 둘로 나뉜다. 그중 하나는 살아 있는 것의 소리고, 다른 하나는 산 것이 아닌 것의 소리다. 동물의 소리는 살아 있고, 악기소리와 메아리는 영혼이 없다. 영혼이 있는 것의 소리 중 하나는 글로 표기할 수 있는 것이고, 다른 것은 글로 표기할 수 없는 것352)이다. 사람들의 소리는 글로 표기할 수 있는 반면 동물들의 소리는 글로 표기할 수 없다. 따라서 소리에는 살아 있는 것의 소리와 산 것이 아닌 것의 소리가 있다. 353)

있는 것들 중에 어떤 것들은 부분이 있고, 어떤 것들은 부분이 없다. 이들 부분이 있는 것들 중 한편은 동질의 부분들로 된 것들이고, 다른 것들은 이질적인 부분들로 된 것들이다. 그리하여 분리가 되지도 않고 어떤 것으로 합성되지도 않은 것들은 부분이 없다. 예컨대 단위, 점, 악기 소리는 부분이 없다. 한편 어떤 것들로 합성된 것들은 부분이 있다. 예컨대 음절, 조화음, 동물은 부분이 있다. 〔108〕

---

350) 정확히 어떤 역사적 사실을 말하는 것인지 알 수 없다.
351) 이와 관련된 아리스토텔레스의 언급은 《수사학》, 1358a36~b20 및 1370a32 참고.
352) 분절음과 비분절음으로 생각할 수 있다.
353) 아리스토텔레스의 《영혼에 관하여》, 4220b5~10을 연결지어 생각할 수 있다.

동질적인 부분들로 합성되고 부분들 전체가 수적인 관점 외에는 차이가 없는 것들은 동질적이다. 예컨대 물, 황금 및 모든 더미 등은 동질의 부분으로 된 것들이다. 이질적인 것들로 된 것들은 이질적인 부분들로 합성된 것들, 예컨대 집과 같은 것들이다. 따라서 있는 것들 중 어떤 것들은 부분이 있고, 어떤 것들은 부분이 없다. 부분이 있는 것들 중에는 동질의 부분으로 된 것들이 있고, 이질적인 부분으로 된 것들이 있다. 354)

있는 것들 중 어떤 것들은 '자체적으로'라고, 어떤 것들은 '어떤 것과 관련해서'라고 이야기된다. 그리하여 '자체적으로'라고 이야기되는 것들은 그 설명에 어떤 것도 덧붙지 않는 것이다. 사람, 말, 그 밖의 동물들이 이것들일 것이다. 왜냐하면 이것들 중 어떤 것도 설명을 통해 나아지지 않기 때문이다. 〔109〕 반면에 '어떤 것과 관련해서'라고 이야기되는 것들은 어떤 설명이 덧붙는다. 예컨대 어떤 것보다 큰 것, 어떤 것보다 빠른 것, 어떤 것보다 아름다운 것 등이다. 왜냐하면 더 큰 것은 더 작은 것보다 더 크고 더 빠른 것은 어떤 것보다 더 빠르기 때문이다. 따라서 있는 것들 중에는 '자체적으로'라고 이야기되는 것들이 있고, '어떤 것과 관련해서'라고 이야기되는 것들이 있다. 355) 아리스토텔레스에 따르면 이런 방식으로 플라톤은 기본적인 것들을 구별했다.

한편 문법학자인 셀레우코스356)가 《철학에 관하여》 1권에서 하

---

354) 이와 관련된 플라톤의 언급은 《티마이오스》, 35a 이하, 아리스토텔레스의 언급은 《자연학》, 1권 4절 및 《동물 부분론》, 646a8~24가 있다.

355) 이와 관련해 플라톤의 다음 저술을 참고하라. 《소피스트》, 255c; 《국가》, 438a; 《파르메니데스》, 133c.

는 말에 따르면, 파나이티오스의 제자인 로도스 사람 플라톤이라는 다른 철학자도 있었다. 또한 아리스토텔레스의 제자인 페리파토스 학파 사람 플라톤도 있었다. 또한 프락시파네스의 제자인 또 다른 사람도 있었다. 그리고 고대의 희극작가도 있었다.

---

356) 셀레우코스(Seleukos)는 알렉산드리아 출신의 문법학자이자 소피스트로 기원후 1세기경에 로마에서 활동하였다.

4권

아카데미아학파

1. 스페우시포스

〔1〕 플라톤에 대한 것은 이 정도가 그 사람에 대하여 이야기된 것들
을 우리가 애써서 수집하여 모아 놓을 수 있는 최대한이었다. 한편
그의 뒤를 이은 사람은 에우뤼메돈의 아들인 아테네 사람 스페우시
포스였다. 그는 뮈리누스구 사람으로 플라톤의 누이 포토네[1]의 아
들이다. 그리고 그는 108회 올륌피아기[2]부터 시작해서 8년 동안 아
카데미아의 원장을 지냈다. 그는 또한 플라톤이 아카데메이아에 세
운 무사여신의 전당[3]에 카리스 여신들의 상(像)을 바쳤다. 또 그는
플라톤과 같은 학설을 고수했다. 그러나 성품은 그런 상태를 유지하

---

1) 3권 1절 참고.
2) 기원전 348/347~344/343년.
3) 이 말에서 '박물관'(museum)이란 말이 나온 것에서 알 수 있듯이 학문의 전
   당 구실을 했고, 아카데메이아는 도서관 역할을 했다고 한다.

지 못했다. 왜냐하면 그는 성미도 급하고 쾌락에도 약했기 때문이다. 실제로 그가 분노로 인해 강아지를 연못에 던지고 쾌락을 위해 카산드로스[4]의 결혼 잔치에 참석하려고 마케도니아에 가기도 했다고 사람들이 전한다.

[2] 한편 그의 강의를 플라톤의 제자였던 만티네이아 출신의 여인 라스테네이아와 플리우스 출신의 여인 악시오테아[5]도 들었다고 한다. 또한 디오뉘시오스[6]가 그에게 조롱조로 편지를 썼다.

아르카디아 출신 여인인 당신의 여제자[7]를 보니 당신의 지혜를 잘 알 수 있습니다. 그리고 플라톤은 그에게 배우러 오는 사람들에게 대가를 받지 않았습니다만, 당신은 징수할 뿐 아니라 내고 싶은지 여부와 관계없이 받아내지요.

디오도로스[8]가 《회상록》 1권에서 말하는 바에 따르면, 이 사람은 처음으로 학문들 간의 공통점을 간파하고 가능한 한에서 서로 연계시켰다. 또한 카이네우스[9]가 말하듯이 그는 처음으로 이소크라테스의

---

4) 카산드로스(Kasandros)는 알렉산드로스 대왕 휘하의 장군으로 있다가 그의 사후 갈라진 제국 중 마케도니아를 승계한 인물이다.

5) 3권 46절 참고.

6) 디오뉘시오스 2세. 그와 플라톤의 관계에 대해서는 3권 21절 참고.

7) 아르카디아(Arkadia)는 펠로폰네소스 반도의 중앙 지역이고, 플리우스는 바로 그 지역에 속하는 나라다. 따라서 이 여제자는 악시오테아(Axiothea)를 가리키는 것으로 보인다.

8) 디오도로스(Didōros)는 아마도 스페우시포스의 제자였을 것으로 추정한다. 따라서 활동 연대는 기원전 4세기가 될 것이다.

9) 달리 알려진 바는 없지만, 아리스토텔레스의 《분석론 후서》, 77b41에 잘못된 형식의 논변을 사용한 사례로 이 이름의 사람이 언급되는데, 동일인 여부는 알 수 없다.

스페우시포스

이른바 숨겨진 가르침을 책으로 냈다. 〔3〕 또한 그는 처음으로 땔나
무 더미를 나르기 좋은 크기로 만드는 방법을 고안했다.

한편 그는 중풍으로 몸을 못 쓰게 되자 크세노크라테스에게 사람
을 보내 그가 와서 학원을 계승해 달라고 청했다. 한편 사람들은 그
가 마차를 타고 아카데미아로 들어가다 디오게네스와 마주쳐 "안녕
하십니까?"라고 인사했다고 한다. 그런데 디오게네스가 말하길,
"그런데 당신은 아닌 게로군. 그런 상태로 목숨을 연명하는 걸 보니
말이야"라고 했다고 한다. 그래서 마침내 절망한 나머지 연로한 그
는 자진해서 삶을 포기했다. 다음은 우리[10]가 그를 위해 쓴 것이다.

---

10) 그리스어에서는 1인칭 단수를 복수로 표현하는 경우가 있다. 이 경우 역시
   그렇다. 일종의 겸손의 표현으로 자신을 가리킨다.

그러나 만일 스페우시포스가 그런 식으로 죽었다는 것을 내가 몰랐다면, 어느 누구도 나로 하여금 이렇게 말하게 설득하지는 못했으리라.

그는 플라톤의 혈통이 아니라고 말이다. 그랬더라면 극히 사소한 것 때문에 절망해서 죽지는 않았을 테니까.

〔4〕 한편 플루타르코스는 《뤼산드로스의 삶과 술라》에서, 그가 이(虱)에 감염되었다[11]고 말한다. 한편 티모테오스[12]가 《생애에 대하여》에서 말하듯이, 몸도 엉망이 되었다. 사람들은 이 사람이 볼품없이 생긴 사람을 사랑하는 부자에게 말했다고 한다. "왜 당신은 이 사람이 필요한가? 10탈란톤이면 내가 당신에게 더 멋진 여자를 찾아 줄 수 있는데."

그는 아주 많은 연구서와 그 이상의 대화편을 남겼다. 그중에는 다음과 같은 것도 있다.

《퀴레네의 아리스티포스에 반대하여》 1권
《부에 대하여》 1권
《쾌락에 대하여》 1권
《정의에 대하여》 1권
《철학에 대하여》 1권
《우정에 대하여》 1권
《신들에 대하여》 1권
《철학자》 1권

---

11) 이가 피부 속까지 들어가는 병으로 보인다.
12) 3권 5절 참고.

《케팔로스에게 답하여》 1권

《케팔로스》 1권

《클레이노마코스 또는 뤼시아스》 1권

《시민》 1권

《영혼에 대하여》 1권

《그륄로스에게 답하여》 1권

《아리스티포스》 1권

《기술들에 대한 논박》 1권

〔5〕《회상 형식의 대화》

《기술에 관한 것》 1권

《유사한 것들에 대한 연구와 관련된 것들》 10권

《분할, 그리고 유사한 것들에 관한 가설》

《종과 유의 사례들에 대하여》

《〈증거 없는 것〉[13]에 반대하여》

《플라톤에게 바치는 글》

《디온, 디오뉘소스, 필리포스에게 보내는 편지》

《입법에 대하여》

《수학자》

《만드로볼로스》

《뤼시아스》

《정의(定意)들》

《연구서 목록》

---

13) 이소크라테스의 작품을 이르는 것으로 보인다.

이것은 모두 합쳐 4만 3,475행에 이른다. 이 사람에게 티모니데스14)는 또한 디온의 행동을 자세히 기록한 보고서를 써 보냈다. 또한 파보리누스는 《회상록》 2권에서 아리스토텔레스가 스페우시포스의 책들을 3탈란톤에 샀다고 말한다.

스페우시포스라는 이름의 다른 인물로는 알렉산드리아 출신의 헤로필로스15) 학파의 의사가 있었다.

2. 크세노크라테스

〔6〕크세노크라테스는 아가타노르의 아들로서 칼케돈 사람이다. 이 사람은 젊어서부터 플라톤의 강의를 들었을 뿐만 아니라 그와 함께 시켈리아를 방문하기도 했다. 그는 천성이 둔한 탓에 사람들은 플라톤이 그를 아리스토텔레스와 비교하면서 이렇게 말했다고 한다. "한쪽엔 몰이 막대가 필요한데, 다른 한쪽엔 재갈이 필요하군." 또 "말과 같은 자를 상대로 나는 당나귀와 같은 자를 준비시키고 있어"라고도 했다. 그러나 그 밖의 점에서는 크세노크라테스는 위엄 있고 언제나 과묵해서 플라톤은 그에게 항상 "크세노크라테스, 카리스 여신들에게 제물을 바치게나"라고 자주 말했었다. 또한 그는 거의 대부분의 시간을 아카데미아에서 보냈다. 그리고 그가 시내로 올라갈 참

---

14) 티모니데스(Timōnidēs)는 기원전 4세기경 사람으로 레우카스 출신이다. 그는 쉬라쿠사이 참주 디오뉘소스 2세를 축출하려는 디온을 도왔던 사람이다.

15) 헤로필로스(Hērophilos)는 기원전 335~280년에 살았던 칼케돈 출신 의사로 알렉산드리아에서 활동하였다. 최초의 해부학자로 알려져 있으며 알렉산드리아의 의학교를 세운 인물이다.

앙겔리카 카우프만(Angelica Kauffman), 〈크세노크라테스를
유혹하는 프뤼네〉(*Phrine seduces Xenocrates*), 1794.

이면 시끌벅적한 사람들과 짐꾼들이 모두 그에게 언제든지 길을 내
주었다고 사람들이 말한다.

〔7〕또 언젠가는 프뤼네라는 기녀가 그를 유혹하려는 마음으로 누
군가에게 쫓기는 척 그의 작은 집으로 도망쳐 왔다고 한다. 한편 그
는 인정상 안으로 들였고, 침상이 작은 것 하나라서 그녀가 부탁하
자 같이 눕는 걸 허락했다고 한다. 그리고 그녀는 숱하게 졸랐지만
결국 성공하지 못하고 잠자리에서 일어났다고 한다. 또한 그녀는 물
어보는 사람들에게 자기는 사람과의 잠자리에서 일어난 것이 아니
라 사람 모양의 상과의 잠자리에서 일어난 것이라고 말했다고 한다.
그러나 어떤 사람들은 그의 제자들이 라이스16)를 크세노크라테스
와 동침하게 했다고 한다. 하지만 그는 국부 주변을 숱하게 베이고

---

16) 2권 74, 75절에 나오는 기녀. 아리스티포스와의 염문이 있었다.

데이는 고통을 견뎌낼 정도로 자제력을 보였다고 한다.

한편 그는 또한 아주 신뢰할 만한 사람이어서, 일반적으로는 맹세를 하지 않고 증언하는 것이 허용되지 않는데도 이 사람에게만은 아테네 사람들이 허용했다. [8] 나아가 그는 아주 자족적인 사람이었다. 실제로 알렉산드로스가 막대한 돈을 그에게 보냈을 때, 그는 그 가운데서 3천 아티카 드라크마만 떼어내고, 나머지는 돌려보내면서 더 많은 사람들을 먹여 살리는 그에게 더 많이 필요할 것이라고 말했다. 뿐만 아니라 뮈로니아노스[17]가 《유사사례집》에서 말하듯이 안티파트로스[18]가 보낸 돈도 받아들이지 않았다고 한다. 또한 그는 디오뉘시오스의 궁정에서 쿠스[19] 축제 때 술 많이 마시기 대회의 상품으로 황금 관을 타게 되자, 밖으로 나가 그가 화관을 씌우곤 하던 헤르메스 상에다 그것을 씌웠다고 한다.

한편 다른 사람들과 함께 그가 필리포스 왕에게 사절로 파견되었던 이야기가 있다. 다른 사람들은 선물에 회유되어 필리포스의 잔치에 초청받아 가기도 하면서 그와 회견을 가졌다고 한다. 하지만 그는 그 어떤 일도 하지 않았다고 한다. 실제로 필리포스는 그것 때문에 그에게 접견을 허락하지도 않았다. [9] 그런 이유로 사절들은 아테네로 귀환한 뒤에 크세노크라테스가 자기들과 동행한 것은 쓸모가

---

17) 1권 115절 참고.

18) 안티파트로스(Antipatros)는 알렉산드로스 대왕의 부친 필리포스 2세 때부터 장군으로 있던 인물로, 알렉산드로스의 죽음 이후 마케도니아를 섭정했다. 그의 아들이 앞에 나온 카산드로스이다.

19) 쿠스(Chous)는 그리스의 부피 단위로 현대 도량형으로 약 0.3리터이다. 쿠스 축제는 안티스테라이아 축제의 둘째 날을 이르는데 이름에서 알 수 있듯이 술 축제다.

없었다고 주장했다고 한다. 그리고 그들은 그에게 벌금을 부과하려 했다. 하지만 지금이야말로 그들이 나라를 더욱 생각해야 한다는 것을 ("왜냐하면 다른 사람들은 뇌물을 받았지만, 나는 어떤 말에도 굽히지 않으리라는 것을 그가 알았기 때문이다"라고 그는 말했다) 그로부터 배우고서는 사람들은 그에게 두 배로 존경을 표했다고 한다. 한편 이후에 필리포스 또한 자신에게 왔던 사람들 중에서 크세노크라테스만은 청렴했다고 말했다고 한다. 게다가 라미아 전쟁[20]에서 포로가 된 아테네 사람들과 관련하여 안티파트로스에게 사절로 갔을 때 그는 만찬에 초대받아 가서 안티파트로스에게 다음과 같은 말을 인용했다.

키르케여, 제대로 된 사내라면 누가
먼저 먹을 것과 마실 것을 맛보겠소?
동료들을 풀어 주고 눈앞에 보기 전에 말이오.[21]

그리고 안티파트로스는 그 기지가 마음에 들어 즉시 포로들을 풀어 주었다고 한다.

〔10〕 한편 언젠가는 참새가 매에 쫓겨 그의 품안으로 뛰어들자, 쓰다듬어 주고 놓아주면서 청원자를 내줄 수는 없다고 말했다. 비온에게 놀림을 받고 그는 대꾸하지 않겠다고 말했다. 비극이 희극에 의해 놀림받을 때는 대답할 가치가 없기 때문이라는 것이다. 또한 시가술도, 기하학도, 천문학도 배운 적이 없으면서 그에게 배우러 오고

---

20) 라미아(Lamia) 전쟁은 알렉산드로스 대왕 사후 아테네와 다른 그리스 나라들이 안티파트로스가 섭정으로 있던 마케도니아에 대항해서 일으킨 전쟁으로 기원전 323~322년에 벌어졌다. 라미아는 그리스 중부에 있는 도시다.
21) 호메로스, 《오뒤세이아》, 10권 383~385행.

싶어 하는 사람에게 그는 말했다. "그대의 길을 가시오. 당신은 철학의 손잡이들을 갖고 있지 않소." 그러나 다른 사람들은 말하길, 이때 그가 "내 집에서는 양털을 빗기지 않으니까"라고 말했다고 한다.

〔11〕한편 디오뉘시오스가 플라톤에게 누군가 플라톤의 목을 날릴 것이라고 말하자, 이 사람이 곁에 있다가 자신의 목을 가리키며 "누구든 이 목보다 먼저 날리지는 못할 것이오"라고 말했다. 또한 언젠가 안티파트로스가 아테네에 와서 그에게 인사했을 때, 그는 자신이 하던 말을 다 마치기 전에는 답례 인사를 하지 않았다고 한다. 그는 전혀 거만하지 않은 사람으로 하루 중 자주 홀로 명상하곤 했고 한 시간씩을 침묵에 할애했다고 사람들은 전한다.

또한 그는 매우 많은 저술과 시, 권고문을 남겼는데, 다음과 같은 것들이다.

《자연에 대하여》 6권

《지혜에 대하여》 6권

《부에 대하여》 1권

《아르카디아 사람》 1권

《무규정적인 것에 대하여》 1권

〔12〕《어린이에 대하여》 1권

《자제에 대하여》 1권

《유익한 것에 대하여》 1권

《자유인에 대하여》 1권

《죽음에 대하여》 1권

《자발성에 대하여》 1권

《우정에 대하여》2권

《공평에 대하여》1권

《반대인 것에 대하여》2권

《행복에 대하여》2권

《글쓰기에 대하여》1권

《기억에 대하여》1권

《거짓에 대하여》1권

《칼리클레스》1권

《분별에 대하여》2권

《가장》(家長) 1권

《절제에 대하여》1권

《힘에 대하여》1권

《국가체제에 대하여》1권

《경건에 대하여》1권

《덕이 가르쳐질 수 있다는 것》1권

《있는 것에 대하여》1권

《운명에 대하여》1권

《정념에 대하여》1권

《생애에 대하여》1권

《화합에 대하여》1권

《학생에 대하여》2권

《정의에 대하여》1권

《덕에 대하여》1권

《형상들에 대하여》1권

《쾌락에 대하여》1권, 2권

《인생에 대하여》2권

《용기에 대하여》1권

《하나에 대하여》1권

《형상들에 대하여》22) 1권

〔13〕《기술에 대하여》1권

《신들에 대하여》2권

《혼에 대하여》2권

《앎에 대하여》1권

《정치가》1권

《솜씨에 대하여》1권

《철학에 대하여》1권

《파르메니데스의 학설에 대하여》1권

《아르케데모스, 또는 정의에 대하여》1권

《좋음에 대하여》1권

《사유에 관한 것들》8권

《논증들에 대한 것들의 해법》10권

《자연학 강의》6권

《개요》1권

《유와 종에 대하여》1권

《피타고라스학파의 주장》1권

---

22) 앞의 《형상들에 대하여》와 번역어 서명은 같지만, 원문은 전자는 eidos고 후
자는 idea로 다르다. 둘 다 형상으로 번역되지만 eidos는 아리스토텔레스가,
idea는 플라톤이 좀더 선호하는 표현이다.

《해법》 2권

《나눔》 8권

《명제집》 20권, 3만 행

《변증론에 관한 연구》 14권, 2,740행

그 뒤로 15권이 더 있고, 어법에 관한 학습서가 별도로 16권이 있다.

산술에 관한 책 9권

수학에 관한 책 6권

사유에 관한 다른 책 2권

기하학자에 관한 책 5권

《회상록》 1권

《반대인 것》 1권

《수에 대하여》 1권

《수의 이론》 1권

《간격에 대하여》 1권

《천문학에 대한 것》 6권

〔14〕《왕정과 관련하여 알렉산드로스에게 답하여》 4권

《아뤼바스에게 답하여》

《헤파이스티온에게 답하여》

《기하학에 대하여》 2권

위의 것을 모두 합쳐 22만 4,239행에 이른다.

한편 아테네 사람들은 그가 그러한 사람이었는데도 불구하고 외국

인세[23)]를 납부할 능력이 없자 그를 노예로 팔려고 내놓았던 적이 있었다. 그리고 그를 팔레론 사람인 데메트리오스가 사들여 양쪽 각각의 손실을 회복시켜 주었다. 즉, 크세노크라테스에게는 자유를, 아테네 사람들에게는 외국인세를 회복시켜 준 것이다. 이것을 아마스트리스[24)] 사람 뮈로니아노스가 《유사사례집》1권에서 말한다. 한편 그는 스페우시포스를 이어서 그 학원을 25년 동안 이끌었으니, 뤼시마키데스의 최고행정관 재임기, 150회 올림피아기의 두 번째 해부터였다. 한편 그는 밤중에 냄비에 부딪쳐 생을 끝마쳤으니, 이미 82세의 나이였다. 〔15〕 우리는 그를 위해서도 다음과 같이 말한다.

언젠가 청동 냄비에 부딪쳐 이마를
맞고, "아이쿠" 하는 비명을 지르고선 사라졌다.
모든 점에서 어느 모로 보나 사내였던 크세노크라테스가.

한편 크세노크라테스라는 이름의 다른 사람들은 다섯이 있었다. 아주 옛적의 전술에 능한 사람이 있고, 앞서 말한 철학자와 친척이며 같은 나라 사람이 있다. 그의 것으로는 아르시노에[25)]의 죽음을 다룬 《아르시노에 이야기》가 전해진다. 네 번째 사람은 철학자로 엘레게이아 운율의 시를 썼지만 성공적이지는 못했다. 이것은 특기할 만하다. 왜냐하면 시인들은 산문에 도전해도 성공하는데, 산문작가들은 시를 쓰는 데 관심을 두어도 실패하기 때문이다. 이것을

---

23) 크세노크라테스는 칼케돈 출신 외국인이다.
24) 아마스트리스(Amastris)는 흑해 남쪽 연안의 도시다.
25) 아르시노에(Arsinoē)는 기원전 3세기의 마케도니아 왕비다.

보면 한편은 타고나는 일이고 다른 하나는 기술에 의한 일인 것이 분명하다. 다섯 번째 사람은 조각가였다. 여섯 번째 사람은 아리스톡세노스가 말하듯이 노래를 짓는 사람이었다.

3. 폴레몬

〔16〕 폴레몬은 필로스트라토스의 아들로서 아테네의 오이에구(區) 사람이었다. 젊어서 그는 방탕하고 낭비가 심해서 즉각적 욕구 해소를 위한 돈을 지니고 다니기까지 했다. 뿐만 아니라 뒷골목에다 돈을 감춰 두기까지 했다. 아카데미아에서도 어떤 기둥 근처에서 3오볼로스가 발견되었는데, 그것은 앞서 말한 목적과 같은 목적을 위한 그의 돈이었다. 그리고 언젠가는 젊은이들과 어울려 술에 취해 화관을 쓴 채 크세노크라테스의 학원으로 쳐들어갔다. 그러나 크세노크라테스는 당황하지 않고 여전히 이야기를 계속했다. 그것은 절제에 대한 이야기였다. 그래서 그 젊은이는 들으면서 차츰 사로잡혀 다른 사람들을 능가할 정도로 부지런해졌고 그 자신이 160회 올륌피아기 이후 학원을 이어받기에 이르렀다.

〔17〕 한편 카뤼스토스 사람인 안티고노스는 《생애들》에서 폴레몬의 아버지가 으뜸가는 시민이며 전차경기용 말을 길렀다고 말한다. 한편 안티고노스는 폴레몬이 소년들과 사귀었다는 이유로 자신의 아내로부터 학대 죄로 고소당한 적이 있다고 말한다. 하지만 철학 공부를 하기 시작하고서는 어느 때에나 한결같은 형태의 모습을 잃는 일이 없을 정도의 성품을 견지하였다. 그뿐 아니라 그는 어조

가 바뀌는 일이 없었다. 바로 그것 때문에도 크란토르가 그에게 매료되었다고 한다. 실제로 미친 개가 그의 넓적다리를 물었을 때, 그는 얼굴빛조차 바뀌지 않았다. 그리고 그 사건을 전해 듣고 나라 전체가 야단법석이 났지만 그는 태연했다고 한다.

또한 그는 극장에서 덩달아 감동하는 일이 가장 적은 사람이었다. 〔18〕 실제로 클뤼타임네스트라라는 별명을 가진 니코스트라토스라는 사람이 시인26)의 작품 중 한 부분을 그와 크라테르에게 읽어 준 적이 있었는데, 한 사람은 공감했지만 다른 사람은 듣기 전과 똑같았다고 한다. 그래서 그는 전체적으로 화가 멜란티오스가 《회화에 대하여》에서 말하는 사람과 같은 사람이었다. 왜냐하면 그 화가는 작품에는 일종의 뚜렷한 주견과 고담함27)이 있어야 하고 성품에도 마찬가지여야 한다고 말하기 때문이다. 폴레몬은 실제 사실로 훈련해야지, 음악의 기술적 사항은 소화했지만 실제로 연습은 안 해본 사람처럼 변증론적 이론 속에서 훈련해서는 안 된다고 주장했다. 이런 사람은 질문하는 부분에서는 찬탄받지만 삶의 자세에서는 자기 자신과 싸우게 된다는 것이다.

그는 이와 같이 세련되고 고결한 사람이었고, 아리스토파네스가 에우뤼피데스에 대해 말하는 바, "톡 쏘고 시큼한28) 것"을 사양하는 사람이었다. 이것들은 아리스토파네스 자신이 말하듯이

---

26) 고대 그리스에서 그냥 '시인'이라고 하면 대개 호메로스를 말한다.

27) '고담(枯淡)하다'는 '글이나 그림 따위의 표현이 꾸밈없고 담담하다'는 뜻이다. 다소 어려운 말이지만 예술에서 사용되는 용어라서 번역어로 채택했다.

28) 원어는 'silphiōta'이다. 직역하면 '너무도 실피움 같은'이다. 실피움은 고대 그리스의 진귀한 약용식물이었다고 한다. 아마 시큼한 맛이 났던 모양이다.

폴레몬

〔19〕 큰 고깃덩이와 관련되는 비정상적 욕망이다.

또한 그는 제기된 문제[29] 에 대하여 앉아서 이야기하지 않고 산책하면서 논증을 벌였다고 사람들이 전한다. 이와 같이 고결한 것을 사랑하는 성품으로 그는 그 나라에서 존경받았다. 그럼에도 불구하고 그는 은둔하여 정원[30] 에서 지냈으며 그의 제자들은 그 곁에 움막을 지어 무사여신의 전당과 강의실 근처에서 기숙했다. 한편 폴레몬은 모든 점에서 크세노크라테스를 따라 하려 했던 것 같다. 게다가 아리스티포스는 《옛사람들의 애정행각에 대하여》 4권에서 폴레몬이 크세노크라테스의 사랑을 받았다[31] 고 말한다. 어쨌든 폴레몬이 항상 그를 기억하고, 그 사람이 지녔던 도리스식 화음과 같은[32] 사심 없음과

---

29) 변증론적 논의를 하기 위해 처음 제시되는 문제.
30) 아카데미아에 딸린 정원인 듯하다.
31) 이 표현은 일반적으로는 동성애의 대상이었다는 뜻이다.
32) 여기서 '화음'이란 협화음이 아니라 보통 '선법'(mode) 이라 번역되는, 단음들의 위치와 배열 등을 포함한 음계를 말한다. 도리스식 화음은 플라톤에 따르

소탈함과 진중함을 입고 다녔다. 〔20〕 한편 그는 소포클레스의 애호
자이기도 했고, 그의 시 가운데서도 특히 희극조의 그의 시구들, 즉

  몰로시아산 개[33]가 함께 만든 것 같았다.

라든지, 프뤼니코스의 말을 빌리면

  들쩍지근하기만 하지도 않고, 섞이지도 않은, 순수한 프람니아종[34]
  포도주.

가 들어 있는 시구를 좋아했다. 그래서 그는 호메로스는 서사시의
소포클레스이고, 소포클레스는 비극의 호메로스라고 이야기했다.
  한편 그는 노쇠하여 생을 끝마쳤고, 상당한 양의 저술을 남겼다.
그리고 그를 위한 우리의 시는 다음과 같다.

  그대는 듣는가? 폴레몬을 우리가 장사 지냈다.
  인간들에게 두려운 재앙인 쇠약이 그를 여기에 두었으나,
  그것은 더 이상 폴레몬이 아니라 그의 몸인 것이다. 그 자신이 그것에서
  빠져나와 별들로 올라가려 할 때, 지상에 두고 간 것이다.

면 "지각 있게 행동하고 거만하지 않게 처신하며 이 모든 상황 속에서 절제
  있게 정도껏 행동할 뿐만 아니라 그 결과에 만족하는 사람을 모방할 수 있는
  화음"이었다고 한다(《국가》, 399b~c 참고).
33) 그리스 사람들이 사냥용이나 목축용으로 많이 기르던 개.
34) 레스보스섬 등지에서 생산되는 질 좋은 포도 품종.

4. 크라테스

〔21〕 크라테스는 아버지가 안티게네스이며 아테네 사람이고, 구(區, dēmos) 중에서 트리아 사람으로서 폴레몬의 제자임과 동시에 그에게서 사랑받는 사람[35]이었다. 그뿐 아니라 그로부터 학원을 이어받기도 하였다. 그리고 두 사람은 서로를 아꼈으므로 생전에도 같은 일에 종사했을 뿐만 아니라 거의 숨을 거둘 때까지 서로 점점 닮아 갔고 죽은 뒤에도 무덤을 같이 썼다. 그래서 안타고라스는 이 두 사람을 위해 다음과 같이 썼다.

이 무덤에 신을 경외하는 크라테스와 폴레몬이
묻혀 있노라고 전해 주시게, 나그네여, 그대가 이곳을 지나거든.
그들은 한마음 한뜻으로 도량 넓은 사람들이었고, 신성한
이야기가 신령스러운 입에서 흘러나오고,
정결한 그들의 지혜의 삶은 영원한 신적인 것으로 장식되어
불굴의 명성에 어울리도다.

〔22〕 그렇기 때문에 테오프라스토스에게서 넘어온 아르케실라오스도 그들에 대해 어떤 신들이거나 황금시대[36]에서 살아남은 사람들이라고 말했다고 한다. 그리고 그것은 그 둘이 대중에게 연연하지 않았고, 아울로스 연주자인 디오뉘소도로스가 언젠가 말했다고 하는 사람과 같은 사람들, 즉 이스메니아스[37]의 경우처럼 자기의 아

---

35) 동성애의 대상이 된다는 표현이기도 하다.
36) 그리스 신화 속의 최고의 시대. 헤시오도스, 《일과 나날》 참고.

울로스 가락을 들은 사람이 군선 위에도, 샘물가에서도 없다는 것을 자랑스러워하는 사람들이었기 때문이다. 한편 안티고노스는 크라테스가 크란토르의 집에서 그와 끼니를 같이 했고, 아르케실라오스는 이들과도 사이좋게 같이 살았다고 말한다. 한편 아르케실라오스는 또한 크란토르와 집을 같이 썼고, 폴레몬은 크라테스와 시민 중 한 사람인 리시클레스와 함께 살았다고 한다. 한편 안티고노스는 크라테스가 폴레몬에게 사랑받는 사람이었고 아르케실라오스는 크란토르에게 사랑받는 사람이었다고 말한다.

〔23〕 아폴로도로스가 《연대기》 3권에 말하는 바에 따르면, 크라테스는 128회 올림피아기 동안에 생을 마치면서, 저술로는 철학에 관한 것들과 희극에 관한 것들, 대중연설문과 사절로 가서 한 연설문들을 남겼다. 그뿐 아니라 그는 명성 있는 제자들도 남겼다. 그중에는 아르케실라오스가 있는데(그는 이 사람에게서도 배웠기 때문이다), 그에 대해서는 우리가 앞으로 이야기할 것이다. 또 다른 한 사람은 보뤼스테네스[38] 사람 비온[39]인데, 학파의 이름을 따서 나중에 테오도로스주의자라 불렸다. 이 사람에 대해서도 아르케실라오스에 뒤이어 우리가 이야기할 것이다.

크라테스라는 이름의 인물은 10명이 있었다. 첫 번째는 고희극[40] 작가, 두 번째는 트랄레이스[41]의 변론가로 이소크라테스학파 사람,

---

37) 이스메니아스(Ismēnias)는 테베 출신의 음악가이다.
38) 보뤼스테네스(Borysthenēs)는 흑해 북쪽 보뤼스테네스강과 그 주변의 그리스 식민도시를 가리킨다.
39) 2권 77절 참고.
40) 고희극(archaia)은 기원전 5세기경 아테네에서 성행했던 희극을 이른다.

크라테스

세 번째는 알렉산드로스의 휘하에 있으면서 공병일을 담당했던 사
람, 네 번째는 견유학파 사람으로 이 사람에 대해서는 우리가 앞으
로 이야기할 것이다. 다섯 번째는 페리파토스학파 철학자, 여섯 번
째는 위에서 말한 아르케실라오스학파 철학자, 일곱 번째는 말로
스[42]의 문법학자, 여덟 번째는 기하학 책을 쓴 사람, 아홉 번째는
비문시 작가, 열 번째는 타르소스[43] 출신의 아르케실라오스학파 철
학자이다.

---

41) 트랄레이스(Tralleis)는 지금의 남부 소아시아 내륙에 위치한 도시로 카르 지
   역에 속한다.
42) 말로스(Mallos)는 고대 아나톨리아 지역의 킬리아에 속하는 도시다. 킬리아
   는 지중해 동쪽, 터키 남동쪽 해안에 면한 지역이었다.
43) 타르소스(Tarsos)는 터키 남부 해안도시다.

5. 크란토르

〔24〕 솔로이44) 사람 크란토르는 자기 조국에서 경탄의 대상이었는데도, 조국을 떠나 아테네로 가 폴레몬과 동문수학하며 크세노크라테스의 강의를 들었다. 또한 그는 3만 행에 이르는 연구서를 남겼는데, 그중에 몇 가지는 아르케실라오스의 것이라고 말하는 사람들이 있다. 한편 사람들은 그가 무엇 때문에 폴레몬에게 매료되었는지 묻는 질문에 폴레몬이 말을 할 때 어조가 높아지거나 가라앉는 것을 들은 적이 없기 때문이라고 말했다고 전한다. 이 사람이 병이 들어 아스클레피오스의 성역45)에 칩거하며 그곳에서 산책을 하며 지내던 적이 있었다. 그런데 사람들은 병 때문이 아니라 거기에 학원을 세우고 싶어서 그가 그러는 것이라고 믿고서 사방에서 그에게 모여들었다. 그중에 아르케실라오스도 있었는데, 크란토르는 이 사람을 사랑했음에도 기꺼이 폴레몬에게 소개하였다고 한다. 그것은 아르케실라오스에 관한 장에서 우리가 이야기할 것이다. 〔25〕 그러나 그는 건강이 회복되자 다시 폴레몬의 강의를 계속 들었기에 이 점에서 특히나 찬사를 받았다고 한다. 한편 그는 12탈란톤에 이르는 재산을 아르케실라오스에게 유산으로 남겼다고 전해진다. 또한 어디에 묻히고 싶으냐는 질문을 아르케실라오스로부터 받았을 때, 그는

　　사랑하는 땅의 언덕에 묻히는 게 좋겠다

---

44) 아나톨리아의 남쪽 지역에 있던 도시이다.
45) 아스클레피오스의 성역은 병원 역할을 겸하였다.

고 말했다 한다. 한편 그는 시를 써서 그것을 봉인해 그의 조국에 있는 아테나 신전에 헌정했다고도 전해진다. 또한 시인 테아이테토스[46]는 그에 대해 다음과 같이 쓰고 있다.

사람들에게 사랑받았지만, 무사여신들에게 더 많은 사랑을 받았다.
크란토르는, 그리고 결코 노년으로 멀리 나아가지도 못했다.
대지여, 그대는 생명을 마친 성스러운 사내를 반겨 주소서.
진정 그가 저세상에서도 복되게 살기를.

〔26〕 한편 크란토르는 모든 시인 중에서도 특히 호메로스와 에우뤼피데스를 찬미하면서 일상어로 비극을 쓰면서 공감이 가게끔 쓰기는 어렵다고 이야기했다. 그리고 그는 《벨레로폰테스》[47] 중에서 한 줄을 인용하곤 했다.

아아! 그런데 왜 '아아!'인가? 우리는 죽을 수밖에 없는 인간에게 마땅한 것을 겪었을 뿐인걸.

한편 시인 안타고라스의 다음과 같은 시가 에로스 신에 대하여 크란토르가 지은 것으로 알려져 있다고 이야기되기도 한다.

내 마음은 혼란에 싸여 있다. 너의 출생이 논란되어서.
혹은 너를, 언제나 새로 나는 신들 가운데 최초의 자인 에로스라 부를 것인지.

---

46) 테아이테토스(Theaitētos)는 기원전 3세기에 활동한 퀴레네 출신 시인이다.
47) 벨레로폰테스(Bellerophontēs)는 벨레로폰(Bellerophon)으로 더 알려진 그리스 신화의 영웅이다. 《벨레로폰테스》는 단편으로만 전해지는 에우뤼피데스의 작품이다.

오랜 에레보스와 여왕인 닉스가
너른 오케아노스의 바다 밑에 낳았던 자식들 중 첫째라고 말이다.
[27] 혹은 너를 사려 깊은 퀴프리스의 딸이라, 혹은 가이아
또는 아네모스들의 딸이라 할 것인지. 너는 인간들에게 똑같은 나쁜 것들과
훌륭한 것들을 생각하며 돌아다니나니. 너의 육신 역시 두 개의 형태로구나.

한편 그는 조어를 만드는 데 뛰어나기도 했다. 실제로 그는 어떤 비극배우가 "다듬어지지 않고", "껍질로 꽉 찬" 목소리를 가졌다고 말했다. 또한 어떤 시인의 시는 좀스러움으로 가득 차 있다고도 말했다. 또한 그는 테오프라스토스의 입론들이 보라색 물감으로 저술되었다고 말했다. 한편 그의 책 《애도에 대하여》(*Peri penthous*) 는 특히 찬탄받고 있다. 그는 폴레몬이나 크라테스보다 앞서 유명을 달리했는데, 수종 증상으로 앓던 끝이었다. 또한 그를 위한 우리의 시는 다음과 같다.

그대까지도 쓸어가 버렸다. 병 중에서 가장 지독한 것이.
그리고 그렇게 그대는 플루톤48)의 검은 심연으로 내려갔다.
그리고 그대가 거기에 지금 있는 한, 그대의 이야기를 여의고
있노라, 아카데미아와 솔로이, 그대의 조국은.

---

48) 플루톤(Ploutōn) 은 지하의 신 하데스의 별칭이다. 죽음을 연상케 하는 하데스의 이름을 직접 부르기 꺼려하는 풍습으로, 대지와 지하에 매장된 자원의 풍부함에 빗대서 그를 '부유함'을 뜻하는 '플루토스'(*ploutos*) 와 연관된 이 이름으로 부르곤 했다.

6. 아르케실라오스

〔28〕 아르케실라오스는 세우테스의 아들(이거나 혹은 아폴로도로스가 《연대기》 3권에서 말하는 바에 따르면 스퀴테스의 아들)로서 아이올리스[49]의 피타네[50] 출신이다. 이 사람은 중기 아카데미아학파의 창시자이다. 그는 논의들 간의 상호모순 때문에 판단을 유보했던 최초의 사람이다. 또한 그는 맨 처음으로 한 물음에 대해 찬성과 반대 양편에서 논의를 전개했고, 플라톤에 의해 전해져온 이론을 다듬었으며, 묻고 답하는 방법을 통해 그 이론을 더욱더 논쟁적으로 만든 최초의 사람이다.

그가 크란토르에게로 넘어온 사정은 다음과 같다. 그는 4형제 중에서 가장 어렸는데, 그중 둘은 아버지가 같은 형제이고, 나머지 둘은 어머니가 같은 형제였다. 어머니가 같은 형제 중에 퓔라데스가 더 나이가 많고, 아버지가 같은 형제 중에는 모이레아스가 나이가 더 많았다. 이 모이레아스가 그의 후견인이었다. 〔29〕 그는 처음에 그 나라 사람인 수학자 아우톨뤼코스의 제자였으나, 나중에 피타네를 떠나 아테네로 갔다. 그는 아우톨뤼코스와 더불어 사르디스로 여행한 적도 있었다. 그 후에 그는 아테네의 음악가 크산토스 밑에서 공부했다. 그런 다음 테오프라스토스의 제자가 되었다. 그러다 결국 크산토르가 있는 아카데메이아로 옮겨가게 되었다. 앞에서 말한 그의 형 모이레아스는 그를 연설가로 만들고 싶어 했지만, 그 사람

---

49) 아이올리스(Aiolis)는 소아시아의 서쪽과 북서쪽을 아우르는 지역이다.
50) 피타네(Pitanē)는 아이올리스 지역에 속한 해안도시다.

자신은 철학을 사랑하게 되었기 때문이다. 또 크란토르는 아르케실
라오스에게 애정을 느꼈기 때문에 에우뤼피데스의 《안드로메다》에
서 다음과 같은 시구를 인용해서 물었다.

오 처녀여, 내가 너를 구한다면 나에게 고마워하겠는가?

그러자 그는 이어지는 시구로 답했다.

나를 데려가 주세요. 이방인이시여. 몸종으로 두시든 아내로 삼으시든.

〔30〕이 일로 인해서 그들은 함께 살게 되었다. 반면에 테오프라
스토스는 그를 잃은 것에 애가 타서는 "참으로 재능이 뛰어나고 교육
적 자질이 있는 젊은이가 나의 학원을 떠났구나!"라고 말했다고 전
해진다. 왜냐하면 그는 그 당시에도 논의에 있어 매우 유능했을 뿐
만 아니라, 워낙 문학을 좋아하여 시도 짓곤 했기 때문이다. 아탈로
스에 대한 그의 비문시가 전해지는데 다음과 같다.

페르가모스[51]는 오직 무기로써만 유명한 것이 아니라, 경주마로써도
자주 성스러운 피사에 두루두루 언급된다네.
죽어야만 하는 자에게 제우스의 뜻을 말하는 것이 허락된다면
훗날에도 가인(歌人)들에 의해서 더욱 많이 노래될지니라.

---

51) 페르가모스(Pergamos)는 페르가몬(Pergamōn)이라고도 부른다. 기원전
269~197년에 살았던 아탈로스는 이곳의 지배자로 아탈로스 왕조를 연 인
물이다.

아르케실라오스와 카르네아데스

　뿐만 아니라, 그의 동료 학생 중 한 사람인 에우다모스의 애인 메노도로스에 대한 그의 비문시도 전해진다.

　〔31〕 프뤼기아는 멀고, 그대가 태어난 땅 성스러운 튀아테이라52) 도 멀지니,
　카다노스의 아들 메노도로스여.
　입 밖에 내는 것조차 꺼리는 아케론의 강53) 으로 가는 길은,
　사람들이 말하는 것처럼 어디서부터 재어도 똑같은 것이네.
　그대를 위해 이 훌륭한 무덤을 세워 준 것은 에우다모스이니,
　그를 섬긴 수많은 사람들 중에서 그대야말로 그에게서 가장 사랑받았으므로.

---

52) 튀아테이라(Thyateira) 는 소아시아 북쪽, 이스탄불의 남쪽에 위치한 내륙 도시이다.
53) 호메로스, 《오뒤세이아》, 10권 513~515행. 하데스(冥府, 죽은 자의 세계) 의 강으로 퓌리플레게톤강과 스틱스강의 지류인 코퀴토스강이 흘러드는 강이다.

아르케실라오스는 어떤 시인보다도 호메로스를 더 높이 평가했다. 그래서 잠들기 전에도 늘 호메로스 중에서 한 부분을 읽었다고 한다. 그뿐 아니라, 꼭두새벽부터 호메로스를 읽고 싶을 때면 자기 연인을 만나러 간다고 말하면서 호메로스를 읽곤 했다. 그는 핀다로스에 대해서도 낭랑하게 읊을 수 있는 시어로 가득 차 있고 풍부한 낱말과 표현을 구사한다는 점에서 대단한 시인이라고 단언했다. 그리고 젊었을 때에는 그는 《이온》[54]을 연구하기도 했다.

〔32〕 그는 또한 기하학자 히포니코스[55]의 강의도 들은 적이 있다. 히포니코스에 대해 그는 다른 분야에 대해서는 졸리고 따분하면서도 자신의 전공 분야에서는 그가 능숙한 것은, "기지개 켜며 하품하는 동안에 기하학이 그의 입으로 들어간 것이네"라고 말하면서 조롱했다고 한다. 또 이 사람이 한때 정신을 잃었을 때, 아르케실라오스는 그를 자신의 집까지 데려가서 그가 완전히 회복할 때까지 보살펴 주었다.

크라테스가 세상을 떠났을 때 그가 그 학원을 이어받았는데, 소크라티데스[56]란 어떤 사람이 그에게 그 지위를 양보했기 때문이었다.

누군가는 그가 모든 문제에 관해 판단을 중지했기 때문에 한 권의 책도 쓰지 않았다고 말한다. 하지만 다른 사람들에 따르면 그는 어떤 책을 교정보다가 들켰다고 하며, 또 어떤 사람들은 그가 그 글들을 세상에 내놓았다고 말하는가 하면 어떤 사람들은 태워 버렸다고 한다.

---

54) 키오스 출신 시인 이온인지 플라톤 대화편의 《이온》을 말하는 것인지는 분명하지 않다.
55) 달리 알려진 바가 없다.
56) 달리 알려진 바가 없다.

그는 또한 플라톤을 찬양한 것 같으며, 그의 책을 소유하고 있었다.

〔33〕 그뿐 아니라 누군가에 따르면 그가 퓌론을 몹시 모방하려고 했고, 또 변증론을 익히는 데 전념하기도 했고 에레트리아학파의 논의 이론을 받아들이기도 했다고 한다. 그래서 그는 아리스톤에게서 이런 말을 듣게 되었다.

그의 앞에는 플라톤, 뒤에는 퓌론, 중간에는 디오도로스. 57)

또 티몬은 그에 대해 다음과 같이 말한다.

그의 가슴 밑에 메네데모스의 무거운 납추를 단 채로
살찐 퓌론에게 혹은 디오도로스에게 달려갔을 테니까.

그리고 얼마 안 되어 그로 인해 아르케실라오스는 다음과 같이 말하게 된다.

나는 퓌론과 괴팍한 디오도로스에게 헤엄쳐 가리라.

그는 딱 부러지고 간결한 말투를 사용했고, 대화 시에는 낱말의 의미를 꼼꼼히 구별했고, 지나칠 정도로 냉소적이고 거침없이 말하는 사람이었다.

〔34〕 이런 까닭에 티몬은 또한 그에 대해 다음과 같이 말한다.

---

57) 호메로스, 《일리아스》, 6권 181행과 《오뒤세이아》, 5권 246행에 이와 유사한 구문이 있다. 이곳의 디오도로스는 메가라학파를 창시한 에우클레이데스의 제자를 말한다. 메가라학파는 변증론을 전문적으로 발전시킨 학파다.

그리고 〈예리한 이해력과 교활한〉58) 비난을 뒤섞으면서

그래서 어떤 젊은이가 너무 건방지게 말하자, 그는 "누구 이 사람 뒷덜미를 잡아 줄 사람 없소?"라고 말했다. 또 성적 방탕함에 빠졌다고 비난을 받는 사람이 자신에게는 어떤 일이 다른 일보다 더 큰 일로 여겨지지 않는다는 결론에 이르렀다고 하자, 그는 "그럼 10닥틸로스가 6닥틸로스보다 크지 않다는 겐가?"라고 물었다. 또 키오스 사람으로 헤몬이라는 어떤 사람이 있었는데, 못생겼는데도 자기가 잘생겼다고 믿고, 늘 사치스러운 양털 윗옷을 입고 돌아다녔다. 그 남자가 자신의 생각으로는 지혜로운 사람은 사랑에 빠지는 일은 없을 것이라고 말했을 때, 그는 "그대처럼 누군가가 그렇게 잘생기고, 또 그렇게 아름다운 옷을 입어도 그럴까?"라고 대답했다. 그 남자는 톳쟁이이기도 했기에 무게를 잡고 아르케실라오스에게 이렇게 말했다.

〔35〕 마님, 당신께 여쭈어도 되겠습니까, 아니면 가만히 있을까요?

그러자 이를 받아서 그는 이렇게 대답했다.

여인이여, 어찌하여 그대는 평소와 같지 않게 그렇게 굵은 목소리로 말하는가?

또 어떤 비천한 태생의 말 많은 사람이 그를 괴롭혔을 때 그는 다음과 같이 말했다.

---

58) 원문이 파손된 부분이다. 도란디의 판본이 아니라 빌라모비치의 첨가(*noon haimyliois*)를 받아들인다.

362

제멋대로 지껄이는 것은 노예의 자식들이 되는 길이니

또 구구하게 의미도 없는 말을 늘어놓는 다른 사람에 대해, 그 사람에게는 성가시게 잔소리해대는 유모조차 없었던 모양이라고 그는 말했다. 그리고 어떤 사람들에게는 대꾸도 하지 않았다. 또 대금업자이면서 토론을 즐기는 남자가 자기로선 이해하지 못하는 어떤 것이 있다고 하자, 그에 대해선 다음과 같은 시구를 빌려 대답했다.

암탉도 어린 병아리가 태어날 때까지는
바람이 지나는 길조차 모르니까. 59)

이것은 소포클레스의 《오이노마오스》에서 따온 것이다. 60)

〔36〕 알렉시노스의 문하에서 공부한 어떤 한 변증론가가 자신의 스승 알렉시노스의 어떤 이론을 적절하게 설명하지 못하고 있을 때, 아르케실라오스는 그 사람에게 필록세노스61)가 벽돌공에게 했던 이야기를 들려주었다. 필록세노스는 그 벽돌공들이 자신의 노래를 서툴게 노래하는 것을 알고, "너희가 나의 작품을 엉망으로 만드는 것처럼, 마찬가지로 나도 너희 것을 망가뜨려 주겠다"라고 하면서, 그들

---

59) 이 말의 의미는 "사람들은 자신의 이해가 걸려 있지 않으면, 명백한 사실에도 주의를 기울이지 않는다"는 의미다. 소포클레스의 단편 477을 보라. 고리대금업자에게 어린 새끼(tokos)는 대여금의 이자(tokos)를 의미한다. 아리스토텔레스, 《동물지》, 6권 2장 560a6 참고.
60) 소포클레스, 단편, 436행.
61) 문맥으로 봐서 이 필록세노스는 기원전 435∼380년에 살았던 퀴테라 출신의 디튀람보스 시인을 말하는 듯하다.

이 만들고 있던 벽돌을 밟아 뭉개 버렸던 것이다. 어쨌든 그는 마땅히 해야 할 시기에 학문을 하지 않은 사람들을 혐오했던 것이다. 그는 또 말을 해가면서도 어떻든 자연스럽게 "나는 긍정하네"라거나, 이름을 들먹거리면서 "이러저러한 사람은 이런 것들에 동의하지 않을 것이네" 하는 식의 말투를 썼다. 62) 그의 제자들 역시 대부분 이런 말투로 말하는 버릇과 그의 강연 방식과 그의 처신 전체를 흉내 냈다.

〔37〕 그는 또한 반론을 요령 있게 받아치고 빙빙 도는 논의의 방향을 현안 문제로 되돌리고 어떤 상황에도 그것을 조화시키는 데 독보적이었다. 또한 그 누구보다도 설득력이 있었다. 그의 신랄한 힐책을 받아들여야만 했음에도 불구하고 그의 학원으로 차츰 더 많은 학생들이 모여들게 되었다. 그들은 그의 힐책마저도 기꺼이 견뎌냈다. 그는 아주 훌륭한 사람이었고 또 학생들을 희망으로 부풀어 오르게 했기 때문이다. 평소에 그는 붙임성이 아주 좋았고, 늘 남에게 선뜻 친절을 베풀었고, 또 그 친절을 숨기려는 겸손함마저 가지고 있었다. 예를 들면 그가 언젠가 병이 난 크테시비오스63)의 병문안을 갔을 때, 그의 궁핍한 처지를 보고 베개 밑에 지갑을 눈치채지 못하게 넣어 놓았다. 그가 그것을 발견하고는, "이것은 아르케실라오스의 장난이야"라고 말했다. 그뿐 아니라, 다른 때에도 그 사람에게 1천 드라크마를 보내주었다.

〔38〕 게다가 아르카디아 사람 아르키아스를 에우메네스에게 추천

---

62) 앞에서 아르케실라오스는 판단을 중지했다는 말과는 논리적으로 들어맞지 않는 것처럼 보인다.

63) 크테시비오스(Ktēsibios)는 아르케실라오스의 친구로 보이며, 그 외에는 알려진 바가 없다.

함으로써 그 사람이 높은 지위에 오르게 해주었다.

그는 돈에 전혀 구애받지 않는 자유로운 사람이었기에 '은화를 지불해야만 하는 공연 행사'[64]에 나간 최초의 인물이었고, 아르케크라테스와 칼리크라테스[65]가 개최한, 금화를 지불해야만 하는 공연 행사에 만사를 제쳐 두고 열심히 나갔다. 그는 많은 사람을 도왔고 그들을 위해 기부금을 모았다. 누군가가 언젠가 친구들을 접대하기 위해 그의 은접시를 빌려가고는 돌려주지 않았을 때, 그는 그것을 반환하도록 요구하지 않고 빌려주지 않은 척했다. 전해지는 다른 이야기에 따르면 그가 일부러 그 접시를 사용하게 해놓고, 그것이 반환되어 돌아오자 가난했던 그 사람에게 선물했다는 것이다. 한편 그에게는 피타네에도 재산이 있었는데, 거기 있던 그의 형제 필라데스가 그것을 그에게 보냈다. 게다가 필레타이로스의 아들 에우메네스[66]가 그에게 큰돈을 지원하였다. 이 때문에 그는 당시의 다른 왕들 중에서 유독 그 사람에게만 자신의 책을 헌정했던 것이다.

〔39〕 많은 사람들이 안티고노스 왕을 섬기려 하고, 그가 아테네에 왔을 때는 마중을 나갔지만, 아르케실라오스는 그와 친분을 나누기를 바라지 않고 그냥 집에 조용히 머물렀다. 그는 아테네의 외항

---

64) 'tas argyrikas deikseis'가 무엇인지는 분명하지 않다. 힉스는 '앉는 자리에 돈을 지불하는 공연'으로 옮긴다. 아마도 '소피스트들이 하는 논쟁 게임'에 돈을 지불하고 참여한 것으로 보인다.

65) 달리 알려진 바가 없는 인물들이다.

66) 직역하면 '필레타이로스의 에우메네스'이고 일반적으로 아들을 가리키는 표현이 맞다. 그러나 사실은 필레타이로스는 아들이 없이 죽고 대신 그의 형제 에우메네스의 아들 에우메네스에게 왕위를 물려준 것이다. 에우메네스는 필레타이로스의 뒤를 이어 기원전 263~241년까지 페르가몬을 통치하였다.

인 무니키아와 페이라이우스의 사령관이었던 히에로클레스와는 특히 친하게 지냈고, 제전 때에는 매번 그를 보러 내려갔다. 그래서 그 사람도 안티고노스에게 인사하러 가라고 그를 수없이 설득했지만, 그는 따르지 않고 문 근처까지는 갔지만 그대로 되돌아 나왔다. 안티고노스가 해전[67]에서 승리를 거둔 뒤에 많은 사람들이 안티고노스를 배알하거나 혹은 그에게 아첨하는 편지를 보낼 때에도 그는 침묵을 지켰다. 그럼에도 불구하고 그는 조국을 위해 안티고노스에게 사절로서 데메트리아스[68]의 집까지는 갔다. 그러나 그 임무는 성사해내지 못했다. 그래서 그는 정치적인 일은 멀리하면서 아카데미아 안에서 모든 시간을 보냈던 것이다.

〔40〕또한 히에로클레스와 친했던 그가 언젠가 히에로클레스와 여러 주제를 논의하면서 아테네에서도 페이라이에우스에 오랫동안 머물고 있었는데, 이로 인하여 그는 어떤 사람들에게서 질책을 받았다.

한편으로 그는 지나칠 정도로 낭비벽이 있어서 ─ 사실 제2의 아리스티포스가 아니라고 볼 이유가 있을까? ─ 비슷한 유형의 사람들과 식사하는 것을 즐겼는데, 그것도 그와 취향이 비슷한 사람들하고만 함께했다. 그는 엘레아 출신의 기녀 테오도테와 필라와 드러내 놓고 동거했다. 그리고 그를 비난하는 사람들에게는 아리스티포스의 의미심장한 말[69]을 인용해 대꾸했다. 그는 소년애적 습성을 가

---

67) 안티고노스가 그의 통치 말기 무렵에 코스와 안드로스에서 이집트 해군을 물리친 승리를 언급하는 듯하다(W. W. Tarn, *Antigonus Gonatas*, pp. 378, 461~416 참고).

68) 데메트리아스(Dēmētrias)는 마그네시아 지역에 있던 도시로 마케도니아의 왕들이 즐겨 머물던 곳이다.

졌고, 성적 쾌락을 탐닉하는 성향도 가지고 있었다. 바로 그 때문에 키오스의 아리스톤[70] 계열의 스토아학파 사람들은 그를 두고 젊은 이를 타락시키는 사람, 음탕한 말을 거침없이 지껄여대는, 뻔뻔하고 부끄러움도 모르는 파렴치한 사람이라고 퍼부어댔던 것이다.

〔41〕 실제로 그는 퀴레네로 떠난 데메트리오스도 뮈르레아 출신의 클레오카레스도 각별히 사랑했다고 전해지기도 하기 때문이다. 클레오카레스에 대해서는 아르케실라오스가 했던 이런 이야기도 전해진다. 일단의 술주정꾼들이 그의 집에 들이닥칠 때 그는 그들에게 자신으로서는 기꺼이 문을 열어 주고 싶지만, 그 사람 즉 클레오카레스가 막고 있다고 말했다고 한다. 그런데 클레오카레스를 라케스의 아들 데모카레스도 부셀로스의 아들 퓌토클레스도 사랑했었다. 그들이 아르케실라오스에게 발각되었을 때, 그는 관대하게 자신이 물러서겠노라고 말했다. 그리하여 이 일로 인해 앞서 말한 사람들은 그를 헐뜯었고, 그를 대중에게 사랑받고자 하고, 사람들의 평판을 좋아하는 놈이라고 조롱했던 것이다. 그러나 그에게 특히 심한 공격을 가한 것은 페리파토스학파의 히에로뉘모스 집단의 사람들이었다. 그런 공격은 그가 안티고노스의 아들 할퀴오네오스의 생일을 위해 친구들을 모을 때면 어김없이 벌어졌다. 왜냐하면 그 생일을 위해 안티고노스는 흥청망청 즐기는 데 쓰라고 늘 충분한 돈을 보냈기 때문이다.

〔42〕 또한 그럴 때면 그는 항상 술을 마신 뒤에는 토론하는 것을 삼갔는데, 아리델로스[71] 가 어떤 문제를 들고 나와 그것에 대해 말

---

69) 2권 75절 참고.
70) 7권 160절 이하 참고.

해 달라고 그에게 요청했을 때, 그는 "각각의 것에는 적절한 시기가 있다는 것을 아는 것, 바로 그것이 철학에 가장 고유한 것이네"라고 대답했다. 그가 대중에게 아첨하는 사람이라는 비방에 대해서는 티몬 역시, 다른 여러 가지 말을 했지만, 특히 다음과 같이 말했다.

그는 그렇게 말하면서, 주위를 둘러싸고 있는 군중 틈으로 파고 들어갔네. 그러나 군중은 마치 올빼미를 에워싸고 있는 검은 방울새처럼 놀라서 그를 바라보고 있는 것이네. 대중에게 아첨을 떨었다는 그 이유로 해서, 쓸데없는 짓을 하는 자라는 손가락질을 당하면서. 가련한 사람이여, 별일 아니거늘, 그대는 어찌하여 멍청이처럼 그대를 퍼뜨리고 다니는가?

하지만 그는 거드름을 피우는 사람이 아니라서 자기의 학생들에게 다른 철학자들에게도 배우라고 권했다. 또 키오스에서 온 어떤 젊은이가 그의 강의에 충분히 만족하지 않고, 앞에서 말한 히에로뉘모스의 강의를 원하자, 아르케실라오스 자신이 그 젊은이를 데리고 그 철학자에게 소개시켜 주고 가르침에 잘 따르라고 당부했다.

[43] 그에 대해 전해지는 또 다른 유쾌한 이야기는 이것이다. 누군가가 다른 학파에서 에피쿠로스학파로 옮기긴 하는데, 에피쿠로스학파에서 다른 곳으로 옮기는 사람이 없는 것은 무슨 까닭이냐고 묻는 사람에 대해, 그는 "사내에서 고자는 될 수 있으나, 고자에서 사내는 될 수 없기 때문이지"라고 대답했다고 한다.

죽음이 임박했을 때, 그는 자기 재산 전부를 형제인 퓔라데스에게 남겼다. 왜냐하면 퓔라데스는 모이레아스 모르게 그를 키오스로 데

---

71) 달리 알려진 바가 없다.

려갔고, 거기서 또 아테네로 데려왔기 때문이었다. 72) 그는 평생 아내를 얻지 않았으며, 자녀도 두지 않았다. 그는 3통의 유언장을 남겼다. 한 통은 아레트리아에 있는 암피크리토스에게, 다른 한 통은 아테네의 친구들 가운데 누군가에게, 세 번째 것은 친척 중의 한 사람으로 고향 집에 살고 있던 타우마시아스에게 이것을 잘 간직해 달라고 부탁하면서 보냈다. 이 사람에게는 또한 다음과 같은 편지도 썼다.

아르케실라오스가 타우마시아스에게 인사를 보냅니다.
〔44〕 내 유언장을 당신에게 전해 달라고 디오게네스에게 주었습니다. 자주 병에 걸리고 몸도 쇠약하기 때문에 내가 유언장을 써 두는 것이 좋겠다고 생각했습니다. 이것은 만일 다른 어떤 일이 생겼을 때, 나에 대해 그토록 마음을 써 주셨던 당신께 옳지 못한 행동을 한 채로 떠나는 일이 없게 하기 위해서입니다. 그리고 이 유언장을 지켜봐 주기에는 당신은 당신의 나이를 보더라도 나와 가까운 관계를 보더라도 이곳 사람들 중에선 나에게 가장 믿을 만한 분입니다. 그러니 내가 당신에게 절대적 신뢰를 보내고 있음을 기억하시고, 당신의 힘이 미치는 한 내가 정한 규정들이 적절하게 실행될 수 있도록 나에게 공정하도록 애써 주십시오.
또 이 유언장의 사본은 아테네에 있는 몇몇의 나의 지인들과, 에레트리아에 사는 암피크리토스에게도 맡겨 놓았습니다.

한편 헤르미포스가 전하는 바에 따르면 그는 섞지 않은 포도주를 잔뜩 마시고 정신을 잃은 채로 세상을 떠났다고 한다. 그는 당시 75세였

---

72) 4권 29절의 내용을 토대로 추정해 보면 모이레아스는 아르켈라오스의 후견인이지만 그가 철학 공부를 하는 것에 반대했던 반면에 그의 또 다른 형인 필라데스가 아르켈라오스의 철학 공부를 후원했던 것으로 보인다.

고, 아테네인들 사이에서 전례가 없을 정도로 존경을 받았다고 한다.

〔45〕 그에 대해서 우리가 지은 시는 다음과 같다.

아르케실라오스여, 왜? 어찌하여 그대는 정신을 잃을 정도로
그토록 많은 양의 섞지 않은 포도주를 마셨다는 말인가?
그대가 죽었다고 해서 나는 그렇게까지 그대를 비통해하지 않는다.
하지만 적당량을 넘어설 정도로 많이 마셔서
그대가 무사여신들을 모욕한 것이 비통할 따름이네.

이 밖에도 다른 세 사람이 아르케실라오스라는 이름을 가지고 있
었다. 한 사람은 고희극시인이고, 다른 한 사람은 엘레게이아 운율
의 시를 썼던 사람이고, 다른 한 사람은 조각가인데, 이 사람에 대해
시모니데스는 다음과 같은 비문시를 지었다.

이것은 여신 아르테미스의 조상, 그 대가는,
염소의 도안을 가진 팔로스 통화로 200드라크마.
아리스토디코스의 훌륭한 아들인
아르케실라오스가 아테네 여신의 손재주로 잘 만든 것이네.

한편 아폴로도로스가 《연대기》에서 전하는 바에 따르면 앞에서
말한 철학자는 120회[73] 올륌피아기가 전성기였다고 한다.

---

73) 기원전 300~296년. 사본에 따라 'ogdoēn kai'를 삽입하기도 한다. 그러면
128회가 되어 기원전 268~265년에 해당한다.

7. 비온

[46] 비온은 그 태생이 보뤼스테네스[74]였는데, 그의 부모가 어떤 사람이었는지, 또 어떤 사정으로 철학을 하게 되었는지는 그 자신이 안티고노스 왕에게 분명하게 밝히고 있다. 안티고노스가 그에게 이렇게 물었을 때,

그대는 인간들 중에 어떤 사람이며, 어디서 왔는가? 그대의 나라는 어디며, 부모는 어디 사시는가?[75]

그는 왕이 자신을 폄하함을 알아채고 왕에게 이렇게 대답했다.

내 아버지는 해방노예로 소맷부리로 코를 훔치던 사람입니다. (이 말로써 그는 아버지가 절인 생선을 파는 사람임을 시사한 것이다.) 아버지는 보뤼스테네스 출신으로서 남에게 내보일 만한 생김새는 가지지 못했지만, 주인의 잔혹함을 드러낼 만한 징표를 얼굴에 지니고 있습니다. 어머니는 아버지 같은 그런 사람과도 결혼할 수 있을 정도의 여자로 갈보집 출신입니다. 그 뒤에 아버지가 수입의 일부를 몰래 사취하는 바람에 나를 포함한 가족 전체가 팔리게 되었습니다. 그 무렵 나는 아직 젊었고 또 매력이 있었으므로 어떤 연설가가 나를 샀습니다. 그리고 그 연설가가 죽을 때, 그가 소유하고 있던 모든 것을 나에게 남겨 주었습니다.

[47] 그리고 나는 그의 책을 태워 버리고, 가진 돈을 닥닥 긁어서 아테네로 와 철학자가 된 것입니다. 이런 가문과 혈통에서 태어났음을 나는 자

---

74) 흑해 북쪽 보뤼스테네스강과 그 주변의 그리스 식민도시를 가리킨다.
75) 호메로스, 《오뒤세이아》, 10권 325행이 평행구절이다.

랑스러워합니다. 76) 이것이 나에 관한 내력입니다. 그러니 페르사이오스나 필로니데스77)가 나에 대해 조사하는 것을 멈춰 주십시오. 내 자신을 통해서만 나를 판단해 주십시오.

참으로 비온은 다른 여러 가지 점에서 책략이 풍부하고 다방면으로 재주가 많은 소피스트이고, 철학을 헐뜯고 싶어 하는 사람들에게 매우 많은 구실을 준 사람이지만, 그러나 어떤 면에서 그는 사교성이 있으며, 거드름을 피울 만한 능력이 되는 사람이었다.

그는 아주 많은 비망록도 남겼지만 세상일에 유용한 잠언도 남겼다. 예를 들면 그는 젊은이의 환심을 사지 못한다는 비난을 받았을 때, "낚싯바늘로 부드러운 치즈를 낚을 수 없지 않은가?"라고 대꾸했다.

〔48〕 또 언젠가 누가 더 많이 걱정하느냐는 물음을 받았을 때, 그는 "그것은 최고의 것을 달성하기를 바라는 사람"이라고 대답했다. 누군가가 결혼해야 할지 말아야 할지 의견을 구해왔을 때, (이 이야기는 또한 비온에게도 해당한다) 그는 "못생긴 여자와 결혼한다면, 결혼한 벌을 받는 것이고, 아름다운 여자와 결혼한다면, 그대만의 여자가 되진 않을 걸세"78)라고 말했다.

그는 노년을 온갖 재앙79)의 정박지라고 말했다. 어쨌든 모든 재앙이 그곳으로 도망쳐 들어오니까. 또 명성은 책임질 일의 어머니이고, 아름다움은 남에게 좋은 것이라고 말했다. 부(富)는 말썽의 원

---

76) 호메로스, 《일리아스》, 6권 211행과 평행구절이다.
77) 필로니데스(Philōnidēs)는 기원전 3세기에 활동한 테베 출신의 스토아학파 철학자다.
78) 6권 3절에서는 이 말을 안티스테네스가 한 말이라고 했다.
79) 혹은 질병.

비온

동력이라고도 했다. 조상 대대로 물려온 땅을 탕진한 사람에게는 "땅이 암피아라오스[80]를 삼켰지만, 그대는 땅을 집어삼킨 것이다"라고 그는 말했다. 불행을 참아내지 못하는 것은 커다란 불행이라고도 했다. 한편 그는 시체는 감각이 없는 것으로 생각해서 불에 태우면서도 다른 한편으로는 감각이 있는 듯이 곁에 등불을 놓아두는 사람들도 비난하곤 했다.

〔49〕젊음의 아름다움을 다른 사람에게 즐길 수 있게 주는 것이 다른 사람의 그것을 탐닉하는 것보다 더 바람직하다고 그는 되풀이해서 말했다. 후자는 몸에도 정신에도 해가 되기 때문이라는 것이다. 그

---

80) 암피아라오스(Amphiaraos)는 제우스와 아폴론의 총애를 받는 예언자로서 아르고스를 다스렸던 신화적 인물이다. 그는 자신이 죽게 되어 있는 전쟁에 약속 때문에 어쩔 수 없이 참전했다가 제우스가 벼락으로 갈라놓은 땅에 빠져 죽었다 (2권 127절 참고).

는 심지어 다음과 같이 말하면서 소크라테스에게도 불만을 터뜨렸다. 만일 소크라테스가 알키비아데스에게 욕망을 느끼면서도 억제한 것이라면 어리석은 사람이었고, 만일 그렇지 않았다고 한다면 그의 행위는 대수로운 데가 없는 것이라고. 하데스로 가는 길은 평탄하다고 그는 말했다. 어쨌든 눈을 감은 채로 가기 때문이라는 것이다. 또 그는 알키비아데스를 비난하면서, 그가 소년 시절에는 부인들한테서 그들의 남편을 데려가 버렸고, 청년이 되어서는 남편들에게서 그들의 아내를 데려가 버렸다고 말했다. 아테네 사람들이 연설술에 열중하고 있을 때, 그는 로도스섬에서 철학을 가르치고 있었다. 그래서 어떤 사람이 그것에 대해 나무라자, "내가 밀을 시장에 갖다 놨는데, 나더러 보리를 팔라는 것인가"라고 그는 대꾸했다.

〔50〕하데스에 있는 사람들에게 구멍이 나지 않은 온전한 그릇으로 물을 나르라고 하는 것이 훨씬 혹독한 처벌을 받게 하는 것이 되었으리라고 그는 말했다. 그에게 도와 달라고 매달리는 수다스러운 사람에 대해 그는, "그대가 직접 오지 않고 다른 중재자가 그대의 사건에 도움을 청한다면 그대에게 충분한 것을 하겠네"라고 말했다. 그가 나쁜 자들과 함께 항해를 하다가 해적을 만났다. 그들이 "만일 우리가 누구인지 발각된다면, 우리는 죽은 거야"라고 말하자, "하지만 내가 누군지 발각되지 않는다면, 나는 죽은 거지"라고 그가 대답했다. 그는 자기기만은 진보에 방해가 된다고 말했다. 부유한 구두쇠에 대해 그는 "이 사람이 재산을 가진 게 아니라, 오히려 재산이 이 사람을 가지고 있는 것이다"라고 말했다. 그는 구두쇠들이 자기들에게 있는 것들을 자기 것처럼 돌보는 데 반해 이익에서는 남의 것에서 얻는 것처럼 이익을 얻지 못한다고 말했다. 또 사람이 젊을 때

는 용기가 있지만, 나이가 들면 분별력이 최고조에 이르게 된다고 말했다. 〔51〕 시각이 다른 감각보다 뛰어난 것만큼이나 분별력은 다른 덕들보다 뛰어나다고도 했다. 그는 노년을 비난하지 말아야만 한다고 말했다. 우리 모두가 노년에 이르기를 바라기 때문이라는 것이다. 못마땅한 얼굴 표정을 지은 채 시샘하는 사람에 대해서 그는, "그대에게 나쁜 일이 일어난 것인지, 아니면 다른 사람에게 좋은 일이 일어난 것인지 알 수 없군"이라고 말했다. 제멋대로 말하는 성품의 나쁜 동거인은 … 81) 불경함이라고 그는 말했다.

아무리 대담한 심장을 가지고 있다고 해도, 사람을 노예로 만드니까. 82)

우리가 나쁜 사람들과 사귄다거나 혹은 좋은 사람의 친구가 되는 것을 회피한다고 생각되지 않도록, 우리는 친구들이 어떤 성격을 가지는지를 샅샅이 살펴보아야만 한다고도 그는 말했다.

이 사람 비온은 애초부터 아카데미아학파의 학설을 비난했으며, 심지어는 크라테스의 제자였던 시절에도 아카데미아학파의 학설에 비난을 퍼부어댔다. 그 뒤에 그는 넝마와 바랑을 걸치고 견유학파의 입장을 받아들였다. 〔52〕 그를 부동심 (apatheia) 으로 바꾸게 하는 데 달리 무슨 장비가 필요했겠는가? 그다음으로 그는 여러 유형의 소피스트적 논변을 사용하던 무신론자 테오도로스의 강의를 들은 다음에는 테오도로스의 견해들을 받아들이기에 이르렀다. 그리고 테오도로스 이후로는 소요학파의 강의를 들었다.

---

81) 이 단어의 앞뒤로 탈자가 있다.
82) 에우뤼피데스, 《히폴뤼토스》, 424행.

그는 또한 자신을 과시하는 것을 좋아했고, 여러 일들에 대한 비속한 표현을 사용해서 그 일을 조소거리로 만들어 처리해 버리는 데도 뛰어났다. 이렇듯이 그가 모든 종류의 논변을 섞어 사용했기 때문에, 에라스토테네스는 그에 대해, '비온은 철학에 화사한 옷을 입힌 최초의 인물'이라고 말했다고 한다. 그가 시인의 시구를 가지고 비꼬는 데는 타고난 재주를 지니고 있었기 때문이다. 다음의 예도 그중 하나다.

오, 상냥한 아르퀴타스,[83] 현을 퉁기는 자로 태어난 자, 우쭐해서 자만에 차 있는 복받은 자여.[84]
낮은 음의 현을 둘러싼 다툼[85]에는 세상 누구보다도 뛰어났으니.

〔53〕 다 그랬지만 그는 음악과 기하학까지도 비웃었다. 그는 사치스럽게 살았다. 이런 이유로 해서 그는 때때로 남의 시선을 끌 만한 행동을 궁리하면서 이 나라에서 저 나라로 돌아다녔다. 실제로 로도스섬에서 그는 선원들을 설득하여 학생복을 입히고 자기 뒤를 따라오게 했다. 그 선원들과 함께 체육관으로 들어서자 주위 사람들의 시선이 그에게 쏠렸다. 그는 또한 몇몇 젊은이들을 양자로 삼는 버릇이 있었다고 하는데, 그것은 쾌락을 위해서 그들을 맘껏 이용해 먹기 위해서였고 또 그들의 호의로 자신을 지키기 위해서였다. 그뿐 아니라 그는 극도로 자기중심적인 사람이었으나 "친구의 것은 공동

---

83) 달리 알려진 바가 없다.
84) 이와 유사한 구절이 호메로스의 《일리아스》, 3권 183행에서 발견된다.
85) 문맥의 부족으로 무엇을 의미하는지 이해하기 어렵다.

의 것"이란 격언을 힘주어 강조했다. 그래서 그의 강의를 들었던 그렇게 많은 사람들 중에 그의 제자로 이름이 기록된 사람은 한 사람도 없다. 그럼에도 그는 몇몇 젊은이들을 부끄러움을 모르는 행동으로 이끌어가긴 했지만 말이다.[86] 〔54〕 이를테면 그와 가까운 사람들 중에 한 사람인 비티온이 언젠가 메네데모스에게 이렇게 말했다고 한다. "메네데모스여, 난 비온과 얽혀 밤을 지냈지만 내가 생각하기에 이상한 일을 당한 것은 아무것도 없었다고 생각해"라고 말했다는 것이다. 그는 사귀는 사람들과의 사교 모임에서 자주 신들에 대한 믿음을 공박하는 말을 했는데, 이것은 테오도로스의 학설을 맛보았기 때문이다. 그러고는 훗날 언젠가 그가 병으로 쓰러졌을 때, 카르키스 사람들이 했던 말처럼(그가 죽은 것이 그 땅이었으니까) 그는 부적을 몸에 지니고 또 신적인 것에 대해 함부로 말한 것을 회개하라는 말에 따랐다고 한다. 하지만 안티고노스 왕이 그에게 2명의 시중드는 몸종을 보내줄 때까지 그는 간병하는 사람들도 없이 혹독하리만치 어려운 상태에 놓여 있었다. 또한 파보리누스가 《잡다한 것들의 역사》에서 말하는 바에 따르면 그들은 들것 가마를 몸소 타고 가는 왕의 뒤를 따라갔다고 한다.[87]

그럼에도 불구하고 그는 죽고 말았다. 우리는 그를 다음과 같은 시로 비난한다.

---

86) 동성애를 했다는 뜻인 듯하다.
87) 텍스트 해석에 논란이 있다. 라이스케(Reiske)를 따라 읽은 힉스의 번역을 따르면 '왕 자신이 (그들의) 뒤를 가마를 타고 몸소 따라갔다'가 되고, 가장 오래된 사본들인 BPF 사본을 선택한 도란디에 따르면 '비온이 가마를 타고 왕 자신을 뒤따랐다'가 된다. 본문 번역은 기간테(Gigante)의 독법을 따랐다.

〔55〕스퀴티아의 땅, 보뤼스테네스가 낳은 비온은,

신들이 실제로 있지 않다고 말했다고 우리는 들었다네.

만일 그가 이런 견해를 계속해서 유지했었더라면,

"그는 자기 좋을 대로 생각했어. 잘못된 것이기는 하지만,

어쨌든 그는 그렇게 생각했네"라고 말하는 것이 그럴듯한 노릇일 텐데.

그러나 실제로 그가 오랫동안 큰 질병에 걸려 쓰러져 죽지나 않을까 걱정

   했을 때,

신들은 있지 않다고 말하고, 신전을 바라보지도 않고,

〔56〕신들에게 제물을 바치는 사람들을 실컷 비웃던 이 사람은,

단지 화덕 위에서뿐만 아니라 제단과 식탁 위에서도

불에 구운 제물 짐승의 냄새와 기름과 연기로써

신들의 콧구멍을 기쁘게 했던 것이네.

그저 "죄를 지었습니다. 과거의 일은 용서해 주십시오"라고 말하는 정도

   가 아니라,

주술의 징표를 받기 위해 노파에게 기꺼이 자기 목을 내놓았고,

또 믿음으로 가득 차 팔을 가죽 끈으로 묶기도 했으며,

〔57〕대문 위에는 갈매나무(*rhamnos*)와 월계수 가지를 올려놓았던 것이네.

죽는 것 이외의 다른 짓이 무엇이 되었든 도움이 되는 일은 한다는 태도로.

그러나 어떤 대가를 치르고서야 신의 가호를 받으려 한 자는 얼마나 어리

   석은가!

마치 비온에게 신을 믿는 마음이 생겨났을 때, 비로소 신들은 존재하기

   라도 하는 것처럼!

그렇기 때문에 그것은 헛된 생각이었네. 헛물켜던 소리를 해대던 자가

   재가 되었을 때,

손을 내밀어 "어서 오세요, 플루톤, 어서 오세요"라는 말을 했다니 말이네.

〔58〕비온이란 이름을 가진 사람이 10명이 있었다. 첫 번째는 쉴로스의 페레퀴데스와 동시대 사람으로 이오니아 방언으로 쓴 책 두 권이 전해지는데, 그는 프로콘네소스[88] 출신이다. 두 번째는 쉬라쿠사이 사람으로 연설술 교본을 쓴 사람이고, 세 번째는 우리가 다룬 바로 그 사람이다. 네 번째는 데모크리토스 문하의 수학자로 압데라 출신인데, 아티카 방언과 이오니아 방언으로 책을 썼다. 이 사람은 밤이 6개월 동안 지속되고, 낮도 6개월 동안 지속되는 어떤 곳이 있다고 맨 처음 말한 사람이다. 다섯 번째는 솔로이 사람으로 에티오피아에 관해 쓴 책이 있다. 여섯 번째는 연설가로 《무사여신》라는 제목의 그의 책 9권이 현존한다. 일곱 번째는 서정시인이고, 여덟 번째는 밀레토스의 조각가로 폴레몬도 이 사람을 언급했다. 아홉 번째는 비극시인으로 이른바 타르소스의 시인들 중 한 사람이다. 열 번째는 클라조메나이 혹은 키오스 출신의 조각가로 히포낙스도 언급한 사람이다.

8. 라퀴데스

〔59〕라퀴데스는 알렉산드로스의 아들로 퀴레네 사람이다. 이 사람은 신아카데미아학파를 창시한 사람이며 아르케실라오스의 뒤를 이은 사람이며, 매우 위엄 있는 사람으로서 적지 않은 숭배자를 거느렸다. 또 젊어서부터 부지런했고 비록 가난하기는 했지만 다정하고 붙임성 있는 사람이었다. 이 사람은 집안일에 대해서도 아주 꼼꼼했

---

88) 프로콘네소스(Prokonnēsos)는 비잔티온 북서쪽에 있는 섬이다.

다고 한다. 왜냐하면 그는 창고에서 무엇을 꺼내고 나서는 봉인하고 다시 그 봉인 반지를 구멍을 통해 안에다 던져 놓음으로써 저장한 것들 중에 어느 하나라도 거기서 도둑맞거나 가져가게 되는 일이 없도록 했기 때문이다. 그래서 하인들이 이것을 알고는 봉인을 뜯고는 원하는 만큼 가져가 버렸다. 그다음에는 봉인 반지를 같은 방법으로 구멍을 통해 곳간 안에 던져 넣었다. 그리고 그렇게 해서 그들은 한 번도 발각된 적이 없었다.

〔60〕아무튼 라퀴데스는 아카데미아에서도 아탈로스 왕이 마련해 준 정원에서 강의하곤 했었고, 그래서 그 정원은 그의 이름을 따서 '라퀴데이온'이라 불렸다. 89) 또 장구한 세월 중에서도90) 오직 그만이 생전에 학원을 포카이아 사람들인 텔렉클레스와 에우안드로스91)에게 넘겨주었다. 한편 에우안드로스에게서 페르가몬 사람 헤게시누스92)가 이어받았고, 그 사람으로부터 카르네아데스가 이어받았다. 한편 이런 멋진 이야기가 라퀴데스에게서 유래한 것으로 알려져 있다. 아탈로스 왕이 사람을 보내 그를 불렀을 때, 상(像)은 멀리서 봐야 한다고 말했다는 것이다. 한편 뒤늦게 기하학 공부를 하고 있는 그에게 어떤 사람이 말하길, "에헤, 지금이 적당한 때일까요?" 그

---

89) 테오프라스토스를 전후해 그리스 철학자들 사이에서는 자기 정원을 갖는 것이 유행하게 되었다고 한다.

90) 'tōn ap'aiōnos'라는 구절은 다소 애매하다. '역대 원장들 중에'라는 구체적 번역도 있지만, 표현을 살리는 번역을 하고자 했다.

91) 텔렉클레스(Tēleklēs)와 에우안드로스(Euandros)는 포키스 또는 포카이아 출신의 철학자들로서, 라퀴데스의 마지막 10년간(기원전 215~205년) 아카데미아를 공동 운영했다.

92) 헤게시누스(Hēgēsinous)는 기원전 180년경에 활동한 아카데미아학파 철학자다.

러자 그는 말했다. "에헤, 아직은 아니죠."

〔61〕 그는 134회 올륌피아기의 4년째에[93] 원장직을 맡아 보기 시작하여 그 학원을 26년 동안 이끌다가 세상을 떠났다. 그에게 마지막은 과음으로 인한 중풍 때문에 왔다. 그래서 우리는 그를 다음과 같이 조롱하였다.

그대에 대해서도, 라퀴데스여. 나는 소문을 들었소, 당신 역시도
박코스가 붙들어 발끝이 끌리는 채로 하데스로 끌고 갔다고.
정말이지 뻔한 사실이었다. 디오뉘소스가 강하게 몸뚱이로 들어갔을 때는
사지를 풀어놓는다는 것은. 그 때문에 그는 뤼아이오스[94] 가 아니었던가?

9. 카르네아데스

〔62〕 카르네아데스는 에피코모스의 아들, 또는 알렉산드로스의
《철학자들의 계보》에 따르면 필로코모스의 아들로 퀴레네 사람이다. 이 사람은 스토아학파의 책, 특히 크뤼시포스의 저서들을 열심히 읽고, 그것들에 대해 적절하게 반론을 펼쳐서 상당한 성공을 거두어, 그 사람이 말끝마다

만일 크뤼시포스가 없었더라면 나는 없었을 것이다.

라고 할 정도였다.

---

93) 기원전 241~240년.
94) 'Lyaios'는 '사지를 풀어놓는 자'란 뜻이다.

한편, 그는 다른 어느 누구보다도 부지런한 사람이었지만, 자연학 쪽으로는 성취가 덜하고, 윤리학 쪽에서 성취가 더했다. 때문에 그는 논구(logos)에 바빠 머리카락이 자라게 내버려 두고 손발톱을 길렀다. 한편 그는 철학에서 월등히 뛰어났기 때문에 수사학자들마저도 자기들의 강의를 접고 그에게 와서 강의를 들을 정도였다.

〔63〕한편 그는 목소리가 아주 커서 체육관 관리인[95]이 그에게 사람을 보내 고함을 지르지 말아 달라고 했다. 그런데 그는 "그러면 소리의 척도를 달라"고 말했다고 한다. 이에 대해 관리인은 정곡을 찌르는 대답을 했다고 한다. "당신은 청중들이라는 척도를 가지고 있소"라고 그가 말했다고 하니 말이다. 또 그는 무섭도록 논쟁적이었고 논쟁에서 이겨내기 힘든 상대였다. 그 밖에도 그는 앞에서 말한 이유로 식사 초대를 사양하곤 했다. 파보리누스가 《잡다한 것들의 역사》에서 말하는 바에 따르면, 비튀니아 사람 멘토르라는 제자가 그의 첩을 유혹할 생각으로 그의 강의에 들어왔을 때, 이 사람은 강의 도중에 자신의 제자를 빗대어 말하길,

〔64〕이곳에 속임 없는 어떤 바다의 노인이 출몰한다. [96]
멘토르와 몸집도 목소리도 같게 꾸미고. [97]
이 사람을 이 학원에서 추방한다고 선포되었음을 나는 말하노라.

그리고 그는 일어서서 말했다.

---

95) 아카데미아도 본래 그리스 남자들이 체력을 단련하던 곳이었다.
96) 《오뒤세이아》, 4권 384행.
97) 《오뒤세이아》, 2권 268, 401행.

카르네아데스

저들이 선포하자, 그들은 대단히 빨리 모여들었다. [98]

한편 그가 평소에 "합성된 존재는 또한 해체될 것이다"라고 자주 이야기했던 것을 보면, 그는 죽음에 대해서는 좀 겁먹은 행동을 했던 것 같다. 또한 안티파트로스[99]가 약을 마시고 죽었다는 것을 알고서는 떠남에 대한 그 장한 담력에 자극받아서 그가 말하길, "그럼 내게도 주시게들". 한편 사람들이 "무엇을요?"라고 말하자, "꿀을 탄 포도주"라고 그가 말했다. 한편 그가 죽을 때 월식이 일어났는데, 어떤 사람이 말하듯이 천체들 중에서 태양 다음으로 가장 아름다운 천체가 그의 죽음에 동정을 내비쳤기 때문이라고들 말한다.

---

98) 《일리아스》, 2권 52행.
99) 안티파트로스(Antipatros)는 타르소스 사람으로 기원전 2세기경에 활동한 스토아학파 철학자이다.

〔65〕한편 아폴로도로스는 《연대기》에서 그가 162회 올림피아기 네 번째 해에 세상을 떠났으며 85세까지 살았다고 한다. 한편 카파도키아의 왕 아리아라테스에게 보낸 그의 편지들이 전해진다. 그러나 나머지는 그의 제자들이 기록한 것이지, 그 자신은 아무것도 남기지 않았다.

이 사람을 위해 로가오이디코스[100]와 아르케불로스[101] 운율로 우리가 지은 것도 있다.

무엇을 내가 카르네아데스에 대해, 무엇을 내가, 무사여신이여,
　나무라길 바라십니까?
그가 죽기를 얼마나 두려워했는지 모르는 사람은
무지한 사람일 테니까요. 최악의 병인 폐병에 걸렸을 때조차도
그는 해방되기를 원치 않았지요. 하지만
안티파트로스가 어떤 약을 먹고 죽었다는 소식을 듣고는
〔66〕"그럼 내게도 뭔가 마실 것을 주게"라고 그는 말했지요.
"대체 무엇을, 무엇을 말씀인가요?" "꿀을 탄 포도주를."
또한 그가 평소 자주 이런 말을 했지요.
"나를 구성하고 있는 자연이 또한 해체시킬 것이다."

그렇다고 그가 지하로 조금이라도 안 가게 되는 것은 아니었지만, 그래도 그는 더 많은 나쁜 이득을 챙겨[102] 하데스로 갈 수도 있었다.

---

100) 로가오이디코스(logaoidikos)는 산문과 운문의 중간에 해당하는 운율이다.
101) 아르케불로스(Archēboulos)는 테아이 출신의 서정시인 아르케불로스가 사용하던 운율이다.
102) '나쁜 이득'이 무슨 뜻인지 불분명하다. '손해'나 '해악'일 수도 있다. 기간테는 이 부분을 'kertomeonta'(스스로를 조롱하는)로 고쳤다. 이럴 경우 이 부분은 '스스로를 더 많이 조롱하며'라고 번역할 수 있다.

또한 그는 백내장에 걸려 밤에는 형체를 못 알아봤다는 이야기가 있다. 그래서 그는 하인에게 등불을 붙이라고 일렀다고 한다. 그런데 하인이 등불을 들고 들어와 "붙였습니다"라고 말하자, 그가 "그럼 네가 책을 읽어 다오"라고 말했다고 한다. 한편 이 사람에게는 다른 많은 제자들이 있었지만, 가장 명성 있는 제자는 클레이토마코스였다. 이 사람에 대해서도 말해야 할 것이다.

아무튼 카르네아데스라는 이름의 다른 사람도 있었는데, 엘레게 이아 운율의 무미건조한 시를 쓰는 시인이었다.

10. 클레이토마코스

[67] 클레이토마코스는 카르케돈 사람이다. 이 사람은 아스드루바스라는 이름이었으며 조국에서 모국어로 철학을 공부하고 있었다. 그런데 40세가 되어서 아테네에 와서 카르네아데스의 강의를 들었다. 카르네아데스 역시 그의 부지런함을 인정하고 글을 배우게 하고 그 사람을 충분히 교육하였다. 한편 그는 학업(*epimeleia*)에 열심히 매진하여 400권이 넘는 책을 저술하였다. 그리고 카르네아데스의 뒤를 이어받아서 저술을 통해 무엇보다 카르네아데스의 생각을 세상에 알렸다. 그 사람은 3개의 학파, 즉 아카데미아학파와 페리파토스학파와 스토아학파 연구에 시간을 쏟았다.

한편 티몬은 아카데미아학파 사람들을 전체적으로 다음과 같이 조롱한다.

클레이토마코스

아카데미아학파 사람들의 심심한 장황함103) 도 아니고.

한편 우리는 플라톤에서 시작하는 아카데미아학파 사람들에 대해
자세히 써왔으므로 다음엔 플라톤에게서 나온 페리파토스학파 사람
들에게로 넘어가 보고자 한다. 그리고 이 사람들 중 맨 앞에 위치하는
사람이 아리스토텔레스이다.

---

103) 'platyrēmosynē'(장황함)란 단어에는 'platys'(넓은)란 말이 들어 있는데,
플라톤의 이름이 그의 어깨가 '넓은' 데서 왔다는 설이 있으므로 플라톤을 연
상시키는 말장난인 셈이다.

5 권

소요학파

1. 아리스토텔레스

〔1〕 아리스토텔레스는 니코마코스와 파이스티스의 아들로 스타게 이라 사람이다.[1] 그런데 그의 아버지 니코마코스는 헤르미포스가 《아리스토텔레스에 대하여》에서 보고하는 바처럼 아스클레피오스[2] 의 손자인 마카온의 아들이자 니코마코스의 후손이라고 한다. 그는

---

[1] 스타게이라(Stageira) 혹은 스타게이로스(Stageiros)는 그리스 북부 마케도 니아의 칼키디케 반도의 동쪽 해안에 위치해 있다. 기원전 349년에 필립포스 2세에 의해 파괴되었다. 아래의 4절에 따르면 아리스토텔레스의 요청에 따라 다시 구축되었다. 그곳 가까이에 현재는 올림피아다라는 작은 도시가 있다. 기원전 655년경에 이 고대 도시를 건설한 것은 이오니아의 이주민들이었다. 나중에 아테네가 주도하는 델로스 동맹의 일원이 되었다. 아리스토텔레스의 어머니는 아테네에서 동쪽으로 그다지 멀지 않은 에우보이아섬의 칼키스 출신 이다. 말년에 아리스토텔레스는 칼키스로 물러나 이곳에서 죽었다. 칼키스 시청 앞쪽으로 바닷가를 향해 아리스토텔레스의 흉상이 서 있다.

[2] 의술의 신으로 아폴론의 아들이다. 마카온(Machaōn)은 트로이 전쟁에 참여 했던 전설적인 의사이다.

마케도니아의 왕 아뮌타스3)의 궁전에서 의사와 친구로서 그 왕과 함께 살았다고도 한다.

아리스토텔레스는 플라톤의 가장 진정한 학생이었고, 아테네인 티모테오스가 《생애에 관하여》에서 전하는 바처럼 어눌하게 말했다고 한다. 게다가 그의 다리는 가늘었다고 하며, 눈은 작았고, 늘 눈에 띄는 화려한 옷을 걸쳤고, 반지를 끼었으며, 수염(혹은 머리)을 짧게 깎았다고 한다.4) 또한 티모테오스5)가 말하는 바에 따르면 그는 첩인 헤르퓔리스6)에게서 니코마코스라고 불리는 아들을 두었다고 한다.

〔2〕그는 플라톤이 아직 생존해 있을 때 그를 떠났다.7) 그래서 플라톤은 다음과 같이 말했다고 한다. "아리스토텔레스는 나를 차 버렸다. 마치 망아지들이 〈저를 낳은〉 어미를 그렇게 하는 것처럼." 그러나 헤르미포스가 《생애들》에 말하는 바에 따르면, '아리스토텔레스가 아테네인의 사절로서 필리포스 궁전에 가 있는 동안 크세노크라테스가 아카데미아에 있는 학원의 수장이 되었다.8) 그가 거기에

---

3) 아뮌타스 2세(Amyntas Ⅱ)를 말한다. 그는 필립포스 2세의 아버지로 기원전 393년에서 370년경까지 재위했다.

4) '수염을 짧게 깎았다'는 것은 철학자답지 않다고 조롱하는 표현이다.

5) 티마이오스(Timaios)로 나오는 사본도 있다.

6) 헤르퓔리스(Herpyllis)는 가정노예였다가 아리스토텔레스 부인 퓌티아스(Pytias)가 죽고 난 후 첩이 되었다. 이 여자에게서 아들 니코마코스가 태어났다. 자신의 아들에게 자신의 아버지 이름을 붙이는 것은 당시의 관습이었다.

7) 실제로는 플라톤이 죽은 직후에 아카데미아 학원을 떠났다.

8) 크세노크라테스에 대해서는 4권 6~15절 참고. 이즈음은 기원전 339년경으로 아테네는 마케도니아와의 전쟁을 준비하는 중이었다. 아리스토텔레스가 사절로 갔다는 아무런 증거가 없다. 아마도 이 당시에 아리스토텔레스가 아테네에 있지 않았던 것 같다.

프란체스코 하예즈(Francesco Hayez),
〈아리스토텔레스〉(*Aristotle*), 1811.

서 돌아와 학원이 다른 사람 밑에 있는 것을 목격하자, 뤼케이온9)에
있는 산책로를 선택해 몸에 기름을 바르는 시간이 올 때까지10) 산책
로를 오가면서 학생들과 함께 철학을 논했다는 것이다. 이것으로 해

---

9) 알렉산드로스가 아시아 원정 준비에 들어가던 시기에 아테네로 돌아온 아리
   스토텔레스는 뤼카베토스(Lykabēttos) 언덕과 일리소스강 사이에 위치한
   아폴론 신전의 경내 뤼케이온(Apollo Lykeios)에 자신의 학원을 설립한다.
   이곳에 체육관이 있었다. 그래서 그의 학원을 '뤼케이온'이라고 부른다. 현
   재 이곳은 발굴되어 있어 그 자취를 더듬어 볼 수 있다. 여기서의 생활도
   플라톤의 아카데미아의 방식과 유사하게 공동체의 삶을 살면서 강의와 공동
   식사, 향연이 이루어졌다. 그가 남긴 저작에는 《공동식사규정》과 같은 것도
   있었다(5권 26절). 이를 미루어 보면 정해진 규칙에 따라 공동식사가 이루
   어졌던 듯하다.
10) 그리스인들은 레슬링 등의 운동을 하기 전에 몸에 기름을 발랐다.

서 소요학파11) 란 이름으로 불리게 되었다는 것이다. 하지만 다른 사람들의 보고에 따르면 알렉산드로스가 병에 걸렸다가 회복되어 산책하며 지내던 시기에 아리스토텔레스가 그와 함께 산책하면서 여러 문제를 두고 토론한 것에서 유래한 것이라고 한다. 12)

〔3〕 그러나 학생들의 숫자가 많아진 뒤로는 아리스토텔레스는 앉아서도 강의했는데 다음과 같은 말을 했다고 한다.

> 침묵을 지키면서 크세노크라테스에게 말하게 내버려 두는 것은 부끄러운 일이다. 13)

그는 학생들에게 일정한 입론을 두고 논의하는 훈련을 시켰는데, 동시에 또 연설하는 연습도 시켰다. 그렇지만 나중에 그는 아타르네우스의 참주이자 환관인 헤르미아스에게로 떠났다. 14) 이 사람은 어

---

11) 소요학파 혹은 페리파토스(Peripatos) 학파라는 말은 '걸어 다니면서 철학을 가르쳤다'(peripatein) 는 습관에서 유래한 것이다. 이 말은 뤼케이온과 동일시되고 때로는 학원 자체를 지시하는 말로 사용되었다(5권 70절 참고). 소요학파는 철학사에서 아리스토텔레스적 철학 전통을 일컫는 말이다.

12) 이 삽화의 시기는 기원전 340년대 말이었다. 이때는 아리스토텔레스가 필립포스 왕의 초청을 받아 궁전에 머물며 알렉산드로스(13~14세 무렵)의 가정교사를 하고 있던 시절이다.

13) 단편적으로 전해지는 에우뤼피데스의 《필로크테테스》(Philoktētēs) 의 한 구절을 인용한 말이다. 여기엔 크세노크라테스 대신에 "그리스어를 말하지 못하는 사람들"(barbaroi) 로 나와 있다. 상당수의 주석가가 이 구절에서 '크세노크라테스'가 아니라 수사학자 '이소크라테스'가 거명되었다고 보고 있어서 일종의 패러디인 셈이다(에우뤼피데스, 《단편》, 796 참고). 에피쿠로스주의자인 필로데모스는 《수사학에 관하여》에서 "아리스토텔레스는 오후에는 수사학(연설술)을 가르쳤다. 침묵하면서 이소크라테스에게 말하도록 내버려 두는 것은 부끄러운 일"이라고 말하고 있다.

떤 사람들의 말에 따르면 아리스토텔레스의 애인이었다고 하며, 또 다른 사람들에 따르면 아리스토텔레스에게 자신의 딸 혹은 조카를 주어 그와 혼인 관계를 맺었다고도 한다. 15) 이것은 마그네시아인 데메트리오스가 《이름이 같은 시인들과 작가들에 대하여》에서 말하는 바와 같다. 또 같은 저자는 헤르미아스가 에우불로스의 노예였다는 것, 그리고 그가 비튀니아 출신이고 자신의 주인을 살해한 자라고도 말한다. 또 아리스티포스는 《옛사람들의 애정행각에 대하여》 1권에서 아리스토텔레스는 헤르미아스의 첩과 사랑에 빠진 것으로 전한다.

〔4〕 그리고 헤르미아스가 동의해 주었기 때문에 아리스토텔레스는 그 여인과 결혼하고, 그리고 너무도 기쁜 나머지 마치 아테네인이 엘레우시스의 데메테르 여신에게 바치는 것과 같은 희생제의를 그 여인에게 바쳤다. 16) 또 그는 헤르미아스에 대해서도 밑에서 인용하는 것과 같은 찬가를 지었다. 17) 그 뒤에 그는 마케도니아의 필

---

14) 아타르네우스(Atarneus)는 페르시아가 지배하던 그리스의 도시였다. 헤르미아스(Hermias)는 그의 주인 에우불로스에게 거세당했다고 한다. 그는 젊은 시절 플라톤의 아카데미아에서 공부하던 무렵에 아리스토텔레스를 만나 친구가 되었다. 아리스토텔레스는 플라톤이 죽고 난 후(기원전 384년) 아테네에서 일어난 반 마케도니아 운동의 정치 분위기 때문에 헤르미아스 궁정이 있는 소아시아로 떠났다.

15) 40세 무렵에 아리스토텔레스는 첫 번째 부인인 퓌티아스와 결혼했다.

16) 이와 다른 보고도 전해진다. 피타고라스주의자인 뤼콘(Lykon)에 따르면, 아리스토텔레스는 자신의 부인이 죽자 아테네인들이 데메테르 여신에게 바치는 것과 같은 희생제의를 바쳤다는 것이다. 그렇다면 '기쁜 나머지'(hperchairōn)라는 말과는 어울리지 않는다(Eusebios, 《복음 준비》, xv. 2).

17) 아래의 7절과 8절.

리포스 궁전에 머물렀다. 그리고 그는 필리포스의 아들 알렉산드로스를 학생으로 받아들였다. [18] 그는 필리포스에 의해서 파괴된 자신이 태어난 도시를 복구해 달라고 알렉산드로스에게 청원해 성사시켰다. 또 그 도시의 시민들을 위해 법률을 제정해 주었다. 그뿐 아니라 크세노크라테스의 방식을 모방해서 자신의 학원에도 교칙을 정했다고 하는데, 10일마다 교체하는 총괄 간사(archōn) [19] 를 두었다고 한다. 그는 알렉산드로스와 같이 지낸 시간이 충분하다는 생각이 들자, 자신의 친척인 오린토스[20] 출신의 칼리스테네스[21] 를 알렉산드로스에게 추천해 주고 아테네로 떠났다.

〔5〕 그런데 이 칼리스테네스는 왕에 대해 아무 거리낌 없이 말을 하고 왕의 말을 듣지 않았기 때문에, [22] 아리스토텔레스는 다음과 같은 시구를 인용하면서 그를 질책했다고 한다.

애야, 너는 단명하겠구나. 네가 말하는 대로. [23]

---

18) 가정교사로 활동을 시작한 것이 기원전 343년이었다. 2~3년간 지속되었다고 하나 아무런 기록도 남아 있지 않다. 이 둘 간의 관계는 누군가가 지어낸 허구 이야기일 가능성도 있다.

19) 원장을 보조하는 행정관인 듯하다.

20) 오린토스(Olynthos)는 스타게이라에 가까운 도시로 기원전 348년에 필리포스 왕에 의해 파괴되었다.

21) 기원전 360년경에 태어난 칼리스테네스(Kallisthenēs)는 아리스토텔레스의 조카로 궁정 역사가로서 알렉산드로스의 동방원정에 참여했다가 나중에 옥사했다고 한다.

22) 이 에피소드는 알렉산드로스가 페르시아 제국을 정복한 후에 벌어졌다. 왕이 페르시아 방식으로 장군들에게 머리를 조아려 인사하게 하자, 이를 칼리스테네스가 제지했다는 것이다. 그리고 그것을 지휘관 식사시간에 말했다. 다른 보고에는 알렉산드로스는 그곳에 있지 않았고 다른 방에서 들었다고 되어 있다.

실제로 또 그 말 그대로 일이 벌어졌다. 왜냐하면 그의 말대로 그는 알렉산드로스의 목숨을 노린 헤르모라오스의 음모에 가담한 혐의로 철창에 갇혀 이가 득실거리는 더러운 처지가 되었고, 끝내는 사자의 먹이로 던져져 죽음을 맞이했기 때문이다. 24)

아리스토텔레스는 아테네로 돌아와 13년간 그의 학원의 수장을 역임한 뒤, 은퇴하고 칼키스로 갔는데, 그것은 사제(司祭) 에우뤼메돈이, (또는 파보리누스가 《잡다한 것들의 역사》에서 전하는 바에 따르면 데모필로스가) 아리스토텔레스를 불경죄로 고발했기 때문이라는 것이다. 그 고발 이유는 앞서 말한 헤르미아스에 대한 찬가를 만들었기 때문이다. 25)

〔6〕 그뿐 아니라 델포이에 바쳐진 그 사람의 조각상을 위한 다음과 같은 비문시를 썼다는 것도 그 이유가 되었다고 한다.

지복하신 신들의 신성한 규정을 어기고
경건하지 않은 수법으로,
이 사람을 살해한 것은 활을 지닌 페르시아인의 왕이었네.
그러나 싸움터에서 창끝으로 당당하게 승리한 것이 아니고
배반하는 사람에 대한 헤르미아스의 신뢰를 이용해서 일어난 일이네. 26)

---

23) 《일리아스》, 18권 95행 및 이 책의 6권 53절 참고. 바다의 여신 테티스가 아들인 아킬레우스에게 한 말이다. 아킬레우스가 헥토르를 죽이면 자신의 아들도 죽게 될 것이라고 테티스가 경고하는 말이다.
24) 이 죄과는 알렉산드로스가 반대자를 숙청하기 위해 조작되었다고도 한다. 칼리스테네스가 재판을 받는 도중에 자연사했다는 보고도 있다.
25) 데모필로스(Dēmophilos)는 이 찬가를 향연에서 불리는 아폴론 찬가(skolion)로 간주했다. 그는 죽을 수밖에 없는 평범한 인간(헤르미아스)의 명예를 위해 이 시가 불린다는 것이 불경스럽다는 이유를 들어 아리스토텔레스를 고발했다.

에우멜로스[27]가 《역사》 5권에서 말하는 바에 따르면, 아리스토텔레스는 거기에서[28] 독배를 마시고 70세에 세상을 떠났다는 것이다.[29] 그가 플라톤에게 온 것은 30세 때였다고 말한 사람도 같은 사람이었다. 하지만 이것은 잘못된 것이다. 아리스토텔레스는 63세까지 살았고, 또 플라톤에게 온 것은 그가 17세 때였으니까.

그런데 헤르미아스에 대한 찬가란 아래와 같은 것이다.[30]

〔7〕 아레테여,[31] 죽어야만 하는 족속에게는 크나큰 노고에 의해
　　획득되는 것,
그대는 이 세상의 삶에서 가장 아름다운 사냥물,
그대의 아름다운 모습 때문에, 처녀여.
죽어가는 것도, 또 끊임없이 모질고 거친 노고를 견디어내는 것도,
그리스에서는 영광스러운 운명이었네.
그대는 불사와도 같은 결실을 사람의 가슴속에 가져다주네.

---

26) 이 시나 7절의 아폴론 찬가는 헤르미아스의 용기를 찬양하는 시다. 헤르미아스는 마케도니아 필립포스를 도와 아시아 침공을 준비하고 있었다. 페르시아인들이 함정으로 몰아서 그를 사로잡았다. 그는 고문에도 불구하고 끝내 정보를 누설하지 않고 버티다 결국 죽고 말았다.

27) 에우멜로스(Eumēlos)는 정확하지는 않지만 《고대 희극에 대하여》라는 작품을 썼던 소요학파 계열의 학자로 알려져 있다. 아래의 8절을 보면 디오게네스 라에르티오스는 독배를 마시고 죽었다는 이 이야기를 받아들이고 있는 듯하다.

28) 칼키스를 말한다.

29) 이 이야기는 소크라테스의 죽음과 아리스토텔레스의 죽음을 대비시키려는 의도에서 만들어진 것으로 보인다. 아리스토텔레스는 위장병으로 죽었다. 아래의 10절에는 자연사한 것으로 되어 있다.

30) 그는 정치적 이유와 이 시로 인해 아리스토텔레스는 여러 고초를 겪게 된다.

31) '덕'을 뜻하는 그리스어 '아레테'(aretē)를 의인화한 것이다.

황금보다, 부모보다, 편안한 잠보다도

훨씬 뛰어난 그러한 것을.

그대를 위해 제우스의 아들 헤라클레스와 레다의 아들들[32]도,

수많은 고된 일을 견딘 것이라네. [33]

그대의 힘을 얻으려고.

그대를 그리워하며 아킬레우스도 아이아스도 하데스의 집으로 향했네.

〔8〕 그대의 사랑스러운 모습 때문에,

아타르네우스의 사랑하는 아들[34] 또한 태양의 빛을 잃고 만 것이네. [35]

이렇게 되어 그 사람은, 그의 공적으로 해서 노래로 읊어지고,

므네모쉬네[36]의 딸들인 무사여신들도 그를 불사하는 자로 높일 것이네.

손님의 수호자인 제우스의 명성과

흔들림 없는 우애의 선물을 더욱 크게 하면서.

내가 아리스토텔레스를 위해 지은 시에도 아래와 같은 것이 있다.

데메테르 밀교(密敎)의 사제인 에우뤼메돈은,

언젠가 아리스토텔레스를 신에 대한 불경죄로 고발하려고 했는데,

---

32) 레다(Lēda)의 두 아들, 카스토르(Kastōr)와 폴뤼데우케스(Polydeukēs)를
   말한다.
33) 헤라의 음모에 의해 광기에 빠져 아이들을 죽인 헤라클레스가 죄를 속죄하
   고자 델포이의 신탁에 따라 티륀스의 왕 에우뤼스테우스가 시키는 대로 12가
   지 위업을 행하게 된다. 이것이 '헤라클레스의 12가지 노역'이다. 레다의 두
   아들은 아르고호의 원정에 참여했으며, 사냥꾼으로 칼뤼돈의 멧돼지 사냥에
   도 참여했다.
34) 헤르미아스(Hermias)를 가리킨다.
35) 여기서 고문에 의한 그의 죽음이 트로이에서의 위대한 전사들의 신화적 고투
   와 비교되고 있다.
36) 므네모쉬네(Mnēmosynē)는 기억의 여신이다.

하지만 그 사람은 독약을 마심으로써 그 고발을 피할 수 있었네.

이것이야말로 힘들이지 않고[37] 부정의한 중상을 이길 수 있는 것이었네.

[9] 그런데 파보리누스가 《잡다한 것들의 역사》에서 전하는 바에 따르면 아리스토텔레스는 바로 이 재판에 대비해 자기 자신을 위한 법정 연설을 쓴 최초의 사람이었고,[38] 아테네에 대해서 다음과 같이 말했다고 한다.

배나무에서는 배가, 무화과나무에는 무화과가 익어가고 있네.[39]

아폴로도로스의 《연대기》에서 다음과 같이 말한다. 아리스토텔레스는 99회 올림피아기의 첫 번째 해[40]에 태어났다. 17세 때에 플라톤의 학생으로 들어가 20년간 플라톤과 함께 지냈다. 그리고 108회 올림피아기 네 번째 해,[41] 에우불로스[42]가 최고행정관이었

---

37) '힘들이지 않고'(akoniti)와 '독약'(akoniton)은 일종의 말장난이다.

38) 아리스토텔레스가 아테네를 떠날 때, "아테네인으로 하여금 철학에 대해 두 번이나 죄를 범하지 않기 위해"라는 말을 남겼다. 그러나 자신을 변론하는 글(《아리스토텔레스의 변론》)을 썼다는 것은 나중에 만들어진 허구로 보인다. 실제로 그는 재판을 피해 칼키스로 떠났기 때문이다.

39) 《오뒤세이아》, 7권 120행. 여기서 무화과(sykos)는 밀고자(sykophantēs)를 의미한다. 당시 아테네의 묘한 정치상황 때문에 아리스토텔레스와 그의 학원이 밀고자의 표적이 되고 있음을 암시하는 말이다. 'sykophantēs'는 문자적으로 "무화과를 보여 주는 자"다. 무화과는 아테네에서 수출금지 품목을 수출하려는 자를 고발하는 '밀고자'를 은유한다. 아리스토텔레스는 안티파트로스에게 "아테네인들 사이에서 사는 것은 위험하다"는 편지를 썼다고 한다.

40) 기원전 384/383년.

41) 기원전 345/344년.

42) 《아테네의 유명한 정치가》(기원전 405~335년) 3절에서 언급된 헤르미아스의 주인과는 다른 인물이다.

던 해에 뮈틸레네로 갔다. 테오필로스가 최고행정관이었던 같은 올림피아기의 첫 번째 해[43]에 플라톤이 죽었을 때, 그는 헤르미아스에게로 가서 그곳에 3년간 머물렀다.

〔10〕 퓌토도토스가 최고행정관이었던 해, 109회 올림피아기의 두 번째 해[44]에 그는 필립포스의 궁정으로 갔는데, 알렉산드로스는 그때 이미 15세가 되었다.[45] 111회 올림피아기인 두 번째 해[46]에 그는 아테네로 되돌아와 뤼케이온에서 13년 동안 강의했다. 그 뒤 114회 올림피아기인 세 번째 해[47]에 칼키스로 가, 그곳에서 질병으로 말미암아 63세의 나이로 세상을 떠났다. 그때는 필로크레스가 최고행정관이었던 해이고, 같은 해에 데모스테네스[48]도 칼라우리아[49]에서 그 생애를 마쳤다. 아리스토텔레스는 칼리스테네스를 알렉산드로스 대왕에게 추천했기 때문에 왕의 노여움을 산 것으로 전해진다. 그래서 알렉산드로스 대왕 쪽도 그에 대한 불쾌함을 표시하기 위해 람프사코스 출신의 아낙시메네스[50]의 영예를 크게 높여주고 또한 크세

---

43) 기원전 348/347년.
44) 기원전 343/342년.
45) 역사적으로 기원전 336~335년. 20살에 알렉산드로스는 왕이 되었고, 아리스토텔레스가 개인교사로 초청받은 것은 그의 13세 때였다.
46) 기원전 335/334년.
47) 기원전 322/321년.
48) 데모스테네스(Dēmosthenēs)는 아테네 정치가로 반 마케도니아 운동의 선봉에서 활약했다. 그는 마케도니아가 아테네를 점령하자, 칼라우리아섬으로 도망가 잡히지 않으려고 자살했다고 한다(기원전 322년).
49) 칼라우리아(Kalaureia)는 펠로폰네소스 반도 북동쪽 해안에 있는 섬이다.
50) 밀레토스 출신 철학자 아낙시메네스가 아니다. 1권 40절 참고. 람프사코스의 아낙시메네스는 알렉산드로스 동방원정에 참여했던 연설가이자 역사가였다.

노크라테스에게는 선물을 보낸 것으로 알려져 있다. 51)

[11] 암브뤼온52)이 《테오크리토스에 관해》에서 말하는 바에 따르면 키오스 출신의 테오크리토스53)는 다음과 같은 비문시를 써서 아리스토텔레스를 조롱했다고 한다.

거세된 자이며 에우불로스의 노예인 헤르미아스를 위해
머리가 빈 아리스토텔레스가
빈 무덤의 표석54)을 세우다니. 55)

티몬 역시 다음과 같이 말하면서 아리스토텔레스를 공격했다.

_____

51) 4권 8절 참고.

52) 암브뤼온(Ambryōn)은 정확히 알려지지 않은 인물이다. 여기서 알렉산드리아의 문법가 아마란토스(Amarantos)를 잘못 기입한 것으로 간주하기도 한다. 아마란토스는 테오크리토스에 대해 주석을 썼다는데, 그 가운데서 그가 동명이인 키오스의 테오크리토스에 대해 언급한 것으로 추정된다.

53) 키오스의 테오크리토스(Theokritos)는 기원전 4세기에 활동한 소피스트로 웅변가이자 정치가였다. 이소크라테스학파의 메트로도로스(Metrodoros)의 학생으로 알려져 있다. 그는 마케도니아 왕들과 그 추종자들을 비난했다고 한다. 종국에는 안티고노스 1세에게 처형당했다. 아리스토텔레스를 신랄하게 공격한 것으로 유명하다. 쉬라쿠사이 출신의 또 다른 테오크리토스는 기원전 3세기경에 활동한 목가시인이었다.

54) 기념비를 말한다. 헤르미아스는 페르시아의 감옥에서 옥사했으며, 시신은 수습할 수 없었다.

55) 여러 편집자들은 이 시구에 이어서 플루타르코스의 *Moralia* 7권, *Peri Phygēs* 603c와 에우세비오스(Eusebios)의 《복음 준비》(*Preaeparatio Evangelica* 15, 2, 12)에서 다음 구절을 끌어들여 덧붙이고 있다. "이 자는 절제할 줄 모르는 식탐으로 말미암아 아카데미아보다도 (진흙투성이 물이 흐르는) 보르보로스의 강 입구에서 살기를 선택한 사람이다." 보르보로스강은 마케도니아의 펠라 지역 주변을 흐르는 강이라 한다.

그것은 또한 아리스토텔레스의 통탄할 만한 생각의 모자람 아닌가. 56)

이것이 이 철학자의 생애이다. 우리는 또한 우연히 그의 유언장까지도 구할 수 있었는데, 거기에는 대충 다음과 같이 쓰여 있다.

모든 일이 잘될 것이다. 하지만 만일 어떤 일이 생겼을 경우를 대비해서 아리스토텔레스는 아래의 것을 유언으로 남겨 두었다. 안티파트로스57)가 모든 일에서 전권을 가진 유언집행인이 될 것이다. 〔12〕 그리고 니카노르58)가 돌아올 때까지는 아리스토메네스, 티마르코스, 히파르코스, 디오테레스가, 59) 또 자신이 하고자 하고 사정이 허락한다면 테오프라스토스도 아이들과 헤르퓔리스의 뒤를 보살펴 주고, 내 유산에 대해서도 관리해 줄 것이다. 그 소녀, 즉 딸 퓌티아스가 나이가 차게 되면 니카노르에게 시집보낼 것이다. 60) 하지만 만일 어떤 일이 딸에게 발생했을 경우에는 ─ 그와 같은 일은 일어날 리도 없고 또 일어나지도 않겠지만 ─ 결혼하기 전이건 결혼한 뒤라도 아직 어린아이가 없을 때에는, 니카노르가 그 아들 니코마코스와 다른 모든 일과 관련해서 자신과 우리에게도 적

---

56) 호메로스, 《일리아스》, 15권 16행, 22권 457행, 23권 701행 참고.

57) 안티파트로스(Antipatros, 기원전 397~319년)는 마케도니아의 장군으로 아리스토텔레스와 깊은 친분이 있었다. 알렉산드로스가 동방원정을 하는 동안에 마케도니아를 통치했다.

58) 니카노르(Nikanōr)는 아리스토텔레스의 조카로 마케도니아 군으로 복무했을 것으로 추정된다.

59) 이들은 이곳에서만, 아리스토텔레스의 유언집행인으로 언급될 뿐이다. 테오프라스토스는 아래의 36~57절에서 이야기되고 있다.

60) 아리스토텔레스에게는 자식이 둘 있었다. 하나는 그의 부인인 퓌티아스가 낳은 같은 이름을 가진 퓌티아스이고, 다른 하나는 아들로 두 번째 부인이거나 첩이었던 헤르퓔리스에게서 얻은 니코마코스였다. 사촌 간에 결혼하는 일은 그리스에서 아주 흔했다.

절한 방식으로 처리할 권한을 갖는 것으로 한다. 니카노르는 내 딸과 아들인 니코마코스를 위해 자신이 아버지이고 형제인 것처럼 그들과 관련된 모든 일이 적절하게 이루어지도록 보살펴 주길 바란다.

그러나 만일 니카노르에게 어떤 일이 앞서 일어난 경우에는61) ─ 그와 같은 일은 일어나지 않기를 바라지만 ─ 딸을 신부로 맞이하기 이전이거나 또는 신부로 맞은 뒤라도 아직 아이가 없는 경우에는 니카노르가 정한 것이 무엇이건 간에 그것이 그대로 정당성을 가질 것이다. 〔13〕또 만일 테오프라스토스가 나의 딸과 결혼하길 바란다면 니카노르와 같은 동일한 조건을 갖는 것으로 한다. 하지만 그렇게 되지 않을 경우에 유언집행인들은 안티파트로스와 상의해서 딸의 일과 아들의 일을 그들에게 최선으로 여겨지는 방식대로 처리해 주길 바란다. 유언집행인들과 니카노르는 나와 나에 대해서 성심을 다해 준 헤르퓔리스를 기억해서 다른 모든 일과, 또 그녀가 남편을 취하기를 바란다면 우리에게 어울리는 사람에게 시집갈 수 있도록 돌봐 주길 바란다. 그리고 헤르퓔리스에 대해서는 이미 준 것에다가 내 유산 가운데 은 1탈란톤과, 또 바란다고 하면 현재 소유한 여자 몸종과 남자 하인 퓌라이오스 외에 여자 몸종 3명을 더 주길 바란다.

〔14〕헤르퓔리스가 칼키스에 머물러 살기를 바란다면 정원 가까이에 있는 외객용 숙소를 주고, 스타게이로스에 살기를 바란다면 내 아버지 집을 주길 바란다. 그녀가 이 두 집 가운데 어느 집을 원하건, 유언집행인들은 자신들이 보기에 적당하다고 생각되고 또 헤르퓔리스에게도 충분하다고 생각되는 그러한 가구를 그 집에 갖춰 주길 바란다. 니카노르는 소년인 뮈르멕스62)의 일도 돌봐서 우리에게 어울리는 방식으로 우리에

---

61) 니카노르는 퓌티아스와 결혼한 직후에 바로 죽었다고 한다(섹스토스 엠페이리코스, 《수학자에 반대해서》, I, 258).

게 맡겼던 재산과 함께 그를 친족에게 돌려보내도록 하라. 또한 여자 몸종인 암브라키스도 자유롭게 해주고, 또 내 딸이 결혼할 때에는 그녀에게 500드라크마와 그녀가 현재 소유하고 있는 여자 몸종을 줘라. 그리고 탈레에게도 그녀가 소유하고 있는, 돈으로 산 여자 몸종 외에다 1천 드라크마와 여자 몸종 하나를 더 줄 것이다.

〔15〕 그리고 노예인 시몬에게는 전에 다른 노예를 구입하기 위해 그에게 준 돈 이외에 또 다른 노예 한 사람을 사 주거나 혹은 그것에 상당하는 돈을 줄 것이다. 그리고 타콘은 내 딸이 결혼할 때 자유의 몸이 되게 해줄 것인데, 이 점은 필론이나 올륌피오스, 또 그의 아들의 경우도 마찬가지로 그렇게 해줄 것이다. 나를 시중들었던 노예들 그 누구도 팔지 말고 계속 이 집에서 고용할 것이다. 그러나 그들이 나이가 들면 그들이 받을 만한 적절한 대우에 따라 해방시켜 자유의 몸이 되게 해줄 것이다. 또한 유언집행인들은 그륄리온에게 주문해 둔 조상들이 완성되었을 때, 그것들이 세워질 수 있도록 돌봐 주길 바란다. 그것은 니카노르 상과 프록세노스[63]의 상 — 이것들은 내가 그에게서 제작하려고 계획했던 것이다 — 그리고 니카노르의 모친의 상이다. 또 아리므네스토스[64]의 이미 완성된 상도 그가 아들이 없이 죽었기 때문에 그에 대한 기념이 될 수 있도록 세워 주길 바란다.

---

62) 뮈르멕스(Myrmēx)는 아리스토텔레스의 친구나 친족의 고아였을 것으로 추정된다. '우리에게 맡겼던 재산'이란 표현이 이를 암시한다. 아리스토텔레스가 플라톤의 학원으로 유학 왔던 것처럼 어린 나이에 공부하러 왔던 학생이었을 수도 있다. 아리스토텔레스 자신은 학원이 지속된다는 것을 몰랐을까?

63) 프록세노스(Proxenos)는 아리스토텔레스의 매형이다. 니카노르가 그의 아들이다. 아리스토텔레스의 누나는 아리므네스테(Arimnēstē)이다.

64) 아리스토텔레스의 형제.

〔16〕 그리고 내 어머니의 〈조각상은〉 데메테르 여신에게 바치고, 네메아[65] 든 혹은 다른 어디라도 적합하다고 생각되는 곳에 세워 주길 바란다. 또 나를 어디에 묻건 그 무덤에는 〔죽은 아내〕 퓌티아스의 유골도 그녀의 지시에 따라 옮겨 묻어 주길 바란다. [66] 또 니카노르도 무사히 귀환한다면, 내가 그를 위해 기원해 놓은 대로 높이 4페퀴스의 석상[67]을 스타게이로스에 있는 구세주 제우스와 구세의 여신 아테네에 바쳐 세우도록 할 것이다.

이상과 같은 것이 아리스토텔레스의 유언장의 내용이다. [68] 전해지는 바에 따르면, 그가 소유하고 있었던 많은 접시가 발견되었다고 하며, [69] 또 그는 뜨거운 올리브 욕조 안에서 목욕을 하고 그 기름을 팔았다고 뤼콘[70]이 말한다고 한다. 또 어떤 사람들은 그는 뜨거운 올리브유가 든 가죽 자루를 배 위에 올려놓고 있었다고 한다. 게다

---

65) De (땅) 와 mētēr (어머니) 에서 파생된 말로 '대지모'(大地母) 의 신이다. 네메아는 정확히 어디를 가리키는지는 불명확하다. 데메테르(Dēmētēr) 는 곡식, 수확, 농업의 여신이다.

66) 그녀의 유골은 아테네 어딘가에 한동안 묻혀 있었을 것이다.

67) 페퀴스(pēchys) 는 가운데 손가락에서 팔꿈치에 이르는 길이를 말한다. 두 손뼘쯤에 해당한다. 신체의 크기만 한 신들의 조상을 바치는 것은 당시에 통용되던 신앙이었던 것 같다.

68) 유언장에는 뤼케이온 학원에 대한 조항이 없다. 거주외국인이었던 아리스토텔레스는 아테네 법률에 따라 아테네에 재산을 소유할 수 없었다.

69) 에우세비오스, 《복음 준비》, XV 2, 8∼9 참고.

70) 뤼콘(Lykōn) 은 기원전 4세기에 활동한 피타고라스학파 철학자로 이아소스 출신이다. 아리스토텔레스의 호사스러운 생활을 비난하는 글을 썼다고 한다. 소요학파의 뤼콘(기원전 300/298∼226/225년) 일 수도 있다. 이 뤼콘은 스트라톤에게 뤼케이온 학원 수장 자리를 이어받았다. 아래의 65∼74절에서 논의된다.

가 그는 잠잘 때에 청동구슬을 손안에 쥐고 밑에 납작한 냄비를 놓아 두었는데, 그것은 구슬이 그의 손에서 납작한 냄비에 떨어졌을 때 그 소리에 잠이 깨도록 하기 위해서였다는 것이다. 71)

〔17〕게다가 다음에 인용하는 참으로 훌륭한 말도 그가 말한 것이라고 한다. 거짓을 말함으로써 사람들은 어떤 이득을 얻는가라고 물었을 때, 그는 대답하기를 "그들이 진실을 말하고 있을 때에도 믿음을 받지 못한다는 것이다"라고 말했다. 언젠가 그가 나쁜 사람을 동정한다는 비난을 받았을 때, "내가 동정한 것은 그 사람의 성격이 아니라 그의 인간성에 대한 것"이라고 대꾸했다. 그는 언제 어디서 강연할 때라도 친구나 제자들에게 지속적으로 다음과 같이 말하곤 했다. "시각은 둘러싸고 있는 것72)에서 빛을 받아들이지만, 영혼은 학문에서 빛을 받는다." 또한 그는 자주 장황하게73) 아테네인은 밀과 법률을 발견했는데, 밀은 사용하고 있지만 법률은 사용하지 않고 있다고 말했다.

〔18〕그는 "교육의 뿌리는 쓴데, 그 열매는 달다"고 말했다. "재빠르게 나이를 먹는 것은 무엇이냐"는 물음을 받았을 때, "감사"라고 대답했다. 또 희망이란 무엇인가라는 물음에는 "잠을 깬 자의 꿈"이라고 대답했다. 디오게네스74)가 그에게 말린 무화과를 주려고 했을

---

71) 다소 이상한 대목이다. 그래서 어떤 학자는 아리스토텔레스가 물시계를 발명했다는 사실을 염두에 두고, '손안에서'(*eis tēn cheira*)를 '적절한 때에'(*eis tēn kairian* ⟨*hōran*⟩)로 수정해 읽어서 '청동구슬이 적절한 때에 용기에 떨어지게 해서 그 소리에 잠을 깨도록 했다'는 식으로 해석하기도 한다 (P. Moraux, Le Rèveille-matin d'Aristote, *LEC* 19, 1951, pp. 305~315).

72) 공기.

73) 비난하는 투의 강한 어감을 가진 격한 어조로.

때, 만일 받지 않으면 무언가 빈정대는 말(*chreia*) 75) 을 들을 것으로 알고, 그것을 받아 들고 그에게 "디오게네스는 무화과뿐만 아니라 빈정대는 말도 잃었군" 하고 말했다. 다시 디오게네스가 무화과를 내밀었을 때 그는 그것을 받아 들고 마치 어린애가 그렇게 하듯이 머리 위에 높이 쳐든 다음 "위대한 디오게네스여"76) 라고 소리치면서 그것을 그에게 되돌려주었다. 77) 그는 교육에는 세 가지 것, 즉 타고난 소질과 학습과 연습이 필요하다고 말했다. 그는 또 누군가에게서 비난받고 있다는 말을 듣고 "내가 그 자리에 있지 않다면 채찍으로 때려도 좋다"고 말했다. "아름다움은 어떤 편지보다도 가장 뛰어난 추천장"이라고 말했다.

〔19〕 그러나 어떤 사람들은 아름다움을 그렇게 정의한 것은 디오게네스이고, 아리스토텔레스는 '좋은 생김새는 〈신의〉78) 선물'이라고 말했다고 한다. 한편 소크라테스는 '좋은 생김새'에 대해 '짧은 기간 동안의 참주제', 플라톤은 '자연에 따른 우월성', 테오프라스토스는 '침묵하는 속임수', 테오크리토스는 '상아빛의 해로운 것', 카르네아데스는 '호위병 없는 군주제'로 각각 정의했다는 것이다.

---

74) 견유학파의 디오게네스(기원전 412/403~324/321년)로 6권 20~81절에서 논의된다.

75) chreia(의미심장한 말)는 견유학파 전통과 관련된 용어이다. 6권 91절에서는 제논의 작품 제목(《교훈집》)으로 나오나, 이와는 무관한 말이다.

76) 여기서 '디오-게네스'(Dio-genēs)는 '신이 낳은 자'란 뜻으로 말장난을 하고 있다.

77) 이 무화과를 놓고 묻고 답하는 유비는 2권 118절에서 크라테스와 스틸폰 사이에서도 일어난다.

78) '신의'(*theou*)는 현대의 편집자에 의해 첨가되었다.

아리스토텔레스가 교육받은 사람은 교육받지 않은 사람과 어떤 점에서 다르냐고 질문받았을 때,[79] "살아 있는 사람이 죽은 사람과 다른 것과 같은 만큼"이라고 대답했다. 또 그는 "교양은 운이 좋을 때는 장식이고, 운이 나빠졌을 때에는 피난처"라고 말했다. 또 아이들을 교육한 부모 쪽이 단지 낳기만 한 부모보다도 더욱더 존경받아야 한다고 말했다. 후자는 생명을 가져다주었지만, 전자는 훌륭한 삶을 가져다주었으니까. 큰 도시 출신임을 떠벌리는 사람에 대해서는 "생각해야만 할 것은 그런 것이 아니고, 오히려 위대한 도시에 어울리는 것은 어떤 인간이어야만 하는가네"라고 말했다.

〔20〕친구[80]란 무엇인가라는 물음에 "두 몸에 거주하는 하나의 영혼"이라고 그는 대답했다.[81] 또 그는 사람들 가운데는 영원히 살 것처럼 인색한 사람이 있는가 하면, 지금 당장 죽어 버릴 것처럼 낭비하는 사람들도 있다고 말하곤 했다. 우리는 무엇 때문에 아름다운 사람들과는 긴 시간 교제하려고 하느냐고 물은 사람에게 그는 "그것은 눈이 보이지 않는 사람이 하는 질문"이라고 대답했다. 철학에서 도대체 어떤 이익을 얻었느냐고 물었을 때, 그는 "어떤 사람들이 법이 주는 공포 때문에 행하는 것을, 명령을 받지 않고도 행하는 것"이라고 대답했다. 어떻게 하면 학생들이 앞으로 나아갈 수 있겠느냐는

---

79) 1권 69절에서도 동일한 물음이 제기되나 답은 다르다. 또한 2권 69절 참고.
80) philos(친구)보다 philia(우정)로 읽는 편이 더 그럴듯해 보인다(I. Düring).
81) "우정(친애)에 관련해서 '우정은 동등함이다'와 '친구들에게는 하나의 영혼 (miapsychē)이 있다'는 말이 있다."(아리스토텔레스, 《에우데모스 윤리학》, 1240b2) 앞의 잠언은 피타고라스의 말이라고도 한다(이 책의 8권 10절 참고). 그 밖에도 《니코마코스 윤리학》, 1157b36, 1159b2, 1168b8 등에도 나온다(플라톤, 《법률》, 757a5 참고).

질문을 받았을 때, 그는 "앞에 있는 사람들을 뒤쫓고, 뒤처져 있는 사람들을 기다리지 않는다면"이라고 대답했다. 그에게 마구 지껄여 수다를 퍼부어댄 다음에, "수다를 떨어서 당신을 진절머리 나도록 하지는 않았겠지요"라고 말한 수다쟁이에 대해서, 그는 "제우스께 맹세코 자네 따위에게 전혀 신경을 쓰지 않았으니까"라고 대답했다.

〔21〕좋지 않은 사람에게 기부를 했다고 비난한 사람에 대해서 — 이 이야기는 이런 식으로도 전해지는데[82] — "내가 도운 것은 그 사람에게가 아니고 그의 인간성 (*anthrōpinos*) 에 대해서이지"라고 말했다. 친구에게는 어떻게 행동해야만 하느냐는 물음을 받았을 때, 그는 "그들이 우리에게 행동해 주길 원하는 대로"라고 대답했다. 그는 "정의 (正義) 란 가치에 따라서 분배하는 영혼의 탁월성"이라고 말했다. 그는 "교양은 늙은 사람에게 가장 훌륭한 노잣돈"이라고 말했다. 또 파보리누스는 《회상록》 2권에서, 아리스토텔레스가 매번 "여러 친구가 있는 사람에게는 한 사람의 친구도 없다"[83] 고 말했다고 보고한다. 그러나 이 말은 그의 《윤리학》 7권에도 있다.[84] 앞에서 말한 것들이 그의 말로 돌려지는 것들이다.

아리스토텔레스는 매우 많은 책을 저술했다. 그 사람은 모든 학문 분야에 관해 탁월한 능력을 가지고 있기 때문에, 나는 그 책들을 아래에 목록화해서 기록해 두는 것이 적절하다고 생각한다.[85]

---

82) 5권 17절을 보라.

83) 진정한 우정은 한 사람에게만 가능하다는 말이다.

84) 《에우데모스 윤리학》, 1245b20~21; 《니코마코스 윤리학》, 1171a15~17.

85) 오늘날 아리스토텔레스 저작은 위작 (僞作) 일지 모르는 작품 16권을 포함하여 47권 (벡커판 분량으로는 1,462쪽; *Aristotelis Opera*, edidit Academia

〔22〕《정의에 대해》 4권

《시인들에 대해》 3권

《철학에 대해》 3권

《정치가에 대해》 2권

《수사학에 대해》 혹은 《그륄로스》 1권

《네린토스》 1권

《소피스트》 1권

《메넥세노스》 1권

《사랑에 관해》 1권

《향연》 1권

《부(富)에 대해》 1권

《철학의 권유》 1권

《영혼에 대해》[86] 1권

《기도에 대해》 1권

《좋은 태생에 대해》 1권

《쾌락에 대해》 1권

Regia Borussica, Berlin, 1831~1870)이 전해진다. 그의 남긴 전체 저작 중 20~50% 가량만을 차지한다. 이 책에서는 약 550권에 달하는 146개 저서 목록 이름을 보고한다. 6세기경의 Vita Hesychii로 알려진 Aristotelous Bios Kai, *Ta Sunggrammata Autou*(《아리스토텔레스의 생애와 그의 저작들》)에서는 위작을 포함해 197개 책 제목을 전한다. 4세기 초반의 프톨레마이오스(al-Garib)는 《아리스토텔레스의 생애》에서 작품 이름 99개를 전해 준다. 오늘날 우리가 알고 있는 아리스토텔레스 저작과 이 목록은 꼭 일치하는 것은 아니다.

86) 현재 전해지는 《영혼론》을 지시하는 것이 아니라 '영혼의 불멸'을 다루는 대화편을 말한다.

《알렉산드로스》 혹은 《식민도시에 대해》 1권

《왕권에 대해》 1권

《교육에 대해》87) 1권

《좋음에 대해》 3권

《플라톤의 〈법률〉로부터 뽑은 것들》 3권

《〈국가〉로부터 뽑은 것들》 2권

《가정 경영에 대해》88) 1권

《친애에 대해》 1권

《영향받음 또는 영향받은 상태에 대해》 1권

《여러 학문에 대해》 1권

《쟁론적 논의에 대해》89) 2권

《쟁론적 논의의 해결》 4권

《소피스트적 논의의 구분》 4권

《반대에 대해》 1권

《종과 유에 대해》 1권

《고유 속성에 대해》 1권

〔23〕《변증술적 추론에 관한 논고》 3권

《탁월함에 관한 명제들》 2권

《반론들》90) 1권

---

87) 9권 53절에서도 언급된다.
88) 《정치학》, 1권 3~13장에서 다루는 내용으로 보인다. "가정경영(oikonomia)
    에 대해 말하는 것이 필연적이다."(1253b2)
89) 《소피스트적 논박》을 가리키는 것으로 보인다.
90) 앞의 명제들에 대한 것으로 생각된다.

《여러 의미로 말해지는 용어 혹은 덧붙여 말해지는 용어에 대해》[91] 1권

《여러 가지 감정에 대해》 혹은 《분노에 대해》 1권

《윤리학》 5권

《요소에 대해》[92] 3권

《학문적 지식에 대해》 1권

《원리에 대해》 1권

《논리적 분리집》 17권

《분리에 관해》 1권

《물음과 답변에 대해》 2권

《운동(변화)에 대해》 1권

《명제집》[93] 1권

《쟁론적 추론의 명제들》 1권

《추론》 1권

《분석론 전서》 8권

《대[94] 분석론 후서》 2권

《논리적 문제들에 대해》 1권

《방법론》[95] 8권

---

91) 철학개념어와 용어를 다루는 《형이상학》, 5권과 유사한 것으로 보인다.

92) 제목이 자연학에 관련된 작품을 연상시키나 목록에 나오는 위치를 볼 때 변증술에 관련된 작품으로 보인다.

93) 운동에 대한 명제들을 다루는 것으로 보인다.

94) 대(megas)는 책의 길이가 길다는 것을 의미한다.

95) 현재의 《토피카》(《변증론》)를 말한다. 《토피카》, 8권은 여기서 각기 다른 제목으로 제시되고 있다.

《더 좋은 것에 대해》 1권

《이데아에 대해》 1권

《토피카에 대한 예비적 정의들》 1권

《토포스들》(토포이) 7권

《추론》 2권

《추론과 정의들》 1권

〔24〕《선택할 만한 것과 부수적인 것에 대해》[96] 1권

《토포스들에 대한 서론》[97] 1권

《정의(定義)에 관련된 토포스들》[98] 2권

《감정들》 1권

《논리적 분리에 관해》 1권

《수학에 관해》 1권

《정의집》 13권

《논박적 추론》 2권

《명제집》[99] 1권

《자발성에 대해》 1권

《아름다움에 대해》 1권

《변증술적 추론을 위한 여러 입론》 25권

《사랑에 관한 여러 입론》 4권

《친애에 관한 여러 입론》 2권

---

96) 《토피카》, 3권을 말하는 것 같다.
97) 《토피카》, 1권을 지시한다.
98) 《토피카》, 6권과 7권을 지시한다.
99) 23절에 언급된 《명제집》을 말하는 것인가?

《영혼에 관한 여러 입론》 1권

《정치학》 2권

《테오프라스토스의 것과 비슷한 정치학 강의》100) 8권

《정의로운 행위에 대해》 2권

《연설술들의 수집록》 2권

《수사술의 기술》 2권

《연설 기예 교본》 1권

《연설술 교본으로부터의 다른 수집록》 2권

《연설 방법론》 1권

《테오데크테스의 연설술 교본으로부터의 수집록》 1권

《작시술 논고》 2권

《수사술적 생략 추론법》 1권

《크기 (정도, 많고 적음의 토포스) 에 대해》101) 1권

《생략 추론법의 분류》 1권

《어법 (*lexis*) 에 대해》102) 2권

《권고에 대해》 1권

〔25〕《(연설술 저술부터의) 수집록》 2권

《자연에 대해》 3권

《자연에 관한 것》 1권

《아르퀴타스의 철학에 대해》 3권

---

100) 현재 우리가 읽고 있는 《정치학》은 8권으로 구성되어 있다.

101) 아리스토텔레스, 《수사학》, 1358a14 참고.

102) lexis는 문체, 웅변, 표현 및 어법을 포함한다.

《스페우시포스와 크세노크라테스의 철학에 대해》1권

《〈티마이오스〉 및 아르퀴타스의 저작으로부터 뽑은 것들》1권

《멜리소스 학설에 대한 반론》1권

《알크마이온 학설에 대한 반론》1권

《피타고라스 학설에 대한 반론》1권

《고르기아스 학설에 대한 반론》1권

《크세노파테스에 대한 반론》1권

《제논의 학설에 대한 반론》1권

《피타고라스 학파에 대해》1권

《동물에 대해》103) 9권

《해부록》8권

《해부록 선집》1권

《합성적 동물에 대해》1권

《신화상의 동물에 대해》1권

《불임에 대해》1권

《식물에 대해》2권

《관상학》1권

《의술론》2권

《단위에 대해》1권

《폭풍의 전조》1권

〔26〕《천문학》1권

《광학》1권

---

103) 전해지는 《동물지》의 일부일 수 있다.

《음악에 대해》 1권

《기억론》 1권

《호메로스 문제들》 6권

《시작술의 문제들》 1권

《알파벳순에 따른 자연학상의 문제들》[104] 38권

《(위의 것에 추가된) 재검토되어야 할 문제들》 2권

《일상적 문제들》[105] 2권

《기계론》[106] 1권

《데모크리토스의 저작으로부터 뽑은 문제들》 2권

《자석에 대해》 1권

《유비론》[107] 1권

《잡다한 기록》 12권

《유에 따른 주석》 14권

《그리스 도시들의 판례집》[108] 1권

《올륌피아 경기 승리자들》 1권

《음악에서 퓌티아(델포이) 경기 승리자들》 1권

---

104) 현재 전해지는 《자연학적 문제들》을 떠올릴 수 있으나 이 책은 전체적으로
   아리스토텔레스 진작이 아닌 것으로 판단된다.
105) 《자연학적 문제들》의 일부로 생각된다.
106) 아리스토텔레스의 작품이라기보다 소요학파의 누군가가 쓴 것으로 보인다.
107) 목록 위치상으로 보아 《데모크리토스의 저작으로부터 뽑은 문제들》의 부분
   으로 추정된다.
108) 제목인 Dikaiōnmata는 '부정의에 대한 조정'을 의미한다. '정당한 요구'를 말
   한다. 당시 도시 간 국경분쟁을 조정하기 위한 법률적 조항들을 수록한 책으
   로 여겨진다.

《퓌티아에 관해》1권

《퓌티아 경기 승리자 목록에 대한 비판》109) 1권

《디오뉘시아 제(祭)에서의 연극 승리자》1권

《비극에 대해》1권

《상연 작품목록》1권

《금언집》1권

《공동식사규정》1권

《법률》4권

《범주론》1권

《명제론》1권

〔27〕《158개 도시의 정치체제: 민주정, 과두정, 귀족정, 참주정
   의 종류에 따른 분류》

《필립포스에게 보낸 서한》

《세륌부리아인들에 대한 서한》

《알렉산드로스에게 보낸 서한》4통

《안티파트로스 앞으로 보낸 서한》9통

《멘토르110) 앞으로 보낸 서한》1통

《아리스톤 앞으로 보낸 서한》1통

《올륌피아스111) 앞으로 보낸 서한》1통

《헤파이스티온112) 앞으로 보낸 서한》1통

---

109) 델포이에서 발견된 비명에는 칼리스테네스 도움을 받아 아리스토텔레스가
    확립한 이 목록이 나온다.
110) 로도스 사람으로 페르시아 왕을 대신해서 이오니아 지역을 통치했다.
111) 필립포스 2세의 부인이자 알렉산드로스 왕의 어머니.

《테미스타고라스 앞으로 보낸 서한》 1통

《필록세노스 앞으로 보낸 서한》 1통

《데모크리토스113) 앞으로 보낸 서한》 1통

《'신들 가운데 가장 존경받는 신, 멀리에서도 명중시키는,114) 거
   룩한 신이시여'로 시작되는 서사시》

《'아름다운 아이들로 축복받은 어머니의 딸이시여'로 시작되는 엘
   레게이아 운율(비가) 조의 시》

그의 저작 모두를 합계하면 44만 5, 270행이 된다. 115)

〔28〕 그가 저술한 책의 수는 그만한 정도의 양에 이른다. 그가 이
책들에서 말하려는 견해는 다음과 같은 것이다. 116) 철학이란 학문의
영역은 두 부분으로 나뉘는데, 하나는 실천적 부분이고 다른 하나는
이론적 부분이다. 그리고 실천적 부분에는 윤리학과 정치학이 포함
되는데, 후자에는 국가(polis)에 관한 사항들뿐만 아니라 가정에 관
한 사항들도 쓰여 있다. 이론적 부분에는 자연학과 논리학이 포함되
는데, 논리학은 학문 전체의 부분이 아니라 오히려 다른 학문을 위한
도구(organon)로서 엄밀하게 연구되는 것이다. 그는 논리학이 지향

---

112) 마케도니아 장군 아뮌토르의 아들. 알렉산드로스 왕의 가장 친밀한 동료 중
   한 사람.
113) 아리스토텔레스와 동시대인으로 9권 34~49절에서 논의되는 철학자는 아니다.
114) '활을 멀리 쏘는'은 아폴론 신을 형용하는 별칭이다.
115) 이 숫자는 충분히 과장된 것으로 평가된다.
116) 디오게네스가 여기서 전해주는 아리스토텔레스 철학에 대한 견해는 아리스
   토텔레스 저작에 기반한 것이 아니라, 스토아 철학에 영향을 받은 어떤 출전
   에서 온 것이다.

하는 2개의 목표가 있다고 규정했는데, 그것들이 개연성(*pithanon*)과 진리임을 명확히 밝혔다. 이 각각의 목표를 위해 그는 두 가지 능력(*dunamis*)을 사용했다. 개연성을 위해서는 변증술과 수사술의 능력을, 또 진리를 위해서는 분석론과 철학의 능력을 사용한 것이다. 그는 발견을 위해, 판단을 위해, 또 사용을 위해 도움이 되는 것들 중 어느 것 하나 빠뜨리지 않았다.

〔29〕 그래서 그는 발견에 도움이 되는 것으로서 《변증론》(*Topika*)과 《방법론》117) 그리고 다수의 《명제들》118) 을 남겨 주었고, 우리는 이것들로부터 문제들(*ta problēmata*)의 해결을 위한 개연적 변증론적 (문답법적) 논변을 잘 찾을 수 있다. 판단을 위해서는 《분석론 전서》와 《분석론 후서》를 남겼다. 《분석론 전서》에 의해 전제들(*lēmmata*)이 판단되고, 《분석론 후서》에 의해 연역(*synagōgē*)이 검토되었다. 실제적 사용을 위한 것으로는 논쟁에 관한 책이나 질문(과 대답)과 관련된 책이 있고,119) 쟁론술120) 과 소피스트적 논박에 〈관한〉 책 및 이것들과 비슷한 추론(*syllogismos*)을 다룬 책이 있다. 그가 제시한 진리의 기준은 표상(*phantasia*)에 따라 실제로 나타나 있는 대상의 영역에서는 감각(*aiathesis*)이고, 윤리적 영역에서는 폴리스에 관한 것이든, 가정에 관한 것이든, 또 법률에 관한 것이든, 진리의 기준은 지성(*nous*)이다.

---

117) 《변증론》에서 사용되는 여러 논리적 방법(*topos*)들을 말하는 것 같다.

118) 위에서 언급된 아리스토텔레스의 저술들 중에서 '명제'가 들어간 저술들을 묶어서 말하는 것으로 보인다.

119) 《변증론》(토피카) 8권을 말하는 것 같다.

120) 쟁론술(*eristikē*)은 논쟁이나 토론에서 상대방을 패배시키기 위해 논변을 형식화하는 기술에 관련된 수사학의 분야이다.

〔30〕그는 완전한 삶 안에121) 하나의 궁극목적은 덕 (탁월성) 의 활용이라고 주장했다. 그리고 그는 행복은 세 종류의 좋음으로 이루어진다고 말했다. 하나는 영혼에 관한 좋음인데, 그는 실제로 이것을 그 힘 (가치) 에서 첫 번째 것으로 부르고 있다. 두 번째 것은 신체에 관한 좋음인데, 건강과 체력, 아름다움 그리고 이와 유사한 것들이다. 세 번째 것은 외적인 좋음인데, 부, 좋은 태생, 명성 그리고 이와 비슷한 것들이다. 122) 그리고 그는 덕은 그 자체만으로 행복해지기 위해 충분한 것이 못된다고 주장한다. 신체에 관한 좋음이나 외적인 좋음도 또한 필요하니까. 마치 지혜로운 사람일지라도 괴로움이나 가난, 그 밖에 이와 비슷한 상황 속에 산다면 비참해질 수 있는 것처럼 말이다. 123) 그렇지만 그는 악덕은 외적인 좋음이나 신체의 좋음이 아무리 많이 그것에 달라붙어 있다고 해도 불행해지는 데 충분하다고 주장했다. 〔31〕 또 그는 모든 덕들이 서로를 수반하는 것은 아니라고 말했다. 왜냐하면 슬기로운 (phronimos) 어떤 사람이 비슷한 정도로 정의로운 사람일 수 있으며, 이와 동시에 방종하고 자제력 없는 사람일 수도 있기 때문이다. 또한 그는 지혜로운 사람은 감정이 없는 것이 아니라 적절하게 감정을 느낀다고124) 말했다.

---

121) '완전한 삶 안에' (en Biō teleiō) 라는 표현은 《니코마코스 윤리학》, 1098a18에 나온다.

122) 《니코마코스 윤리학》, 1098b12~16.

123) 《니코마코스 윤리학》, 1099a31~b7, 1100a7~9, 1153b19~21 참고.

124) 이것은 아리스토텔레스에 대한 스토아적 해석이다. '적절하게 감정을 느끼는' (metriopatheō) 이란 말은 아리스토텔레스에게는 나오지 않는다. 하지만 이 생각은 아리스토텔레스의 중용 (mesotēs) 과는 일치한다 (《니코마코스 윤리학》, 1105b28 참고).

그는 친애를 상호 간 호의의 동등함이라고 정의했다. 그 가운데 하나는 친족 간의 친애이고, 다른 하나는 사랑하는 사람들 간의 친애이고, 또 다른 하나는 주인과 손님에 대한 친애다. 125) 사랑(erōs)은 단지 성애만을 위한 것은 아니고 철학126)을 위한 것이기도 하다고 말했다. 더욱이 지혜로운 사람도127) 사랑에 빠질 수 있고 또 정치에 참여할 수 있으며, 결혼할 수도 있는가 하면 왕과 함께 살 수도 있다고 그는 말했다. 세 가지 종류의 삶이 있는데, 관조적 삶, 실천적 삶, 쾌락적 삶이 그것이다. 그는 관조적 삶을 다른 삶보다 우선시했다. 128) 또한 그는 일상의 학문도 덕의 획득에 쓸모 있다고 생각했다. 129)

〔32〕자연학 분야에서 그는 다른 어느 누구보다 뛰어나게 원인에 대한 탐구를 했으므로, 아주 미미한 것들에 대해서조차도 그 원인을 설명하였다. 그렇기 때문에 그가 자연철학에 관한 적지 않은 비망록을 작성한 것이다. 그는 또 플라톤과 마찬가지로 신은 비물체적인

---

125) 친애의 분류에 대해서는 《수사학》, 1381b34 및 《니코마코스 윤리학》, 1161b11 ~16 참고.

126) 뒤링(I Düring)은 철학(philosophia) 대신에 친애(philia)로 수정한다. 사랑이 친애라는 말은 이 책의 7권 130절에 나온다.

127) 이 저자는 스토아적인 '지혜로운 사람', 즉 현인(sophos)을 염두에 두는 듯하다. 그러나 아리스토텔레스 철학 어디에도 지혜로운 사람의 사회적 삶에 대한 언급은 없다.

128) 세 가지 삶의 분류에 대해서는 《니코마코스 윤리학》, 1095b17 참고. 관조적 삶에 대해서는 1177a12~1179a32 참고.

129) 이 입장은 아리스토텔레스와 스토아의 것이다. 에피쿠로스학파는 아리스토텔레스를 '아는 척하는 자', '교양(paideia)과 박식(polymathia)에 대한 적'이라고 비난했다.

것임을 명확히 했다. 신의 섭리는 하늘에 있는 것들130) 까지 미치고 있는데, 신 자신은 움직이지 않는다고 했다. 131) 또 지상의 현상은 하늘에 있는 것들과 밀접하게 연관됨으로써 규제된다고 했다. 132) 또 4개의 원소 외에 제 5원소가 따로 있고, 이 원소로부터 천체에 있는 것들이 구성되었다고 했다. 이 원소의 운동은 4원소들의 운동133) 과 다르다고 했다. 그 운동은 원운동이니까. 나아가 그는 영혼이 비물체적인 것이고, "가능적으로 생명을 가지고 있는, 자연적이고 유기적인 물체의 최초의 현실태(*entelecheia*)"134) 로 정의했다.

〔33〕 그가 말하는 '현실태'는 무언가 비물체적 형상을 가지고 있는 것이다. 그에 따르면 이 '현실태'는 두 의미를 가진다. 하나는 가능태에 따라서 말하게 되는 것으로, 각인을 받아들이기에 적합한 상태에 있는 밀랍 속에서 헤르메스의 상이 현실화된다든지, 혹은 청동 속에서 (사람의) 조상이 현실화된다든지 하는 경우를 말한다. 다른 의미에서의 현실태는 상태(*hexis*)에 따라서 말해지는 것으로, 완전히 완성된 헤르메스의 상이라든가 마무리된 조상인 경우가 그것이

---

130) 천체들.

131) 아리스토텔레스는 신을 '부동의 동자'라고 했지만 신의 섭리에 대해서는 언급한 적이 없다. 신은 운동의 제일 원리(*to prōton kinoun*) 였다. 《형이상학》, 1072a25 참고.

132) 이 주장은 아리스토텔레스의 《철학에 관하여》가 그 출처로 보인다. 이 작품은 지금은 전해지지 않는다.

133) 상하운동.

134) 아리스토텔레스, 《영혼론》, 412a27~28, 412b5~6 참고. 영혼을 지닌 물체가 유기적이어야 한다는 생각은 《영혼론》, 412a28~b6에 나온다. *entelecheia* 는 '그 목적(*telos*)을 가짐'을 의미한다. 영혼이 몸의 첫 번째 현실태라는 것은 완전하게 형성된 신체가 될 때 영혼을 갖는다는 것을 의미한다.

다. 그리고 그가 '…을 자연적 물체'라고 규정한 것은, 물체 중에는 기술자에 의해서 만들어진 것들과 같은 인공적인 것들과 — 예를 들면 탑이나 배 — 식물이나 동물의 신체들과 같은 자연에 의해서 생기는 것들이 있기 때문이다. 그리고 그가 '유기적인 (물체)'라고 말한 것은 마치 시각은 보는 것에 대해, 또 청각은 듣는 것에 대해 적합한 것처럼, 그것이 어떤 목적에 대해 적합하도록 갖춰져 있기 때문이다. 또 '가능태적으로 생명을 가지고 있는'이라고 말하는 것은, 다시 말해 '그 자체 안에 생명을 가지고 있는'이라는 의미이다.

〔34〕 '가능태적으로'라는 것에도 두 가지 의미가 있다. 하나는 상태에 따라서 말해지는 것이고, 다른 하나는 현실태에 따라서 말해지는 것이다. 현실태에 따라서라는 것은 깨어 있는 사람이 영혼을 가지고 있다고 말하는 것과 같은 경우이고, 상태에 따라서라는 것은 잠자고 있는 사람이 영혼을 가지고 있다고 말하는 것과 같은 경우이다. 135) 그렇기 때문에 잠자고 있는 사람의 경우도 포함하기 위해 아리스토텔레스는 '가능태적으로'라는 말을 덧붙인 것이다. 136)

그는 여러 주제에 관해 다른 많은 견해를 밝히고 있는데, 그것들을 일일이 늘어놓게 되면 긴 이야기가 될 것이다. 그는 모든 면에서 매우 부지런한 사람이었고 또 발견의 능력을 갖춘 사람이었으니까. 그것은 앞서 주어진 저작목록으로부터도 명확하다. 그 저작의 수는 거의 400권 가까이 되고, 적어도 그것들 모두는 진작 여부가 논란되지 않는 작품들이다. 사실상 그 밖에도 다른 많은 저작들이 그의 것

---

135) 《니코마코스 윤리학》, 1098b35~1099a2 참고.
136) 《영혼론》, 412a22~27 참고.

으로 돌려지고 또 쓰이지 않고 구두로 말한 것으로서, 핵심을 찌르는 경구도 그의 것으로 돌려지고 있기 때문이다. 137)

〔35〕아리스토텔레스란 이름을 지닌 사람은 8명이 있었다. 첫 번째는 우리가 말해 온 바로 그 사람이다. 두 번째는 아테네에서 정치활동을 한 사람138) 인데, 그의 품위 있는 법정 연설이 또한 전해진다. 세 번째는 《일리아스》에 대해 연구한 사람, 네 번째는 시켈리아의 연설가이며 이소크라테스의 《파네귀리코스》에 대한 반론을 쓴 사람, 139) 다섯 번째는 소크라테스학파인 아이스키네스 제자이고 '뮈토스' (이야기) 로 불린 사람, 여섯 번째 퀴레네 출신으로 시작술(詩作術) 에 관해 쓴 사람,140) 일곱 번째는 소년들의 체육 교사로 아리스톡세노스141) 가 그의 《플라톤의 생애》에서 언급한 사람, 여덟 번째는 잘 알려지지 않은 문법가로 그의 《군더더기 말에 대해서》란 교본이 전해진다.

그런데 스타게이로스 출신의 아리스토텔레스에게는 많은 제자가 있었다. 그중에서도 특히 뛰어난 제자가 테오프라스토스이다. 우리는 다음에 이 사람에 대해 말해야만 한다.

---

137) 이 대목은 헤르미포스나 파보리누스로부터 저서 목록을 발췌한 사람이 쓴 것으로 보인다. 필시 그는 전해지는 저서 목록에 포함되지 않은 위서에 대해 알고 있었던 것 같다.

138) 아마도 이 사람은 플라톤의 《파르메니데스》에 등장하는 그 아리스토텔레스일 것이다. 이 사람은 마라톤 출신으로 나우시니코스가 아르콘이던 시절에 활동한 법령을 정비한 사람이다.

139) 아테네의 영향력 있는 연설가로 수사학 선생이었다(기원전 436~338년).

140) 2권 113절에는 퀴레네학파 아리스토텔레스로 나온다.

141) 아리스톡세노스(Aristoxenos, 기원전 350~322년)는 철학자이자 음악이론가였다. 음악에 관한 단편이 전해진다.

2. 테오프라스토스

〔36〕 테오프라스토스는 레스보스섬의 에레소스 출신으로 메란타스의 아들이다. 메란타스는 아테노도로스[142]가 《산책》 8권에서 전하는 바에 따르면 피륙을 바래는 일을 업으로 하는 마전장이었다.

그는 처음에 자신이 태어난 도시에서 같은 시민인 알키포스의 가르침을 받았고, 그다음에 플라톤의 강의를 들었으며, 아리스토텔레스에게로 옮겼다. 아리스토텔레스가 은퇴하고 칼키스로 갔을 때, 바로 그가 그 학원을 물려받았는데, 그것은 114회 올림피아기[143] 동안이었다. 아마스트리스 출신의 뮈로니아노스가 《유사사례집》 1권에서 말하는 바에 따르면, 그 이름이 폼필로스라고 불리는 그의 노예도 철학자였다고 한다. 테오프라스토스는 매우 총명한 사람이고 또 매우 부지런한 사람이기도 했다. 또한 팜필레가 《비망록》 32권에서 말하는 바에 따르면 그는 희극작가인 메난드로스의 선생이었다는 것이다. [144]

〔37〕 게다가 그는 인정이 많고(euergetikos) 토론을 좋아하는 사람이기도 했다. 게다가 카산드로스[145]가 그를 환대했고 프톨레마이오스도 그를 초청하기 위해 사자를 보냈다는 것이다. 또 아테네인들이

---

142) 여기서 언급된 아테노도로스(Athenodoros)는 《산책》(Peripatoi)을 쓴 것으로 보아 소요학파의 일원이었던 듯하다. 7권 34절에 언급되는 제논의 제자는 아닌 것 같다.
143) 기원전 323/322년. 아리스토텔레스가 칼키스로 떠나는 것은 기원전 323년이다.
144) 이 말이 맞다면 메난드로스는 소요학파의 일원이었을 것이다.
145) 카산드로스(Kasandros)는 알렉산드로스 대왕이 죽고 나서 기원전 317년에 권력을 잡았던 안티파트로스의 아들이다.

테오프라스토스

그를 매우 높이 평가했기 때문에, 하그노니데스[146]가 신에 대한 불경죄로 그를 고발했을 때에도, 거의 고발자가 재판에 대해 벌금을 물 뻔했다.[147] 또한 그의 강의[148]에는 2천 명에 달하는 학생들이 모여들곤 했다. 그래서 그는 페리파토스학파인 파니아스[149]에게 보낸

---

146) 하그노니데스(Hagnōnidēs)는 아테네의 선동 정치가로 아첨꾼이었다. 그는 이 밖에도 테오프라스토스를 "운이 세계를 지배한다"고 말했다고 고발했다는 것이다(키케로, 《투스쿨룸의 대화》, 5권 9절).

147) 아테네의 법률에 따르면 누군가를 고발했을 때, 적어도 배심원의 5분의 1의 표를 얻지 못하면 고발자가 벌금을 내야 했다.

148) 강의(*diatribē*)는 강연과 강연하는 장소를 의미할 수 있다. 테오프라스토스의 영향력과 장소의 크기를 상상해 볼 수 있다.

149) 파니아스(Phanias)는 테오프라스토스의 고향 동료로 함께 아리스토텔레스 밑에서 철학을 공부한 것으로 알려졌다.

편지에서 다른 것에 덧붙여 그 가르침(*dikastērion*)에 대해서도 다음과 같이 말하고 있다.

큰 규모의 회합 장소(*panēguris*)만이 아니라 작은 장소의 회합(*synedrion*)조차도 자신이 바라는 바대로 갖기란 쉬운 일이 아닐세. 〔그런 곳에서 강의함으로써〕 큰 소리로 읽는 내 강의는 진전되었네만, 모든 〔수강생들의〕 요구를 뒤로 미루고 다른 사람의 견해에 주의하지 않고 그대로 지나가는 것을 우리 세대의 학생들이 더 이상 참아 주지 않는다는 것이네. 150)

그는 이 편지에서 '학문에 미친 사람'(*scholastikos*)이란 표현을 사용했다.

〔38〕 하지만 그는 그와 같은 높은 평판을 받은 사람이었음에도 불구하고 다른 철학자들과 더불어 잠깐 아테네를 떠나야만 했었다. 151) 암피클레이데스의 아들 소포클레스152)가 평의회와 민회의

---

150) 이 수수께끼 같은 말은 아래의 39절과 연관이 있어 보인다. "너저분한 말을 신뢰하느니…"라는 언급에서 알 수 있듯이, 자신의 정원을 갖기 전에 공개강연을 하는 경우 호의적이지 않은 청중으로부터 비판을 많이 받았던 듯하다.

151) 당시 테오프라스토스의 제자였던 팔레론의 데메트리오스(Dēmētrios, 기원전 350~280년)가 마케도니아 왕 카산드로스의 지명 하에 아테네를 다스리고 있었다. 테오프라스토스의 뤼케이온 학원도 데메트리오스의 후원을 받고 있었다. 그러다 기원전 307년에 마케도니아의 귀족이자 장군인 안티고노스의 아들 데메트리오스(Dēmētrios) 1세가 아테네를 포위하고 점령하였다. 그래서 이 자를 Poliorkētēs('폴리스 포획자')라고 부른다. 이후 데메트리오스는 권력에서 축출당하고 만다. 이듬해인 기원전 306년에 다른 나라의 모든 철학자들을 추방하는 의결이 민회에서 이루어졌다. 테오프라스토스는 소요 학파 동료들과 더불어 아테네를 떠나게 되어 한동안 학원이 폐쇄되는 사태를 맞이했다. 뤼케이온의 일원이자 친 마케도니아 정치 성향을 가졌던 아테네의 지도자 데메트리오스에 대해서는 아래의 75~85절 참고.

결의가 없으면 어느 철학자도 학원을 이끌어서는 안 되고, 만일 이를 어기면 사형의 징벌에 처한다는 법률을 제안했기 때문이다. 하지만 그 이듬해에 철학자들이 다시 아테네로 돌아왔다. 법을 위반한 제안을 했다고 필론153) 이 소포클레스를 고발했기 때문이다. 게다가 아테네인들은 그 법률을 파기하고, 소포클레스에게 5탈란톤의 벌금을 부과했고 테오프라스토스도 귀국해 전과 다름없이 생활할 수 있도록 철학자들의 귀국을 의결했기 때문이다.

원래 그의 이름은 튀르타모스였는데, 그의 말투에 실린 신적 여운 때문에 (thespesios) 아리스토텔레스가 테오프라스토스로 이름을 바꿔 주었다. 〔39〕 아리스티포스는 《옛사람들의 애정행각에 대하여》 4권에서 그가 아리스토텔레스의 아들인 니코마코스의 선생이었음에도 불구하고 그에 대해 사랑의 감정을 품고 있었다고 말하고 있다. 아리스토텔레스는 테오프라스토스와 칼리스테네스에 대해, 이미 앞서 플라톤이 크세노크라테스와 아리스토텔레스에게 말했다고 한 말과 똑같은 말을 한 것으로 전해지고 있다. 154) 즉, 한 사람에게는 고삐가 필요하고 다른 한 사람에게는 몰이 막대가 필요하다는 것이다. 왜냐하면 테오프라스토스는 아리스토텔레스가 생각한 것 모두를 지나칠 정도로 예리하게 해석했고, 칼리스테네스는 그 본성이 둔했기 때문이다.

그는 아리스토텔레스가 죽고 난 후에 그의 친구이기도 했던 팔레론의 데메트리오스의 도움으로 자기 자신의 정원을 소유하게 됐다

---

152) 비극시인이 아니라 정치가였던 소포클레스이다.
153) 아래의 57절에서 언급된 필론일 것이다. 9권 67절에서 언급된 필론은 아니다.
154) 4권 6절 및 5권 65절 참고.

고 알려져 있다. 155) 아래에 말하는 것과 같은 유익한 격언도 그의 것으로서 전해진다. 그는 "너저분한 말을 신뢰하느니 차라리 고삐가 없는 말(馬)을 신뢰하는 게 낫다"고 말했다. 〔40〕 또 향연156) 중에 전혀 아무 말도 하지 않았던 사람에게 "만일 그대가 아무것도 배우지 않은 무식한 사람이라면 슬기롭게 행동한 것이고, 교육받은 사람이라면 슬기롭지 않게 행동한 것일세"라고 말했다. 그는 시간은 아주 고비용의 지출이라고 입버릇처럼 말했다고 한다.

그런데 그는 힘든 일들을 넘긴 뒤157) 얼마 지나지 않아 85세의 나이로 세상을 떠났다. 그래서 나는 그에게 다음과 같은 시를 헌정했다.

이런 말을 인간들 가운데 한 사람에게 말한 것이 헛된 것이 아니었네.
'지혜의 화살을 느슨하게 그냥 놔두면 부서지고 만다'는 것을.
실제로 테오프라스토스가 열심히 일하는 동안에는 사지가 멀쩡했는데,
그 뒤 느슨하게 그냥 놔두자 그의 사지는 시들어 죽고 말았으니.

그의 제자들이 "무언가 남길 말이 없습니까?"라고 물었을 때 그는 다음과 같이 대답했다고 한다. "남길 말은 아무것도 없다. 다만 인생에서 많은 즐거운 일들은 세상 사람들이 주는 명성 때문에 과장되어 있다는 것뿐이다. 〔41〕 우리는 삶을 시작하자마자 이미 죽어가고 있는 것이니까. 그렇기 때문에 명성을 좋아하는 것보다 더 무익한 것은 아무것도 없는 것이네. 여하튼 그대들에게는 행운이 있기를. 그리고

---

155) 이를 미루어 재산을 소유할 수 없었던 아리스토텔레스보다 테오프라스토스가 뤼케이온 학원을 연 것으로 보기도 한다.
156) 실제로 페리파토스학파는 한 달에 한 번씩 향연을 주기적으로 가졌다고 한다.
157) 뤼케이온 학원의 수장직을 그만둔 것을 말한다.

나의 이론을 버려도 좋고 ― 숱한 노고를 요구하는 것이니까 ― 또는 나의 이론을 위하여 앞장서서 노력해 주는 것도 좋다. 그것은 커다란 명성을 가져오는 것이니까. 삶에는 이익이 되는 일보다 허무한 일이 더 많은 것이다. 하지만 나는 무엇을 행해야만 하는지에 대해 더 이상 충고할 수 없으므로, 그대들이 무엇을 해야만 할 것인지 탐구해 보도록 하라." 이렇게 말하고 그는 숨을 거두었다고 한다. 그리고 전해지는 이야기에 따르면 아테네인들은 이 사람을 존경했기 때문에 모든 시민이 묘지까지 걸어서 전송했다고 한다.

그리고 파보리누스는 그가 나이 들어서는 들것에 실려 다녔다고 전한다. 그리고 이것은 헤르미포스가 말한 것으로, 헤르미포스는 이것을 피타네의 아르케실라오스158) 가 퀴레네의 라퀴데스에 대해 말했던 것에서 조사해서 덧붙였다고 한다.

〔42〕 테오프라스는 또한 아주 많은 저작을 남기고 있다. 그것들 모두가 모든 분야에서 탁월한 내용으로 가득 채워져 있기 때문에 그의 저작들을 여기에 기록해 두는 것은 가치 있는 일이라고 나는 생각한다. 그의 저작은 다음과 같은 것이다.

《분석론 전서》 3권
《분석론 후서》 7권
《연역 추론의 분석에 대해》 1권

---

158) 아카데미아의 수장이었던 아르케실라오스(Arkesilaos, 기원전 316/315~242/241) 는 아카데미아로 옮기기 전에 테오프라스토스의 학생이었다고 한다. 디오게네스는 아르케실라오스에 대해선 4권 28~45절에서, 라퀴데스에 대해선 4권 59~61절에서 논의한다.

《분석론 개요》1권

《〈3단논법〉에서 격을 환원하는 여러 방식》2권

《논쟁적인 토론 〈혹은〉 경쟁적 논의에 관한 이론에 대해 〈…〉》

《감각에 대해》1권

《아낙사고라스에 대한 반론》1권

《아낙사고라스의 이론에 대해》1권

《아낙시메네스의 이론에 대해》1권

《아르켈라오스의 이론에 대해》1권

《소금, 초석(硝石), 명반(明礬)에 대해》1권

《돌로 되는 대상에 대해》2권

《분리할 수 없는 선에 대해》1권

《강의록》2권

《바람에 대해》1권

《덕의 여러 종》1권

《왕권에 대해》1권

《왕의 교육에 대해》1권

《삶의 방식에 대해》1권

《노년에 대해》1권

〔43〕《데모크리토스의 천문학에 대해》1권

《기상학》1권

《가시적 영상에 대해》1권

《맛, 색깔 및 살에 대해》1권

《우주의 질서에 대해》1권

《인류에 대해》1권

428

《디오게네스의 저작 선집》 1권

《정의(定義) 들》 3권

《사랑론》 1권

《사랑에 대한 또 다른 논구》 1권

《행복에 대해》 1권

《형상에 대해》 2권

《간질에 대해》 1권

《광란에 대해》 1권

《엠페도클레스에 대해》 1권

《논박적 논의론》 18권

《반론》 3권

《자발성에 대해》 1권

《플라톤의 〈국가〉 발췌집》 2권

《같은 종에 속하는 동물소리의 차이에 대해》 1권

《무리지어 나타나는 동물에 대해》 1권

《물어뜯거나 찌르거나 하는 동물에 대해》 1권

《심술궂은 것으로 알려져 있는 동물에 대해》 1권

《마른 땅에서 사는 동물에 대해》 1권

〔44〕《색깔을 바꾸는 동물에 대해》 1권

《동면하는 동물에 대해》 1권

《동물에 대해》 7권

《아리스토텔레스에 따른 쾌락에 대해》 1권

《쾌락에 대한 또 다른 논구》 1권

《입론집》 24권

《온과 냉에 대해》1권

《현기증 및 눈앞이 캄캄해지는 것에 대해》 1권

《발한(發汗)에 대해》1권

《긍정과 부정에 대해》1권

《칼리스테네스 혹은 애도에 대해》1권

《피로에 대해》1권

《운동에 대해》1권

《돌에 대해》1권

《역병에 대해》1권

《기절에 대해》1권

《메가라인들에 대한 논구》1권

《우울에 대해》1권

《광산에 대해》2권

《벌꿀에 대해》1권

《메디아스의 이론 선집》1권

《기상에 대한 논구》2권

《술취함에 대해》1권

《알파벳순에 따른 법률》24권

《법률 발췌집》10권

《여러 가지 정의(定義)에 대한 단평》1권

《향기에 대해》1권

〔45〕《포도주와 올리브유에 대해〈…〉》

《제일 전제들》18권

《입법자들의〈정치적 물음들에 대해〉》3권

《정치학》 6권

《상황에 대처하는 정치적 주제들》 4권

《정치적 관습에 대해》 4권

《최선의 정치체제에 대해》 1권

《문제 모음집》 5권

《격언에 대해》 1권

《응고와 액화에 대해》 1권

《불에 대해》 2권

《마비(혹은 중풍)에 대해》 1권

《질식에 대해》 1권

《정신착란에 대해》 1권

《감정(파토스)에 대해》 1권

《(비바람의) 징후에 대해》 1권

《오류추리론》 2권

《연역 추론의 해소에 대해》 1권

《변증론(토피카)》 2권

《징벌에 대해》 2권

《모발에 대해》 1권

《참주제에 대해》 1권

《물에 대해》 3권

《잠과 꿈에 대해》 1권

《친애에 대해》 3권

《명예 사랑에 대해》 2권

《자연에 대해》 3권

[46] 《자연학에 대해》 18권

《자연학 개요에 대해》 2권

《자연학의 물음들》 8권

《자연철학자들에 대한 반론》 1권

《식물연구에 대해》 10권

《식물 기원에 대해》 8권

《수액에 대해》 5권

《거짓 쾌락에 대해》 1권

《영혼에 관한 하나의 논제》

《비기술적 입증에 대해》[159] 1권

《단적인 물음만을 제시하는 논의에 대해》 1권

《조화론》(혹은 《화성론》) 1권

《덕에 대해》 1권

《토론의 주제 혹은 모순》 1권

《부정에 대해》 1권

《판단에 대해》 1권

《불합리한 것에 대해》 1권

《오후의 이야기》 1권

《분리》 2권

《차이에 대해》 1권

《부정의한 행위에 대해》 1권

《비방에 대해》[160] 1권

---

159) 아리스토텔레스, 《수사학》, 1권 15장 참고.

《칭찬에 대해》1권

《경험에 대해》1권

《편지》3통

《자연발생적인 동물들에 대해》1권

《분비물에 대해》1권

〔47〕《신들에 대한 찬가》1권

《축제에 대해》1권

《행운에 대해》1권

《생략 추론(*enthymēmē*)에 대해》1권

《여러 발견에 대해》2권

《윤리학 강의》1권

《윤리적 성격》161) 1권

《(연회) 소동에 대해》1권

《(역사) 연구에 대해》1권

《연역 추론의 판단에 대해》1권

《바다에 대해》1권

《아첨에 대해》1권

《왕권에 대해, 카산드로스에게》1권

《희극에 대해》1권

〔《운율에 대해》1권〕

《어법(문체)에 대해》1권

---

160) 이 제목은 49절과 50절에도 나온다.
161) 이 작품 제목도 47절과 48절에서 다시 나온다.

《논의 모음집》1권

《(여러 문제의) 해소》1권

《음악에 대해》3권

《측정에 대해》1권

《메가크레스》1권

《법률에 대해》1권

《위법에 대해》1권

《크세노크라테스의 이론 선집》1권

《사교적인 인간》1권

《서약을 맺는 것에 대해》1권

《수사술에 관한 여러 규정》1권

《부(富)에 대해》1권

《시작술에 대해》1권

《정치학, 자연학, 사랑, 윤리학에서의 문제들》1권

[48]《서론》1권

《문제 모음집》1권

《자연학적인 여러 문제에 대해》1권

《예증에 대해》1권

《주제(테시스)의 제시와 서술에 대해》1권

《시작술에 대한 다른 논고》1권

《지자(智者)들에 대해》1권

《권고에 대해》1권

《어법어김에 대해》1권

《수사술의 기법에 대해》1권

《수사술적 기법들의 종류에 대해: 61가지 형태》 17권

《연설 기법에 대해》 1권

《아리스토텔레스 혹은 테오프라스토스의 강의록》 6권

《자연학자들의 이론》 16권

《자연학자들의 이론 발췌》 1권

《감사에 대해》 1권

〔《윤리적 성격론》 1권〕

《거짓과 참에 대해》 1권

《신학적 이론에 관한 연구》 6권

《신들에 대해》 3권

《기하학에 관한 탐구》 4권

〔49〕《아리스토텔레스의 동물에 관한 저작에서 발췌》 6권

《논박적 논의》 2권

《입론집》 3권

《왕권에 대해》 2권

《원인에 대해》 1권

《데모크리토스에 대해》 1권

《비방에 대해》 1권

《생성에 대해》 1권

《동물의 지능과 성격에 대해》 1권

《운동에 대해》 2권

《시각에 대해》 4권

《여러 가지 정의(定義)에 대해》 1권

《주어진 것(데이터)에 대해》 1권

《보다 크고 보다 작은 것에 대해》 1권

《음악가에 대해》 1권

《신들의 행복에 대해, 아카데미아학파 사람들에 반대해서》 1권

《철학의 권유》 1권

《국가는 어떻게 최선으로 다스릴 수 있을까》 1권

《강의록》 1권

《시켈리아에서의 분화(噴火)에 대해》 1권

《일반적으로 동의되고 있는 것들에 대해》 1권

〔《자연학의 여러 문제에 대해》 1권〕

《앎을 위한 방법들은 무엇인가》 1권

《거짓말쟁이의 추론에 대해》 3권

《토포스론에 대한 서론》 1권

《아이스퀼로스에 반대해서》 1권

〔50〕《천문학적 탐구》 6권

《증가(곱셈법)에 관한 수론적 연구》 1권

《아키카로스》 1권

《법정 연설에 대해》 1권

《비방에 대해》 1권

《아스티크레온, 파니아스와 니카노르에게 보낸 편지》

《경건에 대해》 1권

《디오뉘소스(Eyios) 162) 의 신녀(信女)에 대해》

《적절한 때에 대해》 2권

---

162) Eyios는 디오뉘소스 신의 별칭이다.

《적합한 논의에 대해》1권

《아이들의 교육에 대해》1권

《(위와 같은 제목을 가진) 다른 논고》1권

《교육에 대해 혹은 덕에 대해 혹은 절제에 대해》1권

〔《철학의 권유》1권〕

《수에 대해》1권

《연역 추론의 표현법에 관한 여러 정의》1권

《천제에 대해》1권

《정치학에 관한 문제》2권

《자연에 대해》

《과일에 대해》

《동물에 대해》

이것들 전부는 23만 2,850행에 이른다. 그는 이렇게 많은 정도로 저작을 남겼다.

〔51〕나는 그의 유언장도 찾을 수 있었는데, 그 내용은 아래와 같다.

모든 일이 잘될 것이다. 하지만 어떤 일이 일어났을 경우를 대비해서 나는 아래와 같이 조치해 둔다. 집163) 에 있는 나의 모든 재산은 레온의 아들들인 멜란테스와 팡크레온에게 주기로 한다. 164) 히파르코스에게 관리를 맡

---

163) 고향인 에레소스(Eresos) 를 말한다.

164) 테오프라스토스는 아리스토텔레스와 마찬가지로 아테네 시민이 아니었기 때문에 부동산을 소유할 수 없었다. 학원을 설립할 수 있었던 것은 그의 제자였던 정치가 데메트리오스 덕분이었다(39절). 레온과 그의 아들들은 에레소스 사람들로 보인다. 그러니 테오프라스토스가 그들에게 고향의 재산을 물려줄

기고 있는 자금 가운데서 다음의 일을 하기 위한 비용이 지출되기를 나는 바란다. 첫째로 무세이온[165]과 여신들의 조상의 복원을 마무리하는 일에 쓰이고, 또 그 밖에도 여신들의 상을 더욱 아름답게 하기 위해 무언가 할 수 있는 일이 있다면 그들 상에 장식을 덧붙이는 것이다. 그다음으로는 아리스토텔레스의 흉상을 그전부터 사원 안에 있었던 나머지 봉납품과 함께 신전 안의 원래 위치로 되돌릴 것이다. 다음으로 무세이온에 가까이 있는 작은 주랑(stoa)[166]을 이전 것보다 못하지 않을 정도로 재건하는 것이다. 세계의 지도가 기록되어 있는 명판은 아래 주랑으로 옮길 것이다.

　〔52〕또 제단도 완전하고 좋은 외양을 갖추도록 수리할 것이다. 또한 니코마코스의 조상도 실물과 같은 크기로 완성되길 나는 바란다.[167] 그 조상을 만드는 비용은 프락시텔레스[168]에게 다 지불되었는데, 그 밖의 나머지 비용은 앞에서 말한 자금에서 지출되길 바란다. 그 상은 이 유언장에 쓰인 다른 사항들을 처리하는 사람들이 적당하다고 생각하는 곳에 세울 것이다. 신전과 봉납품에 관련된 것들은 이와 같은 방식대로 처리해 주길 바란다.

　스타게이로스에 있는 내가 소유한 땅은 칼리노스에게 주기로 한다. 내 모든 책은 네레우스에게 준다.[169] 정원과 산책로 그리고 정원 가까이에

수 있었을 것이다. 이들은 학원의 상속자 중에는 속하지만(53절) 유언집행인에는 포함되지 않았다(56절).

165) 무세이온(Mouseion)은 무사여신들을 모신 전당(殿堂)으로 도서관과 박물관 기능을 했다. 여기서 무세이온은 도서관과 종교적 성소의 기능을 했다. 플라톤의 아카데미아에도 무세이온이 있었다.

166) stoa는 채색이 된 주랑 건물로 낭하를 가지고 있었다. 종종 이곳은 대화나 가르침을 위한 장소로 사용되었다.

167) 테오프라스토스가 특별히 좋아했던 니코마코스는 아리스토텔레스의 아들이다.

168) 프락시텔레스(Praxitelēs)는 기원전 4세기에 활동한 유명한 조각가다. 그러나 이 사람은 같은 이름을 지닌 다른 사람이거나 그의 후손이었을 것이다.

169) 테오프라스토스의 장서 중에 아리스토텔레스의 저서들도 포함돼 있었다. 스켑시스의 네레오스(Nēreos)는 아리스토텔레스와 테오프라스토스의 추종자였다.

있는 집을 비롯한 모든 것을 아래에 이름을 적은 친구들 가운데 언제나 그곳에서 함께 연구하고 함께 철학을 하고 싶어 하는 사람들에게 남기기로 한다. 〔53〕그 이유는 모든 사람이 그곳에 언제나 거주할 수는 없기 때문이다. 단 이 재산은 그 누구도 다른 사람에게 양도해서는 안 되고 또 누구도 사적으로 점유해서도 안 된다. 그것들은 신전과 같이 공동으로 소유하고, 그리고 서로 간에 가족애와 친애를 유지하면서 사용해 주길 바란다. 그것이 알맞고 올바른 일이니까. 이 공동의 소유자가 될 수 있는 사람은 히파르코스, 네레우스, 스트라톤,170) 칼리노스, 데모티모스, 데마라토스, 칼리스테네스,171) 멜란테스, 팡크레온, 니키포스로 해둔다. 그러나 메디아스와 퓌티아스의 아들인 아리스토텔레스172)도 철학을 공부하길 원한다면 이들 중에 함께 참여하는 것이 허용되는 것으로 해둔다. 그리고 나이가 많은 사람들은 이 아이가 철학에서 최대한도로 진전이 있을 수 있도록 모든 면에서 배려해 주길 바란다. 나의 매장 장소는 정원 안의 가장 적당하다고 생각되는 곳이면 된다. 나의 장례나 묘비에 대해서도 불필요한 지출은 일체 하지 않기를 바란다. 〔54〕나에게 어떤 일이 닥쳐온 다음에 이 신전과 묘비, 정원과 산책로에 대해 돌보는 일이 계속 이루어지기 위해서는 폼퓔로스173)도 함께 참여해서 이것들을 돌보도록 해주길 바란다. 이 사람은 가까이 살면서 이제까지 해왔던 바와 같이 다른 일도 보살펴 주고 있으니까 말이다. 이것들을 소유한 사람들 자신이 이 사람의 이익이 되는 일에 대해서 보살펴 주어야만 할 것이다.

---

170) 테오프라스토스를 이어 학원의 원장이 된다. 아래의 58~64절 참고.
171) 테오프라스토스의 제자로 알렉산드로스 대왕과 함께 아시아로 갔던 칼리스테네스의 친척일 것이다.
172) 아리스토텔레스의 손자이다. 메디아스는 의사로 퓌티아스의 세 번째 남편이었다고 한다.
173) 테오프라스토스의 노예였고, 나중에 철학자가 되었다(36절).

폼필로스와 (아내인) 트렙테는 오래전에 해방되었고 또 나에게 많은 봉사를 해준 사람들인데, 만일 그들이 이전에 나에게 받은 것이 있다면 또 자신들이 번 것이 있다면 그런 것과 게다가 지금 내가 히파르코스에게 그들에게 지불해 주도록 지시해 둔 2천 드라크마는 안전하게 그들에게 귀속되어야만 할 것으로 나는 생각하고 있다. 이 일은 나 자신과 멜란테스와 팡크레온에게 여러 번에 걸쳐 얘기해 두었고 이 사람들도 나에게 완전히 동의해 주었던 일이다. 또한 그들에게는 여자 몸종인 소마타레도 주길 바란다. 〔55〕 그리고 나의 노예 가운데 몰론과 키몬과 파르메논은 즉시 해방시켜 자유의 몸으로 해주길 바란다. 그러나 마네스와 칼리아스에게는 4년간 더 이 정원에 머물게 해 함께 일하고 잘못을 저지르지 않으면 그때에 자유의 몸이 되게 해줄 것이다. 내 집의 가구들은 이 유언집행인들이 적당하다고 생각하는 것만큼의 것을 폼필로스에게 내주고, 그 나머지는 매각해주길 바란다. 또한 카리온은 데모티모스에게, 그리고 도낙스는 네레우스에게 주도록 하라. 그러나 에우보이오스는 팔도록 하라.

히파르코스는 칼리노스에게 3천 드라크마를 내어줄 것이다. 또한 히파르코스가 전에 나에게뿐만 아니라 멜란테스나 팡크레온에게도 크게 봉사해준 일과 그리고 현재 개인적인 일로 매우 고초를 겪고 있다는 것을 내가 알지 못했다면, 나는 이 유언의 항목을 실행하도록 멜란테스나 팡크레온과 더불어 그를 지명했을 것이다. 〔56〕 그러나 나는 이 두 사람들이 히파르코스와 더불어 가계를 꾸려나가는 것이 쉽지 않음을 알았고, 또 그들에게는 히파르코스로부터 정해진 금액의 돈을 받는 것이 더 유리할 것으로 생각했기 때문에 히파르코스는 멜란테스와 팡크레온 두 사람에게 각각 1탈란톤씩을 주도록 지시해 둔다. 그리고 히파르코스는 유언집행인들에게도 돈을 주어 이 유언장에 써 있는 비용을 각각 지불기일이 올 때마다 지불하지 않으면 안 된다. 그리고 히파르코스는 이 모든 사항을 집행했을 때에 나에 대한 모든 책무에서 벗어나는 것으로 하라. 히파르코스가 칼키스에게 내 이름으로 빌린 돈이 있다면 그것은 그의 것으로 해도 좋다.

또한 이 유언장에 쓰인 사항들을 실행하기 위한 집행인으로는 히파르코스, 네레우스, 스트라톤, 칼리노스, 데모티모스, 칼리스테네스, 크테사르코스를 지명해 둔다.

〔57〕이 유언장은 복사되어 테오프라스토스의 반지로 봉인되는데, 한통은 히파르코스의 아들 헤게시아스에게 맡겨 두었다. 그 증인은 파레네구(區)의 칼리포스, 에우오뉘미아구의 필로멜로스, 휘바다이구의 뤼산드로스, 알로페케구의 필리온이다. 다른 한 통은 올륌피오도로스가 가진다. 그리고 그 증인은 위와 동일한 사람들이다. 또 다른 한 통은 아데이만토스가 맡아 주었는데, 그것을 가지고 돌아간 것은 그의 아들인 안드로스테네스다. 그 증인은 클레오블로스의 아들 아리므네스토스, 페이돈의 아들이고 타소스 사람 뤼시스트라토스, 아르케실라오스의 아들이고 람프사코스 사람 스트라톤, 테시포스의 아들이고 케라메이스 사람 테시포스, 디오뉘시오스의 아들인 에피케피시아 사람 디오스쿠리데스이다.

그의 유언장은 이와 같은 내용의 것이다.

의사인 에라시스트라토스[174] 또한 그의 제자였다고 말하는 여러 사람들이 있는데, 그것은 그럼직한 일이다. [175]

---

174) 에라시스트라토스(Erasistratos)는 케오스섬 출신으로 해부학자이고 의사였다. 알렉산드리아에서 활동했으며 최초로 정맥과 동맥을 구분했다.

175) '그럼직하다'(eikos)로 끝맺고 다음 장으로 넘어가서 다소 어색하다. '다음은 누구를 말해야 할 것이다' 정도로 끝나야 무난하다. 어떤 학자(M. G. Sollenberger)는 다음 장 첫머리에 일부를 가져다 eikos 뒤에 이어 붙인다. 즉 "…그럼직한 일이다. 그의 학원을 이어받은 것은 스트라톤이다." 그리고 다음 장의 첫머리는 "스트라톤은 아르케실라오스의 아들이고 람프사코스 출신이다. …"라는 식으로 텍스트를 수정한다(A Note on the Lives of Theophrastos and Strato in Diogenes Laertius 5, 57~58; Classical Philology, Vol. 82. 1987).

3. 스트라톤

〔58〕 테오프라스토스의 학원을 이어받은 것은 아르케실라오스의 아들이고 람프사코스 출신의 스트라톤이다. 이 사람에 대해서는 테오프라스토스가 그의 유언장에서도 언급하고 있다. 그는 매우 명성이 높았던 사람이고, '자연철학자'로도 불렸는데, 그가 다른 어느 누구보다도 이 학문의 연구에 매우 주의를 기울였기 때문이다. 그뿐 아니라 그는 필라델포스[176] 프톨레마이오스 왕을 가르쳤다고 하는데, 그왕으로부터 80탈란톤을 받았다고 한다. 또 아폴로도로스의 《연대기》에서 말하는 것에 따르면 그는 123회 올륌피아기[177]에 학원의 수장이 되고 18년 동안 학원을 관장했다고 한다.

그의 저작으로는 아래와 같은 것이 전해진다.

《왕권에 대해》 3권

《정의(正義)에 대해》 3권

《좋음에 대해》 3권

《신들에 대해》 3권

《제일 원리에 대해》 3권 혹은 2권

〔59〕《여러 삶의 방식에 대해》

《행복에 대해》

---

176) '필라델포스'(Philadelphos)는 기원전 283~247년에 재위한 이집트의 프톨레마이오스 2세의 호칭으로 '형제애'라는 뜻이다. 프톨레마이오스 소테르와 그의 세 번째 부인인 베레니케 사이에서 태어난 아들이다.

177) 기원전 288~284년.

《철인왕에 대해》

《용기에 대해》

《허공에 대해》

《하늘에 대해》

《바람에 대해》

《인간의 본성에 대해》

《동물의 발생에 대해》

《혼합에 대해》

《잠에 대해》

《꿈에 대해》

《시각에 대해》

《감각에 대해》

《쾌락에 대해》

《색깔에 대해》

《질병에 대해》

《질병에서 위급한 상태에 대해》178)

《생리적 기능에 대해》

《금속 물체에 대해》

《기계에 대해》

《배고픔179)과 현기증에 대해》

《가벼움과 무거움에 대해》

---

178) 질병을 다루는 데 있어 결정적 순간에 관련된 의학 처치를 말한다.
179) 라이스케의 교정에 따라 '어지러움'(*iliggou*)으로 읽을 수도 있다.

《신들림에 대해》

《시간에 대해》

《영양과 성장에 대해》

《그 존재가 의문시되고 있는 동물에 대해》

《신화 속의 동물에 대해》

《여러 원인에 대해》

《여러 난제의 해결》

《토피카 서론》

《부수적인 것에 대해》

《정의(定義)에 대해》

〔60〕《보다 많음과 보다 작음에 대해》

《부정의(不正義)에 대해》

《논리적으로 앞선 것과 뒤진 것에 대해》

《첫 번째에 대해》

《고유 속성에 대해》

《미래에 대해》

《여러 가지 발견에 대한 음미》 2권

《강의록》— 그 진작 여부가 의심되는 것

《'스트라톤으로부터 아르시노에180)에게, 안녕하기를 …'이라는
　말로 시작되는 몇 통의 편지》

---

180) 프톨레마이오스 소테르와 베레니케의 딸이거나, 프톨레마이오스 필라델포스
　　와 나중에 결혼한 니카이아의 딸이다.

스트라톤

이것은 33만 2,420행에 이른다. 181)

이 사람은 몸이 몹시 말라가게 되어 감각이 없는 상태로 세상을 떠났다고 알려져 있다. 그래서 우리는 그에게 다음과 같은 시를 헌정한 것이다.

〈내 말에 귀 기울여 주지 않는다면 그뿐이지만182)〉
그는 몸이 마른 사람이었네.
나는 그대에게 이 사람이 람프사코스 태생의 스트라톤이라고 말하노라.
그는 늘 병마와 싸우면서 누구도 알지 못한 채로 죽었네.
자신조차 죽음을 느낀 적이 없었던 것이라네.

---

181) 전해지는 사본이 파손되어 의심스러운 저작목록 수이다.

182) 이 부분은 텍스트가 훼손되었다. 사본마다 여러 방식으로 읽고 있다. 흔히 "내 말에 귀 기울여 준다면 그것은 향유(약)를 지나치게 많이 사용한 탓이네" 정도로 옮긴다. 여기서는 도란디(Thziano Dorandi) 판에 의존해 옮겼다.

〔61〕 스트라톤이란 이름을 가진 사람은 8명이 있었다. 첫 번째는 이소크라테스의 제자이고 두 번째는 우리가 말한 바로 그 사람이고, 세 번째는 의사인 에라시스트라토스[183]의 제자, 누군가 말하는 바에 따르면 그의 양자이다. 네 번째는 역사가인데, 필립포스와 페르세우스가 로마인들과 맞서 싸운 행위[184]를 기록한 사람이다. 〈 … 185) 〉 여섯 번째는 에피그람 시를 쓴 시인이고, 일곱 번째는 아리스토텔레스가 말하는 대로 오래전 시대의 의사이고, 여덟 번째는 알렉산드리아에 살았던 소요학파 철학자이다.

이제 자연철학자인 스트라톤에게 되돌아가 보면, 그의 유언장도 또한 전해지는데 그 내용은 다음과 같은 것이다.

나에게 어떤 일이 닥칠 경우를 대비해 다음과 같은 유언을 남겨 둔다. 내 집에 있는 모든 재산은 람퓌리온과 아르케실라오스[186]에게 유산으로 물려준다. 아테네에 있는 나의 재산으로부터 이 유언의 집행인들은 첫 번째로 나의 장례와 장례 후의 관례로 행해져야만 하는 그러한 모든 행사를 치르기 위한 비용을 마련해주길 바란다. 이 일을 치름에 있어서 지나치게 요란하게 치를 것은 아니지만, 그렇다고 또 인색하게 구는 일도 없도록 하라. 〔62〕 이 유언장의 집행인들로는 다음의 사람들이 맡아 주길 바란다.

---

183) 앞서 57절에서 언급되었다.
184) 두 번째 마케도니아 전쟁을 말한다(기원전 200~197년). 이 전쟁에서 로마는 마케도니아의 필립포스 5세와 그의 아들 페르세우스에 맞서 여러 그리스 도시들을 지원했다. 마케도니아 군대는 패배했고 필립포스는 감금되었다.
185) 사본이 파손되어 있다.
186) 4권 28~45절에서 논의되는 피타네 출신의 아르케실라오스가 아니다. 그의 아버지도 아니다.

올륌피코스, 아리스테이데스, 므네시게네스, 히포크라테스, 에피크라테스, 고르귈로스, 디오크레스, 뤼콘 그리고 아타니스 등이다. 나는 학원을 뤼콘에게 넘겨준다. 왜냐하면 다른 사람들 중에 어떤 사람은 너무 나이가 많고 다른 사람은 바쁜 사람들이기 때문이다. 그러나 나머지 사람들도 그에게 협력해 준다면 훌륭한 일이 될 것이다. 또한 나의 모든 장서도 뤼콘에게 넘겨준다. 단 내 자신이 쓴 것은 제외한다. 그리고 공동 사용의 모든 가구들과 깔개, 그리고 컵들도 그에게 넘겨준다.

유언집행인들은 에피크라테스에게 500드라크마와 종들 가운데 아르케실라오스가 승인하는 한 사람을 주길 바란다. [63] 그리고 람퓌리온과 아르케실라오스는 첫째로 다이포스가 헤라이오스를 대신해 맺은 계약을 떠맡을 것이고, 다이포스는 람퓌리온에게도 람퓌리온 상속인들에게도 더 이상 빚이 없도록 해줄 것이고, 모든 계약에서 완전히 벗어나도록 해줄 것이다. 유언집행인들은 그에게 500드라크마의 은화와 노예들 가운데 아르케실라오스가 승인하는 한 사람을 내줄 것이다. 그는 나와 많은 수고를 함께 하고 나에게 모든 봉사를 다 했으므로, 충분하고 여유로운 생활을 누릴 수 있게 해주고 싶기 때문이다.

게다가 디오판토스와 디오클레스, 아부스는 자유의 몸이 되게 해줄 것이다. 그러나 심미아스는 아르케실라오스에게 줄 것이다. 또한 도로몬도 자유롭게 해방시켜 줄 것이다.

아르케실라오스가 돌아왔을 때, 헤라이오스는 올륌피코스와 에페크라테스 그리고 다른 집행인들과 더불어 장례와 다른 그 밖의 관례로 되어 있는 행사에 지출한 비용을 계산하도록 하라. [64] 남은 돈이 있으면 아르케실라오스는 올륌피코스로부터 넘겨받아도 좋다. 받는 시기나 기한으로 해서 올륌피코스를 난처하게 하지는 말라.

아르케실라오스는 또한 스트라톤[187]이 올륌피코스나 아메이니아스와 맺은 계약, 그것은 테이사메노스의 아들 필로크라테스에게 맡겨져 있는

데, 그 계약마저도 자신이 떠맡도록 하라.

내 기념비와 관련된 사항은 아르케실라오스, 올륌피코스와 뤼콘이 승인하는 대로 만들도록 하라.

이것이 아마도 케오스섬 출신의 아리스톤[188]이 수집한 것에 따라서 전해지는 그의 유언장의 내용이다.

스트라톤 자신은 앞에서 분명하게 밝힌 바와 같이 높은 평판을 받을 만한 사람이고, 지식의 모든 분야에서 뛰어났는데, 그중에서도 이른바 자연학이라 불리는 분야에서 그랬다. 이 자연학은 다른 어느학문보다도 훨씬 오래되고 또 한결 더 진지함이 요구되는 분야다.

4. 뤼 콘

〔65〕 트로이 지역 출신인 아스튀아낙스의 아들 뤼콘이 스트라톤의 뒤를 이었다. 그는 언변이 좋은 사람이었고 또 소년들의 교육에 대해서도 최고의 반열에 오른 사람이었다. 왜냐하면 그는 말〔馬〕에게는 몰이 막대와 고삐가 필요한 것처럼, 어린이들에게도 신중함과 명예심이 반드시 갖추어져 있어야만 한다고 말하곤 했기 때문이다. [189]

---

187) 누구인가? 제3의 인물을 언급하는 것인가? 아니면 자신이 이전에 맺은 계약을 여기서 취소하고 있는 것인가?

188) 아리스톤(Aristōn)은 기원전 225년경 활동한 소요학파 철학자로 케오스(Ceōs) 섬 출신이다. 그가 뤼콘을 계승한 것으로 생각된다. 키오스(Chios) 출신 스토아 철학자 아리스톤 저작과 그의 저작의 혼동에 관해서는 7권 163절 참고.

189) 몰이 막대와 고삐의 비유는 플라톤이 크세노크라테스와 아리스토텔레스에

뤼콘

그의 말의 표현력과 정확성은 다음과 같은 예에서도 명백하다. 그는 가난한 처녀에 대해 이런 식으로 말한다. "결혼지참금이 부족해서 한창때의 시절을 지나고 있는 소녀는 아버지에게는 무거운 짐이다."

그래서 안티고노스[190]는 그에 대해 다음과 같이 말했다는 것이다. "그의 말은 사과의 향과 아름다움과 같이 다른 어딘가로 옮겨질 수 있는 것이 아니라, 오히려 그가 말한 하나하나의 표현은 그 나무에 달려 있는 사과처럼 그 사람 그 자체로 바라보아야만 하는 것이다."〔66〕 그는 뤼콘의 어조가 참으로 감미로웠다(*glykytatos*)고 덧붙여 말했다. 이것으로부터 어떤 사람은 그의 이름(Lykōn)에 감마(*G*)를 덧붙여 글뤼콘(Glykōn)[191]으로 바꾼 사람도 있었다.

게(4권 6절), 아리스토텔레스가 테오프라스토스와 칼리스테네스에게(5권 39절) 하고 있다. 뤼콘은 여기서 소년들에게 양쪽, 즉 신중함(고삐)과 명예심(몰이 막대)을 권하고 있다.

190) 마케도니아의 왕은 아니며 아래의 67절에서 언급되는 카뤼스토스의 안티고노스일 것이다.

191) 'glykys'는 '달콤하다', '감미롭다'는 뜻이다.

그러나 글을 쓰는 데서는 그는 전혀 다른 사람이었다. 예를 들어 배워야 할 좋은 기회가 있었을 때에 배우지 않아 후회하면서 배우려는 그 바람을 표하는 사람들에 대해 그는 다음과 같은 고상한 말을 지어내었다. "그들은 자기 자신을 고발하고 있다. 가능하지 않은 바람에 의해 고칠 수 없는 게으름에 대한 후회를 드러내면서"라고 말이다. 또 올바르지 않게 숙고하는 사람들은 그들의 계산에서 빗나간다는 것이다. 마치 그것은 똑바른 것을 재는 데 구부러진 자를 사용하거나, 혹은 얼굴을 바라보는 데 잔잔하지 않은 물속이나 일그러진 거울 속에 비쳐보고 있는 것과 같은 것이라고 말하곤 했다. 그리고 "많은 사람이 시장 안에 있는 화관을 구하기 위해 가는 데 반해, 올륌피아에서의 월계관을 추구하는 자는 소수이거나 아무도 없다"고 말한다. 192)

〔67〕 그는 또 자주 여러 가지 사항에 대해 아테네인에게 충고하고, 그럼으로써 그들에게 매우 큰 이득을 가져다주었다.

또 옷 입는 데 있어 그는 매우 청결했고, 헤르미포스가 보고하는 것에 따르면 그가 입고 있었던 겉옷은 매우 뛰어난 부드러운 재질을 사용했던 것 같다. 게다가 카뤼스토스의 안티고노스가 보고하는 것에 따르면 그는 체육에서도 훈련을 잘 쌓아 몸의 상태는 좋고 거의 모든 면에서 운동선수와 같은 몸을 보여 주었으나, 귀는 꽃양배추 모양이고193) 피부는 검게 타194) 있었다고 한다. 이 때문에 그는 또

---

192) '시장 안에 있는 화관을 구한다'는 것은 정치적 활동을 통해 명예를 추구하는 것이다.

193) 귀가 쭈그러져 있다는 것이고, 레슬링 경기 때문에 그렇게 된 것으로 보인다.

194) empinēs는 '더럽히다'라는 뜻이다. '올리브기름에 절어 있다'(R. D. Hicks)로 옮기기도 한다.

한 조국 일리온195)의 제전 경기에서 레슬링 시합뿐만 아니라 구기 (球技) 경기에도 참가한 것으로 전해진다.

그는 에우메네스196)와 아탈로스의 궁정 사람들에게서 다른 어느 누구도 미치지 못할 정도로 사랑받았다. 또한 이 왕들은 그에게 매우 많은 도움을 주었다. 안티오코스 왕197) 또한 그를 곁에 두려고 했으나 성공하지는 못했다. 〔68〕 또한 그는 소요학파인 히에로뉘모스와 사이가 틀어졌기 때문에, 뤼콘 자신만이 혼자 해마다 열리는 (안티오코스 왕 아들의) 탄생 축하 날에 히에로뉘모스를 만나는 것을 거부했다. 이것에 관해서는 '아르케실라오스 생애'에서 언급했다. 198)

그는 스트라톤이 죽은 후 44년 동안 학원을 이끌었는데, 그것은 127회 올륌피아기199)에 스트라톤이 유언장에서 그에게 학원을 넘긴다고 밝혔기 때문이다. 그렇긴 하지만 그는 또한 변증론가인 판토이데스200)의 강의도 청강한 적이 있었다. 그는 통풍(痛風)에 시

---

195) 일리온(Ilion)은 트로이 지역을 가리키는 다른 이름이다.

196) 필레타이로스 아들로 페르가몬의 왕. 4권 38절 참고. 에우메네스와 아탈로스 1세는 자신의 궁전에 철학자와 예술가를 초청함으로써 계몽적 이미지를 유지했다고 한다.

197) 안티오코스 2세(Antiochos Ⅱ)는 기원전 261~246년 동안 재위했던 셀레우코스 왕조의 왕으로 이집트의 프톨레마이오스 왕조와 소아시아 해안을 두고 여러 번 싸움을 벌였다. 프톨레마이오스 2세와 평화조약을 맺고 그의 딸 베레니케와 엄청난 지참금을 받으며 결혼했다고 한다. 그는 당시 유명한 철학자들과 시인들을 자신의 궁정으로 초청했는데, 그중에 뤼콘도 끼어 있었지만 거부한 것으로 알려져 있다. 그 이유는 5권 58절에서 보듯이 뤼콘 자신이 왕을 가르친 친분과 그로부터 경제적 보답을 받았기 때문으로 추정된다.

198) 4권 41절 참고.

199) 기원전 274~270년.

달리다가 74세의 나이로 세상을 등졌다. 이것은 내가 그에게 보낸 시다.

맹세코 말하는데, 나는 뤼콘을 소홀히 하지 않을 것이네.
그가 통풍으로 죽었다는 것을.
하지만 이것은 나에겐 가장 놀라운 일이라네.
하데스로 가는 그렇게 길고 먼 길을 전에는 남의 발로 건널 수 있었던
    그 사람이,
단 하룻밤 사이에 건너고 말다니.

〔69〕 뤼콘이란 이름을 가진 다른 사람도 있었다. 첫 번째는 피타고라스학파의 사람[201]이고, 두 번째는 바로 우리가 말하는 그 사람이며, 세 번째는 서사시인이고, 네 번째는 에피그람 시를 쓴 시인이다.

또한 나는 이 철학자의 유언장을 우연히 손에 넣었는데, 그 내용은 다음과 같다.

나는 현재의 질병에 견딜 수 없는 경우에 대비해서 내 자신의 소유물과 관련해서 다음과 같이 처분해 둔다.
    내 집[202]에 있는 모든 재산은 내 형제들인 아스튀아낙스와 뤼콘[203]에

---

200) 판토이데스(Panthoidēs)는 메가라학파의 변증론자로 알려져 있다. 그는 뤼콘의 선생이었다고 한다. 《모호성에 대해》라는 책을 썼는데 크뤼시포스가 이 책에 대한 반론을 펼치는 저작을 남겼다(7권 193절 참고).
201) "자신을 피타고라스주의자라고 말하는 뤼콘"(에우세비오스, 《복음 준비》, 15권 2장 8절).
202) 트로이가 있는 비가 반도의 도시. 트로아다(Trōada)를 말한다.

게 증여한다. 내가 아테네에서 남에게 빌리거나 혹은 물건을 구입해서 사용한 금액뿐만 아니라 장례식이나 그 밖의 다른 관례로 된 행사를 위한 비용은 그 재산으로부터 지불하는 것이 마땅하다고 나는 생각한다.

〔70〕 그러나 그 도시204)와 아이기나에 있는 재산은 (형제인) 뤼콘에게 준다. 왜냐하면 그는 나와 같은 이름을 가졌고, 게다가 내 아들의 자리를 대신하는 게 당연한 사람으로서 오랜 기간 동안 완전히 만족할 수 있는 정도로 나와 함께 지내왔기 때문이다.

또 페리파토스205) 학원은 내 친구들 중에 원하는 사람에게, 다시 말해 불론, 칼리노스, 아리스톤, 암피온, 뤼콘, 206) 퓌톤, 아리스토마코스, 헤라크레이오스, 뤼코메데스 그리고 내 조카인 뤼콘에게 남긴다. 그들 중에서 누구를 학원의 수장으로 삼을 것인지는 그들에게 맡겨 두는데, 그 수장이 될 사람은 학원의 장으로 가장 오래 머물러 있을 수 있고 학원의 단합을 확실히 할 수 있는 사람이어야 한다. 그리고 그 밖의 다른 나의 친구들은 나를 위해서 또 이곳을 위해서 그 사람에게 협력해 주길 바란다.

나의 장례와 화장에 대해서는 불론과 칼리노스가 동료들과 더불어 돌봐 주기를 바라며, 그 비용은 인색하거나 지나치는 일이 없길 바란다.

〔71〕 또 뤼콘207)은 내가 세상을 떠난 후에 아이기나에 있는 나의 올리브 밭에서 수확되는 기름을 젊은이들이 사용할 수 있도록 해주길 바란다. 그 것을 사용함으로써 나 자신에 대해서뿐만 아니라 나에게 영예를 베풀어 준

---

203) 여기서는 '뤼콘'이라 불리는 뤼콘의 형제가, 아래의 70절에서는 조카인 '뤼콘'으로 나온다.
204) 아테네를 가리킨다.
205) 페리파토스는 '산책로'를 의미하며, 여기서는 뤼케이온의 땅을 의미한다. 따라서 이 말은 '학원 자체'를 말한다.
206) 이 뤼콘은 조카인 뤼콘과 다른 사람이다.
207) 유언자의 개인의 재산에 관련된 것이니, 조카인 뤼콘을 말한다.

사람에 대해서도 마땅한 기억을 떠올리게 하기 위해서다. 뤼콘은 또한 나의 조상도 세워야만 한다. 그것이 세워져야 할 적절한 그 장소는 잘 생각해서 결정할 것이고, 이 일은 디오판토스와 데메트리오스의 아들인 헤라클레이데스와 협력해 주기를 바란다. 뤼콘은 [아테네] 도성(astu)에 있는 내 재산에서 그가 떠난 이후에 얼마가 되었든 내가 빌렸던 모든 사람들에게 갚아 주기를 바란다. 불론과 칼리노스는 내 장례식과 다른 관례로 되어 있는 행사에 지출될 비용을 준비해 두길 바란다. 그 비용은 내가 두 형제[208]에게 공동으로 남겨 둔 나의 집 재산에서 되받길 바란다. [72] 또한 의사인 파시테미스와 메디아스에게도 보답해 주길 바란다. 그들은 나에 대한 보살핌과 그 기술 때문에 더 큰 보답을 받을 만한 사람들이다.

칼리노스의 아이들에게는 테리클레스[209]가 만든 한 벌의 잔을 주겠다. 그의 아내에겐 로도스산 한 벌의 잔, 털이 짧은 양탄자와 털이 긴 양탄자, 담요, 남아 있는 것 중에서 가장 좋은 베개 2개를 주겠다. 그래서 그들에게 명예를 표시하는 한에서 우리가 그들을 잊지 않았음을 보여 주기 위해서다.

나에게 봉사해 준 종들에 대해서는 다음과 같이 내어줄 것이다. 데메트리오스는 오래전부터 자유의 몸이 된 자인데, 자유를 위한 대금은 면제하고 그에게 5므나의 돈과 겉옷과 윗옷을 줄 것인데, 그가 나와 더불어 오랜 힘든 삶을 살았으므로 평탄한 삶을 살게 해주고 싶기 때문이다. 칼케돈의 크리톤에게는 자유를 위한 대금은 면제하고 4므나를 줄 것이다. 미크로스도 자유의 몸이 되도록 해줄 것이다. 뤼콘은 이 사람을 돌봐 주고, 앞으로 6년간 교육해 주길 바란다. [73] 카레스도 자유의 몸이 되게 할 것이다. 뤼콘은 또한 이 사람을 돌봐 줄 것이다. 이 사람에게는 2므나와 나의 출판된

---

208) 뤼콘과 아스튀아낙스를 가리킨다.
209) 코린토스(Korinthos)의 유명한 도공으로 그리스를 통틀어 명성이 자자했다고 한다.

저작을 줄 것이다. 210) 그러나 출판되지 않은 책은 칼리노스에게 맡기는데, 이는 그가 그것들을 주의 깊게 검토해서 편집해 주길 바라기에 그렇다. 이미 자유의 몸인 쉬로스에게는 4므나와 '몸종인' 메노도라를 줄 것이다. 그가 나에게 진 어떤 빚이 있으면 면제하기로 한다. 힐라라에게는 5므나와 긴 털의 양탄자, 2개의 베개, 담요, 그리고 그녀가 원하는 침상을 줄 것이다. 또한 미크로스의 어머니, 노에몬, 디온, 테온, 에우프라노르, 그리고 헤르미아스도 자유의 몸으로 해줄 것이다. 아가톤은 2년 더 일한 뒤에 자유의 몸으로 해줄 것이다. 들것을 나르는 사람인 오펠리온과 포세이도니오스는 앞으로 4년간 더 봉사하게 한 뒤 자유의 몸으로 해주길 바란다. 〔74〕 데메트리오스와 크리톤과 쉬로스 각자에게는 침상과 나의 유품 중에서 뤼콘이 적당하다고 생각하는 침구를 내주길 바란다. 이들 물품은 그들이 각자에게 할당된 일을 잘 수행했을 경우에 그들에게 내주는 것으로 한다.

무덤에 관련해서는 뤼콘이 이곳211)에 매장하길 원한다면 이곳에, 또 고향에 묻는 것이 좋다고 생각한다면 그렇게 해주길 바란다. 왜냐하면 그가 나에 못지않게 예의바름을 파악한 것으로 내가 확신하기 때문이다. 그가 앞에서 말한 모든 것을 처리해 준다면, 거기에 있는 재산은 그의 권한에 속하는 것으로 한다.

이 유언장의 증인은 헤르미오네스의 칼리노스, 케오스의 아리스톤, 파이아니아 출신의 에우프로니오스다.

이렇게 해서 그는 모든 일을 처리하는 데 있어, 교육에 관한 일뿐만 아니라 모든 논의에 있어서도 현명하게 행동하고 있지만, 어떤

---

210) 카레스(Charēs)는 뤼콘의 저작을 써 주던 필경사였던 것 같다. 그래서 그 책을 통해 학원의 동료들이 읽을 수 있었다. 그 고마움으로 뤼콘은 자필서명이 들어간 책을 준 듯하다.

211) 아테네를 가리킨다.

방식에서는 그의 유언장에도 못지않게 신중함이 배어 있어서 가정
상의 문제 처리가 빈틈없이 이루어지고 있는 것이다. 따라서 이 점
에서도 그는 배울 만한 점을 가지고 있다.

5. 데메트리오스

〔75〕 데메트리오스는 파노스트라토스의 아들이고 팔레론212) 출신이
다. 그는 테오프라스토스의 제자였다. 그는 민회에서 아테네인들을
향해 연설을 해서 10년 동안이나 그 도시를 주도적으로 이끌었
다.213) 또 360개의 청동상이 세워질 정도로 영예를 얻었다. 그 청동
상의 대부분은 그가 말을 타고 있는 모습이라든지, 전차나 쌍두마차
를 몰고 있는 모습이었다. 게다가 이 조상들은 300일도 못 되는 동
안에 완성된 것이었다. 그만큼이나 그는 존중을 받았다. 마그네시
아 출신의 데메트리오스가 그의 《이름이 같은 시인들과 작가들에
대하여》에서 말하는 바에 따르면, 그가 정치의 길로 들어선 것은 하
르팔로스가 알렉산드로스 대왕으로부터 도망쳐서 아테네에 왔을
때214)였다고 한다. 그는 정치가로서 조국을 위해 많은 훌륭한 업적

---

212) 팔레론은 피레이오스로 대치될 때까지 아테네의 항구였다.
213) 데메트리오스는 기원전 317~307년에 마케도니아 왕 카산드로스의 후원 아
    래 아테네를 통치했다.
214) 기원전 324년. 하르팔로스(Harpalos)는 마케도니아 귀족 출신으로 알렉산
    드로스 대왕의 어린 시절 친구였다. 절름발이였기 때문에 군복무를 면제받았
    다. 세 번에 걸쳐 막대한 돈을 횡령했다고 한다. 아테네인들은 도망쳐 온
    그를 감옥에 가두었다.

데메트리오스

을 이룩했다. 왜냐하면 좋은 혈통으로 태어나지는 않았지만, 그는 세입을 늘린다거나 건물을 건축함으로써 도시를 증대시켰기 때문이다. 〔76〕 그는 파보리누스가 그의 《회상록》 1권에서 말하고 있는 것처럼, 코논215) 집안에 속했던 사람이었다. 그러나 같이 살았던 애인 라미아는 혈통이 좋은 구역 출신의 시민이었는데, 216) 이것도 파보리누스가 같은 책의 1권에서 말한다. 하지만 2권에서 파보리누스가 보고하는 바에 따르면 데메트리오스는 클레온에게 사랑을 받기도 했다고 한다. 217) 반면에 디뒤모스가 《식탁 이야기》에서 언급하는 바에 따르면, 그는 어느 기녀(hetaira)에게서 '카리테스218) 여

---

215) 코논(Konōn)은 겸손한 사람으로 펠로폰네소스 전쟁 기간에 아테네 군을 이끌던 장군이었다.

216) 라미아(Lamia)는 아울로스 부는 여인으로 몸파는 여자였다. 아래의 77절에 나오는 데메트리오스 왕과의 혼동이 있었던 것 같다. 라미아는 데메트리오스 왕과 연루되어 있었던 것 같다.

217) 출신이 다른 동명이인이 아니었을까? 클레온(Kleōn)은 데메트리오스 이전에 살았던 정치가로 보인다.

신들의 눈매를 한 사람'(*Charitoblepharos*)과 '빛나는 눈의 가진 사람'(*Lampitō*)으로도 불렸다고 한다. 하지만 그는 알렉산드리아에 있었을 때 시력을 잃고 사라피스219) 신의 은혜로 다시 시력을 회복했다고 한다. 바로 그 때문에 그는 그 신을 위한 찬가를 지었고, 그것은 오늘날까지 노래로 불린다고 한다.

그는 아테네 사람들 사이에서 아주 빛나는 인물이 되었음에도 불구하고, 그런 그에게도 온갖 것을 게걸스럽게 다 먹어 치우는 질투로 말미암아 어두운 그림자가 드리우게 되었다. 〔77〕 왜냐하면 그가 누군가의 음모 때문에 궐석재판에서 사형판결을 받았기 때문이다. 그러나 고발한 사람들은 그의 신병을 확보하지 못했기 때문에 그의 청동을 향해 독설을 퍼붓고, 220) 이 동상(*eikōn*)들을 끌어내려 어떤 것은 팔아 버리고, 어떤 것은 바다에 처넣고, 또 다른 어떤 것은 부수어 요강으로 만들었다는 것인데, 이것 또한 전해지는 이야기들이다. 그러나 단 하나의 조상만이 아크로폴리스에 보존되어 있다고 한다. 그리고 파보리누스가 《잡다한 것들의 역사》에서 말하는 바에 따르면, 아

---

218) 카리스(Charis)는 은총, 우아(優雅)의 뜻을 가진다.

219) 사라피스(Sarapis)는 프톨레마이오스 왕조 때 이집트와 그리스 종교를 통합하려는 목적으로 프톨레마이오스가 기원전 3세기에 명을 내려 고안해낸 신이라고 한다. 이집트의 오시리스와 그리스의 제우스, 하데스, 아스클레피오스를 합쳐 만든 신으로 질병을 치료하고 운명을 이겨내며 이적을 불러일으키는 신으로 여겨졌다. 그래서 그 옆에는 개와 사자 또는 늑대의 머리가 합쳐진 동물이 앉아 있는 것으로 묘사된다. 세르피스(Serpis)라고도 한다.

220) 문자 그대로 옮기면, '독액(*ios*)을 뿜어대고'이다. 비유적으로는 아테네인들이 데메트리오스를 비난했다는 의미일 것이다. 아마도 청동을 향해 '침을 뱉어댔다'는 것을 뜻하는 것일 수 있다. 뱀의 독액처럼 청동에 녹을 슬게 하는 행동일 수 있다(6권 5절 참고). 즉, 그의 명성을 훼손하려는 의도이겠다.

테네 사람들이 이런 짓을 한 것은 데메트리오스 왕221)의 명령에 따른 것이었다고 한다. 그뿐 아니라 파보리누스에 따르면 그가222) 아테네를 통치했던 해223)를 아테네인은 '무법의 해'로 기록했다고 한다.

〔78〕 헤르미포스가 전하는 바에 따르면, 그는 카산드로스가 죽은 다음 안티고노스를 두려워한 나머지 〔이집트의〕 프톨레마이오스 소테르 왕에게로 갔다. 거기서 상당한 시간을 지내며 프톨레마이오스에게 여러 충고를 했는데, 그중에서도 왕비인 에우뤼디케에게서 태어난 아이에게 왕위를 넘겨주도록 충고했다. 그러나 프톨레마이오스는 이 충고를 따르지 않고 둘째 부인이었던 베레니케에게서 태어난 아들에게 왕관을 넘겼다. 224) 이 아이가 프톨레마이오스 왕이 죽은 다음 데메트리오스에 대해 어떤 결정을 내릴 때까지는 그를 영토 안에 머물게 해서 감시하는 편이 좋다고 생각했다. 그는 거기에서 낙담한 채로 지내고 있었다. 그러다 어찌된 일인지 졸고 있는 동안에 독사에게 손을 물려 생을 마치고 말았다. 그리고 그는 디오스폴리스에서 가까운 부시리스 지역225)에 묻혔다.

---

221) 마케도니아의 왕. 2권 115절 주석 참고.

222) 철학자 데메트리오스.

223) 기원전 309~308년. 아르콘의 해는 여름에 시작해서 다음해 여름에 끝난다.

224) 프톨레마이오스 소테르(Ptolemaios Sōtēr, 프톨레마이오스 1세)는 안티파트로스의 딸인 에우뤼디케와 결혼했다. 그는 당시 관습에 따라 여러 첩이 있었다. 아르타카마라는 페르시아 부인도 있었다. 그 가운데 안티파트로스의 질녀인 베레니케와의 사이에서 프톨레마이오스 필라델포스(Ptolemaios Phila-delphos, 프톨레마이오스 2세)가 태어났다. 베레니케는 마케도니아 귀족과 결혼했다가 남편이 죽자 이집트에 가 프톨레마이오스 1세와 결혼했다고 한다.

225) 부시리스는 하(下) 이집트에 있는 도시이고 디오스폴리스는 이집트에 있는 테바이의 다른 이름이다.

〔79〕 그에 대한 나의 시는 다음과 같은 것이다.

독사가 지혜로운 사람 데메트리오스의 목숨을 앗아갔구나.
정결하지 않은 독을 가득 품은 채,
그 눈에서는 빛이 아니라,
검은 하데스가 번득이는 독사가.

그러나 헤라클레이데스가 소티온의 《철학자들의 계보》에서 요약한 것에 따르면, 프톨레마이오스 왕은 필라델포스226)에게 왕권을 넘기기를 바랐는데, 데메트리오스가 "다른 사람에게 넘기신다면 그것을 가질 수 없게 됩니다"라고 말함으로써 단념하게 했다는 것이다. 그가 아테네에서 고발되었을 그 시점에, 이것 역시 내가 남에게 들어서 알게 된 일인데, 희극작가인 메난드로스227)는 그의 친구였다는 것 외에 다른 어떤 이유도 없이 거의 재판에 회부될 뻔했으나, 데메트리오스의 사촌형제인 텔레스포로스가 그의 구명을 탄원했다고 한다.

〔80〕 그의 저작의 수가 많다는 점과 또 전체 행수에 있어 그는 같은 시대의 페리파토스학파 사람들을 거의 대부분 능가했다. 그 이유는 그가 다른 어느 누구보다도 높은 교양과 풍부한 경험을 가지고 있었기 때문이다. 이들 저작 중에 어떤 것은 역사에 관한 것이고, 어떤 것은 정치에 관한 것이고, 또 어떤 것은 시인들을 다루는 것이고, 어떤 것은 수사학에 관한 것이다. 또한 민회에서 행했던 연설들과 외교사절로서 행했던 연설들도 있으며, 그뿐 아니라 이솝우화를 모은 것과 그

---

226) 베레니케 사이에서 태어난 아들로 기원전 285년에 왕위를 넘겨받았다.
227) 메난드로스(Menandros)가 테오프라스토스의 학생이었다는 것은 5권 36절에 나온다. 이 두 사람은 테오프라스토스 밑에서 함께 공부했다.

밖에도 다른 많은 것이 있다. 그것들은 다음과 같은 것이다.

《아테네에서의 입법에 대해》 5권

《아테네 정치체제에 대해》 2권

《인민의 지도력에 대해》 2권

《정치술에 대해》 2권

《법률에 대해》 2권

《수사술에 대해》 2권

《군사 전략에 관해》 2권

〔81〕《일리아스에 대해》 2권

《오뒤세이아에 대해》 4권

《프톨레마이오스》 1권

《사랑에 관해》 1권

《파이돈다스》228) 1권

《마이돈》 1권

《클레온》229) 1권

《소크라테스》230) 1권

《아르탁세륵세스》 1권

《호메로스에 관해》 1권

《아리스테이데스》 1권

---

228) 파이돈다스(Phaidōndas)는 크세노폰의 《회상록》(1권 2장 48행)에서 언급되
며, 소크라테스학파의 일원으로 소크라테스의 죽음을 목격한 사람 중 하나다.

229) 클레온(Kleōn)은 데메트리오스의 애인이었다(5권 76절).

230) 이 책에서 데메트리오스 작품으로 《소크라테스의 변명》이 세 번 언급되고
있다(9권 15, 37, 57절).

《아리스토마코스》1권

《철학의 권유》1권

《정치체제를 위해》231) 1권

《자신의 10년간의 통치에 대해》232) 1권

《이오니아인에 대해》1권

《외교사절에 대해》1권

《입증에 대해》233) 1권

《감사에 대해》1권

《우연에 대해》1권

《통큼에 대해》1권

《결혼에 대해》1권

《평판에 대해》234) 1권

《평화에 대해》1권

《법률에 대해》1권

《일상적 일에 대해》1권

《적기(適期)에 대해》1권

《디오뉘시오스》1권

《칼키스에 관한 것》1권

《아테네인의 공격》235) 1권

---

231) 정치체제(*politeia*)의 분류와 관련이 있어 보인다. 시민 전체의 이익을 위한
　　체제를 옹호한 것 같으나 극단적 민주정은 아니다.
232) 데메트리오스는 아테네를 10년간 통치했다.
233) 《신앙에 대해》(*Peri Pisteōs*)일 수도 있다.
234) 힉스는 dokēsis를 '하늘에서의 빛에 대해'로 옮기기도 한다.

《안티파네스에 대해》236) 1권

《역사 연구서론》 1권

《편지 모음》 1권

《민회에서의 선서》 1권

《노년에 대해》 1권237)

《권리들》 1권

《이솝우화》 1권

《금언집》 1권

〔82〕 그의 문체는 수사술이 지닌 활기와 힘이 뒤섞인 철학적인
것이다. 그는 아테네인들이 그의 동상을 쓰러뜨렸다는 것을 듣고,
"하지만 그들이 동상을 세우게 했던 그 덕까지는 쓰러뜨리지 못할
것이다"라고 말했다. 그는 "눈썹은 얼굴에서 작은 부분에 지나지 않
지만, 〔눈썹을 찌푸림으로써〕 삶 전체에 그림자를 드리울 수는 있는
힘을 가지고 있다"라고 말하곤 했다. 또 "부(富)는 눈이 멀었을 뿐
만 아니라, 그것을 이끄는 운 또한 마찬가지다"라고 말했다. 그리
고 "쇠가 전쟁에서 강력할 수 있는 그만큼 연설은 정치적 일에서 그
힘을 발휘한다"라고 말했다. 어느 때 흥청망청 사는 젊은이를 보았
을 때, "보라, 질질 끌리는 옷과 배, 생식기, 턱수염을 지닌 사각의
헤르메스가 여기 왔다"238)고 말했다. 그는 잘난 체 거드름을 피우

---

235) 반대로 《아테네인에 대한 공격》으로도 읽힐 수 있다.

236) 중기 희극시인에 대한 문예비평집.

237) 2권 13절 및 9권 20절 참고.

238) 아테네에서는 교차로마다 헤르메스 흉상이 새겨진 돌기둥을 세웠는데, 사

는 사람을 보았을 때, "그들의 〔우쭐해하는 태도의〕 크기 (*hypsos*) 는
잘라내야 하지만, 그들의 자부심 (*phronēma*) 은 남겨 두어야 한다"고
말했다. "젊은이들은 집에서는 부모를, 길에서는 만나는 사람들을
그리고 혼자 있을 때에는 자기 자신을 존중해야만 한다"고 말했다.
〔83〕 "친구들은 좋은 일이 있을 때는 부름을 받은 다음에야 오지만,
불행한 일을 닥쳐서는 제 스스로 (*automatos*) 달려온다"고도 했다.
이러한 말들은 또한 이 사람에게로 돌려지는 것으로 여겨진다.

그런데 언급할 만한 가치가 있는 20명의 데메트리오스가 있었다.
첫 번째는 칼케돈 사람으로 트라쉬마코스보다 연장자인 연설가이
다. 두 번째는 우리가 말하는 바로 그 사람이다. 세 번째는 비잔티온
출신의 소요학파의 사람이고, 239) 네 번째는 이른바 '그라피코스'240)
라 불린 사람으로 서술이 명확한 사람이었다. 이 사람은 또한 화가
이기도 했다. 다섯 번째는 아스펜도스241) 사람으로 솔로이의 아폴
로니오스242) 제자였다. 여섯 번째는 칼라티스243) 출신으로 아시아
와 유럽의 지리에 대해 20권의 책을 지은 사람이고, 일곱 번째는 비

각진 것이 특징이었다. 생식기와 턱수염은 이 기념물의 표준적 특징이다.
배와 옷은 '사각의 도형'으로 만들기 위해 더해졌다. 사각 (*tetragōnos*) 은 네
거리 교차로에 돌기둥의 놓임을 의미한다. 헤르메스는 여행자의 신으로 그
의 인도를 받고 보호를 받기 위해 이곳에 위치했다. 이 사각을 데메트리오
스는 방탕과 낭비의 대명사격인 것들로 대치한 것으로 보인다.

239) 2권 20절 참고.
240) '그라피코스' (Graphikos) 는 '그림 같은'이라는 뜻이므로, 묘사를 그림처럼
    사실적으로 잘했다는 뜻으로 붙인 별명일 것이다.
241) 아스펜도스 (Aspendos) 는 현재 터키의 안탈리아 지역에 있던 도시다.
242) 선생뿐 아니라 제자에 대해서도 알려진 바가 없다.
243) 칼라티스 (Kallatis) 는 흑해 북동쪽 연안의 도시다.

잔티온 사람으로 유럽에서 아시아로의 갈라인244) 이주에 대해 13권의 책을 지은 사람이다. 이 사람에게는 안티오코스 왕과 프톨레마이오스 왕에 관한 것들과 그들에 의한 리비아 통치를 다룬 8권의 또 다른 저작이 있다. 245) 〔84〕 여덟 번째는 알렉산드리아에 살았던 소피스트로 수사학 교본을 쓴 사람이다. 아홉 번째는 아드라뮈티온246)의 문법가로, 헤라 여신에게 무언가 불의를 저지른 것으로 여겨졌기 때문에 '익시온'247)으로 불린 사람이다. 248) 열 번째는 퀴레네 출신의 문법학자로, '술통'으로 불린 사람인데 주목할 만한 사람이었다. 열한 번째는 스켑시스249) 출신이자, 부자이면서 좋은 혈통을 가진 사람으로 대단히 지적인 배움을 좋아했다. 이 사람은 또한 그의 고

---

244) 켈트인, 갈리아인.

245) 안티오코스와 프톨레마이오스 간의 전쟁과, 그 결과로 안티오코스와 프톨레마이오스 딸이 혼인을 맺게 되어 전쟁이 끝난 이야기일 것이다. 또 전쟁 초기에 갈라인 용병의 폭동을 기술했을 것이다.

246) 아드라뮈티온(Adramyttion)은 현재 터키 서해 연안, 레스보스섬 맞은편에 있는 도시다.

247) 익시온(Ixiōn)은 테살리아(Thessalia) 왕이었다. 그는 신에 대한 오만(hybris) 죄를 범했다. 핀다로스는 두 가지 죄를 기록했다(《퓌티아 송가》, 2절 21행 이하). 하나는 존속 살인죄이다. 결혼하는데 지참금을 주기 싫어 자신의 장인 에이오네오스를 불속에 던져 죽여 버렸다. 제우스는 익시온을 불쌍히 여겨 그를 정화시켜 주었다. 하지만 이를 감사하는 대신에 그는 은혜를 베푼 제우스의 부인인 헤라에게 흑심을 품기에 이른다. 이것이 두 번째 죄이다. 이를 눈치챈 제우스가 헤라 모습의 구름(Nephelē)을 만들어 결합하게 해서 자식 켄타우로스를 낳게 했다. 익시온은 올륌포스에서 쫓겨나 영원히 불타는 수레바퀴, 즉 태양에 묶인 채로 돌아가는 형벌을 받게 되었다.

248) 《수다》 백과사전에 이 사람의 별칭에 대한 여러 일화와 유래가 나와 있다. 아리스타르코스의 제자로 호메로스와 헤시오도스에 대한 주석을 썼다.

249) 스켑시스(Skēpsis)는 소아시아의 트로이 지역에 있던 도시다.

향 사람 메트로도로스250)를 걸출하게 키워낸 사람이기도 하다. 열두 번째는 에뤼트라이251)의 문법학자로 템노스252)의 시민으로 등록된 사람이다. 열세 번째는 비튀니아 사람으로 스토아학파인 디필로스253)의 아들이며 로도스섬의 파나이티오스254)의 학생이었다. 〔85〕열네 번째는 스뮈르나255) 출신의 연설가다. 앞서 말한 이들은 산문작가들이다. 그의 이름을 가진 시인들 중에 첫 번째는 고희극의 시인이다. 두 번째는 서사시인으로, 이 사람의 작품에는 질투하는 사람들에 대해 쓴 다음과 같은 시구만이 보존되어 있을 뿐이다.

살아 있을 때에는 그를 경멸하더니 죽고 나서는 그리워하네.
그러니 어느 때, 그 사람의 묘지와 생명이 없는 상(像)을 둘러싸고
불화가 도시에 덮쳐 오자, 사람들이 다툼을 일으키는 것이라네.

세 번째는 타르소스 사람으로 사튀로스극 작가이고, 네 번째는 이암보스풍 시를 쓴 작가로 신랄한 사람이었다. 다섯 번째는 폴레몬이 언급하는 조각가이고, 여섯 번째는 에뤼트라이 출신으로, 여러 방면의 작품을 쓴 사람인데, 그는 또한 역사와 연설에 관한 책도 저술했다.

---

250) 메트로도로스(Mētrodōros)는 기원전 145~70년에 살았던 인물로 철학자이자 정치가 겸 수사학자였으며, 고대에는 뛰어난 기억력으로 특히 유명했다. 스트라본에 따르면 이 사람은 《일리아스》의 트로이 선단 목록(2권 816~877행)에 대한 주석을 남겼다고 한다.
251) 에뤼트라이(Erythrai)는 이오니아 지역의 도시다.
252) 템노스(Tēmnos)는 소아시아의 아나톨리아 서쪽 해안에 있던 도시다.
253) 달리 알려진 바가 없다.
254) 파나이티오스(Panaitios, 기원전 180~109년)는 스토아 철학자로 바뷜론의 디오게네스 학생이었다.
255) 스뮈르나(Smyrna)는 소아시아의 아나톨리아 서쪽 해안에 있는 도시다.

6. 헤라클레이데스

〔86〕 에우튀프론의 아들 헤라클레이데스는 폰토스에 있는 헤라클레
이아[256] 출신으로 부유한 사람이었다. 그는 아테네에서 처음에 스페
우시포스[257]를 만났다. 게다가 그는 또한 피타고라스학파 사람들의
강의도 들었고, 플라톤의 이론에 몰두했다. [258] 그리고 나중에 소티온
이 《철학자들의 계보》에서 말하는 것처럼 아리스토텔레스의 학생이
되었다. [259] 그는 부드러운 옷감의 옷을 입었고 또 몸은 지나치게 뚱뚱
한 편이었다. 그래서 그는 아티카 사람들로부터 '폰토스의 사람'이 아
니라 '폼피코스'[260]로 불렸다고 한다. 그의 걸음걸이는 느긋하고 위엄
이 있었다. [261] 그가 저술한 매우 아름답고 뛰어난 책들이 전해진다.
그것은 대화편인데, [262] 그중 윤리적인 것들은 다음과 같은 것이다.

---

256) 헤라클레이아(Hērakleia)는 흑해 연안의 비튀니아 해안가에 있던 도시다.
257) 스페우시포스(Speusippos)는 플라톤 이후에 아카데미아 수장이 되었다. 그
　　에 대해서는 4권 1~5절에서 논의된다.
258) 3권 46절 참고.
259) 아리스토텔레스의 강의를 들었다는 것은 헤라클레이데스의 연대기와 잘 맞아
　　떨어지지 않는다. 그는 스페우시포스가 죽을 때까지(기원전 339년) 아카데미
　　아 학원의 구성원이었다. 아리스토텔레스가 뤼케이온 학원을 개소한 것은 마
　　케도니아에서 돌아온 기원전 335~334년이었다. 하지만 플라톤이 살아 있는
　　동안에 아카데미아 학원에서 아리스토텔레스가 강의했다면 가능한 일이다.
260) 폼피코스(Pompikos)는 '풍채가 당당한 사람'이라는 의미다. 헤라클레이데스
　　는 같은 이름을 가진 다른 사람과 구별하기 위해 폰토스 출신의 사람을 의미
　　하는 폰티코스(Pontikos)로 불렸다고 한다.
261) 'to blemma'(Cobet)로 읽으면 '시선'이 된다. 즉, 그의 시선은 부드럽고 위
　　엄이 있었다.
262) '대화편'이란 말이 적합하지 않다. 난외에서 무심결에 삽입되어 들어간 것인
　　지, 단지 '윤리적인 것'만을 수식하는 것인지 분명히 알 수 없다.

《정의(正義)에 대해》 3권

《절제에 대해》 1권

《경건에 대해》 1권 그리고

《용기에 대해》[263] 1권

[87] 《덕에 대해》 1권과 다른 책을 한 권으로 합해서

《행복에 대해》 1권

《권력에 대해》 1권 그리고

《법률》 1권 및 이것들과 비슷한 주제의 저술들

《이름에 대해》 1권

《계약론》 1권

《비자발성에 대해》(*Akousios*)[264] 1권

《사랑》 그리고

《클레이니아스》 1권

자연학과 관련된 것으로 다음과 같은 것이 있다.

《지성에 대해》

《영혼에 대해》와 동일한 주제를 별도로 다룬 《영혼에 대하여》
   그리고 《자연에 대해》 그리고

《영상에 대해》

《데모크리토스에 대한 반론》

---

263) 이상의 제목 4개는 플라톤의 주요 덕목 4개와 일치한다.

264) 아리스토텔레스(5권 24절)와 테오프라스토스(5권 43절)는 《자발성에 대
해》(*Peri Hekousiou*)라는 작품 이름을 남겼다.

《하늘에 있는 것들에 대해》1권

《지하세계에 있는 것들에 대해》

《삶의 여러 방식에 대해》2권

《질병에 대한 원인들》265) 1권

《좋음에 대해》1권

《제논의 이론에 대한 반론》1권

《메트론의 학설에 대한 반론》266) 1권

문법에 관계되는 것은, 267)

《호메로스와 헤시오도스의 시대에 대해》2권

《아르킬로코스와 호메로스에 대해》2권

시가(詩歌)에 관계되는 것은,

《에우뤼피데스 및 소포클레스의 작품에서의 〈…〉 268)》3권

《시가에 대해》2권

〔88〕《호메로스 문제의 해결》2권

《관조에 관해》1권

《3인의 비극시인에 대해》1권

《성격론》269) 1권

---

265) 이 작품은 8권 51절, 60절에서 언급된다.

266) 키오스 출신의 메트로도로스로 보기도 한다(Gigon).

267) 문법적인 것과 시가적인 것의 구분은 자의적인 것처럼 보인다.

268) 도란디는 손상된 것으로 처리하였다.

《시작술과 시인들에 대해》 1권

《추측에 대해》 1권

《예견에 관한 것》 1권

《헤라클레이토스 해설》 4권

《데모크리토스에 대한 반론과 해설》 1권

《논쟁적 논의의 해소》270) 2권

《공리론》(논리적 명제론) 1권

《종(種)에 대해》 1권

《문제 해소집》 1권

《훈계집》 1권

《디오뉘소스에 대한 반대》271) 1권

수사술에 관계되는 것은,

《연설가에 대해》 혹은 《프로타고라스》

역사에 관계되는 것은,

《피타고라스학파에 대해》 그리고

《발견에 대해》

---

269) 테오프라스토스의 《성격론》은 윤리학 분야에 속하지만 이 작품은 여러 상
    이한 문체(*charaktēres lexeōs*)에 관련된 듯하다. 이 점은 책 목록의 위치에
    서 추정해 볼 수 있다.

270) 아리스토텔레스 저작과 동일한 제목이다(5권 22절).

271) 아래의 92~93절 참고.

이 책들 가운데 어떤 것은, 이를테면 《쾌락에 대해》272) 나 《절제에 대해》가 그렇듯이 희극의 문체로 쓰였다. 그러나 다른 것은 비극의 문체로 쓰였다. 이를테면 《지하세계에 있는 것들에 대해》나 《경건에 대해》 및 《권력에 대해》(*Peri exousias*) 273) 가 그런 것처럼 말이다.

〔89〕 그는 또 일종의 중간적 문체, 274) 즉 철학자와 장군과 정치가가 서로 대화를 하는 경우에 사용하는 대화 형식의 문체를 사용한다. 게다가 그에게는 기하학이나 변증술을 다룬 저작도 있다. 무엇보다 그는 다방면으로 재주 많은 사람(*poikilos*)이었고 또 그 문체에서도 기품이 넘치며 독자의 마음을 충분히 사로잡는 힘을 갖추고 있었다.

그는 또한 마그네시아의 데메트리오스가 《이름이 같은 시인들과 작가들에 대하여》에서 말하는 것처럼 군주를 살해함으로써 조국을 참주제에서 해방시킨 사람이었던 것으로 여겨진다. 275) 데메트리오스는 또한 그에 대해서 다음과 같은 이야기도 전해 준다. "그는 어릴 적부터 그리고 성인이 된 뒤에도 한 마리의 뱀을 기르고 있었다. (뒤로 이동) 죽음이 임박했을 때 그는 신뢰하고 있었던 한 노예에게 자신의 시신을 은밀하게 매장하면서 그 뱀을 관가(棺架) 위에 두도록 명령했다. 276) 그것은 사람들이 자신이 신들 곁으로 떠나간 것으로 생각하도

---

272) 앞서 전혀 언급되지 않은 작품이다.

273) 앞서 《권력에 대해》(*Peri tēs Archēs*) 라는 작품이 나왔다(87절). 이 작품은 저작 목록에서 빠진 것일까? 동일한 작품일까? 비극의 문체에만 적합한 어떤 작품일까?

274) 시와 산문 사이에 해당하는 문체일까?

275) 아마도 트라케의 왕 코튀스(Kotys)를 살해한 아이니오스의 헤라클레이데스와 혼동을 범하고 있는 것 같다. 폰토스의 헤라클레이데스가 이런 일을 벌였다는 어떤 증거도 없다.

록 그랬던 것이다.

〔90〕 모든 것이 그가 명한 대로 이루어졌다. 그러나 시민들이 헤라클레이데스 관가를 무덤까지 호위해 나가면서 그를 큰소리로 칭송하던 바로 그 와중에, 그 뱀은 소란스러운 소리를 듣고 수의에서 기어나와 많은 사람들을 혼란으로 빠뜨리고 만 것이다. 그럼에도 불구하고 나중에는 모든 것이 다 밝혀져 헤라클레이데스가 사람들이 이제까지 생각해왔던 그런 사람이 아니라, 실제로 있었던 그 본래 모습을 그대로 보게 되었다는 것이다."

그래서 나는 그에 대해서 다음과 같은 시를 지은 것이다.

헤라클레이데스여, 그대는 세상 사람들에게 이런 소문을 남기고 싶었을 것이네.
죽음 다음, 그대가 뱀으로 살아 있다는 것을.
하지만 그대는 묘수를 짜냈으나 속은 것이네. 그 짐승이 바로 뱀이었고,
그리고 그대도 지혜로운 자이긴커녕 짐승으로 밝혀졌으니까 말이네.

이 이야기는 또한 히포보토스가 전하는 것이기도 하다.

〔91〕 헤르미포스는 기근이 영토를 덮쳤을 때 헤라클레이아 사람들이 퓌티아의 무녀에게 구원을 청했다고 전하고 있다. 그러나 헤라클레이데스는 신탁을 받으러 떠난 사절들뿐만 아니라 앞에서 말한 무녀까지도 매수해서, "만일 에우튀프론의 아들 헤라클레이데스가 살아 있는 동안에 그 도시의 사람들로부터 황금의 관을 받고, 그리

---

276) 누군가는 헤라클레이데스보다 더 오래 사는 뱀이 있을까 하는 의문을 제기할지도 모른다.

고 죽음 다음에는 영웅으로 영예를 받게 된다면 이 재난에서 벗어날 것"이라는 신탁을 받아오게 했다는 것이다. 그 같은 그럴듯한 신탁을 가지고 돌아왔으나, 신탁을 날조한 자들은 그것으로 아무것도 얻은 것이 없었다. 왜냐하면 헤라클레이데스는 극장에서 관을 씌워 주자 곧바로 뇌졸중으로 쓰러졌고, 그 때문에 사절들은 돌로 쳐 죽이는 형에 처해졌기 때문이다. 게다가 퓌티아의 무녀도 같은 무렵에 불경스러운 일이 금지된 성소로 내려가 자리를 잡고 앉았을 때, 뱀들 중에 한 마리 뱀에 물려 즉각 숨을 거두고 말았기 때문이다. [277] 그의 죽음에 대해 전해지는 것은 이와 같은 것이다.

〔92〕 그런데 시가작가인 아리스톡세노스가 말하는 바에 따르면, 헤라클레이데스는 비극도 쓰고 그것들에 테스피스란 이름으로 서명했다고 한다. 카마이레온은 《헤시오도스와 호메로스의 작품에 대해》라는 헤라클레이데스의 책은 자신의 책을 표절한 것이라고 주장한다. 그뿐 아니라, 에피쿠로스학파인 안티도로스 또한 그의 《정의에 대해》란 논구에 반론을 제기함으로써 그를 비난한다. 게다가 '변절자'[278] 〔혹은 어떤 사람에 따르면 스핀타로스(구애자, *Spintharos*)〕라 불리는 디오뉘시오스가 《파르테노파이오스》란 작품을 쓴 다음 소포클레스의 작품이라고 서명했다고 한다. 〔93〕 그런데 이를 곧이곧대로

---

277) 델포이의 신탁은 엄청난 크기의 뱀인 퓌톤(Pythōn)에 의해 수호되는 것으로 알려져 있다.

278) 스토아 철학자였던 헤라클레이아의 디오뉘시오스(기원전 328~248년)는 눈병으로 인해 심한 고통을 당한 후 쾌락주의자인 퀴레네학파로 옮겨갔다. 그래서 '변절자'(*ho Metathemenos*)라는 칭호를 얻게 되었다. 이 사람에 대해서는 7권 166~167절에서 논의되고 있다.

믿은 헤라클레이데스는 자신의 책들 가운데 어느 하나에다[279] 이 위조된 작품을 소포클레스에 따른 증거로 끌어들이고 있다. 디오뉘시오스가 이것을 알게 되자, 일어났던 일을 그대로 그에게 털어놓았다. 그러나 헤라클레이데스는 이 사실을 부정하며 믿으려 하지 않았기 때문에, 디오뉘시오스는 '파라스티키스'[280]를 바라보도록 요구하는 편지를 그에게 썼다. 바로 그것이 '팡칼로스'[281]를 포함하고 있었다. 이것이 디오뉘시오스의 애인 이름이었던 것이다. 하지만 헤라클레이데스는 여전히 믿지 않으면서 '우연히 그렇게 되는 수도 있다'고 말했기 때문에, 디오뉘시오스는 다시 한 번 다음과 같이 답글을 써서 보냈다. "그대는 또한 그것을 발견할 것이네."

A: 늙은 원숭이는 올가미로 사로잡지 못하네.
B: 아니 사로잡히게 되지, 단지 시간문제일 뿐이지.

이 말에 덧붙여 이렇게 말했다. "헤라클레이데스는 글자를 알지 못하네." 그리고 헤라클레이데스는 부끄러워했다.

헤라클레이데스란 이름을 가진 사람은 14명이 있었다. 첫 번째는 이제껏 말한 바로 그 사람이고, 두 번째는 그의 동료 시민으로 전투 무용의 수집과 하찮은 농담거리를 쓴 작가다. 〔94〕세 번째는 퀴메 출신으로 5권으로 페르시아에 관해 쓴 사람이고, 네 번째도 퀴메 출

---

279) 《3인의 비극시인에 대해》(88절)일 것이다.
280) 파라스티키스(*parastichis*)는 시의 각행의 첫 글자나 끝 글자를 엮어 맞추면 어구가 형성되는 말이다.
281) 팡칼로스(*Pankalos*)는 '정말 아름답다'는 의미이다.

신으로 수사학 교본을 쓴 사람이다. 다섯 번째는 칼라티스 혹은 알렉산드리아의 사람으로 6권의 《철학자들의 계보》를 썼다. 그리고 그는 《렘베우티코스 논의》라는 책도 썼는데 그 때문에 '렘보스'[282]라고 불리게 되었다. 여섯 번째는 알렉산드리아 사람으로, '페르시아인의 고유 특성'에 대해 쓴 사람이다. 일곱 번째는 바르귀리스 출신의 변증론가로 에피쿠로스를 반대하는 책을 썼다. 여덟 번째는 히케시오스학파 출신의 의사이다. 아홉 번째는 타라스 출신의 의사로 경험론자이다. 열 번째는 시인으로 훈계에 대한 책을 썼다. 열한 번째는 포카이아 출신의 조각가이고, 열두 번째는 유쾌한(ligyros) 시인으로 에피그람을 쓴 시인이다. 열세 번째는 마그네시아 출신으로 미트리다테스[283]에 관해 쓴 사람이고, 열네 번째는 천문학적 관찰들을 모아서 편찬한 사람이다.

---

282) 렘보스(Lembos)는 '빠른 보트' 혹은 '척후병'이라는 의미를 가진다.
283) 고대에 여러 명의 미트리다테스(Mithridatēs)라는 왕과 귀족이 있어서, 여기서 누구를 가리키는지는 불확실하다.

6권

견유학파

1. 안티스테네스

〔1〕안티스테네스는 안티스테네스의 아들로 아테네 사람이다. [1] 그러나 그는 순수한 아테네 혈통은 아니라고들 말한다. 그래서 그는 자신을 비난한 사람에게 "신들의 어머니[2]도 프뤼기아 사람"이라고 말했다. 왜냐하면 그의 어머니는 트라키아[3] 사람이라고 생각되고 있었기 때문이다. 그가 타나그라의 전투[4]에서 이름을 날렸을 때 소크라테스가 다음과 같이 말하게 된 것도 그 때문이다. 만약 그의 부모님이 두 사람 모두 아테네인이었다고 하면, 그는 이 정도로 탁월

---

1) 아버지와 이름이 같다.
2) 프뤼기아(Phrygia)의 토속신 퀴벨레는 그리스 신화의 레아 여신과 동일시되었다고 한다. 레아는 크로노스와 짝이 되었던 여신이다.
3) 프뤼기아도 트라키아(Trakia)도 본래 그리스인들이 살던 지역이 아니고, 이 민족의 살던 지역이다.
4) 3권 8절 주석 및 투퀴디데스, 《역사》, 3권 91절 참고.

한 사람은 되지 않았을 것이라고. 5) 그리고 그 자신은 아테네 사람들이 대지로부터 태어난 원주민임을 자랑하는 것을 경멸하였다. 대지에서 태어났다고 해서 그들이 달팽이나 메뚜기보다 고귀하게 태어난 것은 아니라는 것이다.

이 사람은 처음에는 연설가 고르기아스의 제자였다. 그가 그 자신의 대화편, 특히 《진리》나 《철학의 권유》라는 책 속에서 연설문의 어투를 끌어들이는 것도 그 때문이다. 〔2〕 한편 헤르미포스가 말하는 바에 의하면 그는 이스트미아 축제석상에서 아테네 사람, 테베 사람, 스파르타 사람들에 대해 비난도 하고 칭송도 할 계획이었지만6) 이들 나라에서 사람들이 떼로 몰려오는 것을 보고 그것을 사양했다고 한다.

그렇지만 그 후 그는 자신도 소크라테스에게 투신하였고, 자신의 제자들에게 함께 소크라테스의 동료 제자가 되자고 권했을 정도로 소크라테스에게서 얻은 바가 많았다. 또 그는 페이라이에우스에 살고 있었는데 매일 40스타디온7)이나 되는 길을 걸어가서 소크라테스의 이야기를 들었고, 소크라테스로부터 인내심과 부동심을 배워 견유학파적 삶의 방식을 취한 최초의 사람이 되었다.

또 그는 위대한 헤라클레스와 퀴로스 왕8)을 통해 노고가 좋은 것

---

5) 2권 31절 참고.
6) 고르기아스는 같은 주제나 대상에 대해 칭찬과 반대와 같이 상반되는 이야기를 할 수 있는 것이 연설술의 능력이라고 보았다(키케로, 《브루투스》, XII, 47).
7) 1스타디온은 약 185m이다. 그러니까 페이라이에우스에서 아테네까지의 거리는 약 7.4km이다.
8) 이 두 인물은 뒤에 나오는 안티스테네스의 저술 이름이기도 하다.

안티스테네스

임을 증명하였는데 그는 그 예로서 그리스 세계로부터는 헤라클레스를, 이민족으로부터는 퀴로스 왕을 끌어들였다.

〔3〕 그는 또 언명을 이런 식으로 정의한 최초의 사람이다. 그는 "언명이란 사태가 무엇이었는지 또는 무엇인지를 밝히는 것"이라고 말했다.[9] 그는 또 "나는 쾌락에 빠지느니 차라리 미치겠다"라고 말하곤 했다. 그리고 "고마워할 줄 아는 여자들과 사랑을 나누어야 한다"라고도 말했다.

그리고 폰토스에서 온 젊은이가 그의 강의를 들으려고 와서 자기에게 무엇이 필요한지를 그에게 묻자 그는 "새 책과 새 필기구 그리고 새

---

9) '사태가 무엇이었는지 또는 무엇인지'(*to ti ēn ē estin*)를 아리스토텔레스가 말한 '그것이 무엇인지'(*to ti ēn einai*)(《토피카》, 154a 31), 즉 본질로 이해하면 대상의 본질이 될 수 있다. 그럴 경우 언명(*logos*)은 '개념'(*concept*)이라는 뜻이 된다(cf. Diogène Laërce, trans. J. -F. Balaudé, L. Brisson etc., *Vies et Doctrines des Philosophes Illustres*, Poche, 1999, p. 682).

서판"이라고 말했다. 지성도 필요하다는 것을 암시한 것이다. 10)

또 어떤 여자와 결혼해야 하는지 묻는 사람을 향해 그는 "아름다운 여자라면 공유하게 될 것이고, 못생긴 여자라면 결혼은 벌이 될 걸세"라고 말했다. 11)

언젠가 플라톤이 그를 나쁘게 말한다는 것을 듣고 그는 "왕은 훌륭한 일을 하고 나쁜 말을 듣는 것"이라고 말했다.

〔4〕언젠가 그가 오르페우스교의 비밀의식에 참여하고 있을 때, 제사장이 "이러한 의식을 치른 사람들은 하데스에서 좋은 일이 많이 있을 것이다"라고 말하자 그는 "그렇다면 왜 당신은 죽으려 하지 않지?"라고 말했다. 언젠가 그의 부모 두 사람12)이 다 자유인 태생이 아니라고 비난을 받자 그는 "부모 두 사람 다 레슬링 선수가 아니더라도 나는 레슬링 선수다"라고 말했다. 왜 제자가 얼마 안 되느냐는 질문을 받자 그는 "은지팡이13)로 그들을 쫓아 버리기 때문이다"라고 말했다. 왜 제자들을 그렇게 혹독하게 다루느냐고 묻자 그는 "의사

---

10) '새'로 번역한 그리스어는 kainou이다. kainou를 둘로 나누면 kai nou가 되므로 이 말을 통해 지성(nous)도 함께 필요하다는 것을 암시하는 것이다. 일종의 말의 유사성을 이용한 익살이다.

11) '공유'는 koinē, '벌'은 poinē를 옮긴 것이다. 그리스 말의 유사성에 주목한 것으로, 비온도 같은 말을 했다. 이 책 4권 48절 참고.

12) '부모 두 사람' 원문은 그냥 '두 사람'(dyo)이다.

13) 은지팡이가 무엇을 상징하는지는 분명하지 않다. 다만 카이치(Caizzi)의 해석에 따르면 '지팡이'는 안티스테네스의 가르침을, '은'은 그 귀한 정도를 상징한다고 한다. 그렇다면 이 말은 안티스테네스의 귀한 가르침이 역설적으로 제자들을 쫓아내고 있다는 말이 되는데, 아마 그 가르침이 엄하거나 어려워서 그렇다고 볼 수 있겠다(Diogène Laërce, trans. J.-F. Balaudé, L. Brisson etc., *Vies et Doctrines des Philosophes Illustres*, Poche, 1999, p. 683, 주석 3 참고).

도 환자에게는 그렇게 한다"라고 말했다. 언젠가 간통한 남자가 도 망가는 것을 보고, 그는 "불쌍한 놈, 1오볼로스[14]만 있으면 그런 엄 청난 위험도 피할 수 있었거늘"이라고 말했다.

헤카톤[15]의 《교훈담》에 따르면 그는 "아첨꾼들 수중에 놓여 있느 니 까마귀 수중에 놓여 있는 것이 낫다"[16]고 말했다고 한다. 왜냐하면 후자는 죽은 사람들을 먹지만 전자는 산 사람들을 먹어대기 때문이다.

〔5〕사람에게 최고의 축복은 무엇인가라는 질문을 받고 그는 "행 복한 상태에서[17] 죽는 것"이라고 말했다.

언젠가 잘 아는 사람이 그에게 기억해 둘 것을 적은 것을 잃어버렸 다고 푸념하자 그는 "그것을 종이가 아니라 영혼에다 새겨 넣었어야 지"라고 말했다. 철이 녹에 의해서 부식되는 것과 마찬가지로 질투 가 심한 사람은 그 자신의 성격에 의해 좀먹어 들어간다고 그는 말했 다. 사멸하지 않기를 원한다면 경건하고 정의롭게[18] 살아야 한다고 그는 말했다. 그리고 나라가 망하는 시기는 어리석은 자들과 사려 깊은[19] 사람들을 구분하지 못할 때라고 그는 말했다. 또 언젠가 사

---

14) 화대를 말하는 것으로 보인다.

15) 헤카톤(Hekatōn)은 기원전 160년~90년경에 살았던 중기 스토아학파 철학 자다. 그의 저서 《교훈담》(*Chreia*)은 기담형식으로 기술된 책이다.

16) '아첨꾼'은 kolaks, '까마귀'는 korakias를 옮긴 것으로 그리스어의 유사성을 이용한 일종의 말놀이다.

17) '행복한 상태'는 eutychonta를 옮긴 것으로, 뭔가를 만족스럽게 이룬 상태를 뜻한다.

18) '경건하고 정의롭게'는 eusebōs kai dikaiōs를 옮긴 것으로, '경건하고 바르게' 로도 옮길 수 있다.

19) '사려 깊은'은 spoudaios를 옮긴 것으로, '진지하게 생각하는'으로도 옮길 수 있다. 아래 12절에도 나온다.

악한 자들에게서 칭찬을 듣자 그는 "내가 뭔가 나쁜 일을 저지른 게 아닌지 걱정된다"라고 말했다.

〔6〕 형제들이 한마음으로 하나가 되어 살면 어떤 성벽도 그보다 강할 수 없다고 그는 말했다. 선박여행을 위한 준비물[20]은 난파했을 경우, 가지고 함께 헤엄쳐 나올 수 있는 그러한 것이어야 한다고 그는 말했다. 언젠가 사악한 자들과 어울려 지낸다는 비난을 받자 그는 "의사도 환자들과 함께 있지만, 신열이 있지는 않다"라고 말했다. 호밀밭에서 독보리를 솎아내고 전쟁할 때는 전쟁에 부적합한 자를 걸러내면서도 나라의 조직에서 사악한 자들을 내쫓지 않는 것은 기괴한 일이라고 그는 말했다. 철학으로부터 무엇을 얻을 수 있었느냐는 질문을 받고서 그는 "자기 자신과 교제하는 능력"이라고 대답했다. 어떤 사람이 술자리에서 그에게 "노래 한 곡 불러 주게"라고 하자 "그러면 자네는 내게 아울로스를 불어 주게"라고 말했다. 디오게네스가 그에게 속옷을 구걸하자 그는 디오게네스에게 자기가 입고 있는 겉옷을 접어서 두 겹을 만들도록 시켰다. [21]

〔7〕 배우는 것들 중 어느 것이 가장 필요한가라는 질문을 받자 그는 "배운 것을 잊지 않게 하는 것"[22]이라고 말했다. 그리고 험담을 들었을 경우, 돌을 맞았을 때보다도 더 잘 참으라고 그는 충고하였다. 그리고 그는 플라톤이 자만에 빠져 있다고 비웃곤 했다. 실제로

---

20) '준비물'은 ephodia를 옮긴 것이다.
21) 아테네에서 아울로스는 통상 연회에 시중들기 위해 온 자들이 불었다. 이어지는 내용은 속옷이 따로 없음을 보여주려는 것이다. 13절, 22절 참고.
22) 도란디(T. Dorandi)의 텍스트가 달라서 도란디를 따른다면 '잊는 것 … (파자) …'이다.

축제 행진이 펼쳐질 때 콧김이 거센 말을 보고 그는 플라톤 쪽을 향해 "자네는 나에게 콧대 높은 말처럼 여겨진다네"라고 말했다. 이것은 플라톤이 늘 말을 칭찬했기 때문이다. 또 언젠가 그는 병을 앓고 있는 플라톤을 찾아가 플라톤이 토하던 대야 속을 들여다보면서 이렇게 말했다. "이 안에 담즙은 보이지만, 자만은 안 보이는군."

〔8〕그는 아테네 사람들에게 당나귀도 말23)이라는 데 표를 던지라고 권했다. 그들이 그것을 터무니없는 일이라고 여기자 그는 이렇게 말했다. "그러나 당신들 가운데는 아무런 훈련조차 받지 않았음에도 단지 투표만으로 장군이 된 자들도 있지 않은가?" "많은 사람이 당신을 칭찬하고 있어요"라고 말한 사람을 향해 그는 "왜지? 내가 나쁜 짓을 저질렀다는 건가?"라고 말했다. 24)

그가 자기 옷의 해진 부분을 눈에 보이게 드러내자, 이것을 본 소크라테스는 "나는 옷을 통해 당신의 명예욕25)을 보오"라고 말했다.

파니아스가 《소크라테스의 무리들에 관하여》26)라는 책에서 말하는 바에 의하면, 어떤 사람으로부터 "어떻게 하면 훌륭하고 뛰어난 인간이 될 수 있나요"라는 질문을 받고서 그는 이렇게 말했다고 한다. "네가 지닌 나쁜 점들을 버려야 할 점들이라는 걸 알고 있는 사람들에게서 네가 배운다면." 사치를 찬양하는 사람을 향해 그는 이렇게 말했다. "당신의 적들의 아들들이 아무쪼록 사치스러운 생활을 하기를."

---

23) 플라톤, 《파이드로스》, 260c 참고.
24) 앞의 5절 참고.
25) 명예욕(*philodoxia*). 2권 36절에 이 단어만 달리한 같은 문장이 나온다.
26) 《소크라테스의 무리들에 관하여》(*Peri tōn Sōkratikōn*).

〔9〕조각가 앞에서 자세를 취하는 젊은이를 향해 그가 물었다. "말해 봐라. 청동상이 말할 수 있다면 네 생각에 뭘 가장 자랑스러워할 것 같은가?" 그 젊은이는 "아름다움이겠지요"라고 대답했다. 그러자 그가 말했다. "그렇다면 너는 부끄럽지도 않은가? 영혼이 없는 것27)이 기뻐하는 것과 똑같은 것을 기뻐하고 있으니." 폰토스 출신의 한 젊은이가 소금에 절인 생선28)을 실은 배가 도착하면 잘 보살펴 드리겠다고 그에게 약속하자 그는 그 젊은이를 데리고 빈 자루를 들고서 밀가루 가게로 갔다. 그리고 그 자루에 밀가루를 한가득 담아서 떠나려고 했다. 그래서 가게 여주인이 돈을 달라고 하자 그는 이렇게 말했다. "이 젊은이가 지불할거야. 소금에 절인 생선을 실은 그의 배가 도착하면 말일세." 그런데 그는 아뉘토스의 추방과 멜레토스의 처형에도 책임이 있는 것 같다.

〔10〕왜냐하면 소크라테스의 평판을 좇아 폰토스에서 아테네를 찾아온 젊은이들을 만났을 때 그는 짐짓 아뉘토스가 소크라테스보다도 현명한 사람이라고 말하고 그들을 아뉘토스에게로 데리고 갔는데, 그 때문에 그의 곁에 있던 사람들이 크게 화가 나서 아뉘토스를 나라 밖으로 추방했다고 하니까 말이다. 29) 그리고 그는 장신구로 치장한 여자를 어디선가 볼 경우 그 여자의 집으로 가서 그녀의 남편에게 말과 무기를 가져와 보라고 명했다. 그렇게 해서 만약 그

---

27) 청동상을 가리킨다.

28) '소금에 절인 생선'은 taricheutos를 옮긴 것이다.

29) 아뉘토스와 멜레토스는 뤼콘과 더불어 소크라테스를 고발해 사형에 처하게 했던 인물들이다. 플라톤의 《소크라테스의 변론》, 18b, 23e, 28a와 이 책의 2권 43절 참고.

남편이 그것들을 갖고 있으면 사치를 허락했지만, 만약 갖고 있지 않으면 그 장신구를 떼어내도록 명했다. 왜냐하면 그것들로[30] 그들 자신들을 방어할 수 있을 것이라고 여겼기 때문이다. 그런데 그가 관심을 가졌던 주제는 다음과 같은 것이었다. 즉, 그는 덕은 가르쳐 질 수 있다는 것, 그리고 고귀한 사람이란 덕을 갖춘 사람이기도 하다는 것을 증명했다.

〔11〕 그리고 덕은 행복을 위해 그것으로 충분하다. 즉, 덕을 갖추는 데는 소크라테스적 강인함 이외에는 아무것도 필요하지 않다.[31] 그리고 덕은 행동에서 나오는 것이어서 많은 말들과 배움이 필요하지 않다. 또 현자는 자족적이다. 왜냐하면 다른 사람들이 갖고 있는 것 모두가 현자의 것이기 때문이다.[32] 또 나쁜 평판은 좋은 것이고 노고 같은 것이다.[33] 또 현자는 기성의 법률이 아니라 덕에 의거해

---

30) 말과 무기들. 치장한 부인네는 외간 남자들이 남편을 없앤 후 차지하려 들기 때문에 그것을 방어하기 위한 무기를 가졌는지 확인하는 장면을 그린 것이다.

31) 소크라테스적 명제 "덕은 지식이다"가 이곳에서는 "덕은 행동에서 나오고 말들과 배움이 필요 없다"로 대체되어 있다. 이 부분은 안티스테네스와 모든 견유학파의 기본 주장을 담고 있는 부분으로 가장 많이 인용되는 구절 가운데 하나다. 견유학파와 소크라테스를 구분짓는 핵심 내용이기도 하다. 소크라테스의 사상은 덕과 지식을 긴밀하게 융합시켜 앎과 실천과 관련한 지평을 크게 넓혀 놓았지만 안티스테네스나 견유학파의 생각까지 포괄하는 것은 아니었다. 그는 배움을 경멸하기까지 한다(6권 103, 104절 참고). 이는 분명 개념적 정의와 추론을 중시하는 소크라테스의 철학과 거리가 있다.

32) 견유학파는 동냥하기 때문에 다른 사람의 것이 자기 것이라 생각할 수 있다(6권 46, 72절 참고).

33) 안티스테네스에게서 '노고'(ponos)는 '노력하는 과정에서 겪는 고통'으로서 좋은 것이다. 그가 말한 대로 '소크라테스적 강인함'(ischys)을 가지고 인내와 노력을 기울여 덕 이외의 다른 모든 것을 무시하면, 설사 세인들의 평판은 나쁠지라도 그 자체로 윤리적 행위가 되는 것이자 행복이 되는 것이다.

시민생활을 영위한다. 34) 그리고 현자는 결혼도 하겠지만 그것은 천품을 가장 잘 타고난 여인과 결합하여 자식을 낳기 위해서다. 게다가 현자는 사랑도 할 것이다. 왜냐하면 오직 현자만이 누구를 사랑해야 할지를 알고 있기 때문이다. 35)

〔12〕 한편 디오클레스는 다음과 같은 것을 그의 말이라고 적고 있다. 현자에게는 낯선 일도 없고 이상한 일도 없다. 36) 좋은 사람은 사랑받을 만한 가치가 있는 사람이다. 사려 깊은 사람들은 친구이다. 용기가 있고 동시에 정의로운 사람을 전우로 삼을 것. 덕은 빼앗기는 일이 없는 무기이다. 다수의 나쁜 자들과 함께 소수의 좋은 사람들을 상대로 해서 싸우기보다는 소수의 좋은 사람들과 함께 나쁜 사람들 전체와 싸우는 것이 더 낫다. 적들에 대해서는 주의를 게을리하지 말 것. 왜냐하면 그들은 가장 먼저 너의 잘못을 알아차리기 때문이다. 친척들보다는 정의로운 사람을 소중히 할 것. 덕은 남자의 것이나 여

이것은 그가 왜 노고를 이야기하면서 위대한 헤라클레스나 퀴로스를 끌어들이는지, 왜 그 자신 소크라테스의 이야기를 듣기 위해 매일매일 40스타디온의 길을 가는지(6권 2절)에 대한 이유이자, "덕은 행복을 위해 그것으로 충분하다"라는 말의 의미이기도 하다. 요컨대 그는 덕의 중심에 앎보다는 의지를 위치시켜 그에 따른 실천을 노고로 규정하고 그 노고에 덕과 행복을 결합시킨다. 이처럼 덕과 행복을 결합시킨다는 점에서만 보면 안티스테네스는 소크라테스의 생각과 다르지 않다. 그러나 그가 덕과 행복의 핵심에 지성이 배제된 무욕을 향한 의지적 힘만을 귀속시키는 것은 소크라테스에 대한 그의 해석이자 이탈이다.

34) '시민생활을 영위한다'는 polieusesthai를 옮긴 것이다.
35) 7권 129절 참고.
36) '낯선 일도 없고 이상한 일도 없다'(*xenon ouden oud' atopon*)는 도란디와 달리 '이상한'(*atopon*)을 '난제'(*aporon*)로 읽을 경우(Stephen 판본), '낯선 일도 없고 난제도 없다'가 된다.

자의 것이나 똑같다. 좋은 것은 아름답고, 나쁜 것은 수치스럽다. 사악한 것은 모두들 자기와 동떨어진 것[37]이라 여긴다.

〔13〕 사려[38]는 가장 견고한 방벽이다. 왜냐하면 그것은 붕괴하지도 배반하지도 않기 때문이다. 방벽은 흔들리지 않는 자기 자신의 이성 안에 건설되어야 한다. 한편 그는 성문에서 얼마 떨어지지 않은 곳에 있는 퀴노사르게스[39]의 체육관에서 대화를 나누곤 했다. 그래서 어떤 이들은 퀴니코스라는 명칭도 거기서 유래한 것으로 생각한다. 그리고 그 자신도 '하플로퀴온'[40]이라는 별명을 가졌다.

또, 디오클레스가 말하는 바에 의하면 그는 겉옷을 두 겹으로 접어서 입은 최초의 사람이며 그 한 장만으로 만족해했고 가진 건 지팡이와 바랑뿐이었다고 한다. 그리고 네안테스도 그가 겉옷을 두 겹으로 접어 입은 최초의 사람이라고 말한다. 그러나 소시크라테스는 《계보》[41] 3권에서 아스펜도스 출신 디오도로스[42]가 그렇게 입은 최초의 사람이었다고 말한다. 그리고 그 역시 수염을 길렀고 바랑과 지팡

---

37) '동떨어진 것'은 xenika를 옮긴 것이다.

38) '사려'는 phronēsis를 옮긴 것이다.

39) 퀴노사르게스(Kynosarges)는 '흰 개'라는 의미를 갖는 체육관이다. 전설에 따르면 디뒤모스라는 아테네 사람이 제사를 지내던 중 흰 개가 나타나 제물을 채갔다고 한다. 그때 그는 그 개가 제물을 떨어뜨린 곳에 헤라클레스를 위한 신전을 지으라는 신탁을 받았다. 이 지명은 이 전설에서 유래된 것이고 이곳에 세워진 체육관이 또한 퀴노사르게스라고 불렸다(Suda, κ2721, ε3160). 견유학파(퀴니코스)라는 명칭이 안티스테네스가 이 체육관에서 강의한 데서 유래되었다는 설이 있다.

40) 하플로퀴온(Haplokyōn)은 '순수한 토종개'라는 뜻으로, '순수한 견유학파 사람'이란 은유적 의미를 갖는다.

41) 《계보》(Diodoxē).

42) 디오도로스(Diodōros)는 기원전 4세기경에 활동한 피타고라스주의자다.

이를 사용했다고 한다.

〔14〕 테오폼포스는 모든 소크라테스의 제자들 중에서 이 사람[43]
만을 칭찬하면서 그가 놀랄 만한 재주를 갖고 있으며 사람과 교제할
때 친밀감 넘치는 대화술로 누구든 자기 생각대로 이끌었다고 한다.
이 점은 그가 쓴 책에서도, 또 크세노폰의 《향연》에서도 분명하게
드러나 있다.[44] 그리고 그는 스토아학파들 가운데 가장 남성다운
학파들을 창시한 사람으로 여겨진다. 그래서 비문시 작가인 아테나
이오스도 그들에 관해 이렇게 읊고 있다.

> 스토아학파의 이야기에 정통한 자들이여, 더없이 훌륭한
> 가르침을 신성한 장(章)들에 넣은 자들이여,
> 혼의 덕만이 훌륭하다는 가르침을. 이것만이 사람들의
> 삶과 나라를 보호하였기에.
> 육체의 열락, 다른 사람에게는 환영받는 궁극의 것인 그것은
> 므네메 여신의 딸들 중 오직 한 여신[45]만이 달성했던 것인 것을.

〔15〕 그리고 이 사람은 디오게네스의 '부동심'과 크라테스의 '자제
심' 그리고 제논의 '인내심'에 단초를 제공하였고,[46] 나라의 초석[47]
을 놓은 사람도 바로 그였다. 그리고 크세노폰은 그를 사람들과 교

---

43) 안티스테네스.
44) 크세노폰, 《향연》, 4장, 61~64절.
45) 에라토(Eratō), 즉 사랑의 여신을 가리킨다.
46) 부동심(apatheia), 자제심(enkrateia), 인내심(karteria).
47) '나라의 초석'(tē politeia ta themelia)은 앞에 열거된 사람들의 사상의 나라에
　　기초를 제공했다는 의미일 것이다.

제할 때는 유쾌함이 넘치는 사람이지만 다른 일에는 아주 자제력이 강한 사람이었다고 말한다.

그의 저작은 10개의 두루마리로 전해진다.

첫째 두루마리에는,

《어법 또는 어투에 관하여》

《아이아스, 또는 아이아스의 연설》

《오뒤세우스, 또는 오뒤세우스에 관하여》

《오레스테스의 변명, 또는 법정 연설문 대필가에 관하여》

《유사 문장, 또는 뤼시아스와 이소크라테스》

《이소크라테스의 '증인 없이'라는 연설에 대한 반론》

둘째 두루마리에는,

《동물의 본성에 관하여》

《아이를 가지는 것에 관하여, 혹은 결혼에 관해: 에로스에 관한 것》

《소피스트들에 관하여: 관상학에 관한 것》

〔16〕《정의와 용기에 관하여: 권면을 위한 것》Ⅰ, Ⅱ, Ⅲ

《테오그니스에 관하여》Ⅳ, Ⅴ

셋째 두루마리에는,

《좋은 것에 관하여》

《용기에 관하여》

《법에 관하여, 또는 정치체제에 관하여》

《법에 관하여, 또는 훌륭한 일과 정의로운 것에 관하여》
《자유와 예속에 관하여》
《믿음에 관하여》
《후견인에 관하여, 또는 복종에 관하여》
《승리에 관하여 ─ 경제에 관한 것》

넷째 두루마리에는,

《퀴로스》
《대(大) 헤라클레스, 또는 체력에 관하여》

다섯째 두루마리에는,

《퀴로스, 또는 왕정에 관하여》
《아스파시아》

여섯째 두루마리에는,

《진리》
《문답법에 관하여: 반론술에 관한 것》
《사톤, 48) 또는 반론에 관하여》 전 3권
《문답에 대해》

---

48) 사톤(Sathōn)은 안티스테네스가 플라톤을 낮추어 부를 때 사용하는 이름이다.

〔17〕 일곱째 두루마리에는,

《교육, 또는 이름에 관하여》 전 5권
《이름의 사용에 관하여 : 논쟁적인 것》
《질문과 대답에 관하여》
《의견과 지식에 관하여》 전 4권
《죽는 것에 관하여》
《삶과 죽음에 관하여》
《하데스에 있는 사람들에 관하여》
《본성에 관하여》 전 2권
《본성에 관한 여러 가지 의문들》 전 2권
《의견, 또는 논쟁가》
《배움에 관한 여러 가지 문제들》

여덟째 두루마리에는,

《시가에 관하여》
《신탁을 해석하는 사람들에 관하여》
《호메로스에 관하여》
《부정의와 불경에 관하여》
《칼카스에 관하여》
《정찰병에 관하여》
《즐거움에 관하여》

아홉째 두루마리에는,

《오뒤세이아에 관하여》

《지팡이에 관하여》49)

《아테나 여신, 또는 텔레마코스에 관하여》

《헬레네와 페넬로페에 관하여》

《프로테우스에 관하여》

《퀴클롭스, 또는 오뒤세우스에 관하여》

〔18〕《포도주 사용법에 관하여, 또는 만취에 관하여,
   또는 퀴클롭스에 관하여》

《암피아라오스에 관하여》

《오뒤세우스와 페넬로페에 관하여, 또는 개에 관하여》

열째 두루마리에는,

《헤라클레스, 또는 미다스》

《헤라클레스, 또는 지혜인가 힘인가에 관하여》

《퀴로스, 또는 사랑받고 있는 사람》

《퀴로스, 또는 정찰병들》

《메넥세노스, 또는 통치에 관하여》

《알키비아데스》

《아르켈라오스 또는 왕정에 관하여》

이상이 그가 남긴 저작의 목록이다.

---

49) 음유시인의 지팡이.

492

티몬은 그의 저작이 너무 많다는 이유로 그를 비난하면서 그를 "온 갖 것을 떠들어대는 수다쟁이"라고 말한다. 한편 그는 병으로 죽었는데, 마침 병들어 있었던 디오게네스가 그에게 찾아와서 이렇게 말했다. "혹 친구가 필요하지 않은가?" 그리고 언젠가 디오게네스가 단검을 들고 그에게 왔다. 그때 안티스테네스가 "누가 나를 이 고통으로부터 구해 줄까"라고 묻자, 디오게네스는 단검을 보이면서 "이것이"라고 말했다. 그러자 그는, "내가 '고통으로부터'라고 말했지, '삶으로부터'라고 말하진 않았네"라고 말했다.

〔19〕 삶에 대한 애착 때문에 그가 병고를 견디는 데 다소 유약한 면을 보인 것처럼 여겨졌던 것이다. 그리고 아래는 내가 그에 관해 쓴 시다.

안티스테네스여, 당신은 살아 있는 동안 정말 천성적으로 개였다.
입으로가 아니라 말로 사람들의 가슴을 물어뜯은 개였다.
그러나 당신은 폐병으로 죽었다. 그렇지만 누군가가 반드시 이렇게 말해
  줄 것이다.
"그것이 어떻다는 것인가. 어쨌든 우리는 하데스로 인도할 안내자를 가
  져야 한다"라고.

그런데 안티스테네스라는 이름을 가진 사람이 그 밖에도 3명이 있었다. 한 사람은 헤라클레이토스의 제자, 또 한 사람은 에페소스 사람이고 또 한 사람은 로도스 사람으로서 역사가였다.

우리는 지금까지 아리스티포스의 제자나 파이돈의 제자에 대해서 이야기했으므로 이제는 안티스테네스에서 비롯된 견유학파와 스토아학파의 사람들을 끌어들이기로 하자. 순서는 다음과 같다.

2. 디오게네스

〔20〕디오게네스는 환전업자[50]인 히케시오스의 아들로 시노페[51] 사람이다. 그런데 디오클레스가 말하길, 디오게네스의 부친이 나랏돈을 관리하는 일을 맡고 있으면서 통화를 변조했다는 이유로 추방되었다고 전한다. 그러나 에우불리데스는 《디오게네스에 관해서》에서 디오게네스 자신이 그 일을 했고 그래서 그는 부친과 함께 도주하게 되었다고 한다. 그뿐 아니라 디오게네스 자신 또한 자신의 책 《포르달로스》에서 실제 통화를 변조한 것은 자신이었다고 고백한다. 그러나 또 어떤 사람들은 그가 화폐주조 기술자들을 감독하는 지위에 있을 때 그들이 그를 설득하자 델포이 또는 그의 조국에 있는 아폴론의 성소에 가서 그들의 권유대로 해야 할지를 아폴론 신에게 물었다고 한다. 그런데 아폴론 신이 나라에서 통용되는 것[52]을 바꾸라고 허락한 것을 그가 잘못 알아듣고서 통화를 변조했다는 것이다. 그래서 어떤 사람들은 그것이 드러나면서 그는 추방되었다고 하고 또 어떤 사람들은 후환이 두려워 스스로 자기가 나라 밖으로 도망갔다고도 말한다.

〔21〕그러나 또 어떤 사람들은 그의 부친이 그에게 통화를 맡겼는데 그것을 그가 변조하는 바람에 결국 부친이 감옥에 끌려가서 죽었

---

50) 환전업자(*trapezitēs*)는 단순히 환전만 하는 것이 아니라 돈을 빌려주기도 하고 돈을 주조하는 일도 맡았다.

51) 시노페(Sinōpe)는 흑해 남부 연안의 도시다.

52) '나라에서 통용되는 것'(*to politikon nomisma*)은 아마도 정치제도, 관습 및 법률 등을 의미할 것이다.

장 레옹 제롬(Jean-Leon Gerome), 〈디오게네스〉(*Diogenes*), 1860.

고 그는 추방되어 델포이로 가서, 통화를 변조할 것인지 말 것인지가 아니라 가장 높은 평판을 얻으려면 어떻게 해야 할지를 아폴론 신에게 물어 앞에서와 같은 신탁을 얻었다고도 말한다. 아테네에 있게 되었을 때, 그는 안티스테네스를 찾아갔다. 그러나 안티스테네스가 자신은 누구도 제자로 받아들이지 않는다는 이유로 그를 퇴짜 놓자 그는 죽치고 앉아 끈질기게 매달렸다. 그래서 어느 날 안티스테네스가 그를 향해 지팡이를 치켜들자 그는 자신의 머리를 내밀면서 "때리세요. 뭔가 확실한 말씀을 해주시기 전까지는 저를 내쫓을 수 있을 만큼 딱딱한 나무를 찾아내실 수 없을 테니까요"라고 말했다. 그래서 그 이후 그는 안티스테네스의 제자가 되었고 도피 중이던 터라 생활도 간소한 상태로 시작하였다.

〔22〕테오프라스토스가 《메가라학파》에서 전하는 바에 따르면 그는 쥐가 잘 곳도 찾지 않고 어둠도 무서워하지 않고 또 좋은 음식이라고 여겨질 만한 어떤 것도 찾지 않으면서 여기저기 돌아다니는 것을 보고 자기가 처한 상황에 적응하는 방법을 찾아냈다고 한다. 또 어떤 사람들은 그가 낡은 윗옷을 두 겹으로 착용한 최초의 사람이었다고 말한다. 그러나 그것은 그 옷을 덮고 잠도 자야 했고 또 음식이 담긴 바랑을 그 안에 끼고 다녀야 했기 때문에 어쩔 수 없는 것이기도 했다. 게다가 그는 그것을 식사하는 자리로도, 잠자리로도 또 대화를 나누는 자리로까지도 사용하는 등 온갖 용도로 사용하곤 했다고 한다. 그리고 당시 그는 제우스 신전의 주랑[53] 이나, 폼페이온을 가리키면서 아테네 사람들이 자기를 위해 거처를 만들어 주었다고 말하곤 했다.

〔23〕한때 아테네인들의 지도자였던 올륌피오도로스[54] 나 변론가 폴뤼에욱토스 그리고 아이스크리온의 아들 뤼사니아스[55] 가 전하는 바에 따르면, 그는 몸이 약해진 연후 지팡이에 몸을 의지한 이래 어디를 가든 줄곧 지팡이를 갖고 다녔다고 한다. 그러나 언제나 지팡이를 끼고 살았지만 도심에서는 사용하지 않았고 여행을 하면서는 지팡이에 바랑을 끼워서 갖고 다녔다고 한다. 또 그는 어떤 사람에게 자신이 거처할 오두막을 마련해 달라고 편지를 썼는데 그 일에 너

---

53) 주랑(*stoa*, 柱廊).

54) F 사본에는 아테노도로스(Athēnodōros)로 표기되어 있다. 그러나 아테네 지도자로서 그런 이름을 가진 인물은 전혀 알려져 있지 않다. 여기선 도란디를 따랐다.

55) 뤼사니아스(Lysanias)는 기원전 2세기경에 알렉산드리아에서 활동한 퀴레나 출신의 문헌학자다. 그의 아버지 아이스크리온은 사모스 출신의 시인이었다.

무 오랜 시간이 걸리자 그는 메트로온에 있는 큰 술항아리를 거처로 삼았다. 이 이야기는 그 자신이 쓴 편지에서도 밝히고 있다. 또 그는 여름에는 뜨거운 모래 위에 몸을 굴리고 겨울에는 눈 덮인 조각상을 껴안는 등 갖은 수단을 다해 자신을 단련했다.

〔24〕그는 또 다른 사람들을 우습게 여기는 데서는 탁월했다. 즉, 그는 에우클레이데스의 학교를 담즙이라고 불렀고,56) 플라톤의 수업은 시간낭비라고 불러댔다.57) 그리고 디오뉘소스 축제는 바보들을 위한 대규모의 인형극이고 선동가를 대중들의 하인58)이라고 불렀다. 그는 또 항해사나 의사나 철학자들을 보았을 때는 사람이 동물들 중에서 가장 총명한 자라는 생각이 들지만 다른 한편 해몽가나 점쟁이 그리고 그들에게 붙어사는 사람들, 혹은 평판이나 부를 자랑하는 사람들을 보았을 때는 사람만큼 어리석은 자도 없다는 생각이 든다고도 말했다. 그는 또 삶을 영위하기 위해서는 이성을 갖고 있든지 아니면 끈59)을 준비해 두지 않으면 안 된다고 늘 말하곤 했다.

〔25〕언젠가 플라톤이 비싼 음식이 잔뜩 차려진 연회에서 올리브 열매만 먹는 것을 보고 그가 "현자께서 시켈리아에 배타고 가셨던 것은 이런 요리를 먹기 위함이셨을 텐데 지금 그런 요리가 눈앞에 있거늘 어찌 드시질 않나요?"라고 물었다. 그에 대해 플라톤이 "아니, 신

---

56) 학교(scholē)와 담즙(cholē)의 철자가 유사한 것을 두고 하는 말장난이면서, '담즙'의 전이된 의미가 '분노'인 것을 염두에 둔 비야냥이기도 하다.

57) 플라톤의 수업(diatribē)도 시간낭비(katatribē)라고 불러댔다. 이 또한 그리스어 단어들 간의 유사성에 기초한 일종의 말장난이다.

58) 대중의 하인(ochlou diakonos). 41절에도 나온다.

59) 목을 매달 끈일 것이다.

에게 맹세코, 디오게네스여, 그곳에서도 나는 대부분 올리브와 그런 유의 것들을 먹으면서 지냈네"라고 대답하자 그는 "그렇다면 왜 쉬라쿠사이까지 가셨나요. 당시 아티카 땅에는 올리브가 나지 않았나요?"라고 말했다고 한다. 하지만 파보리누스는 《잡다한 것들의 역사》[60] 속에서 이것은 아리스티포스가 한 말이라고 전한다.

또 언젠가 그가 말린 무화과를 먹고 있을 때 플라톤과 마주치자 그는 같이 나누어 먹자고 말했다. 그래서 플라톤이 그것을 받아먹자 그는 "나누어 먹자고 그랬지 전부 먹어도 괜찮다고는 말하지 않았어요"라고 말했다.[61]

〔26〕 언젠가 플라톤이 디오뉘시오스가 보낸 친구들을 자신의 집에 초대했을 때, 디오게네스는 그 집에 깔아 놓은 융단을 밟고 다니면서 "플라톤의 허세를 밟아 주고 있다"고 말했다. 그러자 플라톤은 "디오게네스여, 너는 허세를 부리지 않는다는 것을 내보임으로써 오히려 얼마나 많은 허세를 내보이고 있는가?"라고 말했다. 그런데 다른 일설로는 디오게네스가 "플라톤의 허세를 밟아 주고 있다"라고 말했고 그러자 플라톤이 "디오게네스, 너야말로 또 그런 식으로 또 다른 허세를 부리는 것이다"라고 말했다고 한다. 그러나 소티온은 자기가 쓴 책 4권에서 그에게 플라톤이 "디오네게네스, 자네는 개와 같은 짓을 하고 있군"이라고 말했다고 한다.[62]

---

60) 《잡다한 것들의 역사》(*Pantodapē Historia*).
61) 이 일화를 플라톤의 이데아가 사물 속에 분유되어 있다는 이론을 비아냥거린 말로 해석하는 사람도 있다.
62) 이 부분은 사본에 따라 내용상 차이가 있다. 위의 번역은 도란디의 독법에 따랐다.

언젠가 디오게네스가 플라톤에게 말린 무화과 10개를 달라고 부탁했다. 그래서 플라톤이 항아리째로 그에게 보내 주었더니 "당신은 '2 더하기 2는 얼마냐'고 물으면 '20'이라고 대답하시나요? 이와 마찬가지로 당신은 내가 달라는 대로 주지도 않고 물어본 대로 대답하지도 않습니다"라고 말했다. 그래서 플라톤은 그를 끝없이 떠들어대는 수다쟁이라고 코웃음 쳤다.

〔27〕그리스의 어느 곳에서 훌륭한 사람들을 보았는가라는 물음에 그는 말했다. "훌륭한 사람들은 어디서도 보지 못했으나 용기 있는 사람들은 라케다이몬에서 보았소." 언젠가 그가 진지하게 말하고 있는데 아무도 그의 말을 들으려 하지 않자 그는 콧노래를 부르기 시작했다. 그러자 사람들이 많이 모였는데 그것을 보고 그는 비난했다. "쓸데없는 이야기는 진지하게 들으러 오면서 진지한 이야기를 하면 우습게 여기고 천천히들 오는군."

그는 또 이렇게 말을 하곤 했다. "경주할 때는 옆 사람을 팔꿈치로 찌르거나 다리로 차거나 하여 서로 경쟁하는데, 훌륭하고 진실한 인간이 되는 것에 대해서는 누구 한 사람 경쟁하려 드는 사람이 없다." 또 그는 문헌학자가 오뒤세우스의 잘못은 다각도로 탐구하면서도 자기들 자신의 잘못에 대해서는 관심을 기울이지 않는 것을 이상하게 여겼다. 그리고 그는 음악가가 뤼라의 현은 조율하면서 자신의 영혼의 상태는 부조화한 상태로 내버려 두는 것에 놀라워했다.

〔28〕게다가 또 수학자[63]들이 태양이나 달은 응시하면서 자기 발밑에 있는 일은 보지 못하는 것에 대해, 그리고 연설가들이 아주 열

---

63) 디오게네스가 살던 시대에 수학자는 천문학자이기도 했다.

심히 정의를 이야기하면서 그것을 실천하지는 않은 것에 대해, 나아가 욕심이 있는 사람들이 돈을 폄하하면서 다른 쪽으로는 그것을 탐닉하는 것에 의아해했다. 그리고 정의가 재산보다 먼저라고 하여 정의로운 사람들을 칭찬해대면서 다른 쪽으로는 부자들을 부러워하는 사람들을 그는 비난했다. 그리고 사람들이 건강을 기원하며 신들에게 제사를 지내면서 제사를 올리는 와중에도 건강에 해가 될 정도로 먹어대는 것을 보고 그는 분노했다. 그러나 다른 한편 자기 주인들이 탐욕스럽게 먹는 것을 보면서도 주인이 먹는 어느 것도 빼앗으려 들지 않는 노예들을 보고 그는 경이로워했다.

〔29〕 그는 곧 결혼하게 되지만 결혼하지 않은 사람, 곧 배로 여행을 떠나게 되지만 출발하지 않은 사람, 곧 정치를 하게 되지만 그렇게 하지 않고 있는 사람, 곧 가족을 부양하게 되지만 그렇게 하고 있지 않은 사람, 곧 권세가들과 함께 지내게 되지만 그들을 가까이 하지 않고 있는 사람, 이런 사람들을 그는 칭찬했다.

그는 또 친구들에게는 손가락을 편 채로 손을 내밀어야 한다고 말하곤 했다. 64)

메니포스는 《디오게네스의 매매》65)란 책에서 그가 포획되어66) 팔려 나가는 자리에서, 어떤 일을 할 수 있는가라는 질문을 받았을 때 그는 "사람들을 지배하는 것"이라고 대답했다고 전한다. 그리고

---

64) 친구들에게 손 빌리지 말라는 상식에 대한 역설로 보인다.

65) 《디오게네스의 매매》(*Diogenous Prasei*). 그런데 101절에 나오는 메니포스의 저작목록에 이 책이 없다. 그 메니포스와 같은 인물인지 확인할 길은 없다. 이어지는 30절에서 에우불로스도 같은 제목의 책을 쓴 것으로 나온다.

66) 아래 74절에 여행 중 해적에게 붙잡혀서 노예상에게 팔린 일화가 전해진다.

그는 또 매각 고시인을 향해 "누군가 자기를 위해 주인67)을 사려는 사람이 있는지 고시해 주시게나"라고 말했다고 한다. 또 당시 앉아 있지 못하게 하자 "아무려면 어때. 물고기도 어떤 식으로 놓여 있든 간에 팔려 가는데"라고 말했다 한다.

〔30〕또 그는 우리가 단지나 접시를 살 때는 제대로 소리가 나는 지를 미리 확인하면서도 사람의 경우는 그저 겉모습만 보는 것은 이상한 일이라고 말했다. 68)

그리고 그는 자신을 산 크세니아데스에게 "비록 나는 노예일지라도 당신은 나에게 복종해야 하오, 왜냐하면 만약 의사나 배의 키잡이가 노예라 할지라도 그 사람이 말하는 것을 따를 테니까. 그런데 에우불로스69)는 자기가 쓴 《디오게네스의 매매》라는 제목의 책에서 디오게네스가 크세니아데스의 아이들을 다음과 같이 가르쳤다고 전한다. 즉, 그는 다른 학업이 끝나면 말타기, 활쏘기, 돌던지기, 창던지기를 가르쳤고, 그 후 아이들이 레슬링장에 다닌 다음부터는 체육 교사로 하여금 경기 선수가 되는 훈련을 시키지 못하게 하고 단지 혈색을 좋게 하고 신체를 좋은 상태로 유지하게 하는 정도의 훈련만 하도록 했다.

〔31〕또 그는 그 아이들로 하여금 시인이나 산문작가, 또 디오게네스 자신의 서적에 있는 어구들을 외우게 했고 배운 것을 기억하는 온갖 지름길을 훈련시키려 했다. 또 가정에서는 스스로 자기를 돌보는 법과 거친 음식을 먹고 물 마시는 것으로 만족하는 법을 가르쳤고

---

67) 디오게네스 자신을 주인으로 사라고 고시해 달라는 의미다.

68) 2권 78절에는 이 말이 아리스티포스의 말로 나온다.

69) 본문의 'Euboulos de'를 'Eublidēs'로 잘못 적은 것으로 보고 20절에 나오는 에우불리데스로 해석하는 사람도 있다.

머리는 짧게 자르고 장식은 붙이지 않도록 했으며 거리에서는 옷을 가볍게 입고,[70) 신발을 신지 않고, 입은 다문 채로 눈길을 낮추고[71) 다니게 하였다. 그리고 그는 그들을 사냥에도 데리고 갔다. 한편 아이들로서도 디오게네스 그를 배려하여 그를 위해서 부모님에게 여러 가지 부탁을 했다.

앞서 말한 같은 저자 에우불로스는 그가 크세니아데스 집안에서 늙도록 지냈고 그리고 죽었을 때에는 그의 아들들이 장사를 지내 주었다고 전한다. 그리고 그때에 크세니아데스가 어떤 식으로 매장할지를 묻자 그는 "얼굴을 아래로 해서"라고 대답했다고 한다.

〔32〕그래서 크세니아데스가 "왜 그런 식으로 하려 하지?"라고 묻자 그는 말했다. "조금만 지나면 아래위가 뒤바뀔 테니까." 그가 이렇게 말한 까닭은 이미 마케도니아 사람들이 낮은 지위에서 높은 자가 되어 패권을 잡고 있었기 때문이다.

또 어떤 사람이 그를 호화로운 저택에 데려가서 그에게 침을 뱉지 않도록 주의를 주자, 그는 가래를 돋워 그 사람의 얼굴에 뱉고 이렇게 말했다. "더 더러운 곳을 찾지 못해서"라고 말했다. 그런데 이 이야기는 아리스티포스와 연관된 것이라고 말하는 사람들도 있다.[72)

언젠가 그가 "인간들아!"라고 외쳤을 때 사람들이 모여들자, 그는

---

70) 원어는 '키톤을 입지 않고'(*achiton*)이다. 키톤은 그리스 사람들이 즐겨 입는 겉옷인 히마티온 안에 받쳐 입는 받침옷이다. 그렇다고 속옷은 아니라서 '속옷을 입지 않고'라고 번역할 때 생기는 오해를 피하기 위해 풀어서 번역했다.

71) 원문은 '자기 자신에게로 눈길을 내리고'(*kath' heautous blepontas*)이다. 금방 이해되지 않는 말이라서 숙어처럼 번역했지만, 자기 자신에게 침잠하라는 뜻으로 풀이할 수 있을 것이다.

72) 3권 75절 참고.

지팡이를 치켜들고 그들을 쫓아내면서 이렇게 말했다. "내가 부른 것은 인간이지 쓰레기들이 아니야." 이것은 헤카톤이 《교훈담》 1권에서 말한 것이다.

알렉산드로스 대왕은 이렇게 말했다고도 한다. "만약 내가 알렉산드로스가 아니었다면, 디오게네스이기를 바랐을 것이다."

〔33〕 그는 불구자란 귀가 먹은 사람이나 눈이 먼 사람이 아니라 바랑을 갖고 있지 않은 사람이라고 말했다. 73)

메트로클레스는 《교훈담》에서 이런 이야기를 전한다. 디오게네스는 머리를 반쯤 자르고 젊은이들의 연회에 끼어들었다가 그들에게 심하게 구타당했는데, 그 후 그는 구타한 자들의 이름을 석고판74)에다 적어, 그들이 평판이 깎이고 비난받아 망신당할 때까지 그것을 목에 매달고 온 마을을 돌아다녔다고 한다.

그는 자신을 일컬어 누구나 칭찬하지만 어느 누구도 사냥에 데려갈 엄두를 내지 않는 종류의 개라고 말했다.

어떤 사람이 "퓌티아 경기에서 사람들을 물리쳤다"고 자랑하자 그 사람을 향해 그는 이렇게 말했다. "아니다. 인간을 물리친 것은 나이고, 너는 노예를 물리친 거야."

〔34〕 "당신은 이제 노인이다. 남은 날은 좀 쉬시게"라고 말한 사람들을 향해 그는 말했다. "뭐라고! 만약 내가 경주장을 달리다 목표 지점 가까이에 이르렀을 경우 나더러 힘을 더 내지 말고 힘을 빼라는

---

73) 불구자(anapēros) 와 동냥자루(pēra) 라는 그리스어가 대구로 쓰이고 있음에 주목해야 한다.
74) 주로 공공 게시물을 게시하는 용도로 쓰였다.

말인가?"

만찬에 초대되었을 때 그는 가지 않겠노라고 말했다. 전번에 갔을 때 주인이 자기에게 고마움을 표하지 않았다는 것이다.

그는 맨발로 눈 위를 걷는 것 외에도 앞서[75] 말한 것과 같은 여러 가지 일을 했다. 그뿐 아니라 그는 날고기 먹는 것을 시도하기까지 했는데 소화시키지는 못했다.[76] 언젠가 그는 연설가인 데모스테네스가 선술집에서 점심식사를 하고 있는 것을 보았다. 데모스테네스가 안으로 피해 들어가자, 디오게네스가 말했다. "그러면 그만큼 더 술집 속에 있게 될 거야."

언젠가 외국 사람들이 데모스테네스를 만나고 싶어 하자, 그는 가운뎃손가락을 내밀면서 이렇게 말했다. "여기 아테네 대중선동가가 간다."[77]

〔35〕 어떤 사람이 빵을 길에 떨어뜨리고 그것을 줍는 것을 부끄러워하고 있을 때, 그는 이 사람을 가르치기 위해 포도주 항아리 목 부분에 끈을 매서 그것을 질질 끌면서 케라메이코스[78] 지역을 빠져나

---

75) 23절 참고.

76) 76절 참고.

77) 35절을 참고해 가운뎃손가락은 성을 상징한다고 이해했을 때, 데모스테네스는 대중선동 연설가인데 진짜 세상을 이끄는 대중선동 연설가는 성적인 것이라는 암시로 읽을 수 있다(Diogène Laërce, trans. J. -F. Balaudé, L. Brisson etc., *Vies et Doctrines des Philosophes Illustres*, Poche, 1999, p. 714 참고).

78) 케라메이코스(Kerameikos)는 아테네의 아크로폴리스 북서쪽에 위치한 넓은 지역이다. 도자기를 생산하던 곳이라 '세라믹'(*ceramic*, 도자기)이라는 말이 이 지명에서 연원했다. 국립묘지가 있었고, 엘레아 성지 순례가 출발하는 도로가 있으며, 아테네성 밖으로 나가는 성문이 있는 곳이어서 사람의 출입이 잦은 번화한 곳이었다.

갔다. 79) 그는 자기가 합창단을 훈련시키는 사람들을 모방했다고 말하곤 했다. 왜냐하면 이 사람들도 다른 단원들이 올바른 음정으로 노래할 수 있도록 하기 위해서 으뜸음을 약간 높여 잡기 때문이다.

대부분의 사람들은 겨우 손가락 한 개 차이로 미친다고 그는 말했다. "어떤 사람이 가운뎃손가락을 내밀고 걸어가면 사람들은 그를 미쳤다고 여길 테지만 집게손가락을 내밀고 가는 경우에는 그렇게 생각하지 않을 테니까." 매우 귀중한 것이 그저 헐값으로 팔리는가 하면 그 반대의 경우도 있다고 그는 말했다.

사실 조각상은 3천 드라크마나 하면서 1코이닉스나 되는 보릿가루80)가 단지 동전 2개 값밖에 안 된다는 것이다.

〔36〕 자기를 산 크세니아데스에게 그는 말했다. "자, 명령받은 대로 해보시오." 그래서 크세니아데스가 "지금 강의 흐름이 상류를 향해 간다"81)고 말했다. 그러자 그는 이렇게 말했다. "당신이 병에 걸린 상태에서 의사를 샀다면 그때도 당신은 의사 말에 따르지 않고 '지금 강의 흐름이 상류를 향해 간다'고 말하겠는가?" 어떤 사람이 그의 문하에서 철학을 배우기를 청했다. 그러자 그는 그 사람에게 농어를 건네주고서 그것을 갖고 자기 뒤를 따라오라고 명했다. 그러나 그 사람은 그게 부끄러워 농어를 내던지고 떠나 버렸다. 그래서 그는 얼마 후 그 사람을 다시 만났을 때 그는 웃으면서 이렇게 말했다.

---

79) 크라테스가 같은 행위를 한 제논을 가르칠 때 한 행동이라고 한다(7권 3절 참고).

80) 한 사람이 하루 먹을 수 있는 분량.

81) 에우뤼비데스의 시구. 《메디아》, 410행 참고. 크세니아데스는 노예 처지인 디오게네스가 주인인 자신에게 명령하는 것을 점잖게 꾸짖은 것이다.

"자네와 나 사이의 우정을 농어가 갈라놓았군." 그러나 디오클레스가 전하는 바로는 이렇다. 즉, 어떤 사람이 그에게 "부디 디오게네스, 우리에게 명령해 주세요"라고 하자 그는 그 남자를 데리고 나가 반 오볼로스어치의 치즈를 사 준 다음 그것을 옮기도록 명령했다. 그런데 그 남자가 거절하자 "자네와 군과 나 사이의 우정은 반 오볼로스어치의 치즈가 갈라놓았군"이라고 말했다는 것이다.

〔37〕 언젠가 그는 작은 아이가 양손으로 물을 떠 마시는 것을 보고 "이 아이의 검박한 생활 모습에 내가 졌다"라고 하면서, 바랑 속에서 컵을 꺼내 내던져 버렸다. 마찬가지로 그는 어떤 작은 아이가 접시를 깨뜨려 버린 후에, 빵의 움푹한 곳에 콩 스프를 담는 것을 보고 공기를 내던져 버렸다. 그는 또 다음과 같은 추론도 행하였다. 즉, 신들은 모든 것을 소유하고 있다. 그런데, 현자는 신들과 친한 사람이다. 그런데 친한 사람의 소유는 모두에게 공통이다. 그러므로 현자는 모든 것을 소유하고 있다. 페르가 출신 조일로스가 전하는 바에 따르면 언젠가 그는 한 여자가 꽤 보기 흉한 자세로 신들 앞에 무릎을 꿇고 있는 것을 보고 그녀에게서 미신을 없애 주려는 심산으로 그녀 옆에 다가가 이렇게 말했다고 한다. "부인, 신은 모든 곳에 머무는 만치 당신 뒤에도 계십니다. 그러니까 그렇게 흉한 모습을 하고 있는 건 부끄러운 일 아닐까요?"

〔38〕 그는 또 아스클레피오스의 신전 앞에 사람들이 머리를 조아릴 때마다 그들에게 달려가 그들을 흠씬 두드려 패곤 하는 한 무뢰한을 붙잡아 그자를 그 신에게 공물로 바쳤다. 그는 비극에 나오는 모든 저주가 자기에게도 나타난다고 말하곤 했다. 어떤 경우에도 자기는 나라에서 쫓겨나 나라도 없고, 집도 없는 사람이며 하루하루 먹

을거리를 구걸하며 떠돌아다니는 사람이라고. 그러나 그는 운명에 맞서 용기를, 관습에 맞서 자연을, 욕정에 맞서 이성을 내세워야 한다고 주장했다. 그가 크라네이온[82]에서 햇볕을 쬐고 있을 때, 알렉산드로스 대왕이 다가와 그의 앞에 서서 "무엇이든지 바라는 걸 나에게 말해 보라"고 하자 그는 "나를 비치는 햇빛을 가리지 말아 주시오"라고 대답했다.[83] 어떤 사람이 장시간 큰 소리로 사람들에게 책을 읽어 주고 있었는데 마침내 그 책 끝에 이르러 아무것도 쓰여 있지 않은 부분이 나타나자 그는 말했다. "여러분들 힘내세요. 육지가 보입니다." 자기에게 뿔이 있다는 것을 추론에 의해 증명해[84] 보인 사람을 향해 그는 그의 이마에 손을 대어 보고서 이렇게 말했다. "나로서는 아무것도 보이지 않는데."

〔39〕 또, 운동은 존재하지 않는다고 말한 사람에 대해서도 마찬가지로 그는 일어나 그곳을 돌아다니는 모습을 보였다. 하늘의 현상에 대해 논하는 사람에게는 "하늘로부터 여기까지 오는데 너는 며칠이 걸렸지?"라고 그는 말했다. 어떤 성질이 고약한 거세된 남자가 자신의 집 입구에 "나쁜 놈은 들어오지 말 것"이라고 써 붙이자 그는 말했다. "그러면, 이 집의 주인은 어떻게 들어갈까?"

그는 발에 향유를 바르고 나서 향유는 머리로부터는 하늘로 날아가 버리지만 발에서부터라면 콧구멍으로 들어오는 것이라고 말했다.

아테네 사람들이 그에게, 비밀의식을 맡은 사람들은 저세상에서

---

82) 크라네이온(Kraneion)은 코린토스 근처에 있는 숲으로 디오게네스가 즐겨 찾던 곳이라 한다. 77절 참고.
83) 플루타르코스의 《비교열전》, 《알렉산드로스》, 14에도 이 이야기가 나온다.
84) 이 궤변에 대해서는 2권 111절, 7권 44절, 82절 참고.

특권적 지위를 얻는다고 말하면서 비밀의식을 맡도록 재촉하자 그는 이렇게 말했다. "아게실라오스[85]나 에파메이논다스는 저세상에서 진흙탕 속에서 지내고, 아무 쓸모도 없는 자들이 비의를 맡았다는 이유로 '행복한 사람들이 사는 섬'에 살게 된다면 그것은 우스운 일이다."

〔40〕쥐가 식탁 위를 기어 다니고 있을 때 그는 그 쥐에게 이렇게 말했다. "이거 봐, 디오게네스도 식객을 거느리고 있네." 플라톤이 그를 개라고 말했을 때, "그렇고말고요. 왜냐하면 나는 나를 팔아치운 자들에게 자꾸 되돌아가거든요"라고 그는 대꾸했다. 그가 공중탕에서 나왔을 때, 사람이 많은가라고 묻는 사람에게는, 그는 "아니다"라고 대답했지만, 군중이 있느냐고 묻는 사람에게는, "그렇다"라고 대답했다. 플라톤이 "인간이란 두 다리를 가진 날개 없는 동물이다"라고 정의하여 호평을 얻었을 때 그는 날개를 떼어낸 암탉을 들고 플라톤의 교실에 들어가 "이것이 플라톤이 말하는 인간이다"라고 말했다. 이런 이유로 이 정의에는 "편평한 손톱을 가진 자"라는 어구가 덧붙게 되었다.[86] 식사는 어느 때에 해야 할지를 묻는 사람에게 그는 이렇게 말했다. "부자라면 먹고 싶을 때에 그러나 가난한 사람이라면 먹을 수 있을 때에."

〔41〕모피 옷 때문에 양을 애지중지하는 메가라에서 아이들이 벌

---

85) 아게실라오스(Agēsilaos)는 기원전 444~360년에 살았던 스파르타 왕으로 페르시아의 침공에 대항해 소아시아까지 원정하기도 했다.

86) "편평한 손톱을 가진 자"(platyōnychos)는 플라톤의 《정의(定義) 모음》, 415a 참고. 플라톤, 또는 이 위서의 저자는 이곳에서 인간을 정의하면서 실제로 그 어구를 덧붙여 놓았다.

거벗은 채로 있는 것을 보고 그는 말했다. "메가라 사람들의 자식이 되는 것보다는 메가라의 양이 되는 게 더 낫군."

어떤 사람이 그에게 각목을 던지고 나서 "조심해!"라고 고함치자, 그는 그 사람에게 "또 나에게 던질 참인가"라고 말했다. 그는 대중선동가는 대중의 하인이며, 그들에게 수여되는 영예의 관이란 그저 평판이 곪아 터진 것에 불과하다고 말했다. 그는 대낮에 등잔에 불을 켜고 이렇게 말했다. "나는 인간을 찾고 있다."[87] 언젠가 그는 물을 뒤집어쓴 모습으로 서 있었다. 그래서 주위에 있던 사람들이 이것을 불쌍해하자 거기에 마침 있던 플라톤은 이렇게 말했다. "만약 여러분들이 정말로 그를 불쌍하다고 여기신다면 여기에서 떠나시오." 그는 디오게네스의 명예욕을 모두에게 일러 주기 위해 그랬던 것이다. 어떤 사람이 디오게네스에게 주먹을 한 방 먹이자 그는 이렇게 말했다. "아이고, 나는 아주 중요한 것을 잊고 있었군. 산책하러 나올 때는 투구를 써야 한다는 것을."[88]

〔42〕 게다가 또 메이디아스가 그를 주먹으로 한 방 갈기고서, "이것으로 너에게 3천 드라크마를 빚졌다"라고 하자, 그다음 날 그는 권투용의 가죽장갑을 끼고 와서 그 남자를 한 방 내갈긴 후 "이것으로 너에게 3천 발의 주먹을 빚졌다"고 말했다. 약사인 뤼시아스가 그에게 신들을 믿는가라고 묻자 그는 이렇게 말했다. "어찌 믿지 않을 수 있겠는

---

87) lychnon meth' hēmeran apsas, "anthrōphon", phēsi "zetō". 도란디가 택한 독법과 달리 힉스의 교정본대로 이 부분을 lychnon meth' hēmeran apsas, periiēi legōn "anthrōphon zetō"로 고쳐 읽으면 "나는 대낮에 등잔에 불을 켜고 '나는 인간을 찾고 있다'"고 말하면서 여기저기 돌아다녔다"가 된다.
88) 6권 54절 참고.

가? 신들에게 미움받고 있는 너와 같은 사람을 보고서 말이야." 그러나 어떤 이들은 이것은 테오도로스가 말한 것이라고도 전한다. 어떤 사람이 정화의식으로 몸을 씻는 것을 보고, 그는 그 사람에게 말했다. "불쌍한 사람, 너는 모르는가. 네 몸을 정화한다고 해서, 문법상의 잘못을 없애듯이 인생에서의 잘못을 없앨 수는 없는 것임." 사람들이 행하는 기도에 대해 그는 이렇게 비난했다. "그들이 바라는 것은 자기에게 좋다고 여겨지는 것일 뿐 진실로 좋은 것은 아니다."

〔43〕 그는 또 꿈에서 본 것에 흥분해하는 사람들에게 이렇게 말했다. "그들은 깨어 있을 때의 행위에 대해서는 조금도 주위를 기울이지 않으면서, 자고 있을 때 본 환상에 대해서는 호들갑을 떨고 있다." 올림피아에서 포고자가 "디옥시포스가 사람들에게 승리를 거두었다"라고 고하자 그는 이렇게 항의했다. "그 남자는 노예들에게 승리를 거둔 것일 뿐, 사람들에게 승리를 거둔 것은 바로 나다." 그는 또 아테네 사람들에게서 사랑을 받았다. 언젠가 어떤 젊은이가 그의 항아리를 깨부수었을 때, 아테네 사람들은 그 젊은이에게 채찍을 가했고 그에게는 다른 항아리를 가져다주었기 때문이다. 그리고 스토아학파의 디오뉘시오스는 디오게네스가 카이로네이아의 전투[89] 가 끝난 뒤 필리포스 왕에게 붙잡혀 끌려간 자리에서 "너는 누구냐"라는 질문을 받고서 "당신의 식을 줄 모르는 욕망을 찾아내는 탐색병입니다"라고 대답했다고 전한다. 그 때문에 그는 놀랄 만한 자라고 여겨져 석방되었다고 한다.

---

89) 카이로네이아의 전투는 기원전 338년에 그리스 연합군이 마케도니아의 필리포스에게 패배해 결정적으로 고전기 그리스 시대의 멸망의 계기가 된 전투다.

〔44〕언젠가 알렉산드로스 대왕이 아테네에 주둔하고 있던 안티파 트로스에게, 아틀리오스라는 사람을 시켜 편지를 보내오자 그 자리에 마침 있던 디오게네스는 이렇게 말했다. "아틀리오스의 아들인 아틀 리오스가 아틀리오스를 시켜 아틀리오스에게 편지를 보냈다."90) 페 르딕카스91)가 자기에게 오지 않으면 죽이겠다고 위협하자 그는 이렇 게 말했다. "그런 일쯤은 무서울 것 없어. 풍뎅이나 독거미도 그 정도 는 할 테니까." 오히려 그는 페르딕카스가 "네가 같이 있지 않아도 나는 아주 행복하게 지낼 거야"라는 식으로 협박해 주기를 기대하고 있었 다. 그는 자주 목소리를 높여 사람의 생계 수단은 신에게서 쉽게 얻을 수 있는데 그것이 사라진 것은 사람들이 꿀이 들어간 과자라든가, 향 유라든지 그 밖에 그런 종류의 것들을 갖고 싶어 하기 때문이라고 말했 다. 그리고 하인에게 자기 신발을 신기는 사람에게 그는 이렇게 말했 다. "너는 코도 남이 닦아 주지 않으면 결코 행복할 수 없는 사람이구 나. 그러나 그것은 네가 두 손을 쓰지 못하게 되었을 때 일이겠지."

〔45〕언젠가 신전 관리인들이 신전에 있는 보물 잔을 훔친 남자를 잡아가는 것을 보고 그는 말했다. "큰 도둑들이 좀도둑을 잡아가는 군." 어느 날인가 한 젊은이가 교수대에 돌을 던지는 것을 보고, "대 단하군. 너도 언젠가 그 과녁을 맞출 거니까."92) 그의 주위에 서 있

---

90) 아틀리오스(*athlios*)는 불쌍한 사람, 불행을 불러일으키는 사람이란 뜻을 갖는 다. 디오게네스의 의도를 살려 다시 번역하면 이럴 것이다. "불행을 일으키는 자(필리포스)의 아들인 불행을 일으키는 자(알렉산드로스)가, 불행을 일으키 는 자(아틀리오스)를 시켜 불쌍한 사람(안티파트로스)에게 편지를 보냈다."
91) 페르딕카스(Perdikkas)는 프톨레마이오스와 더불어 알렉산드로스 사후 핵심 후계자 중 한 사람이다. 기원전 321년 이집트에서 부하에게 살해당했다.
92) 언젠가 너도 교수대 한가운데에 위치하게 될 것이라는 이야기다.

던 아이들이 "우리 물리지 않게 조심하자"라고 말하자 그는 말했다.
"걱정하지 마, 풋내기들아, 개는 풋것은 먹지 않아." 사자 가죽을 걸
쳐 입고 뽐내고 있는 남자에게 그는 말했다. "집어치워라. 용기의
옷에 욕 먹이는 짓을." 칼리스테네스93)를 복 터진 자라고 추켜세우
며 그가 알렉산드로스 대왕 밑에서 얼마나 호사를 누리는지 떠들어
대는 사람에게 그는 말했다. "아니야, 그 사람은 불행한 남자일세.
점심이건 저녁이건 그는 알렉산드로스가 적당한 때라고 생각할 때
만 먹을 수 있으니까 말일세."

〔46〕 그는 돈이 궁할 때 친구들에게 빌려달라고 말하지 않고 오히
려 돌려주라고 말했다. 어느 날 그는 광장에서 자위에 탐닉하면서,
"아, 배도 또 이렇게 문지르기만 하면, 시장하지 않게 되면 좋을 텐
데"라고 말했다. 94) 한 명의 젊은이가 사치스러운 자들과 함께95) 연
회에 나가는 것을 보고, 그는 이 젊은이를 떼어내서 가족에게 데려
가, 엄중하게 감시하도록 명했다. 아름답게 치장한 젊은이가 그에
게 어떤 것을 질문하자, 그는 그 젊은이에게 옷을 들추어 남자인지
여자인지를 보여 주지 않는 한 대답해 주지 않겠다고 말했다.

목욕탕에서 코타보스 놀이96)를 하는 젊은이에게 그가 말했다.
"잘되면 잘될수록, 그만큼 더 어려운 법이다." 어떤 사람들이 연회

---

93) 4권 4절 참고.
94) 69절에도 비슷한 이야기가 나온다.
95) 사치스러운 자(satrapês). 'satrapês'는 페르시아 지방 장관을 나타내는 관직명
이기도 하다.
96) 코다보스(Kottabos)는 그리스 사람들이 즐긴 놀이의 일종으로 큰 그릇에 물을
가득 채우고 그 위에 작은 잔을 띄운 다음 마시다 남은 술을 그곳에 뿌려 가라
앉히는 놀이다. 가라앉히는 정도에 따라 사랑을 점쳤다고 한다.

석상에서 마치 개에게 그러듯 그에게 뼈를 던져 주었다. 그러자 그는 돌아갈 때에 바로 개가 하는 것처럼 그에게 오줌을 쌌다.

〔47〕 연설가들이나 평판을 추구하며 말하는 사람들을 그는 '삼중파탄자'라는 뜻을 가진 '삼중인간'으로 불렀다. 97) 그는 무지한 부자를 '황금색 양'이라고 불렀다. 낭비벽이 심한 사람의 집에 '매물'이라는 문자가 쓰인 것을 보고, 그 집에게 그는 이렇게 말했다. "그렇게 주인이 술에 절어 있으니 네가 거뜬히 토해낼 줄 나는 진작부터 잘 알고 있었다." 어느 젊은이가, 자신을 괴롭히는 사람들이 많아서 곤란하다고 호소하자, 그는 그 젊은이에게 "너도 사람의 관심을 불러일으키는 표정을 여기저기에서 드러내 보여서는 안 된다"라고 말했다. 불결한 공중탕에다 대고 그는 말했다. "여기에 목욕하러 오는 사람들은 어디서 몸을 씻으면 좋은가."

어느 키타라를 연주하는 가수이자 뚱뚱한 남자가 모든 사람에게서 욕을 먹고 있을 때, 그만은 혼자 이 남자를 칭찬했다. 그래서 왜 칭찬하는지를 묻자 그는 이렇게 말했다. "이 정도의 큰 신체를 갖고 있으면서 해적이 되지 않고 키타라에 맞추어 노래하고 있으니까."

〔48〕 청중으로부터 언제나 버림받고 있는 키타라 연주 가수에게, 그는, "아, 수탉 씨"라고 인사했다. 그래서 그 남자가, "어째서 그렇게 부릅니까?"라고 묻자, "네가 노래하면, 모두가 눈을 뜨기 때문에"라고 그는 대답했다. 어느 젊은이가 꼴 같지 않게 연설하고 있을 때, 그는 품에 있는 주머니에 콩을 가득 채우고 그 남자 바로 앞에서 우걱우걱 먹기 시작했다. 거기에 모여 있던 많은 사람이 그쪽으로 눈길을

---

97) 삼중파탄자(*tristharios*), 삼중인간(*trisanthrōpos*).

돌리자 그는 왜 사람들이 그 연설자를 보지 않고 내 쪽을 보는지 이상하다고 말했다. 또, 매우 미신이 깊은 어떤 남자가 그에게, "일격에 너의 머리를 갈라 보여 주겠다"라고 말하자 그는 말했다. "그렇다면 나는 왼편 한쪽에서 나오는 재채기[98] 하나로 너를 날려 보내 주겠다." 헤게시아스가 그에게 그의 책 하나를 빌려달라고 부탁하자 그는 이렇게 말했다. "헤게시아스, 너도 정신이 없구나. 말린 무화과의 경우 그림으로 그린 것이 아니라 진짜를 고르면서, 공부의 경우 너는 진짜는 쳐다보지도 않고, 글씨로 써진 쪽에 매달려 있으니 말일세."

〔49〕 또 어떤 사람이 추방당한 그를 비방하자, 그 사람에게 그는 이렇게 말했다. "아닐세, 이 불쌍한 친구야, 그랬기 때문에 나는 철학을 하게 되었던 거야." 게다가 또 어떤 사람이, "시노페 사람들이 너에게 추방을 선고한 것이로군" 하고 말하자, 그는 "아니지, 내가 그들에게 고국에 머물러 있을 것을 선고한 것일세"라고 말했다. 언젠가 올륌피아 경기에서 승리한 자가 양을 기르고 있는 것을 보고, 그 사람에게 그는 이렇게 말했다. "이 친구, 올륌피아에서 네메아[99]로 대단히 빠르게도 이동하셨군." 육상선수는 왜 그리 무감각한가를 묻자 그는 말했다. "몸이 돼지고기와 쇠고기로 만들어졌기 때문이다." 또 언젠가 그는 조각상 하나를 염치없이 요구했다. 그리고 어째서 그런 일을 하는지 질문받자 그는 이렇게 말했다. "거절당하는 것을 연습하고 있다." 그가 사람에게 물건을 염치없이 요구하는 경

---

98) 당시 그리스에서는 재채기가 왼쪽으로 치우쳐 나오면 흉한 일이 일어날 것이라는 미신이 있었다고 한다.

99) 네메아(Nemea)는 코린토스와 아르고스 중간에 위치한 지역으로 목초지가 발달한 곳으로 올륌피아와 더불어 올륌피아 경기가 열린 곳이다.

우에는 ─ 그렇다고는 하지만 처음에는 먹는 것이 궁해서 그렇게 했던 것이나 ─ 그는 다음과 같은 이야기 방식을 취했다. "만약 벌써 다른 사람에게도 주고 있다면 나에게도 달라. 하지만 아직 누구에게도 주고 있지 않다면 나부터 우선 시작해 다오."

〔50〕 언젠가 한 참주로부터 조각상에는 어떤 청동이 더 적합할지 질문받고 그는 이렇게 말했다. "하르모디오스나 아리스토게이톤[100]의 청동상을 주조할 때 사용한 그런 종류의 것." 디오뉘시오스로부터 친구들을 다루는 법에 대해 질문받자 그는 이렇게 말했다. "지갑과 같지. 내용물이 가득한 것은 들고 다니지만 텅 빈 것은 내버리는 것이지." 늦게 결혼한 한 남자가 집 문 앞에 "제우스의 아들이자, 승리의 영광에 빛나는 헤라클레스, 여기에 살고 있다. 재앙을 가져오는 자 들어오지 말 것"이라고 써 붙여 놓았는데 그는 거기에다 "싸움이 끝난 다음 동맹임"이라고 추가로 써넣었다. 돈에 대한 사랑은 모든 재앙의 모국이라고 그는 말했다. 어떤 낭비벽이 심한 사람이 선술집에서 올리브 열매를 먹는 것을 보고, "네가 만약 아침을 그렇게 먹었더라면, 저녁식사를 그렇게 하지는 않았을 텐데"라고 그는 말했다.

〔51〕 그는 착한 사람들은 신들을 닮았다고 말했다. 또 사랑은 여유를 주체 못하는 사람들이나 하는 일이라고 말했다. 이 세상에서 비참한 것은 무엇인지 질문을 받고 그는 "곤궁한 노인이다"라고 말했다.

---

100) 두 사람 모두 기원전 6세기 아테네 귀족으로 참주 힙피아스와 그 동생 히파르코스의 살해를 기도한 사람들이다. 비록 그 일로 죽임을 당했으나 참주제 해체 후 해방자로서 칭송되어 아고라에는 두 이름의 청동상이 건조되어 널리 숭앙되었다. 이 문맥은 위 두 사람을 끌어들여 어떤 참주의 질문에 비아냥거리며 비판적으로 대꾸하는 의미를 갖는다.

동물들 중 무엇에 물리는 것이 가장 위험한지 묻자 그는 말했다. "아주 거친 놈들 가운데서는 무고꾼, 온화한 놈 가운데서는 추종자."

언젠가 아주 엉성하게 그려진 두 마리의 켄타우로스를 보고, "이들 중 어느 쪽이 케이론101)인가?"라고 그는 물었다. 아첨은 꿀로 사람을 질식시키는 것이라고 그는 말했다. 또, 위라는 장기는 생활의 양식을 빨아들이는 소용돌이102)라고 그는 말했다.

언젠가 난봉꾼 디뒤몬103)이 붙잡혔다는 소식을 듣고 그는 말했다. "그 이름만 보아서는 그를 목매다는 것이 지당하군." 왜 금은 창백한 색을 띠는지 질문받자 그는 말했다. "그것을 노리는 놈이 여럿 있기 때문이지." 어떤 여자가 우리 모양 가마를 타고 가는 것을 보고 그는 말했다. "우리는 사냥한 것을 가두는 데만 쓰는 게 아니군."

[52] 또 언젠가 도망 나온 노예가 우물가에 앉아 있는 것을 보고 그는 말했다. "젊은이, 떨어지지 않게 조심해."104) 공중목욕탕에서, 옷을 훔치는 소년을 보고 그는 말했다. "향유를 갖고 싶어서인가 아니면 남의 옷을 갖고 싶어서인가"105) 언젠가 올리브 나무에 매달려 있는 아낙네들을 보고 그는 말했다. "모든 나무가 다 저런 열매

---

101) '케이론'(Cheirōn)은 반인반마의 괴물인 켄타우로스족 중에서 아킬레우스의 스승이었던 켄타우로스의 이름이다.

102) 이 소용돌이(charybdis)는 스퀼라(Skylla) 암초와 시켈리아 해안 사이의 좁은 해협에서 발생하는 엄청난 규모의 소용돌이를 말한다.

103) 힉스 교정본에는 'ho moichos'(난봉꾼)가 아니라 'ho aulētēs'(아울로스 연주자)로 나온다. 디뒤몬(Didymōn)과 같은 발음의 중성단수 'didymon'은 '두 개의, 이중의'라는 뜻을 갖고 중성복수인 'didyma'는 남자의 고환을 뜻한다.

104) '우물'로 옮긴 'phreatia'는 '함정'이란 의미도 있으므로 그것을 염두에 두고 한 말이다. 여기서 함정은 도로 주인에게 붙잡히는 것을 의미한다.

105) 향유는 'aleimmation', 남의 옷은 'all himation'으로 일종의 말장난이다.

를 맺으면 좋으련만."

노상강도를 보고 그는 이렇게 읊었다.

무엇이 그대를 여기에 오게 했나, 용감한 이여.
죽은 자의 몸에서 뭘 벗겨 가려는 것인가?106)

시중을 들어 줄 소녀나 소년이 있는가라고 누가 물었을 때 그는
"없다"고 대답했다. 그러자 그 사람이 "그러면, 당신이 죽었을 때,
누가 당신을 장사 지내 주나요"라고 물었다. 그는 말했다. "이 집을
갖고 싶은 사람."

〔53〕잘생긴 젊은이가 널브러진 자세로 자는 것을 보고 그는 그를
슬쩍 밀쳐대며 말했다. "일어나게, 자네가 자는 사이에 누가 자네 등
에다 칼을 꽂으면 어쩌려고."107) 또, 사치스럽게 먹을거리를 사들이
는 사람을 향해 그는 말했다. "얘야, 너는 단명하겠구나. 네가 그리
장을 보니."108)

플라톤이 이데아에 대해 설명하면서 '책상다움', '술잔다움'이라는
명칭을 사용하자 그는 말했다. "플라톤이여, 나에게 책상이나 술잔

---

106) 이 시의 둘째 행은 호메로스의 《일리아스》, 343행과 387행을 그대로 인용했다.

107) 호메로스의 《일리아스》, 8권 95행, 22권 283행에 비슷한 말이 나온다. 여기
서 칼은 중의적으로 남성의 성기를 뜻할 수도 있다.

108) 호메로스의 《일리아스》, 18권 95행을 패러디한 말이다. 이 말은 5권 5절에
원문대로 인용되는데, "얘야, 너는 단명하겠구나, 네가 말하는 대로"가 그것
이다. 이 말은 단명할 줄 알고 트로이 전쟁에 참가한 자신의 아들 아킬레우스
에게 테티스가 한 말이다. 그런데 디오게네스는 '말하다'(agoreuein) 란 말을
비슷한 철자의 '장보다'(agorazein) 로 바꾸어 호사스러운 음식이 건강을 해칠
것이라는 말을 비꼰 것이다.

은 보이지만, 책상다움이라든지 술잔다움이라는 건 전혀 보이지 않습니다." 그러자 플라톤이 말했다. "지당한 얘기다. 왜냐하면 너는, 책상이나 술잔을 보는 눈은 갖고 있지만, 책상다움이나 술잔다움을 분별해내는 지성은 갖고 있지 않기 때문이지." 〔54〕 누군가로부터 "당신에게 디오게네스는 어떠한 사람으로 생각되십니까?"라는 질문을 받자 그(플라톤)는 말했다. "미친 소크라테스다."

어느 시기에 결혼해야 하는지에 대해 질문을 받고 그는 말했다. "청년의 경우는 아직 때가 아니고, 노인의 경우는 더 이상 때가 아니다."109) 주먹으로 얻어맞았을 경우 당신은 어떤 소득이 생기느냐는 질문을 받고 그는 "투구"라고 말했다.

잘 치장한 젊은이를 보고 그는 말했다. "남자들을 위해서라면 넌 헛짚은 것이고, 여자들을 위해서라면 넌 그릇된 짓을 하는 것이다."110) 언젠가, 얼굴이 빨개진 젊은이를 보고 그는 말했다. "용기를 내게, 그런 얼굴색이야말로 덕의 색깔이네."

언젠가 두 명의 법률가가 서로 논쟁하는 것을 듣고 그는 이렇게 말하면서 그 두 사람을 비난했다. "한쪽은 물건을 훔쳤다는 것이고 다른 한쪽은 아무것도 잃어버린 게 없다는 것이네." 어떤 포도주를 마시는 것이 기쁘냐는 물음에 그는 말했다. "다른 사람이 사주는 포도주." "많은 사람이 너를 비웃고 있어"라고 말한 사람에 대해서 그는 말했다. "그래도 나는 비웃음당하지 않아."

---

109) 1권 26절에도 같은 이야기가 있다.
110) '헛짚은 것'(atycheis)과 '그릇된 짓을 하는 것'(adikeis)은 그리스어의 유사성에 주목한 일종의 말장난이다.

〔55〕사는 것은 재앙이라고 말한 사람에 대해서 그는 "사는 것이 재앙이 아니라 악하게 사는 것이 재앙이지"라고 말했다. 도망간 그의 노예를 찾으라고 조언해 준 사람들에 대해 그는 말했다. "터무니없잖아, 마네스111)는 디오게네스가 없어도 살아갈 수 있고, 디오게네스는 마네스가 없으면 살아갈 수 없다고 한다면 말이야." 과자를 곁들여 올리브로 차린 아침식사를 하고 있던 그가 과자를 내던지며 이렇게 말했다. "외국분이여, 참주들을 위해 길을 내주시게."112) 어떤 때에는, 올리브 열매를 내치듯 던져 버리면서 그랬다. 113)

어디 산(産) 개인가라는 질문을 받고서 그는 이렇게 말했다. "배가 고플 때는 멜리타산 개114)이고 배가 부를 때는 몰로시아산 개115)다. 이들 개는 많은 사람들이 칭찬하는 개이지만, 고생할까 봐 사냥에 데려가려는 엄두들을 내지 않는다. 그와 마찬가지로 자네들도 고생할까 두려워 나와 함께 살 수가 없다."

〔56〕현자도 과자를 먹는가라는 질문에 그는 말했다. "뭐든 다 먹고말고. 다른 사람들과 똑같이."

사람들이 왜 거지에게는 베풀면서 철학자들에게는 그렇게 하지 않는가라는 질문에 그는 이렇게 말했다. "그것은 그들이 언젠가 다

---

111) 도망간 노예의 이름인 듯하다.
112) 에우뤼피데스의 《포이니케의 여인들》, 40행을 인용한 것이다.
113) 호메로스의 《일리아스》, 5권 366행 및 8권 45행을 인용한 것이다. 그러나 《일리아스》에는 'elaan'이 동사 'elaunō'의 부정법으로 사용되었기 때문에 이대로 해석하면 "그는 그것들을 채찍질하여 내몰았다"가 된다. 같은 철자로 된 문장을 상황에 따라 달리 해석하게 하는 재치를 부린 것이다.
114) 현재는 '몰타산 개'.
115) 멜리타산 개는 흰색 애완견이고 몰로시아산 개는 집을 지키는 큰 개다.

리를 절거나 눈이 멀게 될지도 모른다는 생각은 하지만 자기들이 철학자가 될 것이라는 생각은 전혀 하고 있지 않기 때문이지."

그가 어떤 인색한 자에게 베풀어 줄 것을 청했을 때 그가 머뭇거리자 그는 "이 사람아, 나는 당신에게 먹을 것을 구하는 것이지 장례식 비용을 청하는 게 아니야"라고 말했다.

언젠가 그가 통화를 위조했다는 이유로 비난받게 되자 그는 이렇게 말했다. "분명 지금의 너와 같은 때가 나에게도 있었지. 하지만 너에게는 결코 지금의 나와 같이 되는 때는 없을 거야." 마찬가지 이유로 그를 비난한 다른 사람에 대해서 그는 또 이렇게 말했다. "옛날에는 오줌을 갈겼지만, 이젠 그렇게 하지 않지."

〔57〕 뮌도스라는 마을에 갔다가 성문은 큰데 정작 마을은 작은 것을 보고 그는 이렇게 말했다. "뮌도스 사람들이여, 성문을 닫아 두시게, 여러분의 마을이 도망가지 않게."

언젠가 보라색 옷을 훔치려다 그 자리에서 잡힌 남자를 보고 그는 말했다. "보라색 죽음과 막강한 운명에 사로잡혔도다."[116]

크라테로스[117]가 자기에게 와 주었으면 하고 그를 청했을 때 그는 이렇게 말했다. "하지만 나는 크라테로스에게서 성찬을 대접받기보다는, 아테네에서 소금을 핥고 있기를 바라노라." 뚱뚱하게 살찐 수사술가 아낙시메네스에게 찾아가 그는 이렇게 말했다. "우리들 거지에게 당신 뱃속에 있는 것을 나누어 주시지요. 그러면, 당신은 몸이 가벼워질 것이고 우리로선 혜택을 입을 테니까요." 언젠가 이 수

---

116) 호메로스, 《일리아스》, 5권 83행을 인용한 것이다.
117) 크라테로스(Krateros)는 알렉산드로스 휘하의 장군이다.

사술가가 이야기하고 있을 때, 그는 절인 생선을 내밀어 청중의 주의를 돌려놓았다. 이 사람이 화를 내자 그는 말했다. "단 1오볼로스의 절인 생선이 아낙시메네스의 강의를 깨 버렸네."

〔58〕 언젠가 광장에서 뭔가를 먹고 있다는 이유로 비난당하자, 그가 말했다. "광장에서도 배는 고팠으니까." 어떤 사람들은 다음의 이야기도 그에 대한 이야기라고 말한다. 즉, 그가 야채를 씻고 있는 것을 플라톤이 보고 그에게 다가가 조용히 말했다. "만약 네가 디오뉘시오스를 섬겼더라면 야채 따위를 씻는 일은 없었을 텐데." 그러자 그도 똑같이 조용히 말했다. "당신도 만약 야채를 씻었더라면 디오뉘시오스를 섬기는 일은 하지 않으셨을 텐데."

"대다수 사람들이 너를 비웃고 있어"라고 하는 말에 대해 그는 이렇게 말했다. "당나귀가 똑같이 그들을 비웃지만,118) 그들이 당나귀가 하는 일에 신경 쓰지 않듯이 나도 그들이 하는 일에 신경 쓰지 않아." 언젠가 한 젊은이가 철학을 공부하는 것을 보고 그는 이렇게 말했다. "좋은 일이야. 당신이, 몸을 사랑하는 사람들로 하여금 영혼의 아름다움에로 눈을 돌리게 하는 일은."

〔59〕 어떤 사람이 사모트라케 신전에 있는 봉납물들을 보고 놀라워하자119) 그는 말했다. "만일 구조되지 못한 사람들까지 봉납했더라면 훨씬 많은 봉납물들이 있었을 거야." 그러나 이 말은 멜로스 출신 디아고라스가 한 말이라고 말하는 사람들이 있다.

---

118) 당나귀가 늘 내는 울음소리에 빗댄 것이다.
119) 폭풍 속에서 배를 지켜주는 신으로 알려진 카베이로이(Kabeiroi)를 기리는 신전이 사모트라케에 있었다.

향연에 참석하려고 하는 잘생긴 젊은이에게 그는 말했다. "너는 보다 못난 사람120)이 되어 돌아올 거야." 그런데 그 젊은이가 돌아와 다음 날 "나는 다녀왔습니다만 조금도 더 못난 사람이 되지는 않았는데요"라고 말했다. 디오게네스가 말했다. "케이론이 아니라 에우뤼티온121)이 된 것이지."

그가 성질이 까탈스러운 자에게 적선을 구했을 때 그 남자가 "나를 설득할 수 있다면"이라고 말하자 그가 말했다. "내가 너를 설득할 수 있다면, 목을 매도록 설득했을 것이다."

그가 라케다이몬에서 아테네로 돌아가고 있었을 때 어떤 사람이 "어디로 또 어디에서"라고 묻자 그는 "남자들이 사는 곳에서 여자들이 사는 곳으로"라고 대답했다.

〔60〕 그가 올륌피아에서 돌아오는 길에 누군가 그곳에 많은 사람들이 모여 있었는지를 물었다. 그가 "많이 모였지, 그렇지만 사람들은 얼마 없었어." 그는 낭비벽이 있는 사람을 낭떠러지에서 자라는 무화과나무에 비유해서 이렇게 말했다. "그 열매는 사람이 맛을 보는 것이 아니라 까마귀나 독수리가 먹어대는 것이다." 프뤼네가 델포이에 금으로 된 아프로디테상을 바치자 그는 그 위에 이런 말을 적

---

120) 못난 사람(*cheirōn*)은 바로 뒤에 나오는 켄타우로스족의 하나인 '케이론'과 발음이 같다.

121) 에우뤼티온(Eurytiōn)도 켄타우로스족의 하나다. 전후 문맥상 '못난 사람' (*cheirōn*)과 켄타우로스족의 하나인 케이론(Cheirōn)이 같은 발음인 데 착안하여 젊은이를 또 다른 켄타우로스족의 하나인 에우뤼티온(Eurytiōn)으로 빗대 말한 말놀이로 보이나(앞 〔51〕 참고) '에우뤼티온'(Eurytiōn)의 의미는 불분명하다. 힉스는 그것의 일반용어상의 의미를 'lax-man'(단정하지 못하고 방종기가 있는 사람)으로 해석한다. DL. II, Loeb C. L. 1925, p. 60 참고).

어 넣었다. "그리스인들 가운데 행실이 나쁜 자[122] 로부터."

언젠가 알렉산드로스 대왕이 그에게로 와서 "나는 위대한 왕 알렉산드로스이다"라고 말하자 그는 "나로 말하면 개〔犬〕디오게네스이다"라고 말했다. 무슨 짓을 하기에 개로 불리는가라고 묻자 그는 이렇게 말했다. "베푸는 사람들에겐 꼬리를 흔들고, 그렇게 하지 않는 사람들에게는 짖어대고, 나쁜 놈들은 물어 버리기 때문이다."

〔61〕그가 무화과 열매를 따려고 했을 때, 지키는 사람이 "얼마 전에 어떤 사람이 그 나무에 목을 맸다"고 말하자 그는 말했다. "그러면 내가 이 나무를 깨끗하게 해주지."

올림피아 대회의 승자가 한 창녀에게 자꾸 눈길을 던지는 것을 보고 그는 말했다. "보라, 싸움에 미친 숫양이 지나가는 계집아이 때문에 얼마나 고갯짓이 빨라지는지." 그는 예쁘게 생긴 창녀를 일러 목숨을 앗아가는 꿀물이라고 말했다.

그가 광장에서 아침식사를 하고 있을 때 그 주변에 있던 사람들이 그를 "개!"라고 불러댔다. 그러자 그는 말했다. "개는 너희들이야, 빙 둘러서서 아침식사를 하는 나를 보고 있으니 말이야." 겁쟁이 2명이 그를 피해 달아나자 "걱정하지 마, 채소 뿌리 따위는 개도 먹지 않아."[123] 매음을 한 아이가 그에게 어디에서 왔는지를 묻자 그는 "테게아[124] 출신이다"라고 말했다.

---

122) 행실이 나쁜 자(*akrasis*). 프뤼네는 아테네에서 이름이 난 창녀이다.

123) 6권 45절 참고.

124) 테게아(Tegea)는 펠로폰네소스 반도 아르카디아 지방 남동부 지역을 말하는데, '테게아 출신'이란 말 자체가 '매음굴에서 온 자'라는 의미로 쓰이고 있음을 암시한다.

〔62〕 실력이 없는 레슬링 선수가 의사 행세를 하는 것을 보고 "이게 뭐야? 혹시 지금 이전에 너를 이긴 사람들을 뻗어 버리게 할 작정인가?"라고 그는 말했다. 어느 창녀의 자식이 군중들에게 돌을 던지는 것을 보고 그는 말했다. "조심해라, 네 아버지가 맞지 않도록."

어느 소년이 자기를 사랑하는 사람에게서 받은 단도를 그에게 보여주자 그는 말했다. "칼날이 훌륭하군. 그러나 칼자루125)는 나쁘군." 어떤 사람들이 그에게 선물한 사람을 칭찬하자 그는 이렇게 말했다. "그런데 사람들이 그것을 받을 만한 값어치가 있는 나는 칭찬하지 않는구나." 어떤 사람으로부터 겉옷을 돌려달라는 요청을 받자 그는 말했다. "만약 선물로 준 것이면 내 것이고 빌려준 것이라면 내가 사용 중인 것이다."

어떤 소매치기의 자식이 자기 옷 속에 황금을 갖고 있다고 그에게 말하자 그가 말했다. "그렇구나. 그래서 너는 옷을 베개126) 삼아 자는구나."

〔63〕 철학에서 그가 얻은 것이 무엇인가127)라는 질문을 받고 그는 말했다. "달리 아무것도 없다고 해도, 적어도 어떤 운명이든 받아들일 수 있다는 것." 당신은 어디 출신인가라는 질문을 받았을 때 그는 "세계시민"이라고 말했다. 어떤 부모들이 신들에게 아들을 낳게 해 달라고 제사를 올리자 그는 이렇게 말했다. "그런데 그 아들이 어떤 소

---

125) '칼자루'는 'labē'를 옮긴 것인데, 'labē'는 '받아들이다'의 뜻을 갖는다는 점에서 아마 이 말은 '받는 사람'을 풍자한 것인 듯하다.

126) 'koimōmai'(잠을 자다)를 힉스 교정본에 나오는 'koima'로 고쳐서 옮겼다.

127) 이 물음은 2권 68절, 5권 20절, 6권 86절에도 나오는데 철학자마다 그 대답이 다르다.

질을 갖고 태어나면 좋을지에 대해서는 왜 제사를 올리지 않는 거지?"

언젠가 공동기금 출연을 요청받자 그는 그것을 징수하러 온 사람을 향해 이렇게 말했다. "다른 사람들 것을 빼앗는 것은 몰라도 헥토르에게는 청구하지 말라."[128] 왕들의 첩은 여왕이라고 그는 말했다. 그녀들은 왕들로 하여금 자기들이 원하는 대로 하게 졸라대기 때문이다.

아테네 사람들이 알렉산드로스 대왕에게 디오뉘소스의 칭호를 부여하자 그는 말했다. "나에게도 사라피스의 칭호를 부여해 다오." 어떤 사람이 그가 더러운 곳에 들어갔다고 비난하자 그 사람에 대해 그는 말했다. "햇빛도 똥통에 찾아들지만 더럽혀지진 않아."

〔64〕 그가 신전에서 식사를 한참 하는 사이에 어떤 사람이 더러운 빵 조각을 그의 곁에 갖다 놓자 그는 그것을 집어던지면서 이렇게 말했다. "불결한 것은 어떠한 것도 신전에 들어오면 안 돼."

"당신은 철학을 하면서도 아는 것이 없다"라고 말한 사람에 대해서 그는 이렇게 말했다. "설사 내가 지혜로운 척한다 해도 그 자체가 철학하는 것이다." 어떤 사람이 자기 자식을 가르쳐 달라고 그에게 데리고 와서 "이 아이는 소질도 뛰어나고 성격도 좋다"고 말하자 그는 그 사람에게 이렇게 말했다. "그러면 내가 무슨 필요가 있겠는가."

말은 진지하게 하면서도 실천하지는 않는 사람을 가리켜 그는 키타라와 다를 바가 없다고 말했다. 왜냐하면 키타라는 듣지도 지각하

---

128) '청구하다'는 eranizein을 옮긴 것이다. 호메로스의 《일리아스》, 18권 82행 또는 86행에 이 구절이 있다고 하나 현재 텍스트에서는 발견되지 않는다. 만약 있었다면 그곳에는 '무기를 빼앗다'는 의미의 동사 enarizei가 쓰였을 것이다. 그런 맥락에서 보면 이 시구는 그 점을 염두에 두고 빗대 말한 것이다.

지도 못하기 때문이라는 것이다. 그는 극장에서 나오는 사람들과 딱 마주치려는 태세로 극장으로 들어갔다. 그 이유가 무엇인지를 묻자 그는 말했다. "이것129) 이야말로 내 인생 전체의 과업이다."

〔65〕 언젠가 한 젊은이가 여자 행세를 하는 것을 보고 그는 말했다. "너는 네가 지녀야 할 네 자신에 대한 관심을 자연 그대로의 것보다도 열등한 것에다 기울이고 있는 것이 부끄럽지 않은가? 왜냐하면 자연은 너를 남자로 만들었는데 너는 억지로 자신을 여자로 만들고 있으니까 말일세."

어떤 어리석은 자가 프살테리온130) 을 조율하는 것을 보고 그는 말했다. "너는 소리는 이 악기에 맞추려고 하면서 혼은 네 삶과 조화를 이루지 못하는 게 부끄럽지 않은가." 어떤 사람이 "나는 철학 공부에 적합하지 않다"라고 말하자 그 사람에 대해 그는 이렇게 말했다. "그럼 너는 왜 사니? 훌륭하게 살아보려는 생각이 너에게 없다면."

자기 아버지를 경멸하고 있는 사람에 대해서 그는 말했다. "네가 자신을 그렇게 자랑스러워하는 것이 아버지 때문인데, 아버지를 경멸하고 있다니 부끄럽지 않은가?" 잘생긴 젊은이가 꼴사납게 떠들어대는 것을 보고 그는 말했다. "상아로 만든 칼집에서 납으로 만든 단도를 꺼내는 게 부끄럽지 않은가?"

〔66〕 술집에서 술을 마시는 것에 대해 비난받자 그는 "머리도 머리 깎는 곳에서 깎는데"라고 말했다. 안티파트로스에게서 윗옷을 받았다고 비난받자 그는 이렇게 말했다.

---

129) 사람과 마주치는 것.

130) 프살테리온(*psaltērion*) 은 손가락이나 다른 기물로 퉁겨 소리를 내는 현악기다.

신들이 주신 귀한 선물을 절대 내쳐선 안 되는 것이거늘[131]

어떤 사람이 그에게 각목을 휘두르며 "조심해!"라고 외치자 그는 지팡이로 그자를 내려치고서 "조심해!"라고 말했다. 창녀에게 안달이 나 있는 자를 향해 그는 이렇게 말했다. "운도 없는 자여, 손에 넣지 않는 것이 더 좋은데 왜 힘들게 그것을 얻으려고 애쓰는가." 향유를 바르고 있는 사람을 향해 그는 말했다. "네 머리에서 나는 좋은 향기가 네 삶에 나쁜 냄새를 풍기게 하지 않도록 해라." 그는 말했다. "하인은 주인을 시중들지만, 나쁜 사람은 욕망에게 시중을 든다."

〔67〕 노예들은 왜 그런 이름[132]으로 불리게 되었는가라는 물음에 대해 그는 이렇게 말했다. "그들은 인간의 다리를 갖고 있지만, 영혼은 지금 이 따위를 묻는 네 영혼과 같은 유의 것을 갖고 있기 때문이지."

그가 어떤 낭비벽이 심한 자에게 1므나의 돈을 구걸하자 그자는 이렇게 따졌다. "다른 사람들에게는 불과 1오볼로스의 돈만 구걸하면서 왜 나에겐 1므나의 돈을 달라고 하는가?" 그러자 그는 말했다. "다른 사람들에게서는 다시 받을 가망이 있지만, 당신에게서는 과연 다시 받을 수 있을지 어떨지가 신들의 무릎 위에 있으니까." 플라톤은 구걸하는 일이 없는데 그는 구걸한다고 비난하는 것에 대해 그는 이렇게 말했다. "아니, 그도 구걸을 하긴 해. 다른 사람에게는 들리지 않도록 머리를 가까이 대고서."[133]

---

131) 호메로스, 《일리아스》, 3권 65행 인용.
132) '노예'로 옮긴 andrapodon은 '인간의 다리'라는 뜻도 갖는다.
133) 호메로스, 《오뒤세이아》, 1권 157행 및 4권 70행 인용.

서투른 궁수를 보고 그는 "여기라면 맞지 않겠지"라고 말하면서 표적에 붙어 앉았다. 사랑하고 있는 사람들은 쾌락을 위해 불행해지는 것이라고 그는 말했다.

〔68〕 죽음은 나쁜 것일까라는 물음에 대해 그는 말했다. "어째서 나쁠 수가 있지? 그것이 와도 아예 알아차리지도 못하는 판에." 알렉산드로스 대왕이 그의 앞에 서서 "그대는 내가 무섭지 않은가"라고 묻자 그는 말했다. "당신은 뭐지? 좋은 것? 아님 나쁜 것?" 이에 대해 왕이 "물론, 좋은 것이지"라고 대답하자 그는 말했다. "누가 좋은 것을 무서워하나요?"

그는 말했다. "교육은 젊은이들에게 절제이고, 노인들에게는 위로, 가난한 사람들에게는 재산, 부자들에게는 장식이다." 언젠가 난봉꾼 디뒤몬이 소녀의 눈을 치료하고 있을 때, 디오게네스는 그를 향해 이렇게 말했다. "조심해, 처녀의 눈을 치료한답시고 눈동자[134]를 망쳐 놓는 일이 없도록." 친구들로부터 모략당하고 있다고 누군가가 말해 주었을 때 그는 말했다. "친구들도 적과 똑같이 취급해야 한다면 도대체 어찌하란 거지?"

〔69〕 사람들 사는 세상에서 가장 아름다운 것이 무엇이냐는 물음에 그는 말했다. "뭐든지 말할 수 있는 것." 어떤 교실에 들어갔는데 그곳에 무사여신상은 많고 학생은 얼마 없는 것을 보고 그는 말했다. "선생님, 신들까지 해서 많은 제자를 두셨네요."

그리고 그는 데메테르가 하는 일이든 아프로디테가 하는 일이든[135] 모두 남 앞에서 공공연하게 행하는 것이 버릇이었다. 그와 관

---

134) '처녀', '눈동자' 모두 korē를 옮긴 것이다.

528

련하여 그는 모종의 이런 주장을 들이대곤 하였다 ─ 만약 밥 먹는 일이 이상한 일이 아니라고 한다면 광장에서 밥 먹는 일 또한 이상한 일이 아닐 것이다. 그런데 밥 먹는 일은 이상한 일이 아니다. 그러므로 광장에서 밥 먹는 일 또한 이상하지 않다. 또 그는 사람들이 보고 있는 가운데 자위를 하면서 이렇게 말했다. "배를 이렇게 쓰다듬는 것만으로도 허기가 사라지면 좋을 텐데."

그 밖에 많은 말들이 그가 한 것이라고 하는데 그 수가 많아 열거하자면 긴 이야기가 될 것이다.

[70] 그는 단련에는 영혼의 단련과 신체의 단련 두 종류가 있다고 말했다. 그리고 후자는 그것에 따라 훈련하고 있을 때에, 탁월함의 실천으로 향하는 움직임을 용이하게 해주는 지각을 끊임없이 생기게 하는 단련이며, 다른 한편의 단련은 신체의 단련이 부족할 경우 완전한 것이 되지 않는다. 왜냐하면 좋은 건강과 힘은 영혼과 관계되는 것이든 신체와 관계되는 것이든, 똑같이 그것들에 적합한 것 가운데서 생겨나기 때문이다.

그리고 그는 훈련을 쌓음으로써 사람이 얼마나 쉽게 탁월함에 이르는가 하는 것의 예증이 되는 것을 제시한다. 수공의 기술에서도, 그 외의 기술에 대해서도, 직공들은 연습을 통해 평범치 않은 손재주를 몸에 익히는 것을 볼 수 있다. 그리고 아울로스 연주자나 육상 경기 선수만 해도 그들은 각각, 스스로의 부단한 노고를 통해, 얼마나 남을 능가할 정도로 되는지, 그리고 만약 이 사람들이 그렇게 한 단련을 영혼에까지도 미치게 한다면 그들의 노력은, 무익하지 않

---

135) 데메테르가 하는 일은 먹는 일, 아프로디테가 하는 일은 성교이다.

앴음을 알 수 있는 것이다.

〔71〕 어쨌든, 사실로서 삶에서는 무엇이건 단련 없이는 결코 잘 돼갈 것은 없기 때문이고 이 단련이 만사를 극복해가는 힘을 지닌 것이라고 그는 말했다. 그러므로 사람은 불필요한 노고가 아닌 자연스럽게 이루어진 노고를 선택하고, 행복하게 살도록 해야 하고, 불행한 생을 보내는 것은 어리석음 탓이라는 것이다. 그 이유는 쾌락 그 자체에 관해서도 이것을 경멸하는 것을 미리 연습해 두면, 그것이 가장 쾌적한 것이 되기 때문이다. 즉, 그것은 마치 향락의 생활을 보내는 것에 익숙해져 있는 사람들이, 그것과 반대의 생활로 향할 때는 불쾌를 느끼듯이, 쾌락과 반대의 것으로 단련된 사람들은, 쾌락 그 자체를 경멸하는 것에 오히려 한층 더 쾌적함을 느끼기 때문이라는 것이다.

이상과 같은 일을 그는 말하고 있었던 것이고 또 그대로 실행하고 있던 것도 분명하다. 즉, 그는 분명 통화를 위조하였고, 관습에 의한 것에는, 자연에 바탕을 둔 것 같은 가치를 조금도 부여하려고 하지 않았다. 그리고 이것은 그의 말을 빌리자면 자유보다 뛰어난 것은 아무것도 없다고 함으로써 헤라클레스가 보낸 것과 항상 같은 생활이었다.

〔72〕 또 그는 모든 것이 지혜로운 자의 소유라고 말하고, 우리가 앞서 말한 것136) 같은 이론을 끄집어냈다. 즉, 모든 것이 신들의 소유이다. 그런데 신들은 지혜로운 자와 친구이다. 그런데 친구의 것은 모두의 것이다. 그러므로 모든 것이 지혜로운 자의 소유라는 것이다.

---

136) 37절을 말한다.

법에 관해서는, 그것이 없으면 시민적 삶이 불가능하다고 그는 말했다. 왜냐하면, 그는 주장하기를, 나라가 없으면 문명화[137]가 가져다주는 어떤 이익도 없다. 나라가 문명화를 가져다주는 것이다. 그런데 나라가 없으면 법이 가져다주는 어떤 이익도 없다. 법 또한 문명화를 가져다주는 것이다.

또 그는, 고귀한 태생이라든지, 평판이라든지 그러한 것 모두는 악덕을 두드러지게 해주는 장식이라고 냉소한다. 유일한 올바른 나라는 범세계적인 것이라고도 말했다. 또한 부인은 공유해야 한다고 말하고, 결혼이라는 말도 사용하지 말고, 설득한 남자가 설득당한 여자와 함께 자면 좋은 것이라고 말했다. 그리고 그런 이유로 아이도 공유해야 한다고 말했다.

〔73〕 또, 신전에서 무엇인가를 가지고 사라진다든가, 혹은, 어떤 종류의 동물의 고기를 맛본다든가 하는 것은, 조금도 이상한 것은 아니고, 게다가 인육을 먹는 것조차도, 이국의 풍습으로부터 분명한 것처럼 불경한 것은 아니라고 말했다. 그리고 정확히 말하자면 모든 것은 모든 것 속에 있고, 모든 것에 배어 있다고 그는 말했다. 즉, 살의 일부는 빵 속에도 있고, 빵의 일부는 또 야채 안에도 있는 것이다.

왜냐하면 그 밖의 물체들에 대해서도, 눈에 보이지 않는 구멍을 통해 눈에 보이지 않는 입자가 모든 것 안으로 들어가게 되어 다시 증기가 되어 밖으로 배출되거나 하고 있기 때문이다 — 이 설은, 비극 《튀에스테스》 속에서 그가 분명히 주장하고 있는 것이다. 다만

---

137) 'asteios'는 세련됨, 우아함, 개명을 뜻한다. 도심을 의미하는 'asty'에서 나온 말이다. 이 부분은 법과 문명화가 각기 나라와 불가분의 관계를 가지고 있다는 뜻을 담고 있다.

이것은, 일련의 비극 작품이 정말로 그의 것이고, 그의 제자인 아이기나 사람 필리스코스의 작품이 아니며, 또는, 파보리누스가 《잡다한 것들의 역사》 속에서 디오게네스가 죽고 나서 이를 쓴 사람이라고 말하는 루키아노스의 아들 파시폰의 작품은 아니라고 한다면 말이다.

그는 또, 시가나 기하학이나 천문학 및 그러한 종류의 학문은, 도움이 되지 않는 것, 필요 없는 것으로 무시해도 좋다고 생각했다.

〔74〕 그런데 그는, 이상 말한 것으로부터도 분명한 것 같이, 대화 속 대답에서는 매우 교묘하게 급소를 찌를 수 있는 사람이었다.

또 그는, 노예로서 팔려갔을 때에도, 정말로 당당한 태도로 그것을 견뎌냈다. 그는 아이기나섬으로의 항해 중에, 스키르팔로스[138] 가 인솔하는 해적들에 의해 붙잡혀 크레타섬에 끌려가 팔렸다. 그리고 매물 고시자가 너는 어떤 일을 할 수 있는가를 물었을 때, "사람들을 지배하는 것이다"라고 그는 대답했기 때문이다. 또 그때에 그는, 보라색의 테 장식이 있는 훌륭한 의상을 몸에 걸친 코린토스 사람, 즉, 전에 말한 크세니아데스를 말하는 것인데 그 사람을 가리키고, "이 사람에게 나를 팔아 주게. 그는 주인을 필요로 하고 있다"고도 말한 것이다. 거기에서 크세니아데스는 그를 사서 코린토스로 데려가 자기 아이들의 감독을 맡게 하고 또 모든 집안일을 그에게 맡겼다. 그리고 그는 가사 전반을 매우 잘 도맡아서 관리했으므로, 주인인 크세니아데스는 "좋은 신령이 내 집에 굴러 들어왔다"고 하면서 돌아다녔다.

〔75〕 또, 클레오메네스가 《아이의 지도에 대해》라는 제목이 붙

---

138) 키케로, 《신들의 본성에 관하여》, 3권 34장 83절 참고.

은 책 속에서 말하는 바에 따르면 그의 지인들이 몸값을 지불해 그를 자유의 몸으로 해주려고 하자, 그는 그 지인들을 바보라고 불렀다는 것이다. 왜냐하면 사자도 이것을 기르는 사람들의 노예가 아니라, 오히려 기르는 사람들 쪽이야말로 사자의 노예이기 때문이라는 것이었다. 즉, 두려워하는 것은 노예가 하는 것이지만, 이 야수는 사람들에게 공포를 주기 때문이라는 것이다.

또, 이 사람이 행하는 설득에는 어느 정도 놀랄 만한 것이 있고 말로써 누구든 모든 사람을 쉽게 사로잡을 수 있었다. 사실, 전해지는 바에 따르면 아이기나 사람으로 오네시크리토스라든가 하는 사람은 두 아들 중 하나인 안드로스테네스를 아테네에 유학시켰지만, 이 아들은 디오게네스의 제자가 되고, 그 땅에 머물러 버렸다. 그래서 부친은 다른 아들까지도 — 앞서 이쪽이 형이라고 말한[139] 필리스코스이다 — 그에게 보냈는데, 이 필리스코스도 또 똑같이 사로잡히고 말았다.

〔76〕 그래서 결국 세 번째로 부친 자신이 떠나온 것인데, 이 아버지도 또 같이 아들들과 함께 철학에 힘쓰게 되어 버렸다는 것이다. 디오게네스의 말에는, 무엇인가 이러한 마력이 있었던 것이다. 그의 수강생 가운데는 또 '성실한 사람'이라고 이름 붙은 포키온이나 메가라의 사람 스틸폰, 그리고 그 외에도 많은 정치가들이 있었다.

그는 90세 가까이에 생애를 마쳤다고 한다. 그리고 그 죽음에 대해서, 여러 가지 다른 설이 전해진다. 즉, 어느 사람들의 설에서는 그는 산 문어를 먹어 콜레라인가에 걸려 그것 때문에 죽었다는 것이고, 또

---

139) 앞의 73절 참고.

다른 사람들의 설에서는 스스로 숨을 멈추고 죽은 것으로 되어 있다. 메갈로폴리스 또는 크레스 사람 케르키다스[140]도 이 설을 취하는 한 사람이며, 이 사람은 멜리암보스[141] 속에서 다음과 같이 말한다.

이전에는 시노페 시민이었던 사람,
지팡이를 지니고 윗도리를 겹으로 접고
에테르를 양식으로 삼은 그 사람은 이제 그 모습조차 없다.
〔77〕아니, 그 사람은 어느 날
입술을 꼭 다물고
숨을 죽인 채 하늘 높이 오르다.
진실로 그대는 제우스 아들이자
하늘의 개로다.

덧붙여 이 밖에도, 그는 개들에게 문어를 나누어 주려다 다리 힘줄이 물려서 목숨을 잃었다는 사람들도 있다. 그러나 안티스테네스는 《철학자들의 계보》에서 그의 친구들은 그가 죽은 원인이 숨을 참았기 때문일 것이라고 추정했다고 전한다. 즉, 그는 당시 코린토스 쪽에 있는 체육관 크라네이온에서 살았던 적이 있는데 친구들이 평소 습관대로 그곳에 갔을 때 그가 외투에 싸인 채 있는 것을 찾아냈는데 그들은 그가 선잠을 자거나 조는 일은 없었기 때문에 그냥 자고 있는 것으로 생각했다. 그래서 가서 겉옷을 들쳐보고 나서야 그들은 그가 죽었음을 알게 되었다. 그들은 이것을 그가 이미 세상을 하직

---

140) 케르키다스(Kerkidas)는 기원전 3세기에 활동한 정치가이자 입법가로서 견유학파의 한 사람이다.
141) 이암보스 운율의 서정시다.

하기를 바라고 한 행위라고 생각했다.

〔78〕전해지는 바로는 거기서 또 그를 누가 장사 지낼 것인가를 둘러싸고 주먹다짐까지 할 정도로 제자들 사이에 다툼이 있었다고 한다. 그러나 그들의 부모들과 장사와 관련해서 아는 사람들이 도착하여 그들의 지시에 따라 그는 이스트모스 해협으로 가는 성문 옆에 묻혔다. 사람들은 그의 무덤 위에 둥근 모양의 기둥을 세워 그 위에 파로스섬 대리석으로 만든 개의 상을 올려놓았다. 그 후 그의 고국 사람들도 아래와 같은 시구를 새겨 넣은 청동상을 세워 그를 찬양했다.

청동도 세월이 흐르면 늙지만
그러나 디오게네스여 그대의 명예는 영원히 사라지지 않으리
오직 그대만이 사멸하는 자들에게 자족하는 법과
가장 쉬운 삶의 길을 알려 주었으니

〔79〕우리 또한 프로켈레우스마테이코스 운율로 아래와 같은 시를 썼다.

디오게네스여, 어떤 운명이 그대를 하데스로 데리고 갔는지 말해 주오.
나를 잡아간 것은 개의 미친 이빨일세.

그러나 어떤 사람들은 전하길 그는 죽어가면서 사람들에게 자기를 묻지 말고 내던져서 야수들의 먹이가 되게 하든지 구덩이에 넣어 약간의 흙만 그 위에 덮으라고 지시했다고 한다. 다른 일설로는 일리소스강에 자기를 던져 달라고 지시했다고도 한다. 이것은 자기 형제들을 좀 편하게 해주기 위함이었다.

그런데 데메트리오스는 《이름이 같은 시인들과 작가들에 대하여》에서 알렉산드로스가 바뷜론에서 죽은 날과 디오게네스가 코린토스에서 죽은 날이 같은 날이었다고 전한다. 그리고 그는 113회 올림피아기에는 노령이었다.

　〔80〕그가 썼다고 전해지는 책들은 아래와 같다.

　　《대화편》

　　《케팔리온》

　　《익튀아스》

　　《콜로이오스》

　　《포르달로스》

　　《아테네 민중》

　　《국가》

　　《윤리학 교본》

　　《부에 관하여》

　　《에로스에 관하여》

　　《테오도로스》

　　《휩시아스》

　　《아리스타르코스》

　　《죽음에 관하여》

　　《편지들》

　　7편의 비극

　　《헬레네》

　　《튀에스테스》

《헤라클레스》

《아킬레우스》

《메데이아》

《크뤼시포스》

《오이디푸스》

그러나 소시크라테스는 《계보》 1권에서, 또 사튀로스는 《철학자들의 생애》 7권에서 디오게네스에게는 어떠한 저작도 없다고 말한다. 그리고 사튀로스는 디오게네스가 썼다는 비극은 아이기나 사람인 그의 친구 필리스코스[142] 의 작품이라고 말한다. 소티온은 그의 일곱 번째 책에서 다음 책들만이 디오게네스가 쓴 작품이라고 말한다.

《덕에 관하여》

《좋음에 관하여》

《에로스를 논함》

《걸인》

《톨마이오스》

《포르달로스》

《카산드로스》

《케팔리온》

《필리스코스》

---

142) 6권 73절, 75절 참고.

《아리스타르코스》

《시쉬포스》

《가뉘메데스》

《교훈담》

《편지들》

[81] 그런데 디오게네스라는 이름을 가진 사람은 5명이 있었다. 첫 번째는 아폴로니아 출신의 자연철학자이다. 그의 책 서두는 이렇게 시작한다. "내 생각에 모든 논의의 출발점에는 의문의 여지가 없는 기반이 주어져야 한다." 두 번째는 시퀴온 출신으로 《펠로폰네소스에 관하여》라는 책을 지은 사람이다. 세 번째는 우리가 앞서 살펴본 바로 그 디오게네스이고, 네 번째는 셀레우케이아[143] 출신의 스토아학파 사람이다. 이 사람은 바뷜론 출신이라고도 하는데 왜냐하면 셀레우케이아가 바뷜론과 가깝기 때문이다. 다섯 번째는 타르소스 출신으로 《시의 문제들에 관하여》라는 책을 써서 그 문제들을 해결하려고 했던 사람이다.

그런데 아테노도로스가 《산책》 8권에서 전하는 바에 따르면 우리의 이 철학자 디오게네스는 늘 몸에 향유를 바르고 있어서 언제나 윤기가 있어 보였다고 한다.

---

143) 셀레우케이아(Seleukeia)는 티그리스강 서쪽 강변에 있는 도시다.

3. 모니모스

〔82〕 모니모스는 쉬라쿠사이 사람이고 디오게네스의 제자다. 소크라테스에 의하면 그는 코린토스의 어느 환전업자의 가내 노예였다. 그런데 디오게네스를 산 주인 크세니아데스가 자주 그를 찾아와 디오게네스는 말에서나 행동에서나 얼마나 덕을 갖춘 사람인지 들려주었던 터라 모니모스는 디오게네스를 열렬히 사모하는 사람이 되었다. 실제로 그는 그 직후 자신이 미친 것처럼 위장해 동전은 물론 환전소 탁자 위에 있는 은화를 몽땅 내던져 버렸고, 그 때문에 주인이 결국 그를 쫓아내자 곧바로 디오게네스 밑으로 들어갔다. 그리고 그는 견유학파인 크라테스도 자주 따라다니면서 크라테스가 하는 대로 똑같이 했던 터라 이를 본 주인은 더욱더 그가 미쳤다고 생각하였다.

〔83〕 그런데 그는 희극작가 메난드로스[144]도 언급했을 정도로 이름이 알려진 사내가 되었다. 실제로 메난드로스는 자신의 작품 중 하나인 《마부》에서 아래와 같이 언급했다.

> A: 모니모스라는 어떤 사람이 있었는데, 필론이여, 그는 지혜로운 사람이었다오. 별로 유명하지는 않았지만 말일세.
> B: 바랑을 갖고 있던 자 말인가?
> A: 3개나 갖고 있었는걸. 그런데 제우스신에게 맹세코 그자는 말 한마디 하지 않았지. '너 자신을 알라'나 그런 흔히 떠들어대는 말에 상응하

---

144) 메난드로스(Menandros, 기원전 341~291년).

모니모스

는 어떤 경구 한마디도 하지 않았지. 그러나 이 지저분한 걸인은 그 모든
것을 넘어서 있었다네.

사람들의 생각이란 모두 허튼 것이라고 그는 말했던 것이다.
　실제로 이 사람은 매우 근엄한 인물이었다. 그래서 그는 평판은
무시하고 진리에 매진하였다. 그리고 그는 진지함이 은근히 섞인 몇
편의 가벼운 시 외에 《충동에 관하여》와 《철학의 권유》라는 2권의
책을 저술했다.

4. 오네시크리토스

〔84〕 오네시크리토스. 어떤 사람들은 이 사람을 아이기나 사람으로 말하는데, 마그네시아의 데메트리오스는 그가 아스튀팔라이아[145] 사람이라고 말한다. 이 사람 역시 디오게네스의 저명한 제자들 중 한 사람이었다. 그런데 그는 뭔가 살아온 이력이 크세노폰과 비슷한 것 같다. 왜냐하면 크세노폰은 퀴로스의 원정에 참전했고 오네시크리토스는 알렉산드로스의 원정에 참전했기 때문이다. 전자는 《퀴로스의 교육》이란 책을 저술했는가 하면, 후자는 알렉산드로스가 어떻게 길러졌는지에 관해 썼다. 그리고 전자는 퀴로스의 찬미자이고 후자는 알렉산드로스의 찬미자[146]이다. 그리고 문체에서도 다르지 않았다. 다만 오네시크리토스의 문체는 모방한 것인지라 그 원본에 비해 뒤떨어진다는 점을 제외하고서 말이다.

한편 디오게네스의 제자들 중에 메난드로스도 있었는데 그는 '떡갈나무'[147]라는 별명이 있었고 호메로스에게 탄복했다. 그리고 '개목걸이'[148]란 별명을 가진 시노페 사람 헤게시아스와 위에서 말한 아이기나 사람인 필리스코스도 디오게네스의 제자였다.

---

145) 아스튀팔라이아(Astypalaia)는 크레타에서 북쪽, 로도스에서 서쪽에 위치한 섬이자 도시다.

146) '찬미자'는 ho enkomion를, 뒤에 나오는 '탄복했다'는 thaumatēs를 옮긴 것이다.

147) 떡갈나무(drymos)는 보통 오크나무라고 불리는 것이다.

148) 개목걸이(klois).

5. 크라테스

〔85〕 크라테스는 아스콘다스의 아들이고 테베 사람이다. 그도 견유
학파의 저명한 제자들 중 한 명이다. 그러나 히포보토스는 그가 디오
게네스의 제자가 아니라 아카이아[149] 사람 브뤼손[150]의 제자였다고
한다. 다음의 익살스러운 시[151]가 그가 지은 것으로 전해진다.

포도주 빛 허세 한가운데 페레[152]라는 어떤 나라가 있다.

그 나라는 훌륭하고 풍요로우나 온통 지저분하고 아무것도 가진 것이 없다.

그 어떤 바보도 어떤 기생충 같은 자도 어떤 폭식가도 또 창녀의 엉덩이

　에 광분하는 사내도 그곳으로 배를 저어 가지 않는다.

하지만 그곳에는 백리향[153]도 마늘도 나오고, 무화과와 빵도 있다.

---

149) 아카이아(Achaia)는 펠로폰네소스 반도의 북쪽 지역이다.

150) 브뤼손(Brysōn)은 기원전 330년경에 활동한 그리스 철학자로 그에 관해
　　알려진 정보는 거의 없다. 브뤼손이라는 이름은 이 책에서 세 번 등장한
　　다. 그러나 모두 동일인인지는 확실하지 않다. 이곳에서는 크라테스의 스
　　승으로, 9권 61절에서는 스틸폰의 아들이자 퓌론의 선생으로, 1권 16절에
　　서는 아무런 저술도 남기지 않은 사람으로 기술되어 있다. 브뤼손이라는
　　이름으로 가장 잘 알려진 사람은 플라톤과 아리스토텔레스도 언급한 바 있
　　는 소크라테스와 같은 시대 인물인 헤라클레이아 출신의 브뤼손이다. 이
　　사람은 원의 면적을 구하는 데 기여한 수학자이자 소피스트로도 알려져 있
　　다. 아마도 이 사람과 이곳의 브뤼손이 같은 사람은 아닐 것이다(Diogène
　　Laërce, trans. J.-F. Balaudé, L. Brisson etc., *Vies et Doctrines des
　　Philosophes Illustres*, Poche, 1999, p. 752 참고).

151) 익살스러운 시(*Paignia*). 83절에서는 '가벼운 시'로 옮겼다.

152) 일반용어로서 '페레'(*pēre*)는 동냥자루란 뜻으로 앞에서 '바랑'으로 번역했
　　다(33절 참고).

153) '백리향'은 thymon을 옮긴 것이다.

사람들은 그것들을 둘러싸고 서로 싸우지도 않고
금전이나 명성을 둘러싸고 무기를 드는 일도 없다.

〔86〕두루 회자되곤 하는 그의 치부책이 있는데 그곳에는 이런 내용이 담겨 있다.

요리사에게는 1므나, 의사에게는 1드라크마
아첨꾼에게는 5탈란톤, 조언자에게는 향초[154]
창녀에게는 1탈란톤, 철학자에게는 3오볼로스를 줄 것.

그는 또 '문을 여는 사람'으로 불렸는데, 그것은 그가 어느 집이건 들어가 훈계를 해댔기 때문이다. 다음의 시도 그가 지은 것이다.

배운 것, 생각한 것, 그리고 무사여신과 더불어 배운 고상한 것
그것이 내가 가진 전부일세.
행복을 준다는 세상의 많은 것들[155]은 그저 허튼 것의 먹잇감.

그리고 철학에서 그가 얻은 것들을 말하길,

1코이닉스[156] 분량의 콩과 누구도 신경 쓰지 않는 것.

그리고 다음의 시도 그가 지은 것이라고 한다.

---

154) 본래 이름은 카프노스(*kapnos*, 연기)이다. 이름에서 알 수 있듯이 그리스에서 축제 때 제의용으로 쓰인 향초다.
155) 혹은 행복을 안겨주는 세상의 많은 것들(*ta polla olbia*).
156) 약 1.3리터에 해당한다.

사랑을 멈추게 하는 것은 배고픔일까? 그게 아니라면 시간이.
이런 것들이 아무 소용이 없다면 목을 매는 동아줄이.

〔87〕 그의 전성기는 113번째 올륌피아기였다.

안티스테네스는 《철학자들의 계보》에서 크라테스가 견유학파 철학에 처음 몸담게 된 동기는 어느 비극공연에서 텔레포스[157] 라는 사람이 아주 비참한 행색으로 작은 바구니 하나를 들고 있는 것을 보았던 것에서 비롯되었다고 한다. 그래서 그는 자신의 재산을 은화로 바꿔 — 그는 명문가 출신이었으므로 — 약 200탈란톤가량이 모아지자 그것을 시민들에게 나누어 주었다. 그리고 그는 그와 같이 굳은 결의로 철학 공부를 했기 때문에 희극작가인 필레몬[158]도 그를 언급하는데 그 내용은 다음과 같다.

그리고 여름에는 두꺼운 옷을 걸쳐 입고
자제력 있는[159] 사람이 되기 위해 겨울에는 넝마를 입고 있네.

또 디오클레스가 전하는 바에 따르면, 디오게네스는 그를 설득해 토지를 풀이 무성하게 내버려 두게 하였고, 얼마간 그가 갖고 있던 돈조차 바다에 던져 버리게 했다고 한다.

---

157) 텔레포스(Tēlephos) 는 헤라클레스가 테게아 왕의 딸 아우게를 범하여 낳은 아들로 기구한 생애를 거쳐 나중에 미시아의 왕이 된다. 에우뤼피데스의 극 《텔레포스》에 누더기를 입고 거지꼴로 변장한 텔레포스가 나온다고 전해진다.
158) 2권 25절 참고.
159) 크라테스는 'enkratēs'(자제력 있는) 란 단어 중 'kratēs'와 음이 같다.

도메니코 페티(Domenico Fetti), 〈견유학파 철학자
크라테스〉(*The Cynic Philosopher Crates*), 1624.

〔88〕 그리고 전해지는 바에 의하면 알렉산드로스 대왕이 크라테
스의 집에 묵은 적이 있었으며 마찬가지로 히파르키아160)의 집에는
필리포스 왕이 묵었다고 한다. 161) 또 그의 친척들 중 몇 사람들이
종종 그를 찾아와 그의 마음을 바꿔 보려 한 적이 있었다. 그러나 그
는 지팡이로 그들을 내쫓고 고결한 자세를 견지했다. 그리고 마그네
시아의 데메트리오스가 전하는 바에 의하면 그는 어느 환전업자에
게 다음과 같은 조건으로 돈을 맡겼다고 한다. 즉, 자기 아들들이 자

160) 히파르키아(Hipparchia)는 크라테스의 아내다.
161) 힉스 교정본은 사본과 달리 '묵었다'로 옮긴 부분이 있을 법한 자리를 훼손
    처리하고 있다. 그럼에도 그는 '묵었다'(*have lodged*)라는 말을 집어넣어 옮
    겼기에 여기서도 그렇게 하였다.

라서 평범한 사람이 되면 그들에게 그 돈을 돌려주고, 만일 철학자가 되면 그 돈을 시민들에게 나눠 주라는 조건이었다. 아들들이 철학을 하게 되면 아무것도 필요하지 않기 때문에서였다.

또 에라토스테네스가 전하는 바에 따르면 그에게는 히파르키아와 낳은 — 이 여인에 관해서는 곧 우리가 다루게 될 것이다[162] — 파시클레스라는 이름을 가진 아들이 있었는데, 그 아이가 군대에 갈 나이가 되자 그는 그 아이를 창녀들이 사는 매음굴로 데려가서 그에게 자기 아버지가 여기서 여기 방식으로 결혼했다고 말했다고 한다.

〔89〕 그는 또 간통한 자들의 결혼은 추방이나 살해라는 비극을 그 대가로 받는다고 말했다고 한다. 다른 한편 그는 또 고급 매춘부[163]에게 드나드는 자들의 결혼은 희극의 소재라고도 말했다고 한다. 왜냐하면 이들은 방탕함과 만취로 인해 분별없는 상태를 초래하기 때문이다. 이 사람은 파시클레스[164]라는 이름을 가진 형제가 있었는데 그는 에우클레이데스의 제자였다. 한편 파보리누스는《회상록》2권 가운데서 그에 대해 재미있는 이야기를 전한다. 그는 어떤 사람에게 체육경기장의 관리를 부탁하면서 그 사람의 엉덩이[165]를

---

162) 7권.

163) 88절에 나오는 '창녀'는 paidikē를 옮긴 것으로, '젊은 여자 시종'이란 뜻도 있다. 한편 여기 나오는 '고급 매춘부'는 hetaira를 옮긴 것이다. hetaira는 일반적 의미의 창녀인 pornē와 대비된다(90절 참고).

164) 그의 아들과 형제 이름이 같다(88절 참고).

165) '엉덩이'는 ischion을 옮긴 것이다. ischon은 '엉덩이 살'이란 뜻과 더불어 '엉치뼈'의 의미도 있다. 이러한 이중 의미를 이용한 말장난으로 보면 이 부분은 "무릎 관절을 만지면 아무 말도 하지 않으면서 엉치뼈를 만지면 왜 말을 하나? 같은 자네 관절인데"라고 해석할 수도 있다. 그리고 그리스인들은 다른 사람에게 청원할 때, 무릎을 잡는 관습이 있었다.

손으로 만졌다. 그래서 상대가 말을 하자 "왜 그러나. 그것이나 무릎이나 마찬가지로 자네 것 아닌가?"라고 그가 말했다는 것이다. 또 그는 "결함이 없는 사람을 찾는다는 것은 불가능한 일이다. 마치 석류 씨 가운데 썩은 것도 있는 것처럼"이라고 말했다. 그가 키타라 연주자인 니코드로모스를 화나게 만들었을 때 눈 아래를 맞아 멍이 들었다. 그래서 그는 쪽지에 "니코드로모스가 한 짓이다"라고 써서 이마에 붙였다.

〔90〕 그는 창녀들에게 의도적으로[166] 모욕을 가했는데, 그것은 그녀들의 욕설에 맞서는 훈련을 하기 위해서였다. 팔레론의 데메트리오스가 그에게 빵과 포도주를 보내 주었을 때 그는 "이렇게 샘물이 빵도 갖다주면 좋을 텐데"라고 말했다. 그러니 분명코 그는 물만 마셔왔던 것이다. 아테네인들의 시장 감독관[167]들로부터 그가 면직포로 만든 옷[168]을 입었다고 면박을 받자 그는 "테오프라스토스도 면직포로 만든 옷을 입었다는 것을 당신들에게 보여 주겠다"고 말했다. 그러나 그들이 그것을 믿으려 하지 않자 그는 그들을 이발소로 데려가서 테오프라스토스가 머리를 깎고 있는 모습을 보여 주었다. [169] 테베에서 그가 체육경기장 관리인으로부터 채찍질당하고 — 그러나 어떤 사람들은 이 일은 코린토스에서 에우튀크라테스에게 당한일이라고 한다 — 발목을 잡힌 채 끌려가고 있었을 때 그는 아무렇지도 않

---

166) '의도적으로'는 epitedēs를 옮긴 것이다.
167) 도시의 공공건물을 비롯해 풍기문란 등을 감독하는 관리다.
168) '면직포로 만든 옷'(*sidona*)은 린넨 또는 면으로 만든 가격이 비싼 고급 옷을 의미한다.
169) 이발가운이 면직포로 만들어졌음을 보여 준다.

은 듯이 이렇게 말했다.

"다리를 잡고 신성한 하늘의 문 밖으로 끌어내 주게."170)

〔91〕 그러나 디오클레스는 그가 에레트리아 사람 메네데모스에 의해 끌려나온 것이라고 전한다. 즉, 메네데모스는 잘생긴 사람이자 플리우스 출신인 아스클레피아데스와 친밀한 사이로 여겨지는데 크라테스가 아스클레피아데스의 허리를 잡고 "아스클레피아데스여, 안으로 들어가자"고 말하자 그 때문에 메네데모스가 격앙하여 크라테스를 끌어냈다는 것이다. 그런데 크라테스는 위와 같은 말을 곁들였다는 것이다.

또 키티온의 제논은 《교훈담》(Chreia)에서 언젠가 크라테스가 아무렇지도 않게 양털 가죽까지도 자신의 넝마에 덧댔다고 전한다. 또 그는 얼굴이 못생겨서 그가 체력 단련을 할 때면 사람들은 그를 보고 웃어대곤 했다. 그러나 그는 두 손을 치켜들고 이렇게 말하곤 했다. "크라테스여, 눈과 몸의 다른 부분을 생각해서 힘을 내라." 〔92〕 "너를 비웃던 사람들이 머지않아 병들어 쪼그라진 몸을 하고 너를 행복한 사람으로 부러워하면서 자신들의 허약한 몸을 한탄할 때가 올 것이다."

또 "장군들이란 단지 원숭이를 몰고 다니는 사람"이라는 생각이 들 때까지 사람은 철학을 해야 한다고 그는 말하곤 했다. 그리고 아첨꾼들과 함께 살고 있는 사람들은 마치 늑대에 둘러싸인 송아지처럼 무방비 상태로 방치된 사람이라고 그는 말했다. 왜냐하면 그들에게는 자기들을 지켜 줄 사람들은 아무도 없고 그들에 대해 음모를 꾸

---

170) 호메로스, 《일리아스》, 1권 591행. 다만 일부 어구가 다르다.

미는 자들만 있기 때문이라는 것이다.

　그는 죽음이 다가오고 있음을 깨닫자 자기 자신을 향해 이렇게 주문을 외듯 말했다.

　　사랑하는 곱사등 친구여, 그대는 떠나고 있구나.
　　하데스의 저택으로. 늙어 꼬부라진 허리를 부여잡고.
　　세월이 그의 허리를 굽게 만들었기 때문일세.

　〔93〕 알렉산드로스 대왕이 그에게 조국을 재건하길 원하느냐고 물었을 때 그는 이렇게 말했다. "왜 그래야 하죠? 분명 다른 알렉산드로스가 그것을 다시 파괴해 버릴 텐데요." 그러나 그는 자신의 조국은 악명과 가난이며, 우연에 의해서도 공략되지 않는다고 말했다. 자신은 질투의 음모에 빠지지 않는 디오게네스의 시민[171]이라고 말했다. 한편 메난드로스는 《쌍둥이 자매》라는 책에서 그를 이렇게 추모하고 있다.

　　그대는 넝마를 입고 나와 함께 거닐 것이다.
　　언젠가 견유학파의 크라테스의 아내가 그와 함께 거닐었던 것처럼.
　　그리고 그는 자신의 딸을 자신이 말한 대로
　　시험 삼아 한 달 동안 결혼시켰다. [172]

　다음에 다룰 사람들은 그의 제자들이다.

---

171) '디오게네스의 시민(politēs)'이란 디오게네스학파의 열렬한 지지자를 의미한다.
172) 의미를 정확히 알기 어려운 말이다.

6. 메트로클레스

〔94〕 메트로클레스는 히파르키아와 남매간이다. 그는 전에 소요학파인 테오프라스토스의 제자였는데 다 죽게 될 정도로 몸이 엉망이 된 적이 있었다. 언젠가 그는 연설 연습을 하다가 방귀를 뀌자 그에 실망해 두문불출한 채 식음을 끊고 죽으려 했던 것이다. 이 소식을 들은 크라테스는 부탁을 받고 그를 찾아가 일부러 콩을 먹은 후에 그가 잘못한 것이 아님을 아래와 같은 말로 설득했다. 즉, 만약 가스가 자연적으로 몸 밖으로 배출되지 않았다면 생각지도 못할 이상한 일이 벌어졌으리라고 설명했던 것이다. 그리고 마지막으로 크라테스는 그를 달랠 요량으로 실제로 똑같이 자신도 방귀를 뀌어 그가 실의를 털고 일어나게 만들었다. 그 이후 그는 크라테스의 제자가 되었고 철학을 공부하기에 충분한 사람이 되었다.

〔95〕 또 헤카톤은《교훈담》1권에서 메트로클레스가 자신의 책들을 불속에 던지면서 이렇게 말했다고 전한다.

"이것들은 지하세계 사람들의 꿈속에나 있는 환상이다."

그런데 어떤 이들은 그가 테오프라스토스의 강의록에 불을 붙이면서 이렇게 말했다고 한다.

"헤파이스토스여, 이곳으로 와 주시길. 테티스가 지금 당신을 필요로 하고 있나이다."[173]

이 사람은 사물들 가운데는 이를테면 집처럼 돈으로 얻을 수 있는

---

173) 호메로스,《일리아스》, 18권 392행. 플라톤 편에서도 플라톤이 같은 언급을 한 것으로 나온다.

것이 있는가 하면, 다른 한편 교육이 그렇듯, 시간과 돌봄174)에 의해 얻어질 수 있는 것이 있다고 말했다. 그리고 부는 그럴만한 가치가 있는 데 쓰지 않으면 해가 된다고도 말했다. 그는 노인이 된 후 스스로 목을 매 세상을 떠났다. 그의 제자로는 테옴브로토스와 클레오메네스가 있고, 테옴브로토스의 제자로는 알렉산드리아 출신의 데메트리오스가 있다. 클레오메네스는 알렉산드리아 출신의 티마르코스와 에페소스 출신의 에케클레스를 제자로 두었다. 그런데 에케클레스는 또 테옴브로토스의 강의도 들었으며 앞으로 우리가 다룰 메네데모스는 그 에케클레스의 강의를 들었다. 그리고 시노페 사람 메니포스 또한 이들 제자들 가운데서 눈에 띄는 사람이다.

7. 히파르키아

〔96〕 메트로클레스의 누이인 히파르키아도 이들의 학설에 사로잡혀 있었다. 이들 두 사람은 모두 마로네이아175) 사람이었다. 그녀는 크라테스의 말과 사는 모습에 매혹되어 사랑에 빠져 구혼자들 누구에게도, 그들의 재산이나 태생, 아름다운 용모 그 어떤 것에도 아예 눈길을 주려 하지 않았다. 그녀에게는 크라테스가 전부였다. 게다가 만약 크라테스와 결혼시켜 주지 않으면 세상을 떠나겠노라고 자기 부모를 위협했다. 그래서 크라테스는 그녀의 부모로부터 딸이 단념하도

---

174) '교육'은 paideia를, '시간과 돌봄'은 chronos kai epimeleia를 옮긴 것이다. paideia는 '교양'으로도 옮길 수 있다.

175) 마로네이아(Marōneia)는 마케도니아의 동쪽 끝에 있는 도시이다.

록 설득해 달라는 부탁을 받고 할 수 있는 모든 일을 다 시도해 보았다. 그러나 결국 그녀를 설득할 수 없었기 때문에 그는 그녀 면전에서 옷을 벗어던지고 "이게 신랑이다. 갖고 있는 것은 여기 이것뿐이다. 이것을 보고 원하는 대로 해라. 그리고 나와 똑같은 일들에 힘쓰지 않으려면 나의 배우자가 될 수 없다"고 말했다.

〔97〕 그러자 이 소녀는 결단을 내려 그 남자와 똑같은 의복을 입고 함께 돌아다니고 드러난 장소에서 성행위를 하곤 했으며 연회에 나가기도 했다. 그를 따라 그녀는 뤼시마코스가 개최한 연회에도 가서 그 자리에서 무신론자라는 이름이 붙은 테오도로스를 다음과 같은 궤변으로 궁지에 몰아넣기도 했다. 그녀의 논변은 이렇다. "테오도로스가 했다 해서 부정의한 짓이 아니라는 소리를 듣는 경우, 히파르키아가 했다 해도 부정의한 짓을 하는 것이 아니라는 소리를 또한 들을 것이다. 그런데 테오도로스가 자기 자신을 때렸다. 그것은 부정의한 짓이 아니다. 그러므로 히파르키아가 테오도로스를 때려도 부정의한 짓이 아니다." 그런데 테오도로스는 이 논변에 아무 답변도 하지 않고 그녀의 겉옷을 잡아 벗기려 했다. 하지만 히파르키아는 아무런 놀라는 기색도 보이지 않았고 여느 여자들처럼 당황스러워하지도 않았다.

〔98〕 그리고 테오도로스가 그녀에게 "이 사람이 베틀 옆에 북을 내던져 두고 있는 그 여인네지?"[176] 라고 말하자, 그녀는 "그래요 그게 나입니다. 테오도로스. 하지만 설사 내가 앞으로 베를 짜는 데 쓸 시간을 교양을 위해 썼다고 해도, 당신은 내가 자신을 잘못 이끌고

---

176) 에우뤼피데스의 《박코스의 여신도들》(1,236행)에서 테베를 세운 카드모스의 딸 아가우에가 한 말을 인용한 것이다.

히파르키아

있는 것으로 생각하시진 않으시겠죠?"라고 말했다. 이와 같은 이야
기가 이 밖에도 이 여성 철학자와 관련하여 헤아릴 수 없을 정도로
많이 전해지고 있다. 한편 《편지들》이란 크라테스의 책이 있는데,
그 책에는 간간이 플라톤과 비슷한 문체로 써 내려간 탁월한 철학이
포함되어 있다. 그는 또 비극 작품도 썼는데 그 또한 아주 수준 높은
철학을 담고 있다. 이를테면 이런 것이다.

> 나의 조국은 어떤 탑 하나, 어떤 방 하나에만 있지 않도다.
> 지상의 모든 도시나 집 그 어디건
> 우리가 살 거처로 준비되어 있나니.

크라테스는 늙도록 살다가 죽은 후 보이오티아에 묻혔다.

8. 메니포스

〔99〕 메니포스, 이 사람도 견유학파에 속하는 인물로서 본래 포이니케 사람이고, 아카이코스[177]의 《윤리학》에 적혀 있듯 노예였다. 디오클레스는 나아가 그의 주인이 폰토스 사람으로서 바톤이라는 이름으로 불렸다고 전한다. 그런데 그는 돈에 대한 애착[178] 때문에 지독스럽게 구걸하여 결국 테베 시민이 되는 데 성공했다. 그는 진지한 구석이 하나도 없는 사람이었다.[179] 그의 책은 우스갯소리로 넘쳐났고, 그 점에서는 그와 동시대 사람인 멜레아그로스의 책들과 다른 것이 없었다. 또 헤르미포스가 전하는 바에 따르면 그는 하루 단위로 이자를 붙여 돈을 빌려주었기 때문에 '일수놀이꾼'으로 불렸다고 한다. 즉, 그는 선박을 담보로 그렇게 돈을 빌려주고 그 담보를 취하는 식으로 막대한 부를 모았던 것이다. 〔100〕 그러나 결국 그는 사기에 넘어가 모든 재산을 날리고 낙담 속에서 세월을 보내다 목을 매 죽었다. 나는 그에 대해 이런 장난어린 시를 하나 썼다.

> 포이니케 태생, 하지만 크레타의 개〔犬〕
> 일수놀이꾼 ― 그렇게 불리니까 ―
> 그 메니포스를 그대는 알고 있겠지.
> 어느 날 개의 본성[180]을 깨닫지 못한 채
> 모든 것을 잃고 스스로 목을 맨 것이다.

---

177) 아카이코스(Achaikos)는 로마제정시대 소요학파에 속한 철학자이다.
178) '돈에 대한 애착'은 philargyria를 옮긴 것이다.
179) 그러나 스트라본(xvi. p. 175)은 그를 '진지한 웃음꾼'이라 불렀다.
180) 견유학파 사람들이 본래 갖고 있는 생각을 의미할 것이다.

디에고 벨라스케스(Diego Velázquez),
〈메니포스〉(*Menippus*), 1638.

　그런데 어떤 사람들은 그의 책이란 것도 그의 것이 아니라 콜로폰 사람인 디오뉘시오스와 조퓌로스[181]의 것이라고 말한다.　이 사람들은 장난삼아 그런 책을 써서 메니포스에게 건넸다는 것인데,　그것은 그가 그런 책들을 알아서 잘 퍼트릴 것으로 보았기 때문이었다.

　〔101〕 그런데 메니포스란 이름을 가진 사람으로 6명이 있었다. 첫째는 뤼디아 사람들의 역사에 대해 쓰고 또 크산토스가 쓴 책의 요약본을 낸 사람, 둘째는 지금 우리가 거론하는 사람, 셋째는 스트라토니케이아의 소피스트이자 본래 카르 출신인 사람,　넷째는 조각

---

181) 두 사람 다 달리 알려진 바가 없다.

가, 다섯째와 여섯째는 화가인데 아폴로도로스는 이 두 사람의 화가에 대해 전한다.

아무튼 견유학파 메니포스의 책은 13권이 있는데 이와 같다.

《장례 의식》

《유언장》

마치 신들에 의해 작성된 것처럼 꾸며진 《편지들》

《자연학자, 수학자 및 문헌학자에 대한 반론》

《에피쿠로스 탄생: 그리고 그 학파가 숭상하는 스무 번째 날》 등.

9. 메네데모스

〔102〕 메네데모스는 람프사코스 사람 콜로테스[182]의 제자였다. 히포보토스가 말하는 바에 따르면 그는 아래와 같이 무모할 정도로 이상한 행동을 한 사람이었다. 즉, 그는 자신이 사람들이 저지르는 범죄를 감시하기 위해 하데스에서 온 사람이라고 말하면서 에리뉘스들[183]의 모습으로 위장하고 다녔다고 한다. 그것은 지하의 세계로 다시 내려가 그들의 죄를 지하세계의 신령들[184]에게 보고하기 위함이라는 것이다. 또 그의 차림새 또한 이러했다. 즉, 그는 발까지 닿는 잿빛 받침옷을 입고 진홍색 허리띠를 두른 다음, 머리 위에는 황

---

182) 에피쿠로스의 제자이다.

183) 에리뉘스(Erinys)는 복수의 여신으로 3명이다.

184) '신령'은 daimon을 옮긴 것이다.

도대의 12궁이 새겨진 아르카디아식 모자를 쓰고, 비극에 나오는 신발을 신었으며, 아래로 길게 늘어진 턱수염을 기르고 손에는 물푸레나무로 만든 지팡이를 들고 있었다.

〔103〕이상은 견유학파 사람들 각각의 생애를 다룬 것이다. 그러나 나아가 나는 그것에 이어서 공통의 생각을 덧붙이고자 한다. 만약 견유학파의 학설이라는 것이 하나의 철학이지 일부 사람들이 말하듯 단지 삶의 방식이 아니라는 것을 우리가 받아들인다면 말이다. 실로 그들은 키오스의 아리스톤과 마찬가지로 논리학과 자연학의 주제는 멀리하였고 오직 윤리학에 매진하는 것으로 만족했다. 그리고 어떤 사람들이 소크라테스와 연관지어 말하는 것[185]을 디오클레스는 디오게네스와 연관지어 말한다. 왜냐하면 디오클레스는 디오게네스가 이러한 말을 했다고 하기 때문이다.

"'좋은 일이든, 집에서 일어나서는 안 될 그 어떤 나쁜 일이든 무엇이든' 탐구해야 한다."[186]

또 그들은 일상적으로 행해지는 배움도 멀리한다. 실제로 안티스테네스는 지혜로운 자가 엉뚱한 것에 영향을 받아 옆길로 새지 않으려면 문학 따위는 배워선 안 된다고 말했기 때문이다.

〔104〕그래서 그들은 기하학과 음악, 그리고 그러한 종류의 배움들 모두를 멀리한다. 실제로 디오게네스는 그에게 해시계를 보여 준 사람을 향해 "그것은 식사에 늦지 않게 해주는 데 쓸 만한 도구이군"

---

185) 2권 21절 참고.
186) 호메로스, 《오뒤세이아》, 4권 392행. 같은 시구가 소크라테스를 다룬 2권 21절에서도 인용되었다.

이라고 말했다. 그에게 음악 연주를 들려준 사람을 향해서는 또 이렇게 말했다.

"나라가 잘 운영되고 집안이 평안한 것은 사람들의 식견187) 때문이지, 키타라의 울림이나 아울로스의 음색 때문은 아닐세."

그리고 안티스테네스가 《헤라클레스》에서 말하는 것처럼 그들에게는 '탁월함에 따라 사는 것'이 목적임을 그들은 주장한다. 이 점은 스토아학파를 닮았다. 실제로 이들 두 학파 사이에는 모종의 밀접한 관계가 있다. 그러므로 견유학파는 '덕으로 지름길을 삼는다'고 일컬어지며 키티온의 제논도 그런 식으로 살았다.

〔105〕 또 그들은 몸을 건사할 만큼의 음식과 한 벌의 넝마면 만족하는 그런 검소한 생활을 주장했으며 부나 평판이나 좋은 태생 따위는 우습게 여겼다. 실제로 그들 가운데 어떤 사람들은 야채만 먹고 언제나 찬물을 마셨으며, 또 디오게네스가 그랬듯이 우연히 아무데서나 찾아낸 움막이나 술항아리 정도면 거처로 만족했다. 디오게네스, 이 사람은 '아무것도 필요로 하지 않는 것'이 신들만의 특권188)이고 또 '약간의 것만 필요로 하는 것'이 신들을 닮은 사람들의 특권이라고 말한 사람이다.

또 안티스테네스가 《헤라클레스》 가운데서 말하는 것처럼, 그들은 '탁월함은 가르쳐질 수 있는 것이고 그것은 한번 얻으면 잃어버리는 일이 없다는 것', '현자는 사랑받을 가치가 있는 사람, 잘못을 저지르는 일이 없는 사람이라는 것', '자기를 닮은 자를 벗으로 삼아야

---

187) 식견은 'gnōma'를 옮긴 것이다.
188) '신들만의 특권'은 theōn idion을 옮긴 것이다.

하며 무엇이든 운에 맡겨서는 안 된다는 것'을 주장했다. 그리고 그
들은 키오스의 아리스톤과 마찬가지로 '탁월함과 사악함 중간에 있
는 것은 차이가 없는 것'이라고도 주장했다.

일러두기

1. 해당 용어의 위치는 본문의 권과 절로 표시하였다.
2. 그리스 원문 표시는 정암학당의 《플라톤 전집》 표기방식을 따랐으며, 이오타시즘을 따르지 않고 그리스 글자 윕실론(Υ, υ)을 우리말 '위'로 읽고 로마자 Y(y)로 표기하였다. 다만 '피타고라스'처럼 널리 굳어진 말은 예외로 하였다.
3. 일반 용어는 해당 용어의 모든 위치를 표시하지는 않고 주요 위치만 표시했으며, 해당 위치에 용어에 관한 주석이 달린 경우 (*)로 표시하였다. 고유명사는 모든 위치를 표시하였고, 관련 주석이 있는 경우 (*)로 표시하였다.
4. 고유명사 색인에서 동명이인에 한해 괄호에 식별 정보를 넣었다.
5. 동명이인들 중 동일인 여부에 논란이 있는 경우 해당 위치에 (?)로 표시하였다.

찾아보기(일반용어)

찾아보기(고유명사)

578

소크라티데스(Sōkratidēs) 4. 32*
소티온(Sōtiōn: 소요학파) 10. 4
소티온(Sōtiōn: 소크라테스의 아들)
2. 26
소티온(Sōtiōn: 알렉산드리아 사람)
1. 1, 1. 7, 1. 98, 2. 12, 2. 74,
2. 85, 5. 79, 5. 86, 6. 26, 6. 80,
7. 183, 8. 7, 8. 86, 9. 5, 9. 18,
9. 20~21, 9. 110, 9. 112, 9. 115,
10. 1
소포클레스(Sophoklēs: 비극작가)
2. 133, 3. 56, 4. 20, 4. 35, 5. 92,
7. 19
소포클레스(Sophoklēs:
암피클레이데스의 아들) 5. 38
소프로니스코스(Sōphroniskos:
소크라테스의 아버지) 2. 18, 2. 40
소프론(Sōphrōn) 3. 18*
소필로스(Sōphilos) 2. 120*
솔로이(Soloi: 아나톨리아) 4. 24*,
4. 58, 5. 83, 7. 38, 7. 179
솔로이(Soloi: 퀴프로스) 1. 9,
1. 51, 4. 27
솔론(Solōn) 1. 13, 1. 28, 1. 41~46,
1. 52, 1. 54~57, 1. 62~67, 1. 93,
1. 101~102, 1. 112, 2. 13, 3. 1
수사(Sousa) 3. 33*
쉬라쿠사(Syrakousa) 1. 40, 2. 63,
2. 104, 3. 30, 3. 46, 4. 58, 6. 25,
6. 82, 8. 40, 8. 52, 8. 71, 8. 78, 8. 85
쉬로스(Syros: 인명) 5. 73, 5. 74
쉬로스(Syros: 지명) 1. 13*, 1. 43,
1. 116, 1. 119~120, 4. 58, 8. 2

쉬아그로스(Syagros) 2. 46
쉬팔레토스(Sypalētos) 7. 12
스뮈르나(Smyrna) 5. 85*, 9. 58
스미퀴토스(Smikythos) 7. 12
스카브라스(Skabras) 1. 42
스켑시스(Skēpsis) 3. 46*, 5. 84
스코파스(Skopas) 2. 25*
스퀴테스(Skythēs) 4. 28
스퀴티노스(Skythinos) 9. 16*
스퀴티아(Skythia) 1. 13*, 101
~105, 4. 55, 9. 112
스퀼라(Skylla) 9. 75*
스키르팔로스(Skirpalos) 6. 74*
스킬루스(Skillous) 2. 52*~53
스타게이라(Stageira) 1. 19*, 3. 46,
5. 1, 5. 14, 5. 16, 5. 35, 5. 52
스테시클레이데스(Stēsikleidēs)
2. 56*
스토아(Stoa) 2. 120, 7. 4, 7. 183
~184
스튀라(Styra) 3. 48*
스트라토니케이아(Stratonikeia)
6. 101, 10. 9
스트라톤(Stratōn: 소요학파) 5. 61
스트라톤(Stratōn: 시인) 5. 61
스트라톤(Stratōn: 역사가) 5. 61
스트라톤(Stratōn: 옛 의사) 5. 61
스트라톤(Stratōn: 의사) 5. 61
스트라톤(Stratōn: 이소크라테스의
제자) 5. 61
스트라톤(Stratōn: 철학자) 2. 67,
5. 53, 5. 56~58, 5. 60, 5. 68
스트뤼몬(Strymōn) 1. 106

아테노도로스(Athēnodōros: 《산책》의
　저자)　3. 3*,　5. 36,　6. 81,　9. 42
아테노크리토스(Athēnokritos)
　9. 34
아트레우스(Atreus)　7. 67
아틀라스(Atlas)　1. 1*
아틀리오스(Athlios)　6. 44
아페만토스(Apēmantos)　1. 107
아펠라스(Apellas)　9. 106*
아폴라스(Apollas)　7. 173,　7. 197
아폴로니데스(Apollōnidēs:
　니카이아 사람)　9. 109*
아폴로니데스(Apollōnidēs:
　소크라테스의 지인)　2. 50
아폴로니데스(Apollōnidēs:
　플라톤의 시종)　3. 42
아폴로니오스(Apollnios:
　솔로이 사람)　5. 83*
아폴로니오스(Apollnios: 크로노스)
　2. 111
아폴로니오스(Apollnios: 크뤼시포스의
　아버지)　7. 179
아폴로니오스(Apollnios: 튀로스
　사람)　7. 1*~2,　7. 6,　7. 24,　7. 28
아폴로도로스(Apollodoros:
　산술학자)　1. 25*,　8. 12
아폴로도로스(Apollodoros:
　소크라테스의 제자)　2. 35
아폴로도로스(Apollodoros:
　스토아학파)　7. 39,　7. 41,　7. 54,
　7. 64,　7. 84,　7. 102,　7. 118,　7. 121,
　7. 125,　7. 129,　7. 135,　7. 140,　7. 142
　~143,　7. 150,　7. 157

아폴로도로스(Apollodoros:
　아르켈라오스의 아버지)　2. 16
아폴로도로스(Apollodoros:
　아테네 사람)　1. 37*,　1. 74,　2. 2
　~3,　2. 7,　2. 44~45,　3. 2,　4. 23,
　4. 28,　4. 45,　4. 65,　5. 9,　5. 58,
　6. 101,　7. 184,　8. 52,　8. 58,　8. 90,
　9. 18,　9. 24~25,　9. 41,　9. 50,
　9. 56,　9. 61,　10. 13~14
아폴로도로스(Apollodoros:
　에펠로스 사람)　7. 39*
아폴로도로스(Apollodoros:
　에피쿠로스학파)　1. 58,　1. 60,
　7. 181,　10. 2,　10. 10,　10. 13~14
아폴로도로스(Apollodoros:
　퀴지코스 사람)　9. 38
아폴로테미스(Apollothemis)　9. 57
아폴로파네스(Apollophanes)　7. 92*,
　140
아폴론(Apollōn)　1. 4,　1. 29,　1. 32,
　1. 82,　1. 99,　1. 107,　3. 2,　6. 20,
　8. 5,　8. 11,　8. 13,　8. 57
아프로디테(Aphroditē)　3. 33,　4. 60,
　4. 69
아피스(Apis)　8. 90*~91
악시오테아(Axiothea)　3. 46*,　4. 2*
악티스(Aktis)　8. 88
안니케리스(Annikeris)　3. 20*
안드로스테네스(Androsthenēs)　6. 75
안드론(Andrōn: 아르고스 사람)　9. 81
안드론(Andrōn: 역사가)　1. 30*,　1. 119
안타고라스(Antagoras)　2. 133*,　4. 21,
　4. 26

호메로스(Homēros: 비극시인)
9. 113*
호메로스(Homēros: 서사시인)
1. 12, 1. 38, 1. 48, 1. 57, 1. 90,
2. 11, 2. 43, 2. 46, 2. 133, 3. 7,
4. 20, 4. 26, 4. 31, 5. 92, 6. 84,
8. 21, 8. 47, 8. 57, 8. 74, 9. 1,
9. 18, 9. 67, 9. 71, 9. 73
휘라디오스(Hyrradios) 1. 74, 1. 80
휘바다이(Hybadai) 5. 57
휘스타스페스(Hystaspēs) 9. 13*~14
휘엘레(Hyelē) 9. 28
휘페르보레아(Hyperborea) 8. 11
휘페리데스(Hyperidēs) 3. 46*
휩시크라테스(Hypsikratēs) 7. 188
히에로뉘모스(Hierōnymos) 1. 26*
~27, 2. 14, 2. 26, 2. 105, 4. 41
~42, 5. 68, 8. 21, 8. 57~58,
9. 16, 9. 112
히에로클레스(Hieroklēs) 2. 127*,
4. 39~40
히에론(Hierōn) 2. 57*
히케시오스(Hikesios: 디오게네스의
아버지) 6. 20
히케시오스(Hikesios: 의사) 5. 94
히케타스(Hiketas) 8. 85
히파르코스(Hiparchos:
아리스토텔레스의 지인) 5. 12,
5. 51, 5. 53~57
히파르코스(Hiparchos:
피타고라스 학파) 9. 43

히파르키아(Hiparchia) 6. 88*, 6. 94,
6. 96~98
히파소스(Hippassos: 라코니아 사람)
8. 84
히파소스(Hippassos: 철학자) 8. 7,
8. 42, 8. 55, 8. 84
히파소스(Hippassos: 피타고라스의
선조) 8. 1
히포낙스(Hippōnax) 1. 84*, 1. 88,
1. 107, 4. 58
히포니코스(Hipponikos: 기하학자)
4. 32*
히포니코스(Hipponikos: 마케도니아
사람) 2. 138
히포보토스(Hippobotos) 1. 19*,
1. 42, 2. 88, 5. 90, 6. 85, 6. 102,
7. 25, 7. 38, 8. 43, 8. 51, 8. 69,
8. 72, 9. 5, 9. 40, 9. 115
히포켄타우로스(Hippokentauros)
7. 53
히포크라테스(Hippokratēs:
스트라톤의 지인) 5. 62
히포크라테스(Hippokratēs: 의사)
9. 24, 9. 42, 9. 73 (?)
히포크라테스(Hippokratēs:
피시스트라토스의 아버지)
1. 68
히포탈레스(Hippothalēs) 3. 46
히폰(Ippōn) 7. 10
히피아스(Hippias) 1. 24*, 3. 52
힐라라(Hilara) 5. 73

지은이 · 옮긴이 소개

지은이 | 디오게네스 라에르티오스(ΔΙΟΓΕΝΗΣ ΛΑΕΡΤΙΟΣ)

《유명한 철학자들의 생애와 사상》의 저자라는 점 외에는 확실히 알려진 것이 거의 없다. 대략 기원후 2세기에서 3세기 사이에 활동했던 인물로 추정하며, 여러 형태로 전해지는 그의 이름을 근거로 라에르테 지역 출신이 아니냐는 추측도 있다. 책에 언급된 것으로 미루어 그는 몇 권의 시집을 낸 시인이기도 한 것으로 보이며, 철학적으로 어떤 유파에 속하는지는 분명하지 않다. 다만 역시 책의 내용으로 봐서 플라톤과 아카데미아학파에 우호적이며 회의주의학파에 관심이 많았음을 알 수 있다. 열전 형태로 기술된, 우리에게 전해진 가장 온전하고 오래된 철학사 저술인 《유명한 철학자들의 생애와 사상》을 통해 귀중한 문헌들을 후대에 전해 준 것은 그의 중요한 업적으로 꼽을 수 있다.

옮긴이 | 김주일

성균관대 대학원 철학과에서 "파르메니데스 철학에 대한 플라톤의 수용과 비판"으로 박사학위를 받았다. 현재 성균관대, 가톨릭대, 청주대, 군산대 등에서 강의하며, 그리스 로마 고전을 연구 · 번역하는 정암학당 연구원이자 학당장으로 있다. 저서로 《소크라테스는 '악법도 법이다'라고 말하지 않았다. 그럼 누가?》, 《서양고대철학 1》(공저), 《플라톤의 그리스 문화 읽기》(공저) 등이 있고, 역서로 《소크라테스 이전 철학자들의 단편 선집》(공역), 플라톤의 《알키비아데스 Ⅰ · Ⅱ》(공역), 《에우튀데모스》, 《파이드로스》, 《플라톤의 법률 1 · 2》(공역), 《편지들》(공역) 등이 있다.

옮긴이 | 김인곤

성균관대 철학과를 졸업했으며, 서울대 대학원 철학과에서 플라톤 철학 연구로 석사 및 박사학위를 받았다. 현재 정암학당 연구원으로 그리스 고전철학 원전 강독과 번역을 하며, 철학아카데미와 문화센터에서 서양철학 및 인문학 고전 읽기와 개론 강의를 하고 있다. 역서로 《소크라테스 이전 철학자들의 단편 선집》(공역), 《크라튈로스》(공역), 《플라톤의 법률 1·2》(공역), 《서양고대철학 1》(공저) 등이 있다.

옮긴이 | 김재홍

숭실대 대학원 철학과에서 "아리스토텔레스의 학문 방법론에서의 변증술의 역할에 관한 연구"로 박사학위를 받았다. 캐나다 토론토대학 고중세철학 합동 프로그램에서 철학 연구를 한 후, 가톨릭대 인간학연구소 전문연구원, 서울대 철학사상연구소 선임연구원, 가톨릭관동대 연구교수를 거쳐 전남대 사회통합지원센터 부센터장을 지냈다. 현재 정암학당 연구원으로 있다. 저서로 《그리스 사유의 기원》, 《왕보다 더 자유로운 삶》, 《서양고대철학 2》(공저), 《박홍규 형이상학의 세계》(공저) 등이 있고, 역서로 아리스토텔레스의 《정치학》, 《니코마코스 윤리학》, 《관상학》, 《토피카》, 테오프라스토스의 《성격의 유형들》 등이 있다.

옮긴이 | 이정호

서울대 철학과를 졸업했고, 같은 대학교 대학원 철학과에서 "플라톤의 티마이오스 편에 관한 연구"로 석사학위를 받았으며, 박사과정을 수료했다. 영국 옥스퍼드대학 오리엘칼리지에서 객원교수를 지냈고, 한국방송통신대 문화교양학과 교수로 재직하다 정년퇴임했다. 현재 정암학당 이사장으로 있다. 저서로 《희랍철학 입문》(공저), 《서양 고대철학의 세계》(공저), 《서양고대철학 1》(공저) 등이 있고, 역서로 《원격교육의 이론과 실제》, 《소크라테스 이전 철학자들의 단편 선집》(공역), 《크리티아스》, 《메넥세노스》, 《편지들》(공역) 등이 있다.